As paixões intelectuais
Vontade de poder
(1762-1778)

Volume 3

Elisabeth Badinter

As paixões intelectuais
Vontade de poder
(1762-1778)
Volume 3

TRADUÇÃO DE
Clóvis Marques

Rio de Janeiro
2009

TÍTULO ORIGINAL
Les passions intellectuelles – Volonté de pouvoir (1762-1778)

CAPA
Evelyn Grumach e Carolina Ferman sobre pintura de Pierre-Denis Martin, Paris, século XVII.

PROJETO GRÁFICO
Evelyn Grumach e João de Souza Leite

CIP-BRASIL. CATALOGAÇÃO-NA-FONTE
SINDICATO NACIONAL DOS EDITORES DE LIVROS, RJ.

Badinter, Elisabeth
B126p   As paixões intelectuais, v. 3: vontade de poder (1762-1778) / Elisabeth Badinter;
v.3   tradução de Clóvis Marques – Rio de Janeiro: Civilização Brasileira, 2009.

Tradução de: *Les passions intellectuelles*
Inclui bibliografia
ISBN 978-85-200-0841-6

1. Intelectuais – Europa – História – Século XVIII. 2. Iluminismo – Europa – História – Século XVIII. 3. Europa – Vida intelectual. I. Título. II. Título: Vontade de poder, (1762-1778).

CDD – 940.253
09-0111   CDU – 94(4)"17"

COPYRIGHT © Librairie Arthème Fayard, 2007

Cet ouvrage, publié dans le cadre de l'Année de la France au Brésil et du Programme d'Aide à la Publication Carlos Drummond de Andrade, bénéficie du soutien du Ministère français des Affaires Étrangères.
"França.Br 2009" – l'Année de la France au Brésil (21 avril - 15 novembre) est organisée:
En France: par le Commissariat général français, le Ministère des Affaires Étrangères et Européennes, le Ministère de la Culture et de la Communication et Culturesfrance.
Au Brésil: par le Commissariat général brésilien, le Ministère de la Culture et le Ministère des Relations Extérieures.

Este livro, publicado no âmbito do Ano da França no Brasil e do programa de apoio à publicação Carlos Drummond de Andrade, contou com o apoio do Ministério francês das Relações Exteriores.
"França.Br 2009" – Ano da França no Brasil (21 de abril - 15 de novembro) é organizado:
No Brasil: pelo Comissariado geral brasileiro, pelo Ministério da Cultura e pelo Ministério das Relações Exteriores.
Na França: pelo Comissariado geral francês, pelo Ministério das Relações Exteriores e Européias, pelo Ministério da Cultura e da Comunicação e por Culturesfrance.

Todos os direitos reservados. Proibida a reprodução, armazenamento ou transmissão de partes deste livro, através de quaisquer meios, sem prévia autorização por escrito.

Direitos desta tradução adquiridos pela
EDITORA CIVILIZAÇÃO BRASILEIRA
Um selo da
EDITORA RECORD LTDA.
Rua Argentina 171 – 20921-380 – Rio de Janeiro, RJ – Tel.: 2585-2000

PEDIDOS PELO REEMBOLSO POSTAL
Caixa Postal 23.052 – Rio de Janeiro, RJ – 20922-970

Impresso no Brasil
2009

Para Zacharie

"*É a opinião que governa o mundo, e cabe a vós governar a opinião.*"
Voltaire a d'Alembert, 26 de dezembro de 1767

Sumário

Introdução *11*
   Um jogo a três *11*

PRIMEIRA PARTE   O filósofo rei (1762-1770) *15*

CAPÍTULO I   Um prestígio inédito (verão de 1762-fim de 1764) *17*
Preceptor do príncipe herdeiro (julho de 1762-fevereiro de 1763) *20*
   O filósofo contra "a mancha de sangue" *22*
   A tentação do filósofo *25*
   Uma publicidade considerável *27*
A moda das viagens ao estrangeiro *30*
   Excursões inglesas *31*
D'Alembert festejado por Frederico (verão de 1763) *35*
   O encontro *36*
   A estada *39*
   Retorno e balanço *44*
O cotidiano do filósofo *47*
   As academias *48*
   Intimidade e amizades em 1764 *52*

CAPÍTULO II   O contraste (1765) *59*
Condenado em Paris, convidado em Berlim *61*
   O balé da sedução *63*
   Financista, diplomata ou filósofo? *65*
O bom negócio de Diderot e Catarina II *68*
A mortificação de d'Alembert *73*
   O caso da pensão *75*
   "Às portas do túmulo" *79*

CAPÍTULO III   Um novo território (1766-1767) *85*
Da emoção à reflexão *87*

    A emoção gerada pela injustiça   88
    De Paris a Milão   90
    De Milão a Paris   92
Os magistrados filósofos   95
    O anti-Boi-Tigre   96

CAPÍTULO IV   Lua-de-mel entre príncipes e filósofos (1767-1768)   101
Socorrendo Marmontel   103
    Uma obra medíocre ajudada pela censura   103
    Aplausos principescos   104
Príncipes e reis em Paris   107
    A dominação cultural francesa   107
    Ao encontro dos filósofos   109
Expectativas parmesãs   114
    O primeiro-ministro e o príncipe   114
    Parma, laboratório dos filósofos   116

CAPÍTULO V   O duro princípio da realidade (1769-1770)   121
Decepções   123
    Em Parma   123
    Filósofos no cabresto   125
Depressão   129
    Fadiga e dissabores   130
    Motivos inconfessáveis   134
Cisão   137
    Lenha na fogueira   138
    A dispersão do clã filosófico   139

SEGUNDA PARTE   O gosto do poder (1771-1776)   145

CAPÍTULO VI   A irrupção da política (1771)   147
A magistratura derrubada   149
    A resistência dos parlamentos   149
    A exasperação do rei   151
    O golpe de mão de Maupeou   154
A solidão de Malesherbes   157
    Um homem do Iluminismo   157
    As advertências de Malesherbes   160

SUMÁRIO

Os filósofos pegos de surpresa   *163*
   A aprovação de Voltaire   *164*
   Contra Maupeou, pelos parlamentos   *167*
   Contra Maupeou e contra os parlamentos   *169*

CAPÍTULO VII   Poder de influência (1772-1773)   *171*
Rumo às academias   *174*
   D'Alembert toma conta da Academia Francesa   *175*
   Seu filho espiritual na Academia de Ciências   *182*
   Dois rivais, dois clãs   *184*
O bom e o mau déspota   *190*
   A mancada de d'Alembert   *190*
   A ambição de "ser útil"   *195*

CAPÍTULO VIII   Os intelectuais na política (1774-1776)   *205*
Dois homens de confiança   *208*
   O gosto pelas letras e pelas ciências   *208*
   Rotas paralelas   *211*
   Ambições diferentes   *214*
O teste do governo   *217*
   O handicap de Turgot   *218*
   Malesherbes ministro contra a vontade   *221*
   A impotência de Malesherbes   *223*
   A colméia ministerial de Turgot   *226*
   Uma partida e uma demissão   *231*
O balanço   *234*
   As lições do poder   *234*
   Discórdia na república das letras   *237*

TERCEIRA PARTE   Recuo (maio de 1776-maio de 1778)   *243*

CAPÍTULO IX   O desencanto (1776-1778)   *245*
Mágoa e frustrações   *248*
   Síndrome pós-ministerial   *248*
   As mágoas de d'Alembert   *253*
O divórcio entre os filósofos e os reis   *259*
   Últimas ilusões   *260*
   A lucidez de Diderot   *262*
   O distanciamento dos reis   *266*

CONCLUSÃO 273

NOTAS 277

AGRADECIMENTOS 333

ABREVIAÇÕES 335

MANUSCRITOS: PRINCIPAIS COLEÇÕES CONSULTADAS 337

FONTES IMPRESSAS 343

CORRESPONDÊNCIAS E MEMÓRIAS DO SÉCULO XVIII 345

ESTUDOS DOS SÉCULOS XIX, XX E XXI 351

ÍNDICE ONOMÁSTICO 373

Introdução

Um jogo a três

Na década de 1760, o prestígio dos filósofos está no auge. A vontade de impor seus pontos de vista — *libido dominandi* — nunca foi tão forte. Como conseguiram marginalizar seus inimigos irredutíveis, são considerados um partido único, que dita sua lei a uma opinião pública ávida de modernidade. Graças a esse novo protagonista, o estatuto dos homens de letras mudou radicalmente. Transformaram-se numa força que se deve levar em conta, ou pelo menos fingir levar em conta. O desejo de Voltaire parece em vias de se concretizar. Os filósofos governarão o mundo porque governam a opinião. No espírito do patriarca, contudo, trata-se de um jogo a três: o filósofo, a opinião pública e o soberano. Embora este não seja mencionado, continua sendo o principal detentor do poder, para não dizer o único legítimo. O abade Morellet não se engana ao lembrar a Beccaria que os filósofos, mesmo Voltaire ou Rousseau, não têm qualquer poder sobre o soberano. É preciso, para começar, agir sobre a opinião pública, e só ela é capaz de se impor ao príncipe. Acontece que este vem perturbar o jogo, dirigindo-se diretamente ao filósofo. Em vez de se dobrar aos desejos da opinião, não será mais simples e mais seguro, para ele, dizer-se conquistado pelas idéias novas e reivindicar o título de "rei filósofo"? Desse modo, será possível dispensar a opinião pública. Para isso, o soberano faz crer ao filósofo que inverte os papéis tradicionais: já agora é ele que corteja o homem de letras, de certa maneira pedindo sua proteção, sob a forma de uma caução moral e ideológica.

Nada melhor para lisonjear o filósofo do que oferecer-lhe consideração, sobretudo quando ela lhe é obstinadamente recusada em seu país. Mais que as honrarias e o dinheiro — aos quais poucos homens são realmente insensíveis —, é sobretudo o reconhecimento de sua dignidade que lhes importa. O que significa, para o soberano, tratar o filósofo como seu igual. Leitura de seus livros, troca de correspondência, visita de caráter particular quando o príncipe está de passagem em Paris. Convites dos soberanos para se hospedar em suas cortes. São diversos os sinais a serem dados de uma relação equânime e às vezes até amistosa, que convém ao homem de letras. Uma etapa adicional é vencida quando lhe é feito o convite para ser o preceptor do futuro rei. Haveria melhor maneira de expressar a adesão do príncipe às idéias filosóficas?

Não há como negar: a maioria dos intelectuais tem dificuldade de resistir à *libido dominandi*. Impor as próprias idéias aos pares é muitas vezes mais difícil do que convencer a opinião pública. Todos sabem que a "disputa" quase sempre degenera em querela e desavença. Trocam-se argumentos como se fossem socos. As dissensões logo se tornam irreconciliáveis, e cada um é obrigado a escolher seu "campo". Nada mais raro do que um filósofo que adere, no fim do debate, à opinião do opositor. Reconhecer que se enganou significaria que foi capaz de estabelecer a necessária distância entre si mesmo e suas idéias. Que domina suas próprias paixões. Geralmente, é preciso algum tempo para que estas se aplaquem e ele esteja em condições de reconsiderar seu ponto de vista. São anos, décadas, às vezes nunca. Existem, inclusive, os casos daqueles que, desmentidos pelos fatos ou pela história, continuam acreditando interiormente que estavam com a razão. Para eles, abandonar suas idéias é o mesmo que renegar a si mesmo.

Quando não é possível atraí-los para suas idéias, existe uma outra maneira de exercer seu *imperium* sobre os pares. Ela consiste em tomar posse das instituições prestigiadas que vêm a ser, na época, as academias. Foi o que tratou de fazer d'Alembert, solidamente secundado por Voltaire, na Academia Francesa.

Começa-se por dar a senha, para ser admitido, passando em seguida a negociar a eleição dos amigos, e, uma vez conquistada a maioria, ninguém mais entra sem a devida aprovação. Será preciso prestar obediência ao clã e a suas idéias para penetrar no templo sagrado. Esse poder pode parecer modesto, comparado ao de Voltaire sobre a opinião pública, mas nem por isso é menos desejável. Embora já seja secretário da Academia de Ciências, Condorcet não dispensou sua eleição para a Academia Francesa também. Questão de prestígio pessoal, mas também fortalecimento do partido filosófico.

O caso de Diderot é especial. Aparentemente indiferente às honras acadêmicas e às rivalidades entre escritores, ele cultivou por um momento o sonho de Platão: ser o conselheiro do príncipe. A uma distância de dois mil anos, esses dois filósofos da política, homens de convicções fortes, deixaram-se seduzir pela miragem do rei filósofo. Convidado por Dênis, o Velho, o poderoso tirano de Siracusa, Platão julga ser capaz de convertê-lo a suas idéias filosóficas e políticas. A aventura acaba mal. Querendo livrar-se de um censor incômodo, o tirano dispensa o filósofo. Depois da morte de Dênis, o Velho, Platão é novamente chamado a Siracusa para ser o preceptor de seu filho, Dênis, o Moço. Mas este, sem talento nem virtude, se cansa do mentor, que volta a tomar o rumo de Atenas. E no entanto, o filósofo se deixa atrair à Sicília uma terceira vez. Sem maiores resultados. Mais uma vez humilhado e feito prisioneiro, o filósofo de 67 anos só foi libertado graças à intervenção do matemático Arquitas. Não obstante esses três redondos fracassos, Platão nunca renunciou realmente a seu ideal. Se o rei não pode tornar-se filósofo, não poderia o filósofo, por sua vez, tornar-se rei?

Diderot não compartilha da utopia de Platão, e Catarina II não o convidou a São Petersburgo para ser seu conselheiro. Mas é possível que o filósofo, como seu grande antepassado, tenha pensado que o encontro pessoal com a soberana fosse uma oportunidade excepcional de convencê-la do interesse de suas idéias. Tanto mais que ela está sempre declarando sua adesão ao Iluminismo. Durante longas semanas, ela o ouviu, segundo diria mais tarde, como "uma humilde escolar" ouve um "severo pedagogo". Embora a czarina não o diga, mas pense, Diderot não se teria iludido quanto ao poder do filósofo? Não estaria tentando satisfazer um secreto desejo de poder?

Como, felizmente, os costumes haviam mudado desde a época do tirano de Siracusa, "irmão Platão", como o cognomina Voltaire, pôde livremente deixar a Rússia. E não demorou para se dar conta de que o lugar do filósofo não é junto ao soberano. Como suas razões não são as do outro, os dois não têm a menor chance de se entender. A menos que ele se fizesse cortesão, renunciando à própria dignidade. De volta para casa, Diderot está novamente de posse da pena e da liberdade de expressão. Entendeu que o poder intelectual não pode ser diretamente exercido sobre o soberano. É a opinião pública a interlocutora privilegiada do filósofo, e é ela que deve ser ouvida pelo príncipe. Voltaire tinha razão: o governo do mundo transformou-se num jogo a três. Toda vez que ignora essa regra, o intelectual fica à margem.

PRIMEIRA PARTE   O filósofo rei
(1762-1770)

CAPÍTULO I Um prestígio inédito
(verão de 1762-fim de 1764)

Durante o verão de 1762, fica demonstrado que a opinião pública passou a constituir um poder que não pode ser ignorado. Não só porque Voltaire, instalado em Ferney, está conseguindo uma mobilização inédita em favor da família Calas, mas também porque a nova soberana do império russo precisa apagar a mancha que marcou sua ascensão ao trono. Menos, talvez, aos olhos de seus próprios súditos que aos de toda a Europa pensante, nutrida nas idéias de Montesquieu, de Voltaire e da *Enciclopédia*. Seguindo o exemplo de Frederico II, a imperatriz Catarina II entendeu que todo déspota deve pretender-se esclarecido. Para isso, é necessária a bênção dos filósofos, cuja aprovação e mesmo os aplausos constituem uma espécie de nova forma de legitimidade. Por mais que o soberano governe seu povo como bem entende, é de bom-tom dar as costas à tirania do bel-prazer para entrar na modernidade definida pelos filósofos.

Além de Frederico e Catarina, é toda uma nova geração de príncipes e reis que descobre, simultaneamente com muitos de seus súditos, os princípios dessa modernidade. Cada livro de Buffon, d'Alembert, Diderot, Condillac ou Helvétius contribui para a construção do edifício, provocando reflexões e comentários, tanto na França quanto no exterior. Voltaire tem razão ao escrever a d'Alembert: "É a opinião que governa o mundo, e cabe a vós [filósofos] governar a opinião."[1] Mas não precisava se preocupar: os filósofos já governam a opinião da elite. Para convencer-se, basta ler as confidências de Beccaria sobre sua "conversão à filosofia".[2] Cinco anos de leitura dos filósofos promoveram a "revolução em [seu] espírito" que está na origem do famoso livro *Dos delitos e das penas*, publicado em 1764,[3] com a repercussão que sabemos. Embora longe estejam de estar preparados para a conversão filosófica, os soberanos ficam intrigados com essas idéias novas que causam entusiasmo numa minoria ávida de transformar o mundo. Pelo menos no estrangeiro, pois Luís XV, obstinadamente fechado a essas idéias, só demonstra hostilidade em relação aos que as propagam. Mais um motivo para que os filósofos busquem fora da França o reconhecimento que lhes é recusado em seu país.

A década que tem início assiste, portanto, ao surgimento de uma espécie de conivência entre príncipes e filósofos. Aqueles entenderam que é a opinião destes que faz as reputações, e que, a bem de sua própria celebridade e posteridade, nada se equipara aos elogios da república das letras. Em troca, oferecem aos filósofos, à parte as facilidades de praxe, a dignidade e a consideração do soberano, que tanto lhes fazem falta em Paris. Melhor ainda, dão-lhes a ilusão do poder, na expectativa da aplicação de suas idéias. Ao longo de cerca de quinze anos (até que Diderot se desiludisse de Catarina), os filósofos julgaram-se "os professores dos senhores do mundo",[4] até que se deram conta de que não passavam de peões no jogo de seus protetores. No momento, é a moda do príncipe filósofo, e o filósofo se sente o rei. O homem que melhor encarna essa espantosa promoção é um bastardo de quarenta e cinco anos, erudito e homem de letras, membro das duas academias. Seu nome é conhecido em toda a Europa pensante. Ele se chama Jean Le Rond d'Alembert.

PRECEPTOR DO PRÍNCIPE HERDEIRO
(JULHO DE 1762-FEVEREIRO DE 1763)

Há muito era costume confiar a educação do futuro monarca a um homem da Igreja. O que não surpreende, numa monarquia absoluta em que o Mui-Cristão Rei é considerado o representante de Deus em seu reino. Nos últimos anos, contudo, o hábito vem sendo criticado. Por influência do espírito filosófico, são cada vez mais freqüentes os questionamentos sobre valores, superstições e dogmas que os padres pedagogos transmitem a seus alunos reais. Depois da queda dos jesuítas e da publicação do *Emílio*, pode-se inclusive ler na *Correspondência literária*: "Temos de convir que o espírito do Evangelho nunca pôde aliar-se aos princípios de um bom governo. (...) As virtudes que [sua doutrina] ensina não são boas para esta vida; a humanidade, a fé, a esperança, a mortificação do homem velho não são indicadas para formar grandes homens; nem mesmo a caridade (...) pode fazer as vezes de justiça, de humanidade, generosidade e beneficência..."[5]

Já em 1758, a infanta Louise-Élisabeth de Parma, filha querida de Luís XV, então hospedada em Versalhes, escolhe um preceptor francês para cuidar da educação de seu filho Ferdinand, de sete anos. Sem esconder sua aversão pela "padrecada", ela opta pelo filósofo Condillac, calorosamente recomendado pelo duque de Nivernais. Este é um dos raros intermediários entre a corte e o meio filosófico, no qual tem amigos e protegidos. Embaixador em Roma (1748-1751), ele se empenhara a fundo para poupar a Montesquieu o desgosto de ver *O espírito das leis* posto no Índex. Em vão. Dessa vez, é ao filósofo-abade de Condillac que presta serviço. Por mais que este seja o metafísico francês mais influente da época, a etiqueta de enciclopedista que se pespega a seu nome, embora nunca tenha redigido um só artigo, revela-se cada vez menos cômoda.

O abade é, com certeza, filósofo, mas não ateu nem deísta militante. A *Enciclopédia* está no olho do ciclone, e ele considera mais prudente manter-se ao largo. Os emolumentos são apreciáveis, sua posição, honrosa, e é também uma oportunidade de pôr em prática uma pedagogia diretamente derivada da psicologia exposta nas duas obras que o tornaram célebre.[6]

Além disso, ele terá tempo para trabalhar e redigir o *Curso de estudos para a instrução do príncipe de Parma*. Por sua vez, a infanta pode congratular-se por sua "aquisição". O abade não é um filósofo "radical" nem um homem excessivamente inclinado ao zelo religioso. Resolvida a questão, ela escreve ao marido: "Quanto a sua religião, tratei de obter as melhores informações, de várias pessoas;[7] e eram todas exatamente as que poderíamos desejar; apesar desse livro que dizem algo metafísico [o *Tratado das sensações*], creio que não teremos por que nos censurar por essa escolha, nem neste mundo nem no outro; mas devo prevenir-te de que os jesuítas ficaram consternados por mais uma vez perderem entre nós; e não puderam desde logo se queixar, já que a escolha era tão amplamente elogiada. (...) Nosso filho deve ser um bom católico, e não um doutor da Igreja: seria inútil que se empenhasse em estudar todas as controvérsias."[8]

A 20 de março de 1758, quando o abade de Condillac se põe a caminho de Parma, sua missão consiste menos em formar um príncipe filósofo, no novo sentido da palavra, que em impedir que se torne um carola, como tantos príncipes católicos. Instrução, razão e uma fé moderada, eis os objetivos confiados ao abade — e que lhe convêm muito bem. Mas se a escolha de Condillac satisfaz o clã filosófico, não chega propriamente a causar sensação. A notícia é apenas mencionada em breves palavras pelo duque de Luynes.⁹ Mal se pode dizer que se chegou a notar sua ausência. Não só porque o filósofo é um homem discreto e algo solitário, mas sobretudo porque ninguém poderia suspeitar que quisesse subverter a ordem estabelecida. Em contrapartida, quatro anos depois, quando Catarina II convida d'Alembert a ir para a Rússia tornar-se preceptor de seu filho único, Paulo, futuro czar, a notícia causa sensação, espalhando-se por toda a Europa. Os motivos são vários, ligados tanto à personalidade da soberana russa quanto à do filósofo e às circunstâncias de que estava cercado o convite.

*O filósofo contra "a mancha de sangue"*¹⁰

No dia 7 de julho de 1762, a imperatriz de todas as Rússias anuncia oficialmente a morte do marido, Pedro III, de uma "cólica hemorroidal". Uma semana depois do golpe de Estado que a levou ao trono de Ivan o Terrível, Catarina tenta desajeitadamente calar a zombaria nas chancelarias européias. Se as revoluções palacianas já não surpreendem muito nesse país, o regicídio fere o decoro e a moral comum. Acontece que, a dar crédito aos que a conheceram de perto, nela, "um traço domina todos os demais: um terrível apetite de glória".¹¹ Uma testemunha relata esta declaração de Catarina: "Quero ser uma mulher extraordinária, e tenho o pressentimento de que a Europa um dia falará de mim por muito tempo."¹² Pois bem, nem era preciso dizer. Sua glória exige, portanto, que ela tenha a seu lado a opinião esclarecida. Tendo lido *O século de Luís XIV*,¹³ ela entendeu o poder dos homens de letras sobre a posteridade dos reis. Lúcida, sabe perfeitamente que seu surgimento na cena pública foi desastroso. Por mais que proclame sua inocência e se diga "arrasada" com a morte do marido, ninguém lhe dá crédito. Ela reage, então, com uma rapidez surpreendente. Para pôr cobro aos boatos, nada melhor que oferecer garantias aos "filósofos" que se consideram em condições de esclarecer a opinião pública. Trata, então, de chamar a si um dos mais prestigiados, com a missão de criar seu filho de acordo com os princípios do Iluminismo. Em menos de três semanas, d'Alembert recebe três cartas de convite de pessoas próximas de Catarina, escrevendo em seu nome: de Pictet, a 15 de agosto, de Chouvaloff, a 20 de agosto, e de Odar, a 2 de setembro. Mas uma outra carta de Pictet, endereçada a Voltaire nesse mesmo dia 15 de agosto, revela que fora enviado anteriormente ao filósofo um primeiro convite, do qual Voltaire já devia ter tomado conhecimento.[14] Considerando-se os prazos de encaminhamento, cabe supor que essa primeira missiva — hoje perdida — fora redigida já na segunda quinzena de julho. O que mostra que se agia com a possível rapidez.

A carta de Pictet menciona a dupla proposta feita pela imperatriz a d'Alembert: além de convidá-lo a ir educar seu filho, ela abre as portas para que seja concluída na Rússia a impressão da *Enciclopédia*, perseguida em Paris.[15] A carta de Chouvaloff fala apenas desta última proposta, e a de Odar, do preceptorado. Nenhuma dessas cartas insiste nas condições materiais da viagem à Rússia, tendo por objetivo apenas sondar as intenções do filósofo. Chama-se sua atenção para a personalidade ímpar da nova soberana, seu modernismo e sobretudo a grandeza da missão. Criar o príncipe herdeiro dentro dos princípios da filosofia representa uma oportunidade única de pesar no destino do maior país da Europa. Curiosamente, embora o convite de Catarina já seja conhecido da embaixada da França em Petersburgo antes de meados de agosto,[16] nada transpiraria em Paris ou Genebra antes do fim de setembro. D'Alembert rapidamente tomou a decisão de declinar, mas nada chegou até nós de suas reações e reflexões de então. A primeira carta conhecida (mas talvez não a primeira escrita) é a sua resposta negativa a Odar, datada de 16 de setembro.[17] De passagem por Viena, Odar, o piemontês, certamente não foi o primeiro a ser informado das intenções do filósofo. E cabe supor que já estariam bem ensaiados os argumentos para a recusa. À parte alguns detalhes, os mesmos motivos haviam sido invocados dez anos antes para declinar do convite de Frederico para que se instalasse em Berlim, na presidência de sua Academia.[18] D'Alembert invoca seus problemas de saúde, o apego aos amigos e a indiferença às riquezas e honrarias como pretextos para não deixar Paris. E acrescenta duas outras razões, mais definitivas. Primeiro, sua falta de talento para uma tarefa tão difícil: "Há trinta anos venho trabalhando exclusivamente e sem descanso, se assim posso expressar-me, em minha própria educação, e longe estou de me sentir satisfeito com o trabalho."[19] Depois, o desejo de não indispor Frederico, seu "primeiro benfeitor", que o cumulou de atenções sem nada exigir em troca.

Para quem conhece d'Alembert, a recusa é irrevogável. Mas surpreende que nada tenha dito a Voltaire antes de se pronunciar. Limita-se a lhe

anunciar sua decisão a 25 de setembro, como uma notícia sem maiores
conseqüências, e de forma espirituosa: "Sabia que me foi proposta, a
mim, que não tenho a honra de ser jesuíta, a educação do grão-duque da
Rússia? Mas sofro excessivamente de hemorróidas, elas são por demais
perigosas naquele país, e eu quero sofrer do traseiro com toda segurança."[20] No mesmo dia, Voltaire, informado por Chouvaloff, escreve a
d'Alembert como se já estivesse antecipadamente convencido de sua resposta: "Ei-lo, assim, entre Frederico e Catarina (...), o senhor permane-
cerá na França." Entretanto, aquilatando talvez melhor que o próprio
d'Alembert o alcance da proposta, logo trata de acrescentar: "Seria bom
deixar claro que, se a superstição e a tolice contristam a face do vosso
belo país, os vândalos e os citas disputam o privilégio de vingar os Sócrates dos Ânitos."[21] Desse modo, matavam-se dois coelhos de uma só caja-
dada: o prestígio da filosofia no estrangeiro é proporcional a sua vergo-
nhosa perseguição em Versalhes! D'Alembert compreende e aquiesce:
"Toda a Europa precisa saber que a verdade perseguida pelos burgueses
de Paris [?] encontra asilo entre soberanos que deveriam vir buscá-la aqui;
e que a luz, expulsa pelo vento do Sul, dispõe-se a se refugiar no norte da
Europa, para de lá refluir em seguida contra seus perseguidores, seja es-
clarecendo-os, seja esmagando-os."[22]

Na verdade, o golpe é triplo. E Catarina também se dá conta dos benefícios. Apresentando-se como aliada dos filósofos, ela consegue que
sejam esquecidas as condições de sua ascensão ao trono. Três meses mais
tarde, apenas, d'Alembert escreve a Voltaire, não sem certa ingenuidade:
"A filosofia já começa muito sensivelmente a conquistar os tronos. (...)
Seu antigo discípulo [Frederico] deu início ao movimento, a rainha da
Suécia foi adiante e Catarina imita a ambos, e talvez venha a fazer melhor
ainda."[23] O caso poderia ter ficado por aí, para satisfação das duas partes,
se a própria Catarina não tivesse chutado de novo a bola, reiterando, a
13 de novembro, o convite a d'Alembert. Dessa vez, em carta de próprio
punho. Ela responde aos argumentos enunciados na carta a Odar e tenta
chamar a atenção para a incoerência da recusa de d'Alembert: "Ter nascido ou ser chamado para contribuir para a felicidade e mesmo a instrução de um povo inteiro, e a isto renunciar, é como se recusar a fazer o
bem que o senhor toma a peito. Sua filosofia baseia-se na humanidade;
permita-me dizer-lhe que não se dispor a servi-la quando poderia fazê-lo
é faltar a sua meta."[24] Este ataque algo rude é seguido de palavras mais

amenas. Como d'Alembert se diz por demais afeiçoado aos amigos para deixá-los, não seja por isto: "Venha com todos os seus amigos, prometo-lhe, e também a eles, todas as comodidades e facilidades que dependam de mim, e talvez encontrem mais liberdade e tranqüilidade que em seu país."[25] Delicada, ela evita abordar a questão das condições materiais do compromisso, mandando, com sua carta, um bilhete do preceptor do pequeno príncipe, o senhor de Panin. Este limita-se a assinalar que as intenções da imperatriz atenderão aos desejos e méritos de d'Alembert. Subentendido: pode exigir o que bem quiser.

A *tentação do filósofo*

Antes mesmo de receber a carta de Catarina, d'Alembert vê a proposta ser dada a público no início de novembro. Seus amigos do *Jornal Enciclopédico*[26] publicaram uma "Carta escrita de Petersburgo", anônima, justificando o golpe de Estado de Catarina e anunciando o convite a d'Alembert, tudo acompanhado de lisonjeiras afirmações do *Jornal* a respeito deste último. Talvez um pouco demais para o gosto de d'Alembert, que esclarece a Voltaire: "Os jornalistas acrescentaram uma nota, dizendo, muito fora de propósito, que eu sou *tão caro à França* quanto à Rússia. (...) *Caro à França*, tudo me prova que não tenho a honra de ser."[27] Com ou sem jornal, o boato começa a se espalhar. É muito grande o número de pessoas informadas para que a proposta continue em segredo. No dia 27 de novembro, Rousseau trata de comunicar a Milord Maréchal, personagem muito próximo de Frederico, a notícia recebida de Rulhière. Não sem sarcasmo: "D'Alembert [tem] filosofia, conhecimento e muito espírito, mas se viesse a criar esse menino, não faria dele um conquistador nem um sábio, mas um *Arlequim*."[28] Numa palavra, o perseguido autor do *Emílio* não poderia dizer mais claramente que considera seu antigo colega da *Enciclopédia* um bufão. É uma das raras notas discordantes conhecidas a respeito desse episódio.

Ao receber a carta de Catarina, d'Alembert apressa-se a responder. Sustenta a recusa, mas tratando de enfeitá-la. A imperatriz, apesar de descontente com a evasiva, deve ter gostado de ser chamada de "princesa esclarecida, corajosa e filósofa (fenômeno tão raro no trono)".[29] Obstinada, ela tenta uma última investida, com argumentos bem concretos. Incumbe seu embaixador, Soltikov, de oferecer a d'Alembert 100.000 libras de emolumentos, sendo os fundos, ao fim dos seis anos de duração do preceptorado, garantidos vitaliciamente em terras, casas ou outros bens a serem comprados na França por determinação do beneficiário, tratamento em tudo semelhante ao merecido pelos embaixadores, com privilégios e imunidades; e, para terminar, "um magnífico palacete".[30] D'Alembert se teria arrependido ou acaso sofreu, como se chegou a dizer, pressões do ministro Choiseul?[31] O fato é que, antes e depois de receber a oferta de Soltikov com detalhamento dos valores,[32] ele pede a opinião de dois de seus mais velhos amigos (e não a de Voltaire): o presidente Hénault e o abade de Canaye. O primeiro, homem da corte, recomenda-lhe vivamente que aceite. Lembra-lhe que é um homem só (sem protetor), pobre, cercado de inimigos e invejosos. Trata-se de uma excelente oportunidade de ficar ao abrigo tanto dos malvados quanto da precariedade. Terá toda liberdade para se casar, se assim o desejar, e sobretudo, essa ilustre decisão o colocaria "à parte".[33] O segundo é um amigo íntimo, um dos mentores de sua juventude, um homem desinteressado, fino, cultivado, que prefere a sombra à luz.[34] Foi a ele que d'Alembert dedicou seu *Ensaio sobre a sociedade dos homens de letras e dos grandes*, verdadeiro código de honra dos intelectuais da segunda metade do século XVIII. Dessa vez, d'Alembert relatou ao correspondente as propostas mirabolantes feitas por Catarina por intermédio de Soltikov. A afetuosa resposta de Canaye é negativa. Depois de frisar a instabilidade da Rússia ("o país mais vulnerável a revoluções em todo o mundo"), o abade aborda o essencial: a questão ética. "Tendo resistido às instâncias infinitamente honrosas de uma imperatriz (...), o senhor acabaria cedendo a ofertas a que só cedem almas vãs e interessadas." Ele explica então o que significaria uma reviravolta: "Cedo apenas frente ao dinheiro e ao luxo, depois de ter resistido a simples pedidos; não seria capaz de agüentar o clima, até que começaram a falar de fortuna, e de repente esse mesmo clima nada mais tem que me assuste; a quem devo mudança tão propícia? A cem mil libras de renda, a muitos criados."[35] Concluindo, diz que talvez o chamem de extravagante se tiver a sabedoria de resistir, mas que não poderá ser acusado de venalidade nem de indignidade. Em suma, é preciso que se mantenha fiel à deontologia da república das letras, por ele mesmo enunciada dez anos antes, e que lhe valeu a admiração dos pares.

Ao que parece, d'Alembert não esperou a carta de Canaye para manifestar sua definitiva recusa a Soltikov.[36] Ele conhecia melhor que ninguém os argumentos do amigo. Além disso, sem nunca se ter mudado da casa de sua ama-de-leite, detestava a idéia de ter de mudar de hábitos. Instalar-se a "oitocentas léguas" de Paris deve ter-lhe parecido algo absolutamente inviável. Tanto mais que, entre os "amigos" que o prendem à capital, encontra-se sua querida Julie de Lespinasse, pela qual está secretamente apaixonado. Há vários anos, ela é a principal atração do salão da Sra. du Deffand. Sem sua presença, ele já teria espaçado suas visitas.[37] No momento em que recusa o convite de Catarina II, cabe imaginar que os principais guardiões de sua virtude tenham sido a ternura por sua ama-de-leite e o amor por Julie!

Uma publicidade considerável

Ela esteve à altura da excepcional proposta declinada, beneficiando ambos os protagonistas. A 24 de janeiro de 1763, a Academia Francesa dá a público o convite da imperatriz, decidindo transcrever integralmente em seus registros a carta de Catarina.[38] A iniciativa é suficientemente rara para que se suponha uma intervenção amigável de Duclos, secretário perpétuo, recém-reconciliado com d'Alembert. Os registros limitam-se a indicar: "O Sr. d'Alembert transmitiu à Academia uma carta recebida da czarina. A Companhia considerou indicado mandá-la transcrever em seus registros, como algo honroso para um de seus membros e para as letras." A carta é seguida apenas deste comentário: "O Sr. d'Alembert recusou."

A partir daí, a carta de Catarina é copiada e reproduzida em múltiplos exemplares. O amigo Grimm foi inclusive mais longe que a Academia em sua polidez, publicando-a já na primeira edição da *Correspondência Literária* (secreta, é bem verdade!), de janeiro de 1763. E acrescenta estas palavras amáveis: "O que transparece desta carta, que tanto honra a filosofia e tanto deve honrar todos aqueles que a cultivam, é que o Sr. d'Alembert alegou, entre os motivos de sua primeira recusa, suas obrigações com o rei da Prússia [que já o convidara a ser o presidente de sua Academia de Berlim]. (...) Quanto ao resto, o Sr. d'Alembert persiste em sua recusa; mas não lhe terá sido fácil responder à carta da imperatriz. Esta princesa distinguiu os primeiros momentos de sua ascensão ao trono da Rússia por seu gosto pelas letras e pela filosofia."[39] Além de ter esquecido completamente as sangrentas condições da ascensão da czarina ao poder (embora essa *Correspondência* esteja endereçada, é bem verdade, apenas a príncipes e reis), o redator parece ignorar as prodigiosas condições enumeradas por Solitkov em nome de Catarina. O suficiente para empalidecer de inveja toda a república das letras da França e de outros países. Ele também ignora, portanto, a terceira recusa de d'Alembert, fonte de toda a sua glória. Se Bachaumont só a 20 de janeiro publica a famosa carta de 13 de novembro, é, ainda assim, um dos raros[40] a anunciar a seus leitores, já a 31 de janeiro, as vantagens associadas ao convite. Aparentemente, ainda ignorava a decisão final de d'Alembert, pois aguardará até 15 de fevereiro para dar a informação: "O Sr. d'Alembert esquivou-se decididamente às instâncias da imperatriz das Rússias."[41]

Divulgada a terceira recusa, cada um trata de externar seu ponto de vista. Bachaumont, que não gosta de d'Alembert, acredita que errou: "Muitas pessoas consideram que ele deveria ter aceitado e que o próprio governo lhe poderia ter insinuado a utilidade que teria para nós nessa Corte [as relações entre Catarina e a França não eram das melhores]. Mas teria d'Alembert o talento necessário para a educação de um príncipe? Seria um político, um homem feito para viver junto aos reis? É um Diógenes, que precisa ficar em seu tonel."[42] Em sentido inverso, Lenieps aprecia a firmeza do filósofo, fustigando os que o criticam: "Homens que só conhecem o interesse (...), cujos costumes são depravados, que nunca conheceram o preço da vida, da saúde, da independência e da amizade."[43] Rulhière tem a mesma reação ao receber a notícia em Moscou.[44] Se toda a corte em Versalhes não tem outro assunto,[45] é Voltaire, mais uma vez, quem dá o tom. Depois de quatro meses de silêncio sobre o caso, ele escreve a d'Alembert uma carta ostensiva, destinada à publicação. Ela tem o objetivo de honrar a filosofia e Catarina, mas também de assestar um golpe nas autoridades francesas que perseguem os homens de letras. "Parece-me", diz ele, "que se certos pedantes atacaram a filosofia na França, não se saíram bem, e que ela fez uma aliança com as potências do Norte. Esta bela carta da imperatriz da Rússia bem lhes serve de vingança. Assemelha-se à carta que Filipe escreveu a Aristóteles, com a diferença de que Aristóteles teve a honra de aceitar a educação de Alexandre, e que o senhor tem a glória de recusá-la." Situando d'Alembert acima de Aristóteles por ter recusado o convite da soberana, Voltaire reafirma a necessária independência do filósofo frente ao poder. O que não o impede de louvar a soberana por buscar o filósofo: "Nunca teria imaginado que um dia se escreveriam cartas desse teor de Moscou a um acadêmico de Paris. (...) Que bela carta, esta, de Catarina! (...) Se as princesas começarem a cultivar também seu espírito, a lei sálica não levará a melhor. O senhor não se deu conta de que os grandes exemplos e as grandes lições muitas vezes nos vêm do Norte?"[46]

D'Alembert está nas nuvens, e por sua vez entoa também o hino a Catarina: "Começo a crer, meu caro e ilustre mestre, que o fanatismo pode ter o mesmo destino que o Império Romano, sendo destruído pelos tártaros. Os soberanos da zona glacial darão esse grande exemplo aos príncipes das zonas temperadas; e Fontenelle teria dito a Catarina que ela está destinada a ser a aurora *Boreal* da Europa. (...) No Sul, a filosofia perseguida, vilipendiada no teatro; no fundo do Norte, uma princesa que a protege e a cultiva."[47]

Catarina, por sua vez, devia estar satisfeita. Os homens de letras só têm elogios para ela. Caíram no esquecimento o golpe de Estado e o regicídio! Só se fala, agora, de suas luzes e de sua generosidade! Em Paris, tenta-se imaginar quem será o substituto de d'Alembert na Rússia. São mencionados os nomes de Saurin e Marmontel, dois homens ao que tudo indica menos exigentes que o erudito. Mas seria conhecer mal a imperatriz. Ela pretendia atrair o mais prestigiado, e não está interessada em glórias apagadas. Na verdade, a czarina ficou melindrada e ressentida com a recusa de d'Alembert. Embora não deixe de agradecer-lhe, cortês, por seus novos trabalhos, cada uma de suas cartas deixa escapar, aqui e ali, algum gesto de recriminação ou frieza. De 1763 a 1767, cerca de uma dezena delas chegou até nós, sempre destituídas do calor de que Catarina é capaz. Dez anos depois de se esquivar, d'Alembert pagaria a conta na forma de um seco não a um pedido de clemência para oficiais franceses retidos na Sibéria. Como se ela estivesse apenas esperando aquela oportunidade para colocar novamente o filósofo em seu devido lugar.

Por enquanto, d'Alembert não suspeita do ressentimento da czarina. Tanto mais que, mal se havia fechado esse glorioso capítulo, um outro logo se abriu em seu rastro. A Guerra dos Sete Anos acaba de chegar ao fim, e d'Alembert finalmente pode cumprir a promessa de visitar Frederico em Berlim. Como o rei da Prússia sempre se mostrou de uma rara elegância com ele,[48] chegou a hora de provar-lhe sua gratidão. E sua preferência. Mas um acadêmico não pode sair da França a seu bel-prazer, sobretudo para prestar homenagem ao vencedor.

A MODA DAS VIAGENS AO ESTRANGEIRO

Antes de 1750, os intelectuais e particularmente os acadêmicos viajam pouco ao exterior. As viagens são caras e desconfortáveis. À exceção de Montesquieu, de Voltaire e do presidente de Brosses, são raros os que se aventuram pelas estradas ruins sem ter sido expressamente convidados, e mesmo obrigados. Foi o caso do impecunioso astrônomo Joseph Nicolas Delisle (e de seu irmão mais moço, Louis), que se exilou durante mais de vinte anos na Academia de São Petersburgo (1725-1747), e também do célebre Maupertuis, que aceitou em 1745 presidir a Academia de Frederico em Berlim. A partir da década de 1750, as mentalidades mudam. A viagem ao exterior é ornada de virtudes pedagógicas e culturais. Grandes aristocratas querem aperfeiçoar a instrução de seus filhos fazendo-os viajar, devidamente acompanhados, pelo norte ou pelo sul da Europa. Ambos acadêmicos, o marechal de Belle-Isle e o duque de Nivernais decidem de comum acordo, em 1754, enviar seu filho e genro, o conde de Gisors, em visita à Inglaterra, à Áustria, à Alemanha e aos países escandinavos. Dez anos depois, é a duquesa de La Rochefoucauld d'Enville que prepara cuidadosamente a viagem de seu filho pela Itália. É bem verdade que, nesse meio-tempo, o grande passeio pela Itália tornou-se um imperativo não só para os filhos das grandes famílias, que viajam com uma escolta impressionante,[49] mas para todos que querem dar mostra de curiosidade, ou seja, de cultura. La Condamine, a Sra. du Boccage, Grosley, o abade Morellet e alguns outros atravessam os Alpes e estabelecem uma rede de conhecimentos pela qual serão recebidos seus seguidores. E a desforra será dada quando os italianos forem a Paris, a partir das décadas de 1760 e 1770.

Nesse ano de 1763, não é tanto a Itália que atrai os acadêmicos franceses, mas a Inglaterra, que se tornou acessível desde que nosso embaixador, o duque de Nivernais, lá negociou o tratado de paz assinado a 10 de fevereiro. Por motivos de ordem científica ou simplesmente turística, vários membros da Academia de Ciências decidiram atravessar a Mancha. Exatamente como Duclos, secretário perpétuo da Academia Francesa, que também escolheu essa época para "curar-se do desejo de conhecer a Inglaterra",[50] em companhia da condessa de Boufflers. D'Alembert, que pertence às duas academias, precisa negociar com ambas para tomar, por sua vez, o rumo da Prússia, e atender ao rei. Tanto mais que a Academia de Ciências, em particular, não gosta muito de ver se ausentarem simultaneamente vários de seus membros. Embora se mostre muito menos presente nela que na Academia Francesa, d'Alembert é obrigado a se entender com Fouchy, seu secretário. Em contrapartida, foi provavelmente Duclos que lhe solicitou que estivesse presente na Academia Francesa durante sua própria ausência, de meados de abril ao fim de maio. Substituir o secretário perpétuo durante seis semanas é uma sorte que não se recusa, quando se tem secretamente o desejo de sucedê-lo um dia.

A 7 de março de 1763, d'Alembert escreve a Frederico que aguarda apenas suas ordens para ir manifestar-lhe pessoalmente sua gratidão e receber o estímulo necessário para concluir seus *Elementos de filosofia*.[51] A seus olhos, ele é o único rei filósofo da Europa, o único com o qual se pode falar de igual para igual, pelo menos no que diz respeito à filosofia. A 14 de abril, Frederico marca encontro com ele em junho ou julho na região de Clèves,[52] para seguirem juntos para Berlim. D'Alembert imediatamente responde que irá a Wesel ao primeiro sinal do rei. E acrescenta, não sem certa bajulação: "Existem reis dos quais *os filósofos zombam*, a filosofia, meu senhor, respeita quem deve, estima quem pode e se atém a isto. Mas se alguma vez (...) ela ousasse rir em silêncio à custa dos senhores deste mundo (...), a filosofia haveria de me parecer bem pouco *filósofa*, se cometesse a tolice de zombar de um rei como o senhor."[53]

Enquanto não chega essa reunião de cúpula entre o rei e o filósofo, outros acadêmicos que não pertencem à "seita" filosófica fazem as malas para visitar a Inglaterra. Sua viagem não tem o sentido nem o brilho da viagem de d'Alembert à Prússia.

Excursões inglesas

Mal secou a tinta do tratado de paz, e o astrônomo Jérôme Lalande é o primeiro a deixar Paris. A 4 de março, munido de cerca de quarenta recomendações, esse curioso de tudo toma o rumo da Inglaterra. Seu objetivo é triplo: ver o máximo de coisas e de pessoas, instruir-se sobre os avanços da ciência e da técnica inglesas e comprar instrumentos de mensuração, considerados os melhores do mundo. Graças ao diário[54] que mantém, sabemos quase hora a hora o que faz e com quem se encontra. Sua reputação já era conhecida no mundo erudito londrino, que o recebe como um dos seus. Designado *fellow* da Royal Society e membro da Sociedade das Artes, Lalande é convidado para jantar e cear por seus prestigiosos colegas: lorde Morton, Maskelyne, diretor do observatório de Greenwich, os célebres Pringle e Bevis, o físico Lespinas, o doutor Maty, Wilson, "primeiro eletrizante da Inglaterra",[55] o astrônomo matemático Walmesley, que esteve na França em 1749, Knight, o especialista em magnetismo, e o óptico Short. Ele visita as oficinas dos fabricantes de instrumentos (Short, Sisson, Bird), em busca do melhor micrômetro, cronômetro marinho e quarto de círculo. Embora freqüente o palacete de Nivernais, que faz as vezes de embaixada da França, hospeda-se com os locais e se encontra com poucos grandes aristocratas ingleses. À parte lorde Morton e o conde Macclesfield, ligado à Royal Society e à Academia de Ciências, Lalande encontra-se sobretudo com seus pares, visitando Londres como simples turista. Suas visitas à corte do rei ou à da princesa de Gales[56] em nada diferem das visitas de particulares que chegam em grupos com data marcada. Só na véspera de seu retorno é que o cavaleiro de Éon, adido da embaixada, o apresenta oficialmente ao soberano,[57] aproveitando Lalande a oportunidade para oferecer-lhe um exemplar do *Conhecimento dos tempos*,[58] acompanhado de um cumprimento.

A chegada de Duclos, a 23 de abril, no séquito da condessa de Boufflers, anglófila e anglófona, tampouco causa grande sensação. O secretário perpétuo acomoda-se modestamente em Picadilly, onde aluga, a 26 shillings por semana, duas pequenas peças e uma água-furtada para seu doméstico. Veio a Londres apenas pelo prazer da descoberta. A Sra. de Boufflers o leva aos espetáculos e Lalande passeia com ele pela cidade e pela corte. Os dois, que não freqüentam a mesma sociedade em Paris, certamente nunca conviveram tanto quanto naquelas poucas semanas em Londres. É bem verdade que a Academia Francesa e a Academia de Ciências não recrutam exatamente no mesmo meio, com raras exceções. Mas, por maior que seja, para Lalande, a sorte de poder estreitar laços com o poderoso secretário perpétuo, seu interesse imediato é outro. Desde o dia 10 de abril[59] ele sabe — provavelmente por meio de Nivernais ou Éon — que a Academia de Ciências designou Camus, matemático e hábil mecânico, e o genial relojoeiro Ferdinand Berthoud para examinar o relógio marinho de Harrison, que descobrira (como aliás o próprio Berthoud[60]) como medir o grau de longitude em pleno mar. Essa descoberta fundamental para a navegação, especialmente para a marinha de guerra, explica a rapidez inusitada com que o governo e a Academia designaram nossos observadores e os enviaram a Londres. Oficialmente designados a 16 de abril, eles chegam à capital inglesa a 1º de maio e são imediatamente recebidos na embaixada pelo duque de Nivernais.

À leitura do diário de Lalande, percebe-se que Berthoud o interessa muito mais que Duclos ou mesmo seu colega Camus. À espera do grande dia da demonstração de Harrison, o astrônomo, apaixonado pelos problemas de navegação, não se afasta mais do relojoeiro. Leva-o por toda a parte, visitando com ele os artesãos e cientistas de seu conhecimento. Quando, a 11 de maio, La Condamin[61] por sua vez desembarca em Londres, um verdadeiro comando de acadêmicos franceses passa a freqüentar a Royal Society e seus membros. Infelizmente, a missão científica de Camus e Berthoud é tornada nula pelo mau humor de Harrison, que, indignado pelo fato de seu governo condicionar a remuneração prometida a um novo exame na presença dos rivais franceses, decide não mostrar nada. Lalande não deixa transparecer sua decepção e a dos colegas (Camus, Berthoud e La Condamine), continuando a levar com eles uma intensa vida social e turística. No momento em que La Condamine provoca um belo escândalo, noticiado pelas gazetas, convidando duas moças ao quarto que aluga, e cuja proprietária chega a acusá-lo de a ter ameaçado com um canivete (?), Lalande e seus dois compadres deixam Londres por volta de 10 de junho, três semanas depois de Duclos, munidos de uma nova rede de correspondentes científicos de primeira categoria. Berthoud foi inclusive eleito para a Royal Society por recomendação de cientistas amigos ingleses e franceses, como era de praxe.[62] Honra que só lhe seria prestada na França, pelo Instituto, em 1795.

Essa viagem dos cientistas franceses, apesar de acompanhados pelo secretário perpétuo da Academia Francesa, não teve grande repercussão em Paris. Nenhum deles pode ser considerado um "filósofo", o que os priva da aura de que está cercado o título. Do lado inglês, a desconfiança hereditária em relação aos franceses e sobretudo um soberano desprezo pela inútil metafísica não inclinavam propriamente à admiração pelos filósofos. O pragmatismo inglês não tinha qualquer interesse pelo pensamento, pela cultura e pela arte francesa da conversação. Disso se queixa Caraccioli, ministro plenipotenciário de Nápoles em Londres de 1764 a 1771, escrevendo a seu amigo, o padre Frisi. Às vésperas de deixar Londres para assumir seu novo posto em Paris, ele constata que a vida intelectual inglesa é bem tediosa. O que não chega a surpreender, quando é tão pequeno o interesse pela história e ainda menor pela teologia, pela metafísica, pela Antigüidade e pelas línguas da erudição. Os ingleses são apaixonados pela "história natural e pela parte da física considerada *útil*, por exemplo, a química".[63] "Útil", no caso, quer dizer rentável em termos de comércio e lucros. Os adeptos dessa ciência aplicada não evidenciam, assim, qualquer atração especial pelas pesquisas sofisticadas e abstratas dos Euler, de d'Alembert e de Bernoulli, privando-os do prestígio que merecem no continente. O que também explica que o filósofo e matemático d'Alembert tenha tido tão poucos correspondentes ingleses e nunca tenha manifestado o menor desejo de atravessar o canal da Mancha.

Por enquanto, o balanço da expedição londrina dos franceses não chega a ser glorioso. À exceção de Duclos, cujo único objetivo era o próprio prazer, nenhum dos quatro cientistas contribuiu realmente para melhorar a reputação nacional. Camus e Berthoud viajaram à toa, e mesmo, no dizer de Lalande (que não pode ser acusado, aqui, de maledicência!), são alvo de críticas "entre os relojoeiros, sobretudo o Sr. Berthoud".[64] Mais inconvenientes para a honra de nossos cientistas foram as travessuras de La Condamine, que fizeram as delícias das gazetas daqui e de lá. Antes mesmo de seus problemas com a locadora, suas aventuras londrinas já eram motivo de riso: "O Sr. de La Condamine percorria as ruas munido de um guarda-chuva, uma corneta para o ouvido,[65] um telescópio, um compasso e um mapa de Londres sempre desdobrado. Suas perguntas se multiplicavam na exata proporção do seu desconhecimento da língua do país. (...) Dizem que, nos teatros de Londres que servem ao divertimento do populacho, ele era representado em roupas ridículas e com toda a parafernália que carregava pelas ruas de Londres."[66] Mas o cúmulo do ridículo foi atingido quando La Condamine, farto dos métodos de sua hospedeira, publicou em vários jornais d'além Mancha um *Apelo à nação inglesa* que seria imediatamente traduzido e publicado na França: "Nada há de mais absurdo que essa peça: nela, o autor situa essa nação abaixo dos selvagens e dos bárbaros entre os quais viajou. Cabe esperar que recaia sobre ele um ridículo irrevogável."[67] A reação não se fez esperar. Dias depois, os *Mémoires secrets* anunciam a seus leitores: "Os ingleses imprimiram uma *Resposta ao Apelo do Sr. de La Condamine* na qual sua afronta é tratada como merece. Todo mundo encarou essa iniciativa desse francês como uma extravagância."[68]

Nem mesmo Lalande escapou às críticas. Embora julgasse ter estabelecido autênticos laços de amizade com milord Morton — que se tornara presidente da Royal Society em 1764 —, o fato é que Morton diz cobras e lagartos a respeito do astrônomo francês. Em sua viagem a Londres, no verão de 1766, Frisi observa em duas oportunidades as recriminações de Morton contra Lalande: [69] um homem negligente, com o qual não se pode contar.[70]

O mínimo que se pode dizer é que os franceses não haviam causado boa impressão em Londres.

D'ALEMBERT FESTEJADO POR FREDERICO
(VERÃO DE 1763)

D'Alembert não gosta de viajar. É algo que perturba seus hábitos e o angustia. É necessário um imperativo categórico para que se decida a deixar seu arraial. Vontade e curiosidade não bastam para fazê-lo botar o pé na estrada, exceto nas férias estivais em casa de amigos perto de Paris. Nem mesmo seu real desejo de conhecer a Itália será suficiente para arrancá-lo de seu gabinete. Três vezes se terá apresentado a oportunidade de fazer essa viagem com amigos íntimos (Morellet em 1758, Watelet em 1763 e Condorcet em 1770), e, a cada vez, ele encontra os melhores pretextos para não partir. As duas únicas viagens que empreendeu até então datam de 1755 e de 1756. A primeira já tivera o objetivo de agradecer a Frederico por suas numerosas cortesias, especialmente a pensão de 1.200 libras que o ajudava a viver. Ele partira, então, em junho, ao encontro do rei em Wesel, para passar alguns dias em sua companhia.[71] A segunda, no ano seguinte, foi para encontrar Voltaire nas Délices. Viagem amistosa e estratégica, que pesará em suas orientações futuras, assinalando o início de uma amizade das mais estreitas entre o cidadão de Ferney e ele.[72] Ao passo que essas duas viagens às fronteiras da França haviam durado apenas algumas semanas, a que ele se preparava para iniciar anunciava-se mais longa e mais distante. Uma vez nas terras de Frederico, será necessário viver no seu ritmo e obter sua autorização para voltar. Para um espírito independente como ele, não parece um projeto assim tão atraente.

Enquanto espera a volta de Duclos, prevista para o fim de maio, d'Alembert não perde uma sessão da Academia Francesa e prepara-se para a partida. Voltaire, que ficou sabendo da viagem, convida-o a passar por Genebra,[73] aparentemente sem grande esperança de ser ouvido. A 17 de maio, d'Alembert pede a Luís XV autorização para se encontrar com Frederico em Wesel e permanecer três meses com ele. A permissão é concedida, como atesta a carta de Saint-Florentin, ministro da Casa do Rei, da qual dependem as academias.[74] Finalmente, em carta de 31 de maio, Frederico marca encontro com ele para o dia 8 de junho. Uma evidente ansiedade transparece na carta que ele imediatamente envia ao amigo Watelet:

> *Acabo de receber, meu caro Watelet, uma carta do rei da Prússia, que estará no dia 8 em Wesel; desse modo, vejo-me obrigado a partir às pressas, sem poder abraçá-lo, pois não disponho sequer de três dias para fazer meus preparativos. Fiz (para o caso de um acidente) meu testamento, pelo qual o torno meu herdeiro universal. A Sra. Rousseau [sua ama-de-leite, em cuja casa ainda vivia] haverá de pô-lo imediatamente em suas mãos se eu vier a morrer, o que espero não aconteça. Você verá minhas disposições, que não são tão grandes assim. Duvido que encontre motivo de satisfação, mas conto com sua amizade; espero que cumpra as instruções de seu amigo e que não deixe passarem necessidades, quando eu não estiver mais aqui, as pessoas que lhe recomendo; minha única preocupação seria morrer sem deixar-lhes o pão cotidiano. Adeus, escreverei novamente antes de partir.*[75]

Na hora da partida, ele é tomado pelo medo de morrer. Tem uma só obsessão: não deixar sua mãe adotiva, a única que amou, passar necessidades. Felizmente, Watelet é um amigo fiel, e ademais rico, no qual ele deposita total confiança.

O encontro

Não conhecemos a data exata de sua partida de Paris,[76] mas sabemos que ele chegou ao encontro na noite de 9 para 10 de junho. O que sabemos de sua viagem e da estada vem essencialmente de sua correspondência com Julie de Lespinasse:[77] mais de trinta cartas puramente descritivas, como se tivesse havido a preocupação de escoimá-las de qualquer detalhe pessoal e íntimo. Cartas que mais se parecem com um diário de viagem para fins ostensivos do que com uma troca amistosa e mesmo terna.

A primeira carta é datada de Gueldre, 10 de junho. Frederico e seu séquito são esperados na cidade com arcos de triunfo. Ele deu ordens para que d'Alembert seja recebido com todas as cortesias imagináveis.[78] No dia seguinte, o encontro tão esperado provoca real emoção no filósofo: "Enfim pude vê-lo, esse grande e digno rei, ainda mais alto que a idéia que dele façamos. (...) Não posso expressar o sentimento que experimentei ao vê-lo: meus olhos se encheram de lágrimas."[79] Frederico é todo encantos: cuidados, simplicidade, inteligência. D'Alembert parece surpreso e comovido por ser tratado quase como um igual pelo rei e por seus irmãos. Ignorado e mesmo desprezado pelo rei da França, maltratado pelas autoridades, percebe-se que tem dificuldade de acreditar no que está vendo: jantar durante três horas com Frederico (que geralmente permanece apenas meia hora à mesa!), longas conversas particulares, nas quais se fala de tudo sem formalidades, inclusive de filosofia e política, passeios a dois... O maior guerreiro da Europa, o monarca mais brilhante da época, seduz o filósofo, oferecendo prodigamente seu tempo e seu interesse. Trata-o como amigo, quase como se fosse da família, quando viajam juntos para Potsdam. Os dois hospedam-se por alguns dias na residência do duque e da duquesa de Brunswick — ela é irmã do rei —, e o cumulam "de todos os sinais possíveis de bondade. Não há manifestação de boas-vindas com que não me tenham favorecido. A duquesa me instalou para jantar e cear à mesa de frente para ela e para o rei, seu irmão. Havia nesse jantar apenas a família ducal, o rei e o príncipe da Prússia com seu preceptor."[80]

D'Alembert fica deslumbrado e trata de mostrar todo o brilho de que é capaz — e Deus sabe que não é pouco — para seduzir os anfitriões: "Cuidei de ser da melhor companhia possível, e me pareceu que não ficaram insatisfeitos comigo." Era um encantamento que quase apagava a diferença de posições. Quando vem a ser convidado a dançar pelas próprias princesas — o que ele declina —, Jean Le Rond quase chega a esquecer que é um bastardo. Com toda evidência, está vivendo momentos inesquecíveis. Inimagináveis na França.

Chegando a Sans-Souci, d'Alembert é hospedado no castelo, "belíssimo, e de muito bom gosto". Dispõe do "mais belo quarto do mundo, cercado de belos móveis e belos quadros, [com] a mais bela vista do mundo". O rei está de bom humor, levando-o a conhecer sua biblioteca, "pouco numerosa, mas bem escolhida", sua galeria de quadros, "de uma rara beleza", e oferecendo-lhe um admirável concerto de flauta. Frederico pede notícias de Paris e de Voltaire, lembra-se de Maupertuis e da Sra. du Deffand. Os dois zombam da mais recente "tolice francesa", o decreto do parlamento de Paris contra a inoculação, já adotada em toda a Europa protestante. Milord Marechal e o marquês d'Argens, que privam da intimidade do rei, vão mais longe: daqui a pouco o parlamento proibirá que os homens façam a barba, pois é contra a natureza e contra a religião! Os quatro estão perfeitamente afinados: excelente companhia e "autênticos filósofos". O rei de nada se exime para seduzir, inclusive com uma certa hipocrisia, pela qual d'Alembert parece deixar-se iludir: "Gostaria que pudesse ouvir esse príncipe: ficaria encantada com a verdade de suas idéias, de seu gosto e sobretudo *da maneira como fala dos inimigos* [especialmente os franceses], cujos *erros desculpa* e dos quais chega até a explicar, com uma aparência de honradez, as más inclinações a seu respeito."[81] Conhecendo-se o cinismo, a ironia e até a crueldade de Frederico, não se pode deixar de admirar o desempenho do ator.

A vida nos domínios do rei é muito simples: "Levantamo-nos quando queremos; pela manhã, escrevemos, lemos ou passeamos; ao meio-dia e meia, o rei almoça com o sobrinho, um ou dois generais, Milord Marechal, o marquês d'Argens e eu; ficamos à mesa cerca de duas horas, das quais ele fala uma [sic] sem comer; em seguida, ele se retira e às vezes passeia, à tarde, com aquele de nós com o qual se encontra, ou então passeia sozinho; ceamos às nove horas e vamos deitar às onze ou à meia-noite, o mais tardar, de acordo com o prolongamento da conversa."[82] Regime austero, nos antípodas da corte de Versalhes, que logo começará a parecer pesado a d'Alembert. Essa sociedade limitada, essa solidão que não é solitária, esse confinamento em Sans-Souci provocam tédio. Basta que o rei permaneça em seus aposentos, sem se dignar a aparecer nas refeições, para ser um tédio bem real.

Por que tantos obséquios de Frederico para com o filósofo? Por que precisa tanto da insigne honra de recebê-lo em sua intimidade? Ao contrário de Catarina II, ele não tem necessidade de um preceptor. D'Alembert sabe perfeitamente o que o rei tem em mente, mas já se passaram mais de duas semanas sem que qualquer dos dois aborde o assunto. Uma primeira alusão é feita durante um passeio a dois: "[O rei] colheu uma rosa e a ofereceu a mim, acrescentando *que gostaria muito de dar-me mais*, se

percebe o que quis dizer. (...) Estou na expectativa de propostas mais sérias e detalhadas. É pelo menos o que me levam a crer diferentes afirmações que já me foram feitas pelo marquês d'Argens e pelo secretário do rei, o Sr. de Catt. Já sabe perfeitamente quais são minhas disposições."[83]
Há mais de dez anos Frederico sonha com d'Alembert na presidência de sua Academia de Berlim, no lugar de Maupertuis. Em 1752, quando este último fora dado como morto, o rei não demorara a dar conhecimento a d'Alembert de que lhe oferecia sua sucessão.[84] Na época, o filósofo pudera simplesmente declinar do convite, argumentando que não seria capaz de especular com a morte do colega e amigo. Dessa vez, a situação é outra. Maupertuis efetivamente morreu há quatro anos,[85] e o posto de secretário da Academia ficou vago. É bem verdade que Frederico, em guerra, tinha mais o que fazer, mas não desistira de d'Alembert, que continuava inacessível até a assinatura da paz. No decorrer dos dez últimos anos, seu prestígio vinha aumentando constantemente. Não só porque se tornou membro das duas grandes academias, mas por personificar numa só pessoa o cientista e o filósofo, o progresso e a sabedoria, em outras palavras, os dois pilares de uma vida melhor. Acontece que, em toda a Europa, ninguém mais pode reivindicar para si uma dupla encarnação tão brilhante: gênio matemático e fundador da *Enciclopédia*. Tornou-se, assim, presa ainda mais desejável para o monarca prussiano, que sonha modernizar seu país e introduzi-lo na era do Iluminismo.

Por enquanto, o rei limita-se às alusões, evitando assim receber um "não" que toldaria a beleza do encontro. Prefere prolongar o tempo da sedução, na expectativa de levar o interlocutor a mudar de opinião. Aposta na duração de sua estada e no aprofundamento dos vínculos, em freqüentes encontros a dois, para convencê-lo a ficar ao seu pé. D'Alembert fica lisonjeado mas se mantém lúcido. Ele não veio à Prússia testar essa possibilidade, mas dar mostra de seu reconhecimento e talvez também avaliar o alcance de sua influência e da atração que exerce. O círculo do rei confere-lhe um poder que nunca experimentou na França. Por que haveria de encerrar prematuramente uma experiência tão doce e excepcional?

A estada

Depois de duas semanas de solidão em Sans-Souci, Frederico leva d'Alembert a Potsdam, para assistir às manobras de seus batalhões. Embora os dois se encontrem à noite para longas conversas sobre Rousseau ou os *Elementos de filosofia*, embora d'Alembert esteja constantemente elogiando o rei em sua correspondência, "sua maneira de viver, sua dedicação aos negócios, sua habilidade, sua alegria, o entendimento que tem de tudo"[86], nem por isso ele deixa de estar privado de uma vida social que lhe é indispensável. Em várias oportunidades, deixa clara essa carência. Frederico "é quase a única pessoa de seu reino com a qual se pode conversar, pelo menos esse tipo de conversa que praticamente só se conhece na França e que, uma vez conhecido, torna-se necessário. Sem Milord Marechal, eu praticamente estaria vivendo sozinho, aqui, com meus papéis e meus livros."[87] Dias depois: "Levo aqui uma autêntica vida de sacerdote, mas a sociedade (se excetuarmos a do rei, à qual só se tem acesso em determinadas horas) pode ser considerada, no fim das contas, das mais insípidas, e praticamente nula. Compenso com passeios e leituras."[88] O que não o impede de apreciar a beleza do castelo de Potsdam e se interessar pela gestão do país: "Encontrei em seus Estados [do rei] muito poucos pobres (...), os camponeses trabalham, mas se vestem bem e parecem satisfeitos e bem alimentados."[89] Mais um motivo para considerar Frederico superior a Louis XV na arte de reinar.

Antes mesmo da visita à Academia, toda a Berlim comenta a nomeação de d'Alembert. As gazetas imprimem a notícia, mas o interessando desmente: "Não posso sequer dizer que ele me tenha oferecido o lugar, mas não teria como negar que deseja muito que ele me convenha, e tanto mais me sinto agradecido, por isso mesmo, pela discrição de não me falar a respeito."[90] Mas o fato é que Frederico dá prosseguimento ao joguinho das alusões, perguntando-lhe se não terá "piedade de seus pobres órfãos",[91] como se refere a seus acadêmicos. D'Alembert mantém-se firme em sua posição, mas o rei ainda espera que ele mude de idéia. A 14 de julho, dia da visita à Academia, o cientista-filósofo destila todo o seu charme para seduzir os colegas de Berlim. Ele bem conhece as resistências de alguns deles à idéia de serem dirigidos por um francês, tanto mais que Maupertuis não deixou apenas boas lembranças. A *intelligentsia* alemã não aprecia a arrogância dos todo-poderosos franceses. Para desfazer essa desconfiança, d'Alembert cuida, antes de mais nada, de visitar os acadêmicos que já conhecia "por cartas". Não são citados, mas podemos adivinhar que se trata de Euler e Formey. Iniciativa que não deixa de ter sua grandeza, quando sabemos que d'Alembert e Euler, rivais há muito tempo, estão brigados e há doze anos não trocam qualquer correspondência.[92] O cientista alemão, insatisfeito com sua situação na Prússia, mostra-se sensível a esse gesto de cortesia. D'Alembert não chega como mestre nem como vencedor, mas como simples confrade desejoso de apaziguar as coisas e de prestar serviço, se for possível. Durante a conversa, é provável que Euler o tenha inteirado de seu projeto de se instalar em Petersburgo, a convite de Catarina. D'Alembert, por sua vez, certamente lhe terá confirmado sua decisão irrevogável de recusar a presidência da Academia. "O grande Euler presenteou-me uma belíssima dissertação de geometria, que havia lido na assembléia e que se dispôs a me ceder por lhe ter eu manifestado o desejo de ler essa dissertação com calma."[93] Dias depois, d'Alembert confirma a reconciliação com as seguintes palavras: "Minha profunda estima por seu talento e por sua pessoa sempre foi tão grande que eu me sentiria em falta comigo mesmo se me abstivesse de reconhecer tudo que lhe devo."[94]

Na noite desse dia acadêmico, o rei pergunta-lhe se "*o coração [lhe] dizia alguma coisa*". D'Alembert responde que "todos esses senhores me receberam com toda a bondade possível e certamente o coração me diria muitas coisas, se também não me falasse com uma força invencível dos amigos que deixei na França, o que não me impedirá de me interessar, como devo, pelo bem e pela glória da Academia. Como eu entrasse com ele em alguns detalhes a esse respeito, sobre as diferentes coisas de que a Academia me parece necessitar", o rei o interrompeu: "Fico muito satisfeito pelo interesse com que me fala dessas coisas. Espero que isto vá mais longe."[95] Pelo que dá a entender, d'Alembert não permite que ele alimente qualquer esperança. Está realmente decidido a voltar a Paris no fim de agosto, para viajar à Itália com Watelet e em seguida "fechar-se em sua concha" parisiense.

Já podemos adivinhar a impaciência do filósofo em retornar a seu gabinete. O castelo de Charlottemburgo,[96] saqueado pelos russos, é bastante desconfortável. "Estou instalado num quarto onde há apenas três cadeiras, uma mesa e uma cama sem cortinado. Os mosquitos me devoram e me importunam ainda mais com seu zumbido do que com suas picadas. Some-se a isso a preocupação [?] em que me encontro há quinze dias, e não a surpreenderá que eu durma tão mal."[97] Os jantares o entediam porque o rei recebe neles muitos funcionários, ministros, generais e conselheiros que não abrem a boca. As ceias são um pouco melhores, mas, não fossem Milord Marechal e ele próprio, que se esforçam por alegrá-las, "prevaleceria o silêncio". Os detalhes são fornecidos apenas a Julie, pois, em carta do mesmo dia a seu amigo Morellet, d'Alembert fala apenas da grandeza do rei filósofo, grande admirador das obras do abade, e de seus sinais de generosidade. Conclui que "seria impossível ter feito até aqui uma viagem mais agradável, sob todos os aspectos".[98]

Terá Frederico percebido o tédio de seu convidado? Ele se prodigaliza ainda mais em cuidados e conversas sobre temas de filosofia (estóica), literatura e poesia. Convida-o para assistir às manobras de seu regimento de guardas a cavalo, "admiráveis, apesar da poeira que temos de engolir", e o apresenta à rainha, que o recebe de braços abertos. O monarca leva a generosidade a ponto de dizer *"que faço bem a sua alma* (foi a expressão que utilizou) *e que sentirá muita falta quando não me tiver mais"*.[99] D'Alembert teria respondido que o destino de cada um é que os afastava: "O seu é ser rei e o meu é ser livre." Julie de Lespinasse deve ter manifestado preocupação com o *spleen* do amigo e também com seu comportamento, pois ele trata de tranqüilizá-la: "Não imagine, contudo, que na volta eu me mostre menos travesso ou mais comportado à mesa. É verdade que não faço travessuras aqui, mas por isso mesmo terei grande necessidade de me compensar, e quanto à postura à mesa, é a coisa com que o rei menos se preocupa neste mundo."[100]

Tendo Milord Marechal retornado à Escócia, d'Alembert, novamente em Potsdam, queixa-se de estar "absolutamente isolado e sem qualquer recurso", não obstante as gentilezas de que o rei continua a cumulá-lo. Suas cartas giram em torno dos acontecimentos parisienses e dos inconvenientes de sua vida cotidiana. Duas coisas o deixam contrariado: as conversas com Frederico às vezes se prolongam até depois da meia-noite, e ele não agüenta estar constantemente "fazendo as malas" para se transferir de Sans-Souci a Potsdam e de Potsdam a Sans-Souci.[101] Tanto mais que o rei decide tudo à última hora. Ele tampouco gosta das ceias formais e dos bailes para comemorar a chegada de príncipes e princesas alemães, das visitas que deve fazer e receber... Escreve, então, a 1º de agosto: "Embora minha saúde vá muito bem, temo que venha a ficar abalada com uma estada mais prolongada. Começo a sentir nas pernas uma espécie de peso que decorre provavelmente da falta de mais exercícios, em comparação com o que faço em Paris. Além disso, por mais que me contenha à mesa do rei, o fato é que, como é preciso comer e tudo é temperado e guarnecido, essa cozinha acabará infalivelmente por me fazer mal com o tempo. Até hoje só comi uma vez um cozido simples sem ensopado e um autêntico caldo; são detalhes importantes."[102]

Tendo partido os príncipes e o margrave, d'Alembert fica novamente sozinho com Frederico. Apesar desses momentos agradáveis, ele só pensa na volta e não sabe como dizê-lo ao rei. Tanto mais que este atende de bom grado a seus pedidos. D'Alembert defende com êxito a causa de Euler, que pretende transferir-se da Prússia para a Rússia. Frederico concede-lhe então um aumento em seus emolumentos,[103] para preservar esse ornamento genial de sua Academia, a que não soube dar o devido valor. Aceita também a proposta de nomear para a instituição, na condição de sócios estrangeiros, o matemático Bézout e os filósofos Helvétius e Jaucourt. Em compensação, não quer ouvir falar do abade de Prades, exilado na Silésia, recusando-se a revogar sua condenação. A 15 de agosto, d'Alembert toma a decisão de pedir dispensa ao rei, numa "carta breve, terna e respeitosa". Já no dia seguinte, Frederico dá sua autorização, com tristeza. Encontrou, diz, um autêntico filósofo, e mantém reservado para ele o lugar de presidente de sua Academia. Acredita que a ingratidão de seu país (que confidências lhe teria feito d'Alembert?) o obrigará a escolher um outro.[104] Naturalmente, dispõe-se a pagar as despesas do retorno, independentemente dos cem luíses de ouro já adiantados. Cabe supor que é com prazer que o filósofo deixa a Prússia: "O clima desse país me seria funesto com o tempo. O ar é denso, pestilento, pesado, e o sereno, muito insalubre."[105] Ele mal pode ver a hora de voltar a Paris, por "mil razões, nem uma só das quais será capaz de adivinhar", ou seja, seu amor por ela, mas nem por isso fica menos aflito por deixar o rei entregue à própria solidão: "Não lhe restará por assim dizer nenhuma pessoa para conversar, sendo a única distração de que dispõe". É fato que d'Alembert sentia um real prazer na troca intensa das conversas, nas quais falavam do essencial de peito aberto. Ele aprendeu muito com o monarca, que evocava a guerra e a glória militar em termos inabituais,[106] falando-lhe maravilhosamente do ofício de rei, de filosofia e de literatura.[107] A despedida mostra-se à altura do recíproco pesar.

Na noite de 25 de agosto, véspera da grande partida, o rei "mandou chamar-me e disse que gostaria de conversar ainda por um momento comigo, que lamentava infinitamente a minha partida, mas que esperava voltar a me ver, pedindo que lhe desse a minha palavra, e também que aceitasse uma prova de sua amizade e de sua estima (oferecendo-me uma caixa de ouro ornada com seu retrato), que essa estima era infinita, ainda mais por meu caráter que por meu talento, que eu deixaria saudades em todo o mundo, etc. Meus olhos se encheram de lágrimas."[108]

Retorno e balanço

De volta a Paris a 10 ou 11 de setembro, d'Alembert comparece já no dia 12 à sessão da Academia Francesa. Seu confrade, o abade Trublet, conta que ele mostrou a todos a bela caixa que lhe havia sido presenteada pelo rei.[109] Não pode haver dúvida de que conta então aos acadêmicos todas as manifestações de generosidade com que Frederico o recebeu, assim como a grandeza e outras virtudes do monarca. Nas poucas cartas que chegaram até nós, d'Alembert faz o mesmo balanço entusiasta de sua viagem, glorificando o rei da Prússia em todos os seus aspectos positivos.[110] Aos olhos de Voltaire, que conhece muito bem Frederico, é sobretudo d'Alembert que sai engrandecido: "O senhor recusou uma presidência e um grande governo. Todos os homens de letras deveriam apontá-lo como alguém que lhes ensina a viver."[111] Ao dar as costas à glória, às honrarias e ao dinheiro duas vezes em questão de poucos meses, d'Alembert deu uma bela lição de filosofia aos confrades. Melhor que isso, manteve-se fiel aos princípios de seu manifesto de 1753, o *Ensaio sobre os homens de letras*:[112] liberdade, verdade e pobreza. Alguém poderia chamar a atenção para o fato de que a pobreza do filósofo é relativa, e de que Frederico há dez anos lhe concede uma pensão de 1.200 libras,[113] mas todos reconhecem que ele não precisa de muito e vive modestamente na casa de sua ama-de-leite. Ao declinar das ofertas de Catarina e Frederico, d'Alembert não aumentou uma fortuna para a qual não tem uso, mas consolidou seu bem mais precioso: sua reputação de integridade.

Do ponto de vista de Berlim, a viagem do francês é um franco sucesso. Primeiro porque conseguiu impor-se junto a Frederico como a encarnação do filósofo; depois, porque não deixou de seduzi-lo. Grimm, que nunca gostou de d'Alembert, o explica de maneira banal: "O Sr. d'Alembert é muito alegre, muito gaiato, conta boas histórias que devem divertir muito o rei."[114] Mas talvez não seja uma explicação suficiente. O filósofo certamente é excelente companhia, mas é sobretudo um homem estimável e um interlocutor sem igual. À duquesa de Saxe-Gotha, Frederico diz, muito simplesmente: "Temos aqui o senhor d'Alembert, que é ainda melhor em sociedade que em seus livros (...); tem um temperamento natural, franco e tranqüilo, muita memória e muita alegria na alma."[115] Na verdade, o rei manteria a amizade com o filósofo até a morte deste. Haverá, inclusive, episódios em que o monarca, que não tem propriamente fama de ser um grande coração, dará mostra de delicadeza de sentimentos em relação a ele.

Por outro lado, o cientista-filósofo conseguiu desarmar as ciumeiras e a desconfiança de seus colegas alemães, extremamente hostis à idéia de ter mais um francês à frente de sua Academia. Talvez d'Alembert esteja sendo ingênuo ao escrever a Julie: "[A Academia] parece-me efetivamente contristada por não me ter como presidente. Sim, você poderá achar graça e dizer que é loucura minha: todo mundo *gosta muito de mim* e diz que ainda não se viu neste país um *francês como eu*. Posso gabar-me de tê-los de certa forma reconciliado com a Nação, da qual não gostam muito."[116] Mas é verdade que a recusa da presidência, sua cortesia e sua modéstia com os confrades, suas intervenções reiteradas em favor do grande Euler e seu filho, não obstante as velhas dissensões, influíram muito em seu favor. D'Alembert deixou de ser visto como um intruso chegado para satisfazer às próprias ambições em detrimento dos elementos locais, e passou a ser visto como um homem desinteressado agindo pelo bem da Academia.

Não é outra coisa que diz a declaração do sr. de Catt (secretário de Frederico) em resposta às calúnias disseminadas na corte francesa: "Quando o sr. d'Alembert chegou a Potsdam, várias pessoas o temeram, em virtude de sua grande reputação. Mas quando o general Bork, preceptor do príncipe da Prússia, que viajara com ele, disse que esse grande d'Alembert, tão famoso por seus talentos, era um homem sociável, excelente de coração e de sentimentos, todos ficaram tranqüilos, e trataram de ir ao seu encontro, constatando que o general Bork dissera a verdade. Todos os seus discursos junto ao rei foram sábios e tendentes a servir aos homens de bem, aos homens de letras. Assim foi que S. M. declarou ter encontrado nele um homem de gênio, modesto, sereno (...). Em Berlim, o mesmo foi dito; e eu, que freqüentemente estive com ele, constatei que merecia todos os elogios. Pude ver nele a alma mais bela, mais humana, mais terna, mais empenhada em agradar, até mesmo a pessoas [Euler] das quais poderia queixar-se..."[117]

É verdade que o caráter oficial dessa declaração diminui a credibilidade do conteúdo, mas nem por isso ela está longe da verdade e do sentimento geral em relação a d'Alembert. A partir do momento em que se abre mão ostensivamente da ambição de poder, as rivalidades se desfazem e a hostilidade dá lugar à confiança. No caso presente, todavia, a situação de d'Alembert em relação à Academia de Berlim não é tão simples quanto parece. Recusando-se a nomear outro presidente, dando a entender que ele é que o será, mais cedo ou mais tarde, Frederico conferiu-lhe um título de "presidente potencial" que o dota de um real poder. A ambivalência de sua situação joga duplamente a seu favor. Por um lado, ele consolida sua reputação, rejeitando as vantagens do cargo; por outro, aumenta sua influência e seu prestígio, em virtude da proximidade com o rei, da confiança por este demonstrada e de sua condição de presidente ideal. Precisando apenas dizer uma palavra para tornar-se presidente em exercício, d'Alembert está na posição mais confortável possível. Sabe disso e não deixa de se aproveitar. Apesar das reiteradas declarações e de seu comprovado desejo de permanecer em Paris, sempre deixou entreaberta essa porta. Foi o que bem entendeu o abade Trublet ao dizer a Formey, secretário da Academia de Berlim: "Quando se fala da presidência da Academia da Prússia ao Sr. d'Alembert, ele só responde com gracejos, o que me aconteceu mais de uma vez com ele, mas quero crer que só mesmo com grandes motivos de descontentamento com a França ele aceitaria o lugar, e no momento não tem nenhum. Ele gosta muito da Academia Francesa."[118] É provável que Frederico tivesse a mesma sensação que Trublet e que a posição de d'Alembert lhe conviesse perfeitamente. A inexistência de um presidente efetivo facilitava seu poder direto sobre a Academia, e o prestígio sem equivalente de presidente potencial desencorajava qualquer um de se candidatar.

A viagem à Prússia, assim, foi extremamente frutífera para d'Alembert. Como constata Grimm, sem muito entusiasmo, "de todos os filósofos, é ele, depois de Voltaire, o de maior reputação em Paris e nos países estrangeiros".[119] Não por seu talento literário, que não se equipara ao de Voltaire, ao de Diderot ou ao de Buffon, nem por seu gênio científico, acessível apenas a algumas dezenas de especialistas, mas porque, *Janus bifronte* da república das letras, ele elevou muito alto a dignidade do intelectual. Dignidade institucional, por pertencer a ambas as academias, de que não se podem prevalecer nem Diderot nem Voltaire. Mas, sobretudo, dignidade moral, que compartilha com Diderot, e da qual está muito distante o genial Voltaire. É esta dupla característica que faz de d'Alembert "o filósofo" por excelência, de todos conhecido e reconhecido por todos. Embora a história viesse a lançar uma séria interrogação sobre esta apreciação, é efetivamente a que tiveram a seu respeito os contemporâneos. Inclusive um de seus mais ferozes inimigos, Linguet, que não se cansaria de atacar sua moral, fingindo desmascarar Tartufo.

O COTIDIANO DO FILÓSOFO

No retorno a Paris, os aborrecimentos cotidianos voltam a se impor. Com direito, além do mais, a problemas de saúde. D'Alembert queixa-se de dores estomacais, por ele atribuídas então aos alimentos pesados e por demais temperados consumidos na Prússia. Na verdade, é o início de um problema crônico que não poderá ser curado definitivamente com as dietas e os regimes a que se obriga. Essa que pode ser uma úlcera do estômago dá testemunho da fragilidade física e psicológica de d'Alembert, pedindo uma vida regrada e os cuidados atentos de uma mulher amorosa, no caso, sua ama-de-leite. Sai dos planos, assim, a viagem à Itália que ele deveria fazer com seu caro Watelet e sua companheira, a muito feia e muito inteligente Sra. Lecomte. É pelo menos o pretexto invocado nas trocas com os diversos correspondentes,[120] para ocultar um outro, inconfessável: sua afeição por Julie de Lespinasse não lhe dá vontade, mal retornou, de se separar novamente dela.

De volta ao lar, d'Alembert tem a surpresa de receber em casa um panfleto insultuoso contra os filósofos e especialmente contra ele mesmo. O autor é ninguém menos que o bispo du Puy, Jean-Georges Le Franc de Pompignan, irmão do acadêmico homônimo,[121] a *bête noire* de Voltaire e seus amigos. Foi por uma gafe do editor que chegou às mãos de todos os membros da Academia Francesa a *Instrução pastoral de monsenhor bispo du Puy sobre a pretensa filosofia dos incrédulos modernos*. Esse texto francamente reacionário foi lido e aplaudido na corte, menos por suas qualidades intrínsecas do que por ódio aos filósofos.[122] D'Alembert se deleita com o descuido do bispo, difundindo uma dupla réplica, cheia de verve e ironia.[123] O incidente antes o diverte que o preocupa. O mesmo já não acontece, em compensação, com os boatos a respeito de sua viagem à Prússia. É preciso dizer que, desde o retorno, d'Alembert só fala de Frederico, de sua grandeza, de sua simplicidade e de sua filosofia. Nada melhor para exasperar os inimigos do filósofo e todos aqueles que ainda não digeriram as desgraças da guerra. Com seu sarcasmo, a Sra. du Deffand resume essa corrente de opinião: "Platão retornou da corte de Dênis dizendo maravilhas, afirma que não é a seus pés que haverão de encontrar sua cabeça, enfim, está coberto de glória e só espera ser coberto de brocados."[124] Mais preocupantes são as críticas por ter falado mal do governo francês (logo, do rei) em Berlim: "Atribuem-me palavras que nunca disse e que nada teria ganhado em dizer. Invoquei o testemunho do próprio rei da Prússia, e o príncipe acaba de me escrever uma carta que confundiria meus inimigos se merecessem que lhes permitisse lê-la."[125] O caso ficou nesse ponto, mas talvez não fosse totalmente estranho às humilhações que sofreria, dois anos depois, da parte do ministro encarregado das Academias, logo, da parte também do rei. Enquanto isso, o filósofo dedica-se a diferentes trabalhos e cultiva a amizade, à falta do amor.

As academias

Desde sua recepção na Academia Francesa, em dezembro de 1754, d'Alembert dá-lhe prioridade sobre a Academia de Ciências, à qual pertence desde 1741. A primeira reúne-se às segundas, quintas e sábados; a segunda, às quartas e sábados. Na Academia de Ciências, desse modo, ele passa a ser visto apenas às quartas-feiras, mas não, ainda assim, de forma sistemática, como na Academia Francesa. É bem verdade que tem menos inimigos nesta que naquela, pois nela são ignoradas as questões de prioridade (de determinada descoberta) que provocam rivalidades e inimizades mortais. Além de suas intermináveis polêmicas com Clairaut (os dois praticamente já não se dirigem a palavra), d'Alembert tem poucos amigos na Academia de Ciências. Detesta Buffon, que lhe dá o troco, e é só desprezo pela velha guarda que não entende mais nada, homens como Dortous de Mairan, Camus e La Condamine. Para não falar de Lalande, por ele chamado de verme,[126] de Fontaine, que, além de mau, considera insuportável, e de Fouchy, que não julga capaz de desempenhar suas funções de secretário. À parte seu velho amigo, o astrônomo Lemonnier, e de seu protegido Bézout, os confrades cientistas não lhe dão muitas oportunidades de trocas amistosas.[127] Desde 1761, por sinal, ele se recusa a publicar suas dissertações científicas nos volumes da Academia, preferindo fazê-las chegar ao público por meio de seu editor, na forma de *Opúsculos*. Apesar disso, nunca deixou de submeter seus trabalhos à avaliação dos colegas, como é de praxe, nem de buscar associar a esse organismo sempre prestigiado os elementos mais brilhantes da nova geração.

Em compensação, d'Alembert ama a Academia Francesa, nela dando mostra de uma excepcional assiduidade.[128] Para ele, relata Pougens, era "como uma segunda pátria, cuja dignidade, êxitos e glória diziam-lhe respeito de tão perto e tão vividamente quanto seus interesses mais caros".[129] Nessa época, Duclos, o secretário perpétuo, goza de perfeita saúde, e ninguém está pensando em sua sucessão. Mas não estaria d'Alembert pensando na questão? O fato é que ele se faz indispensável ao bom funcionamento da instituição. Não só exerce a interinidade nas ausências anuais de Duclos, que gosta de visitar sua propriedade na Bretanha,[130] como se oferece para fazer as visitas de cortesia aos confrades em casos de doença e de acontecimentos felizes ou desditosos. Desde 1760, incumbe-se voluntariamente das leituras nas sessões públicas, que obtêm sucesso cada vez maior, graças a seu talento retórico. *Reflexões sobre a poesia* a 25 de agosto de 1760, na festa de São Luís; *Reflexões sobre a história* a 19 de janeiro de 1761, na recepção de Watelet; uma *Apologia do estudo* a 13 de abril do mesmo ano, na recepção de Trublet e Saurin; novas *Reflexões sobre a poesia e particularmente sobre a ode,* na festa de São Luís de 1762. Sempre que pode, ele faz o elogio de Voltaire e da filosofia. D'Alembert é um bom orador, sabendo capturar a atenção do auditório com uma dicção e um brilho muito seus, se necessário fazendo-o rir. Por mais que Bachaumont fale de "sua declamação magistral e pedante (...), de sua enfiada (...) de piadas de mau gosto misturadas a muita amargura",[131] não deixa de lamentar sua ausência, no ano seguinte, na festa de São Luís: "A sessão terminou secamente, pois o Sr. d'Alembert, capaz de alegrar a Academia com alguma caricatura do dia, ainda se encontra ao pé do rei da Prússia."[132] Grimm, que por sua vez não o aprecia muito mais, denuncia um certo tom "burlesco" e portanto "extremamente deslocado numa sessão acadêmica na qual não se devem esperar arlequinadas".[133] Não obstante as críticas que choviam a cada uma de suas intervenções — que por sinal nem sempre eram bem-sucedidas — nas sessões públicas, era cada vez mais numeroso o público que vinha ouvi-lo. Sua convicção, sua ousadia, os subentendidos sobre os fatos da atualidade atiçavam a curiosidade de um público que se entediava quando ele não tomava da palavra.

À parte as sessões públicas, d'Alembert promove apaixonadamente os adeptos da filosofia. E não esconde seu objetivo: levar a Academia nessa direção, conseguindo a eleição do maior número possível de amigos e discípulos. Cada eleição, assim, é uma verdadeira luta entre dois partidos irreconciliáveis: o dos devotos e tradicionalistas contra o dos filósofos, dirigido por d'Alembert e minoritário em 1763. A eleição de Marmontel, a 24 de novembro de 1763, representa uma virada decisiva. Todos os meios diretos e indiretos foram mobilizados para convencer a maioria dos acadêmicos a votar nele. Além de d'Alembert, Marmontel contava com protetores dos mais poderosos: Voltaire e a Sra. Geoffrin. Voltaire fez campanha de sua base em Ferney e a Sra. Geoffrin, em seu salão. Juntos, somavam um poder de convencimento incomum. Uns eram convencidos, outros, desarmados em sua hostilidade, tomando-se o cuidado de conquistar as boas graças da Pompadour.

Nessa ocasião, d'Alembert descobre a ala mais liberal da alta aristocracia francesa, na pessoa do príncipe Louis de Rohan. Esse prelado de 29 anos, coadjutor de Estrasburgo, recebido na Academia dois anos antes, revelar-se-ia um partidário dos filósofos tão eficaz quanto inesperado. No dizer de d'Alembert, desempenhou na eleição de Marmontel um papel tão decisivo que veio a batizá-lo de "coadjutor da filosofia".[134] É verdade que o adversário de Marmontel, Thomas, desistira de concorrer, mas ainda assim o postulante corria o risco de receber bolas pretas, que vedavam para sempre o acesso à Academia. O papel do príncipe Louis, assim, foi considerável, e não demorariam os agradecimentos mais lisonjeiros. A 15 de janeiro de 1764, semanas depois da eleição,[135] d'Alembert solicita a Voltaire que "escreva uma carta para agradecer ostensivamente em nome de todos [os filósofos] pela maneira honrada como se comportou com os homens de letras (...); se puder, inclusive, acrescentar a sua carta alguns versos, seria melhor ainda".[136] Assim foi que o príncipe recebeu uma edição de Corneille revista por Voltaire e acompanhada de uma carta do mestre que o encheu de orgulho.[137] D'Alembert continuou ligado a Rohan por muitos anos, dando-se conta, talvez, de que nem todos "os Grandes" eram tão pouco freqüentáveis quanto afirmara em 1753.[138]

Tanto mais que logo teria oportunidade de apreciar as qualidades e a inteligência de um outro "Grande": o duque de Nivernais.

Entre as duas academias, d'Alembert dedica três a quatro tardes às atividades do Louvre, para não falar do tempo necessário para ler as dissertações interessantes e redigir suas próprias intervenções; ele aprecia os passeios pelas Tulherias e, no verão, gosta de sentar-se em seus jardins, debaixo de uma árvore, em intermináveis conversas com amigos. No fim do dia, encontra Julie na casa da Sra. du Deffand, visita freqüentemente sua querida Sra. Geoffrin e volta para uma ceia frugal na casa da ama-de-leite. Todo mundo sabe que ele gosta de deitar-se cedo. Restam as manhãs para o cultivo de sua fabulosa energia de trabalho, que despende sem economizar, desde que não seja impedido pelas visitas inopinadas (não raro indesejadas) e a abundante correspondência. "Perdoe-me a brevidade", escreve ele a Louis Necker. "Estou mais ocupado que nunca. Trabalho na filosofia, na geometria, na literatura, na gramática, na própria história, e tudo isso ao mesmo tempo."[139]

De volta a Paris, d'Alembert trata de cumprir a promessa feita a Frederico. Redige os *Esclarecimentos* a respeito dos *Elementos de filosofia*,[140] para responder às observações do rei sobre a liberdade, longamente discutidas em suas conversas a dois. A 7 de fevereiro, escreve-lhe que o trabalho foi concluído. Seis meses depois, Frederico agradece a remessa, "digna de um grande filósofo", comenta o capítulo sobre a liberdade e solicita esclarecimentos sobre a análise geométrica.[141] Em fevereiro-março de 1764, d'Alembert parece menos preocupado com a matemática do que com a situação dos jesuítas, seus eternos adversários. No fim de fevereiro, o Parlamento reforçou o decreto de 6 de agosto de 1762 que determinava a dissolução de sua ordem. Dessa vez, os jesuítas são simplesmente banidos. D'Alembert fica abalado. Oficialmente, só pode comemorar o fim da ordem, que encerra também um poder arrogante, temido pelos filósofos. Mas seus inimigos jansenistas, que controlam o parlamento de Paris, serão ainda mais temíveis uma vez sozinhos no terreno religioso, sem qualquer contra-poder. D'Alembert transmite suas impressões a Catarina II: "A França acaba de expulsar de seu território os grandes apóstolos da intolerância, os pretensos companheiros de Jesus, mas, por desgraça, não é a razão, e sim, mais uma vez, a própria intolerância que os proscreve; não é porque os jesuítas são turbulentos, fanáticos e perigosos que nossos parlamentos os mandam andar, mas porque os jesuítas defendem a *graça versátil* e os parlamentos, a *graça eficaz*; a filosofia vê tudo isso, acha graça e se aproveita."[142]

Por mais que o clã filosófico se regozije em público, encontramos numa carta de d'Alembert a Voltaire indicações de que procura tranqüilizá-lo e também a si mesmo: "Não há o que temer; essa canalha [jansenista] não haverá de prosperar. O dogma que prega e a moral que ensina são por demais absurdos para *causar espanto* (...). Os jesuítas fazem uma grande tolice ao se deixar expulsar; e podem, em toda *consciência* (pois efetivamente há *consciência*), assinar o juramento que lhes é pedido. Mas fico tão satisfeito de vê-los partir que não haverei de puxá-los pela manga para que fiquem (...). Outro motivo que me leva a desejar muito vê-los, como se diz, pelas costas é que o último jesuíta a deixar o reino haverá de levar consigo o último jansenista."[143] São as reflexões que d'Alembert começou a deitar ao papel, manifestando um otimismo que não parece convencer Voltaire. É o início de seu livro *Sobre a destruição dos jesuítas na França*, que atribui à filosofia. Concluído em dezembro o manuscrito, ele o confia a Voltaire, que o recebe com entusiasmo,[144] incumbindo-se de fazê-lo imprimir secretamente em Genebra, aos cuidados de Cramer.

O ano de 1764 não é dos mais produtivos para d'Alembert. Ele supervisiona a reimpressão da *Miscelânea*[145] e espera há vários meses a publicação do terceiro volume de seus *Opúsculos matemáticos*, contendo cinco dissertações de ótica.[146] Essa indolência deve-se talvez a sua saúde debilitada e a problemas em sua vida particular.

Intimidade e amizades em 1764

Embora não conheçamos detalhes de sua doença, o fato é que d'Alembert atravessa, de março a setembro de 1764, um período de provações físicas. A 13 de abril, o abade Trublet informa-nos que ele "esteve incomodado durante alguns dias por um derrame de bile",[147] mas que já se sente melhor. A 6 de agosto, d'Alembert confidencia a Lagrange: "Há dois meses meu estômago encontra-se em tão mau estado que quase não consigo trabalhar. Os remédios que providenciei serviram apenas para debilitá-lo ainda mais. Finalmente, tomei a decisão de nada mais fazer, limitando-me ao regime (...). Se a coisa continuar, acabarei fazendo uma grande viagem da qual tão cedo não retornarei. Encaro tudo isso com muita paciência, e tentarei enfrentar o menos dolorosamente possível o tempo que me resta viver. Adeus, meu caro amigo, não tenho forças para escrever-lhe mais longamente, vendo-me forçado, neste exato momento, a me afastar a cada instante por uma indigestão considerável, embora há quinze dias não coma carne."[148] Em meados de setembro, ele começa a melhorar,[149] e em outubro já se considera curado.[150]

Esses achaques teriam origem psicológica? O certo é que seu desentendimento com a Sra. du Deffand não deve ter arranjado as coisas. Sabemos que, entre o fim de abril e o início de maio, ocorreu uma cena de rara violência entre a Sra. du Deffand e sua parenta e dama de companhia, Julie de Lespinasse. Esta era censurada por aquela por fazer salão com *seus* amigos enquanto ela dormia, à tarde. Julie não agüentava mais ser tratada quase como uma doméstica por uma insone de horários delirantes e lendária dureza no trato. As tensões entre as duas não eram novidade, e havia muito d'Alembert se ressentia da Sra. du Deffand, não só pela maneira desenvolta como tratava o amor de sua vida, como também por tê-la apanhado em flagrante delito de traição a ele próprio, como amigo e intelectual. No dia seguinte à altercação, as duas decidiram afastar-se, e a Sra. du Deffand intimou d'Alembert a escolher entre ela e Julie. Sem hesitar por um momento, ele se desligou daquela que lhe fora tão querida vinte anos antes. A maioria dos freqüentadores do salão da Sra. du Deffand deu razão a Julie e a ajudou a se mudar para um pequeno apartamento na rua Saint-Dominique, não distante da residência de sua antiga senhora. Graças à Sra. Geoffrin, convocada por d'Alembert, ela pôde instalar-se ali em condições modestas mas confortáveis. Teria d'Alembert alimentado esperanças de viver mais próximo dela? Se assim foi, nenhum vestígio de sua decepção chegou até nós. Pelo contrário, ele esconde seus sentimentos a qualquer custo. Como Voltaire (talvez informado pela própria Sra. du Deffand de seu rompimento com ela) fizesse alusão a seu amor por Julie,[151] d'Alembert responde brutalmente que não está apaixonado e que estão querendo (a Sra. du Deffand) torná-lo ridículo.[152] E acrescenta, não sem ironia: "Esse ridículo não me faz grande mal. Muito mais motivos teria de temer o ridículo de não conseguir digerir. Digerir um pouco e rir muito, eis a que se limitam minhas pretensões." Na realidade, d'Alembert não tem a menor vontade de rir, e podemos perceber nessa carta uma raiva recalcada que tanto poderia ter como alvo a Sra. du Deffand como Voltaire. Este deve ter ficado espantado, pois voltou à carga em sua resposta: "Quer dizer então que é do estômago, e não do coração que o senhor se queixa! Seus caluniadores se equivocaram! Ao que parece, os senhores, os filósofos, são insultados quando caem em suspeita de ter sentimentos."[153]

Um filósofo apaixonado já não era uma situação das mais gloriosas[154] na república das letras, mas um cientista-filósofo de 47 anos apaixonado era um personagem ridículo. Embora corressem os boatos mais contraditórios sobre sua vida sexual e sentimental — impotente, segundo Rousseau e La Condamine,[155] homossexual, segundo um relatório da polícia,[156] ou ainda mantendo uma ligação obscura com uma senhorita Noyel residente em Montmartre[157] —, o próprio d'Alembert só deixou na verdade traços de seu amor por Julie de Lespinasse. O texto que escreveu no dia seguinte à morte dela, um dos mais pungentes da literatura amorosa, revela o estado em que se encontrava seu coração: "A senhora, que tão terna e constantemente amei, a senhora, por quem me julguei amado por alguns momentos, a senhora, a quem dei preferência sobre qualquer outra coisa, a senhora, que teria representado tudo para mim, se o quisesse..."[158] Algumas linhas adiante, ele chega a registrar a cronologia dos sentimentos de Julie a seu respeito, quando descobre as cartas de amor do marquês de Mora. Por elas, fica sabendo "que há pelo menos oito anos [ele] não era mais o primeiro objeto de seus sentimentos", ou seja, desde 1768. E acrescenta: "Quem poderia dizer-me se, nos oito ou dez outros anos em que me considerei tão amado pela senhora, não me terá traído a ternura?" O que situa o período de felicidade entre 1758 e 1768. Sentimentos retribuídos, quando ele lembra que, dez anos antes (1766), ela ainda lhe dizia que seu amor por ele a fazia "feliz a ponto de ter medo da felicidade".[159]

Talvez por causa da infância dolorosa de pequeno bastardo, d'Alembert sente particular necessidade de ternura e afeto. Tanto de receber quanto de dar. Fiel aos velhos amigos, como Watelet, Rémy e a Sra. Geoffrin, ele também se mostra receptivo aos novos relacionamentos, especialmente os jovens cientistas de mérito, isolados em Paris e não raro impecúnios, que sonham fazer carreira. Existe nele uma paternidade frustrada e uma aguda lembrança de suas próprias dificuldades de rapaz, o que o leva a estender a mão a todos que o procuram. Charles Pougens, que o conheceu bem nos últimos anos de vida, dá testemunho: "Era sobretudo nos homens de letras [no sentido amplo] que mais lhe parecia insuportável a visão do infortúnio. Bastava que um jovem infeliz anunciando seus próprios talentos viesse expor-lhe sua situação para que ele se tornasse seu amigo, seu irmão, seu pai, recebendo-o, recomendando-o, cuidando dele sem descanso; sua imagem o perseguia, atormentando-o no sono; e ele não descansava enquanto não lhe melhorasse a sorte. Para isso lhe serviam sua módica fortuna, seu crédito, sua celebridade, suas relações no mundo, a confiança universal, o favor, a amizade dos reis."[160]

D'Alembert inaugurara esse papel de mentor em 1756 com um brilhante rapaz chegado a Paris, proveniente de Genebra, para aperfeiçoar seus conhecimentos científicos: Louis Necker,[161] irmão de Jacques. Em 1764, surgem novas oportunidades de exercer sua solicitude paterna em relação a alguns dos cientistas mais brilhantes da época. O primeiro deles é Louis Lagrange, matemático de gênio, nascido em Turim em 1737. Aos 27 anos, ele já não é nenhum iniciante. Já fundou uma sociedade científica (em 1758) em sua cidade natal, mas, apesar de dissertações de alto coturno que chamaram a atenção para seu nome na comunidade matemática européia, e especialmente de d'Alembert, ele vegeta em Turim sem grandes perspectivas de progresso. Terá sido talvez por esse motivo que viajou a Paris, no fim de novembro de 1763, para uma estada de alguns meses.[162] À parte d'Alembert, com o qual mantinha correspondência científica episódica desde 1759, e o marquês Caraccioli, embaixador de Nápoles, que o hospedava, Lagrange não conhecia muita gente em Paris. Tendo o marquês recebido ordens de partir para Londres, o turinês vê-se sozinho em seu palacete, ainda por cima gravemente doente. D'Alembert o toma sob sua proteção, pedindo à Sra. Geoffrin que intervenha junto ao embaixador da Sardenha[163] (à qual estava subordinada Turim) para que seja ajudado e obtenha uma recomendação junto a seu governo. "É um homem", diz ele, "do mais raro talento na geometria, muito acima de tudo que possa haver nesse terreno na Itália (...), um tesouro de que Turim está na posse sem talvez conhecer o valor."[164] A Sra. Geoffrin executou finalmente sua missão, e o embaixador deu mostra da maior benevolência em relação ao compatriota.

Lagrange, por outro lado, era um dos concorrentes, em princípio anônimos, ao prêmio da Academia de Ciências para o ano de 1764. A pergunta a ser respondida era: "Por que razão física a Lua nos apresenta mais ou menos a mesma face?" Excepcionalmente, d'Alembert não integrava o júri, composto de cinco comissários, em virtude de sua viagem à Prússia. A 6 de setembro de 1763, a Academia designara Clairaut, Camus, Lemonnier, Lalande e Bézout. Lagrange certamente aguardava com impaciência o resultado do importante concurso, que significava reconhecimento internacional. E certamente também terá confiado seu segredo a d'Alembert, grande amigo de Lemonnier e de Bézout. Com ou sem a intervenção de d'Alembert junto aos amigos, Lagrange era o melhor. Na assembléia pública do dia 2 de maio de 1764, sua dissertação nº 4 foi declarada vitoriosa. Lagrange podia voltar satisfeito para Turim. Além do prêmio da Academia, ganhara a admiração e a proteção de d'Alembert, que haveria de desempenhar um papel determinante em sua carreira futura. Enquanto isso, o novo amigo deu-lhe uma carta de recomendação a Voltaire, que o convidou a almoçar em Ferney, no caminho de volta a Turim.

D'Alembert não perde uma oportunidade de ajudar os jovens talentos. Apesar do desentendimento com seu rival Daniel Bernoulli, não hesita em tomar da pena para prestar serviço a seu sobrinho, Johann III, recrutado pela Academia de Berlim, no fim de 1763. Aos 19 anos, o rapaz, originário da Basiléia, tendo passado uma temporada em Paris antes de seguir para a Prússia, freqüentou com mais assiduidade La Condamine, Clairaut[165] e seu grupinho de amigos (entre os quais Dionis du Séjour) que d'Alembert. Mas parece que foi efetivamente por intervenção deste que o jovem impecúnio finalmente passou a receber uma pequena pensão. A 24 de abril de 1764, d'Alembert responde a uma provável carta de agradecimento: "Ao escrever a Potsdam [a Frederico?] em seu favor, simplesmente lhe fiz a justiça que me parece merecer, e gostaria de estar em condições de lhe oferecer mostras mais eficazes de minha estima pelo seu mérito."[166]

Mas a descoberta mais importante desse ano de 1764 é a de um jovem matemático de 20 anos, o marquês de Condorcet. Ele enviou sua primeira dissertação à Academia, como costumavam fazer os jovens cientistas, em novembro de 1761.[167] É um trabalho de escolar que não atrai a atenção de d'Alembert, como tampouco a nova dissertação que Condorcet envia um mês depois.[168] Quando Condorcet se apresenta pela primeira vez na Academia, no sábado 25 de junho de 1763, para ler um novo trabalho sobre a soma de séries infinitas, d'Alembert está na Prússia. É a 25 de janeiro de 1764 que ocorre o encontro decisivo. Condorcet foi à Academia ler uma dissertação a respeito de um teorema de Euler sobre as equações diferenciais. Dessa vez, d'Alembert (e não mais Clairaut) é designado comissário, juntamente com Fontaine.

No dia 14 de março seguinte, eles fazem um relatório extremamente elogioso a seu trabalho: "O Sr. de Condorcet não só deu uma demonstração muito simples e muito exata desse teorema como o generalizou amplamente (...). Essa dissertação do Sr. marquês de Condorcet pareceu-nos evidenciar muitos conhecimentos e muita sagacidade no cálculo infinito [infinitesimal], e a consideramos digna de ser impressa na coletânea dos cientistas estrangeiros."[169] A honra da publicação nos volumes da Academia assinala o início de uma carreira fulgurante para o tímido Condorcet. É também o começo de uma relação surpreendente entre ele e d'Alembert. O cientista no auge da glória torna-se o pai espiritual e o mentor do jovem órfão[170] portador de dons e de uma vocação irresistível para as matemáticas. A partir de então, d'Alembert sempre haverá de dar um jeito de estar entre os relatores de todos os trabalhos de Condorcet, que se transforma em seu protegido e favorito, para em seguida encarnar o filho que ele nunca teve, tornando-se seu herdeiro universal.

Apesar dos problemas de saúde, o período de 1762 a 1764 revela-se muito rico para d'Alembert, no plano público como no privado. Os convites de Catarina e Frederico representaram um reconhecimento fora das fronteiras que muito poucos até então lhe conferiam. A dupla recusa valeu-lhe inclusive um prestígio incomparável aos olhos dos pares. Através dele, são de certa maneira a própria filosofia e seus adeptos que merecem maior distinção. Resta saber se o verdadeiro poder, que reside em Versalhes e sempre o tratou, a ele e aos seus, com soberano desprezo, mudará de atitude.

CAPÍTULO II   O contraste (1765)

Ao contrário de muitos monarcas estrangeiros que demonstram interesse pela filosofia francesa e uma autêntica curiosidade pelos homens que a encarnam, Luís XV haverá de se manter até o fim hostil a essa corrente de pensamento que considera perigosa. Ele oscila entre desprezo e animosidade em relação aos que são chamados "filósofos". Acaso se terá dado ao trabalho de lê-los? Se é verdade que a filosofia está em guerra contra o fanatismo e o poder religioso, que as palavras "igualdade" e "liberdade" não são bem vistas em Versalhes, sabe-se que o Delfim leu Montesquieu e que a marquesa de Pompadour era amiga de Voltaire e de Helvétius. Em parte por cálculo político, em parte por gosto pessoal, ela protegeu a *Enciclopédia* o quanto podia. À sua morte, a 15 de abril de 1764, aquela que a sucede não quer saber de nada disso.

O ano de 1765 oferece uma impressionante demonstração dos diferentes graus de consideração merecidos pelos filósofos da parte dos que reinam em Berlim, São Petersburgo e Versalhes.

CONDENADO EM PARIS, CONVIDADO EM BERLIM

Desde a condenação de seu trabalho *Do espírito* pela Sorbonne e pelo Parlamento e as retratações humilhantes que teve de fazer em 1758 e 1759, Helvétius é um homem ferido.[1] Embora continue a escrever, ele jurou a si mesmo nunca mais voltar a publicar. Prefere a vida tranquila em seus castelos de Voré e Lumigny, cercado de amigos fiéis, à de Paris, onde mantém o palacete da rua Sainte-Anne. Os combates a Voltaire, as polêmicas e até mesmo as publicações por baixo do pano, à maneira de Holbach, não são para ele. Bom pai, ainda apaixonado pela mulher, Helvétius não tem vocação de mártir. Tanto menos que o livro que lhe valeu a perseguição foi quase tão atacado pelos "amigos" quanto pelos inimigos. Em compensação, o filósofo goza de considerável prestígio no exterior. *Do espírito*, traduzido para o inglês e para o alemão, foi lido por um público numeroso e globalmente muito apreciado. Soberanos como Frederico II, Catarina II e Luísa-Ulrica da Suécia chegaram a cumprimentá-lo. Frederico, que lê quase tudo que sai das gráficas francesas, não esperaria o escândalo envolvendo o livro para apreciar o filósofo. No dizer de Voltaire, que lhe havia mostrado a *Epístola sobre o orgulho* do jovem Helvétius ao visitar Berlim, em 1740, "o rei da Prússia ficou extasiado".[2]

Sabemos que, depois de sua estada em Berlim, d'Alembert tomou as medidas necessárias em favor da admissão do cavaleiro de Jaucourt, um bom soldadinho da *Enciclopédia,* e de Helvétius na Academia de Frederico.[3] Os dois seriam integrados a 5 de janeiro de 1764. Helvétius agradeceu à Academia no dia 23 de janeiro, e a Frederico II, a 1º de fevereiro.[4] Na carta a este último, podemos ler: "É tão glorioso poder prestar homenagens a um monarca que é espanto do século atual e talvez modelo inimitável dos séculos vindouros (...). A nação das letras, disseminada pelos diferentes povos, é uma nação conquistada por seus bons ofícios, [ele] é o seu chefe adotivo (...). É a Vossa Majestade que o universo deverá as luzes que os sábios talvez venham a disseminar neste século. Eles estão às voltas com as manifestações da inveja e do fanatismo; cobri-os sempre com vossa poderosa égide."

O que hoje em dia pode parecer a mais grosseira adulação não o era tanto na época, quando alguém se dirigia a um monarca.[5] Sobretudo quando ele reivindicava o título de déspota esclarecido. A mensagem é a seguinte: o Iluminismo e a liberdade de pensamento estão em seu país, a Prússia, e não no meu, a França, que se encontra sob o tacão de um monarca de horizontes acanhados. O cumprimento deve ter surtido efeito: Frederico, desapontado e talvez aborrecido com a recusa de d'Alembert, não desistiu de atrair para si e para Berlim o que a Europa, especialmente Paris, tem de mais brilhante a oferecer. No fim de 1764, ele encarrega Grimm de negociar a vinda de Helvétius a Berlim: "Ele tem vontade de promover a vinda do Sr. Helvétius", escreve Grimm à duquesa de Saxe-Gotha, "seja para passar algum tempo com ele, seja para ficar, se lhe convier (...). Não tive dificuldade para convencer o Sr. Helvétius a se decidir por uma viagem tão lisonjeira, e disse ao Sr. de Catt que, no que diz respeito ao projeto de fixá-lo permanentemente em Berlim, caberia apenas ao rei fazê-lo."⁶ De passagem, Grimm, que sabe com quem está lidando, dá a entender uma possível rivalidade entre d'Alembert e Helvétius: "O Sr. d'Alembert não virá [a Berlim] este ano: não foi solicitado, e sua saúde não vai muito bem (...). Sua Majestade, hábil astrônomo, não desejaria aproximar dois sóis de muito perto; mais vale atraí-los sucessivamente."⁷ Mas o fato é que d'Alembert se mostra extremamente caloroso em relação a Helvétius ao escrever a Frederico: "O Sr. Helvétius deve partir imediatamente (...). Ouso esperar que Vossa Majestade, travando conhecimento com sua pessoa, alargue ainda mais a idéia lisonjeira que já fizera de seus talentos e virtudes; a acolhida que ele receberá haverá de consolá-lo das perseguições provocadas por fanáticos (...) que acharam mais rápido e fácil queimar seu livro que responder a ele."⁸

O balé da sedução

Quando Helvétius se põe a caminho, na manhã de sexta-feira, 15 de março, em companhia do conde de Podewils, todos acreditam, como d'Alembert, que o filósofo vai buscar em Berlim uma compensação sensacional para sua humilhação. Grimm, que transformou essa viagem numa questão pessoal, tratou de providenciar-lhe, na ida e na volta, encontros com a duquesa de Saxe-Gotha e com a princesa de Hessen-Darmstadt, ambas assinantes da *Correspondance littéraire*. A 21 de março, Helvétius chega a Gotha, onde a duquesa Louise-Dorothée, uma das raras mulheres admiradas e ouvidas por Frederico, o recebe com todas as atenções possíveis. Grimm se preocupa com a impressão que ele acaso lhe tenha causado, tentando prever a que causará no monarca: "O que Vossa Alteza presume de seu êxito junto ao grande rei me causa vivo prazer, pois cheguei a temer que sua simplicidade e bonomia, ao lado da vivacidade do filósofo d'Alembert, fosse exposta a comparação desfavorável da parte de um monarca tão buliçoso (...) que não considero muito capaz de rever uma primeira impressão. O bom Helvétius tampouco esteve ele próprio isento dessa preocupação, e, conhecendo sua bondade, Senhora, disse-lhe que ninguém seria capaz de a aconselhá-lo melhor que Vossa Alteza Sereníssima."⁹

Chegando a Potsdam a 4 de abril, Helvétius encontra o rei em Sans-Souci,¹⁰ acamado por causa de uma crise de gota particularmente dolorosa. Já no dia seguinte, é apresentado a Frederico, que derrama todo o charme de que é capaz: "Ele me recebeu com todos os galanteios imagináveis.

Todo mundo sabe que é um grande homem, mas é preciso tê-lo visto para saber o quanto é amável e sedutor. Tem, na conversa, todo o encanto de Voltaire; sob esse aspecto, é, dentre os homens que conheci, aquele que mais lhe parece."[11] Uma semana depois: "Janto diariamente em Sans-Souci. Nunca vi um homem com tanta inteligência, e de todas as espécies; e por sinal é também de uma grande humanidade (...). É impossível fugir ao entusiasmo por esse rei."[12] Com o passar dos dias, no entanto, a monotonia começa a pesar para Helvétius, pelos mesmos motivos mencionados dois anos antes por d'Alembert: "Sem a inteligência do rei, que anima, fecunda e vivifica tudo, estaríamos num estado de languidez dos mais desagradáveis. Aqui, existe apenas ele."[13] Tomando conhecimento das atividades do filósofo, entendemos por que é acometido de tédio: "Às onze horas e um quarto, uma carruagem do rei vem apanhar-me para me conduzir a Sans-Souci. Ao meio-dia, almoço com o rei. A uma hora e meia, deixamos a mesa; tomo o café na casa de Milord Marechal, onde espero as ordens do rei, para saber se devo encontrá-lo à tarde, e a que horas. Se não recebo qualquer palavra sua, às três horas volto a meus aposentos. Lá permaneço até as oito. Vou cear com o príncipe herdeiro, mas não como muito. Volto às nove, leio até onze horas ou meia-noite (...). É como vivo."[14]

A essa altura, Helvétius só pensa numa coisa: voltar a Paris ao encontro de sua mulher, que espera seu terceiro filho.[15] Como Maupertuis, Voltaire e d'Alembert anteriormente, o filósofo se ressente da falta da vida social e intelectual que constitui o encanto inimitável de seu país. Em Potsdam como em Berlim, não se conhece a arte refinada da vida mundana e dos salões, cuja falta as conversas a dois com o rei não bastam para compensar. Os prussianos são algo pesadões, e os cerca de dez dias passados em Berlim não terão sido suficientes para fazê-lo mudar de idéia. Visitas obrigatórias para fazer a corte à rainha e ao irmão do rei, o príncipe Henry, e para assistir a algumas sessões da Academia, à qual teve a honra de ser associado um ano antes. A darmos crédito a Formey,[16] que o freqüenta quase diariamente em Berlim, Helvétius decepciona os interlocutores. Ele o encontra pela primeira vez numa ceia oferecida pelos príncipes de Brunswick, que convidaram, além do francês, a nata da Academia: Euler, Marggraf, de Catt, Mérian, Toussaint, Lambert, Castillon, Beausobre, Bernoulli e Thiébault. Euler e Bernoulli podem ser matemáticos notáveis, mas não brilham propriamente pela arte da conversa. Quanto aos outros, excetuado o francês Toussaint (Helvétius o conhecera antes de sua mudança para a Prússia, em 1764), Helvétius não tem grande coisa a dizer-lhes. Só o matemático

Jean-Henri Lambert prende sua atenção: "Ele ficou profundamente impressionado com o gênio extraordinário do Sr. Lambert, membro de nossa Academia (...). Visitava-o todos os dias e não se cansava de ouvi-lo."[17] Dois dias depois, contudo, Formey o convida a jantar com alguns desses mesmos: Thiébault, Toussaint, os Euler, pai e filho. "Achei-o com um ar indiferente, os olhos mortiços, a boca meio aberta, a pele lívida, com muitos sinais de abatimento e impaciência, sem nada, no entanto, que ferisse as leis da polidez. Não ouvi sair de sua boca qualquer comentário digno de nota (...). Ele deu mostra de amargura e ressentimento contra o Sr. de Maupertuis, o abade Trublet etc. Não foi um jantar muito alegre."[18]

Dias depois, último encontro com Frederico antes da partida: "O rei não poderia ter-me tratado melhor. Jantei hoje com todos os príncipes e com ele. Assisti a seu concerto sozinho com ele, e tive uma conversa a dois de duas horas. Aqui, sou considerado um homem muito poderoso (...). O Rei deu-me um magnífico presente: é uma caixa de ouro e esmalte guarnecida de diamantes, na qual se encontra o seu retrato. Essa caixa de rapé certamente vale pelo menos 4 ou 5 mil libras (...). Tenho todos os motivos para estar encantado com o rei, e o estou."[19]

À parte a caixa de rapé, muito semelhante à recebida por d'Alembert, Helvétius pôde constatar que não merecera o mesmo tratamento dispensado ao amigo. Ao contrário dele, não chegou a ser hospedado no palácio de Frederico. Nem em Sans-Souci, nem em Potsdam, nem em Berlim. É bem verdade que o rei pagou todas as suas despesas de hospedagem, mas não criou as condições de intimidade que chegou a compartilhar com d'Alembert. Helvétius não relatou o conteúdo das conversas que teve com Frederico, e portanto não sabemos se tentou convencê-lo dos fundamentos de sua filosofia. Na verdade, temos motivos para acreditar que o rei estava menos interessado no filósofo e no homem de inteligência que no financista que Helvétius fora antes de se casar.

Financista, diplomata ou filósofo?

Helvétius passara quatorze anos de sua vida na Ferme générale,* de 1737 a 1751.[20] Conhecia perfeitamente a administração fiscal e os problemas

---

* Companhia de financistas criada em 1726, à qual eram concedidos pelo Estado direitos de coleta de valores e impostos. (N. do T.)

ligados à coleta de impostos. Na época, a França tinha fama de ser o país mais eficiente da Europa na matéria. Não surpreende, assim, que Frederico, insatisfeito com os métodos prussianos de coleta de direitos alfandegários e impostos indiretos, quisesse consultar um especialista nessas questões. No dizer de Formey — sempre hostil aos filósofos franceses —, fora esse o verdadeiro motivo de sua viagem.[21] Mas um motivo secreto, de que ninguém precisava tomar conhecimento. Não sabemos se o próprio Helvétius estava inteirado dele antes de partir. Nem antes nem durante a viagem ele diz o que quer que seja a respeito na correspondência que chegou até nós. Só na volta à França se fica sabendo o conteúdo de sua missão: "É verdade que o rei da Prússia considera que suas finanças, e sobretudo suas companhias licenciadas de coleta, podiam ser mais bem geridas, e que desejaria que uma companhia rica e em condições de constituir fundos de provisão [7 a 8 milhões] se incumbisse dessa gestão. Fui incumbido de conversar a respeito, de sua parte, com alguns homens ricos. Foi o que fiz, e surgiu uma companhia (...). No que diz respeito a essa companhia, desempenhei apenas o papel de intermediário. (...) Não seria ridículo a ponto de me considerar um conselheiro do rei da Prússia."[22] Missão cumprida dois meses depois. Ele se encontrou com os financistas que partiriam para Berlim, encarregando-se inclusive de lhes conseguir um passaporte.[23]

Se Frederico pretendia apenas consultar um especialista do fisco, Helvétius, por sua vez, acariciava outro projeto mais proveitoso para sua reputação. Tal como Voltaire vinte e cinco anos antes, ele se via perfeitamente num papel de diplomata. Antes de viajar para Berlim, abre-se a esse respeito com seu amigo, o conde d'Argental,[24] ministro plenipotenciário do duque de Parma junto ao rei da França, e sobretudo grande amigo do duque de Praslin, que assessorava Choiseul nas Relações Exteriores. Sua idéia é aproximar a França e a Prússia para sanar as feridas da Guerra dos Sete Anos e enfraquecer a aliança entre Londres e Berlim. D'Argental certamente falou a respeito aos dois ministros, que decidiram permitir que fosse em frente. Helvétius não estava incumbido de qualquer missão oficial, mas não ficava proibido de se informar sobre as intenções do rei.

D'Argental inteirou Grimm das intenções de Helvétius, que recomendou que fosse utilizado o canal da duquesa de Saxe-Gotha, ao mesmo tempo francófila e boa negociadora.[25] Pouco depois de se instalar em Potsdam, Helvétius dá início a suas primeiras abordagens: "À minha partida de Paris", escreve então a d'Argental, "o senhor me recomendou que aproveitasse todas as oportunidades para assegurar o rei da Prússia da estima e do respeito que a França tem por ele. Posso assegurar-lhe que ele não tem ressentimentos da nação."²⁶ Um mês depois, Helvétius, já de retorno, passando por Gotha, parece cantar vitória. Visivelmente satisfeito consigo mesmo, escreve a d'Argental: "O resultado de minha conversa [com Frederico] é que fui incumbido pelo rei da Prússia de fazer aos Srs. duques de Praslin e de Choiseul uma proposta que a meu ver lhes será agradável, sem comprometer a honra de qualquer das duas cortes. Se for aceita, a questão estará encerrada. Se não o for, duvido que jamais possamos estabelecer as relações com esse rei (...). Tenha a bondade de avisar aos Srs. duques de Praslin e de Choiseul, solicitando-lhes que se disponham, à minha volta a Paris, a me conceder um quarto de hora de audiência."²⁷

Helvétius foi recebido pelos dois ministros, que fingiram concordar com seu projeto de aproximação. A darmos crédito ao embaixador da Inglaterra em Paris,²⁸ Helvétius teria chegado a propor d'Alembert ou ele próprio para a função de embaixador em Berlim.²⁹ A 25 de junho, ele comunica a Frederico: "Tenho ordem do ministro de assegurar a Vossa Majestade que, no exato dia em que decidir nomear um ministro para Paris, a Corte da França nomeará um para Berlim."³⁰ E conclui assim a sua carta: "Haveria de me congratular se tivesse contribuído de alguma maneira para o amor entre duas nações entre as quais existe e sempre deverá existir um interesse comum." Não sendo diplomata profissional, Helvétius não se deu conta de que uma observação de Praslin, parecendo-lhe provavelmente secundária, enterrava a negociação. O ministro observara que, não tendo Helvétius qualquer título oficial nem sendo portador de uma carta de Frederico, seria necessário que o rei da Prússia escrevesse uma, autorizando o filósofo a proceder a essa negociação. Acontece que o monarca prussiano de modo algum desejava parecer estar dando o primeiro passo ou solicitando o que quer que fosse ao país que derrotara fragorosamente dois anos antes. Manteve-se, portanto, o *statu quo*, e Helvétius recebeu ordens de não se intrometer mais na questão.³¹

Derruídas suas ambições políticas, nem por isso Helvétius deixava de se congratular pela viagem. Frederico, satisfeito com seus conselhos financeiros e a iniciativa que se seguiria, não havia esperado realmente nada desse diplomata amador. Já a 19 de abril, ele escrevia a seu embaixador em São Petersburgo: "Está aqui um certo Helvétius, vindo da França, mas que é um homem de letras e em absoluto capaz de bancar o negociador, e por sinal em muito maus termos com a corte da França."³² Em compensação, certamente havia apreciado o homem, senão o filósofo. Tê-lo-ia convidado a se instalar em Berlim com sua esposa. "Sei que muito lhe agrado", escreve o interessado à Sra. Helvétius. "Foi o que disse o Sr. de Catt, secretário de seu comando, aos Srs. d'Alembert e Grimm. Enfim, o rei, como já lhe disse, gostaria de vê-la aqui, muito embora, ao que se diz, não goste prodigiosamente das mulheres."³³

É bem verdade que, como d'Alembert, Helvétius não tem a menor vontade de se exilar na Prússia. Entretanto, nesses tempos de desfavor em Versalhes, e tendo sido tão maltratado pelas autoridades de seu país, o presente e o convite de Frederico constituem compensações apreciáveis. Que importa se foi antes o financista que o filósofo que interessou ao rei? O essencial era mostrar que, tratado como um empestado na corte da França, ele era honrado por um monarca esclarecido.

O BOM NEGÓCIO DE DIDEROT E CATARINA II

No verão de 1762, Catarina II convidara d'Alembert e Diderot a irem concluir a *Enciclopédia* na Rússia. O convite fora declinado pelos dois, não obstante as promessas de dinheiro, honrarias, privilégios e liberdade. E, por sinal, ainda que Diderot quisesse escapar aos riscos enfrentados trabalhando "em meio aos bárbaros",³⁴ estava de pés e mãos atados em Paris: o manuscrito da *Enciclopédia* era de propriedade dos editores. Apesar da dupla recusa dos enciclopedistas às propostas da czarina, sua espetacular oferta deixara encantada a república das letras, que, com isso, esquecera o assassinato de seu marido. Dois anos depois, quase exatamente no mesmo dia, chega a vez de Ivã VI,³⁵ encarcerado desde os dois anos de idade, ser apunhalado na noite de 5 para 6 de julho de 1764 pelos oficiais incumbidos de sua guarda. O fato servia tão evidentemente aos interesses de Catarina que ninguém se deixou enganar. A notícia levou algum tempo para ser conhecida, pois Voltaire a menciona pela primeira vez a 31 de agosto de 1764.³⁶ Uma semana depois, comenta-a com d'Alembert em termos encobertos: "Precisamos moderar um pouco nosso entusiasmo pelo Norte (...). O senhor bem sabe o que aconteceu, e terá feito suas reflexões."³⁷

A 1º de outubro, Catarina dá a público no *Jornal Enciclopédico* seu "Manifesto a respeito da morte do príncipe Ivã". D'Alembert o comenta com uma bela dose de cinismo: "Minha boa amiga da Rússia acaba de dar a público um grande manifesto sobre a aventura do príncipe Ivã, que era, com efeito, como ela diz, uma espécie de animal feroz (...). Todavia, é um pouco desagradável ser obrigado a se desfazer de tantas pessoas, e mandar imprimir depois que é uma lástima, mas que a culpa não é sua. Não se deve abusar desse tipo de *desculpas* em público. Reconheço, com o senhor, que a filosofia não tem muito do que se orgulhar de semelhantes alunos; mas que quer? É preciso amar os amigos *com seus defeitos*."[38]

Não, ninguém se deixe enganar por esse "Manifesto" de defesa, nem mesmo a Sra. Geoffrin, que desde 1763 mantém afetuosa correspondência com a czarina. Por sinal, com sua franqueza habitual, escreveu-lhe claramente o que pensava a respeito.[39] A imperatriz tem portanto grande necessidade de uma diversão para apagar essa segunda mancha de sangue e reconquistar o coração de seus admiradores. Sem se dar conta, é Diderot que lhe oferece essa oportunidade.

Desde a morte do pai[40] e a proibição da *Enciclopédia*, que trata de concluir na clandestinidade, o filósofo-pai-de-família preocupa-se em várias oportunidades com seus recursos. Apesar de não viver mal — seu pai deixou uma fortuna de 200.000 libras[41] para os três filhos, e o trabalho enciclopédico sustenta adequadamente[42] —, Diderot parece extremamente preocupado com o aumento de seus rendimentos, como se temesse que a mulher e a filha passassem necessidade após sua morte. No início de agosto de 1759,[43] ele já pensa em vender uma parte de seus livros, logo que concluir a *Enciclopédia*. Em 1762, negocia a venda de sua biblioteca por meio de seu livreiro, Pissot. Este a estima em 13.485 libras,[44] mas os compradores contestam o preço, e o negócio não é fechado.[45] Homero e Platão ainda continuarão em seus braços por alguns anos, até que Grimm tenha a idéia de sondar cortes estrangeiras.[46] No início de 1765, Diderot o autoriza a oferecê-la a Catarina II. O que foi feito a 10 de fevereiro em carta ao general Betski, camareiro da imperatriz. Grimm fala de um preço de amigo, entre 13.000 e 15.000 libras, sem oferecer uma relação das obras.[47] Quase imediatamente, Betski informa Grimm já a 16 de março da aceitação de Catarina.[48] Com elegância, ela propõe o preço de 15.000 libras, mais 1.000 libras de emolumentos anuais para ficar como depositário e cuidar dela até sua morte. Diderot solicitou autorização real para aceitar essa soma suplementar de uma potência estrangeira, o que imediatamente lhe foi concedido. Aparentemente, a ninguém ocorrera, em Versalhes, fazer uma contraproposta a Diderot...

No dizer de Damialaville, a delicadeza e a generosidade com que esses benefícios foram concedidos deixaram Diderot "quase abobalhado durante vinte e quatro horas".[49] Em carta a d'Alembert, ele se diz "feliz, completamente feliz (...). Por essa felicidade, fico obrigado com meu amigo e uma soberana que fez de tudo para atraí-lo para perto dela (...) com uma natural inclinação para a generosidade".[50] A boa notícia logo se espalhou.

Antes mesmo que Luís XV desse sua autorização, no início de maio,[51] as *Mémoires secrets* publicam a notícia, a 14 de abril.[52] "Os homens de bem se regozijam por ele pessoalmente, pois não mais parecerá, pelo menos, estar desligado de tudo e entregue aos malvados, e também pela causa comum, à qual tudo isso só pode fazer muito bem."[53] Damialaville conclui então, como toda a república das letras: "Se houvesse neste país um pingo de vergonha, seria de enrubescer que soberanos do Norte viessem de tão longe socorrer o mérito e a virtude entregue à indigência [!] e honrar a filosofia desprezada."

Com efeito, todo o mundo filosófico e literário ficou sensibilizado com o gesto generoso de Catarina em relação a um deles. Foi considerado uma espécie de reconhecimento de sua dignidade, que parecia ignorada na França. A rapidez da decisão e até mesmo a da execução do pagamento[54] contribuíam ainda mais para a beleza do gesto. Todos se sentiram na obrigação de agradecer à imperatriz. A primeira a fazê-lo foi a Sra. Geoffrin, ela própria tão generosa com os homens de letras. Depois das recriminações contra o "Manifesto", sua carta de 17 de abril de 1765 foi considerada "encantadora". Catarina reagiu com a falsa modéstia de praxe: "É bom agradar aos homens de inteligência (...). O que mais aprecio nessa aventura é o fato de minha amiga ficar feliz com meu comportamento."[55] Diderot e Damialaville pediram a d'Alembert que se manifestasse: "Se tiver oportunidade de escrever a essa corte", diz-lhe Diderot, "peço que junte seus agradecimentos aos meus. Que possam ver que todos os homens de bem deste país são sensíveis à escolha que ela fez de mim, dentre aqueles que compartilham de sua benevolência."[56] D'Alembert tratou de atender no dia 26 de outubro seguinte: *"Toda a Europa literária aplaude*, Senhora, o sinal de estima e bondade que V. M. I. deu a Diderot;

ele o merece, por seu talento, por suas virtudes, por sua posição; a amizade que me une a ele me leva a partilhar sua gratidão, e rogo a V. M. I. que receba meus mais humildes agradecimentos pelo que fez, nessa oportunidade, *por ele, pela filosofia e pelas letras.*"[57]

Na mesma época, Voltaire também manda seus cumprimentos: "Todos aqueles que foram honrados com a bondade de Vossa Majestade são meus amigos. Sinto-me grato pelo que fez tão generosamente pelos Diderot, pelos d'Alembert e pelos Calas. *Todos os homens de letras da Europa devem prostrar-se a vossos pés.*"[58] Ela responde aos dois filósofos mais ou menos nos mesmos termos: "Eu jamais teria imaginado que a compra de uma biblioteca suscitasse tantos cumprimentos. Todos me cumprimentam pela compra da biblioteca do Sr. Diderot, mas confesse (...) que teria sido cruel e injusto separar um sábio de seus livros."[59] À parte os correspondentes de Catarina, todo o mundo intelectual manifesta sua admiração por ela, aqui e ali aproveitando para frisar o contraste entre a França e o estrangeiro, entre Luís XV e seus pares. D'Holbach dá a boa notícia ao jovem magistrado Servan, amigo dos filósofos, a 27 de abril. E conclui nestes termos: "Com esta iniciativa tão delicada quanto generosa, o senhor pode ver que na Tartária se pensa com mais nobreza que na França."[60]

Por sua vez, Toussaint-Pierre Lenieps dá "a boa notícia"[61] de Diderot a Rousseau com uma ponta de inveja, mas sem qualquer toque de sarcasmo. Mais surpreendente ainda é o relato do caso todo feito por Fréron em *L'Année littéraire*. O mais constante inimigo dos filósofos, e particularmente de Diderot, quase chega a ficar comovido com a situação deste, obrigado a vender sua biblioteca. Mas ele assinala sobretudo sua "admiração" e seu "enternecimento"[62] pelo belo gesto da imperatriz, publicando na íntegra não só a carta de Betski de 16 de março como também a epístola em versos do poeta Dorat glorificando Catarina II. Esse anexara a seus versos uma carta em prosa em que se lê um ataque em regra ao mecenato então praticado na França. "Esses protetores subalternos cheios de vaidade, que se vangloriam de ser sensíveis, que aviltam o infeliz a que servem, fazendo-o beber o fel da benevolência, que remuneram lisonjeadores, pagam a escravos, compram vítimas e quase justificam os ingratos que suscitam, se acaso o mais baixo dos vícios pudesse ser desculpado. Entre a mais pavorosa indigência e a proteção de um tolo, não há que hesitar um só momento."[63]

Com toda evidência, todos esses louvores à imperatriz também têm por objetivo chamar a atenção para o comportamento indigno dos poderosos da França.

Um ano depois, Catarina II teve a oportunidade, por incúria de seus serviços, de fazer um novo gesto ainda mais espetacular em favor de Diderot. Informada de que ele não recebia sua pensão desde março de 1766, e recusando-se a permitir "que a negligência de um escriturário causasse transtornos a sua biblioteca (...), ela gostaria que fossem concedidos ao Sr. Diderot cinqüenta anos de antecipação da contribuição destinada à manutenção e ampliação de seus livros".[64] Essa carta de Betski, datada de 30 de outubro de 1766, era acompanhada de uma letra de câmbio de 50.000 libras,[65] pagáveis imediatamente a Diderot. Seus agradecimentos mostraram-se à altura do que desejava a imperatriz:

"Grande Princesa, prosterno-me a vossos pés, estando em vossa direção meus dois braços; gostaria de falar, mas minh'alma se comprime, minha cabeça se perturba, minhas idéias se embaraçam (...). Sem dúvida existem soberanos benfeitores; mas gostaria que me citassem um só que conferisse a sua generosidade essa singular delicadeza que lhe confere sua soberana [a carta é endereçada a Betski], que é minha também. Sim, meu senhor, ela também é a minha soberana, pois é ela que me honra, me protege e *se encarrega de saldar a dívida de meu país*.

"Oh, Catarina! Estejai certa de que não reinais mais poderosamente sobre os corações de Petersburgo que sobre os de Paris. Tendes aqui uma corte e vossos cortesãos (...). Desde que se espalhou a notícia dos bons ofícios de Sua Majestade, de quantos homens não me vejo cercado! Que lástima não possa ela testemunhar seus abraços! Que lástima não possa ouvir os elogios que os acompanham! (...): 'Como ela é grande', exclamam eles, 'como é nobre, essa soberana! Que delicadeza demonstra em tudo! Nós, homens', prosseguem eles, 'só por empréstimo temos virtudes. Ele deve tudo apenas ao céu que a constituiu (...).' Juro que antes de morrer terei erguido em sua glória uma *pirâmide* que chegará ao céu, e na qual, pelos séculos vindouros, os soberanos verão, unicamente pelo que houver empreendido e executado o sentimento da gratidão, o que poderiam obter do gênio se seus bons ofícios o tivessem buscado."[66]

Entusiásticos, os filósofos entoam hosanas sem esquecer de frisar o contraste entre a solicitude da imperatriz estrangeira e a indiferença e mesmo os maus-tratos do governo francês. É o caso de Voltaire: "Não,

não sois em absoluto a *aurora boreal*, sois com certeza o astro mais brilhante do Norte, e nunca houve outro tão benfazejo. Andrômeda, Perseu e Calisto não chegam a vossos pés. Todos esses astros teriam deixado Diderot morrer de fome. Ele foi perseguido em sua pátria, e vossos bons ofícios vão ao seu encontro (...). Nós três, Diderot, d'Alembert e eu, erguemos altares em vossa homenagem."[67]

Na verdade, são muito mais que três os que os erguem. Tendo Bachaumont[68] e Grimm divulgado a notícia, toda a república das letras volta a entoar louvores[69] a Catarina, com o *leitmotiv*: "Trinta anos de trabalho não foram suficientes para atrair [para Diderot] a menor recompensa de sua pátria; aprouve à imperatriz da Rússia saldar nessa oportunidade a dívida da França."[70] Catarina continua fazendo pose de modéstia, sem dissimular sua maior ambição: "Encaro os elogios de vossos belos gênios", escreve à Sra. Geoffrin, "como estímulos que julgam necessário dar àqueles que consideram em condições de fazer o bem. Mas se eu não conseguir fazê-lo, não obstante todas essas belas declarações, meu nome não chegará à posteridade."[71] Palavras nos antípodas das que são atribuídas a Luís XV: "Depois de mim, o dilúvio!"

À espera do julgamento da posteridade, Catarina deu um golpe de mestre. Mediante algumas dezenas de milhares de libras, não só pôs fim a uma detestável reputação de sanguinária — nunca mais se volta a falar do pobre Ivã — como conseguiu suscitar a devoção das melhores penas da Europa. Quanto a Diderot, ei-lo enfim livre do risco de privações, em condições de dotar a filha como desejava. A partir de agora, trabalhará apenas por prazer. Todos fizeram bom negócio, mas o grande perdedor é o governo francês e, por outro lado, o seu poder absoluto. Vinte anos depois, a ruptura entre este e os intelectuais pesará muito.

A MORTIFICAÇÃO DE D'ALEMBERT

1765 é um ano negro para d'Alembert. Mas havia começado bem. Sua saúde parece melhorar e *Sobre a destruição dos jesuítas*, saído da gráfica genebrina de Cramer, começa a chegar à França já no mês de março. Calas e sua família finalmente são reabilitados. Essa grande vitória de Voltaire pertence também a todo o clã filosófico, que conseguiu dobrar a instituição judiciária em seu nível mais alto. O Infame finalmente sofreu uma séria derrota. Em plano mais pessoal, o filósofo pode congratular-se pelo bom relacionamento com Frederico, que o consulta sobre as questões de sua Academia, apresentando-lhe o novo regulamento e manifestando sua satisfação com a mais recente aquisição, Dieudonné Thiébault, calorosamente recomendado por d'Alembert.[72] Este, enfim, tem todos os motivos para se rejubilar pelos consideráveis progressos de seu protegido, Condorcet.

Na quarta-feira, 24 de abril, Malesherbes, presidente da Academia de Ciências em 1765, apresentou à assembléia seu tratado de cálculo integral. D'Alembert e Bézout são designados para examinar o manuscrito. Um mês depois, a 22 de maio, d'Alembert lê um relatório entusiástico, em comparação com o tom habitual de suas resenhas. Depois de resumir o conteúdo do tratado,[73] os dois comissários saúdam a "sagacidade, as reflexões úteis e as operações engenhosas" do autor. Em conclusão, falam da "finura e da profundidade de horizontes pressupostas nos métodos de que se vale o autor, e que lhe são em maioria próprios. Não apenas esse trabalho pressupõe no autor conhecimentos de cálculo muito amplos e raros de se encontrar em semelhante grau numa idade tão pouco avançada, como também *prenuncia o maior talento, o mais digno de ser estimulado pela aprovação da Academia.*"[74]

Os acadêmicos presentes à sessão entenderam que d'Alembert e Bézout acabavam de tomar nota do nascimento de um jovem sábio que a partir dali teria de ser levado em conta. *O cálculo integral* logo vem a ser impresso. Um exemplar é apresentado na Academia a 12 de junho, como de praxe, antes de ser dado a público. D'Alembert apressa-se a anunciá-lo a Lagrange, outro mestre do cálculo integral: "O senhor receberá em breve um trabalho do Sr. de Condorcet sobre o cálculo integral, que me parece excelente e com o qual acredito ficará muito satisfeito."[75] A notícia corre célere. O astrônomo Jérôme Lalande, que estava presente na Academia a 22 de maio, dia do relatório de d'Alembert, chega à Itália em junho e se faz arauto do novo matemático em cada cidade por que passa. De Parma, o matemático-engenheiro Auguste-Guy de Kéralio, subpreceptor de dom Ferdinand, escreve a 11 de novembro ao padre Frisi: "Ainda não pude ver o trabalho do marquês de Condorcet e estou muito curioso de vê-lo, pelo que me dizeis a respeito, meu Reverendo Padre, pelo que me disse o padre Venini e pelos elogios que dele me fez o Sr. de Lalande, assim como do autor."[76]

O *caso da pensão*

A 17 de maio morre Alexis Clairaut, 54 anos, depois de uma semana doente.[77] Fala-se de uma "febre maligna" ou "pútrida" para explicar a morte tão rápida quanto inesperada de um dos maiores matemáticos da época. Alegre, encantador, glutão e libertino, ele foi um *bon vivant* que nunca se meteu com filosofia ou política. Contentou-se em ser, a vida inteira, um dos mais sólidos pilares da Academia de Ciências[78] e o maior rival de d'Alembert durante vinte e cinco anos.[79] Completamente entregue a seus x e y, Clairaut "desfrutava de 10.000 libras de renda em pensões e benefícios do rei",[80] além de uma pensão de 1.000 libras recebida da Academia de Ciências como pensionista mecânico desde 1738.

Menos de vinte e quatro horas após sua morte, d'Alembert escreve a Malesherbes, presidente da Academia, para exigir a pensão de Clairaut: "Há nove anos sou pensionista supernumerário na classe de geometria. Sou o mais antigo de todos os associados nas classes de matemática. Não creio, assim, estar prejudicando ninguém ao exigir o lugar de pensionista[81] que o Sr. Clairaut deixa vago. Escrevo a esse respeito ao Sr. de Saint-Florentin e espero que o senhor possa apoiar minha solicitação. Parece-me que é tempo, Senhor, de recolher finalmente algum fruto de meus trabalhos, de meus sacrifícios e das manifestações de estima que recebi dos estrangeiros."[82]

Caberia estranhar uma reação tão rápida da parte de d'Alembert, quase beirando a indelicadeza. Mas ele tem poucos amigos na Academia, e já sabe que alguns confrades tentam contestar seus direitos. "Ao que fiquei sabendo, o ilustre Sr. Guettard alega que, quando fui nomeado pensionista supranumerário, ficou estabelecida a condição de que eu ficasse ligado à classe de geometria. É completamente falso, estipulou-se apenas que eu só receberia a pensão depois dos meus antecessores, e todos eles hoje são pensionistas. Não creio que se pretendesse, sob esse pretexto, fazer-me uma injustiça gritante e absurda; em todo caso, seria a última que eu suportaria."[83]

A objeção levantada por Guettard e alguns outros elementos próximos do poder não passa de um falso pretexto. Até La Condamine, que não anda em bons termos com d'Alembert, o reconhece de bom grado. "Nada é mais fácil em nossa Academia que a mudança de classe. De 18 pensionistas, 13 mudaram (...), das classes de física para as classes de matemáticas e vice-versa. As classes de geometria e mecânica sempre estiveram juntas."⁸⁴ Mas deve ter havido contestações, pois na sessão de 18 de maio o secretário, Fouchy, levanta a questão e a submete a deliberação. A maioria se alinha com d'Alembert: "Decidiu-se que o Sr. conde de Saint-Florentin seria solicitado a obter do rei que o Sr. d'Alembert fosse transferido da classe de geometria, na qual é pensionista supranumerário, para a de mecânica, tratando de informar a Academia da intenção de S. M."⁸⁵

Normalmente, o ministro responsável pelas academias responde em menos de duas semanas a esse tipo de correspondência. Dessa vez, a resposta se faz esperar por semanas e meses, sem qualquer motivo plausível. No dia 24 de maio seguinte, contudo, os *Mémoires secrets*, bem informados sobre a Corte, publicam a seguinte notícia: "O ministro respondeu aos deputados dessa companhia que S. M. estava por demais insatisfeita com os trabalhos mais recentes do Sr. d'Alembert para lhe conceder algum favor. Acredita-se que tais palavras se refiram ao livro a respeito da *Destruição dos jesuítas*."⁸⁶

Com o passar do tempo, a recusa de uma resposta se torna a cada dia mais humilhante para d'Alembert, que vai ficando sempre mais nervoso. O primeiro com quem se abre é Lagrange: "Há um mês, o ministro não dá qualquer resposta, e o que prova sua má vontade é que respondeu à Academia sobre outros assuntos que ela abordava na mesma carta em que se tratava de mim. De dizer-lhe a causa de semelhante tratamento, não seria capaz, e creio que seria bastante embaraçoso. Sei apenas que o ministro disse que eu acabo de receber uma pensão da czarina (o que não é verdade; nem se tratou disso, e além do mais, ainda que se tratasse, haveria para isso bons motivos!). Ele acrescentou que o rei estava muito insatisfeito com meus escritos (...). O rei não conhece muito meus trabalhos, e se os leu, sobretudo o último, sobre a destruição dos jesuítas, não pode nem deve ter ficado insatisfeito (...). Eis a que sou relegado depois de vinte e quatro anos de trabalho na Academia de Ciências e todos os trabalhos e sacrifícios que o senhor conhece. O público brada aos céus; espero que os estrangeiros juntem suas vozes (...). Quando o rei da Prússia [o] souber (e já deve saber a esta altura), não deixará de dizer: *O senhor quis assim, George Dandin*, e terá razão."⁸⁷

Efetivamente, d'Alembert deixa transparecer sua insatisfação *urbi et orbi*. Ao padre Frisi, em Milão, pede que "se digne transmitir essa notícia a todos os cientistas da Itália (...). Espero que eles fiquem um pouco surpresos e escandalizados (...). Espero que se sinta vergonha da maneira como sou tratado."[88]

Voltaire, informado por um terceiro, transmite-lhe sua indignação: "É uma injustiça, uma ridícula ingratidão recusar uma módica pensão a alguém que recusou 100.000 libras de vencimentos para continuar honrando a pátria." Mas tenta tranqüilizá-lo: "O senhor constata que sua pensão não é concedida a ninguém mais. Limitam-se a fazê-lo esperar. Querem talvez que tome alguma iniciativa."[89] Sabendo como o amigo é travado e vive pisando em ovos, ele dá a entender que bastaria que dissesse uma palavra para que ele mesmo cuidasse do caso. Resposta imediata de d'Alembert, dividido entre a raiva, a humilhação e a ansiedade: "Querer que eu espere e dar tanta importância ao que me é devido por tantos motivos é uma afronta quase tão grande quanto recusar-me (...). Estou com quase 50 anos, contava com a pensão da Academia como único recurso de minha velhice; se esse recurso me é tirado, terei de pensar em conseguir outros, pois é terrível ser velho e pobre (...) Sem a pensão do rei da Prússia, que sempre me foi paga com pontualidade, eu teria sido obrigado a me retirar para o campo."[90] Por enquanto, ele apela à opinião pública. Quer fazer de sua humilhação a humilhação de todo o partido filosófico e cobrir de vergonha os ministros. "Meu único consolo é ver que a Academia, o público, todos os homens de letras,[91] à exceção dos que são a desonra da literatura, não estão menos indignados que o senhor com o tratamento que recebo. Espero que os estrangeiros unam seus protestos aos da França; e rogo-lhe que não deixe desinformada nenhuma das pessoas com quem estiver do novo tipo de perseguição exercido contra as letras." Quanto às *démarches*, já escreveu ao ministro "uma carta simples e adequada, sem baixeza nem insolência", que ficou sem resposta. "Se estão esperando que eu tome outras iniciativas, esperarão muito tempo."[92]

Com efeito, d'Alembert não podia solicitar um favor sem parecer estar renegando seu célebre *Ensaio sobre os homens de letras*, que lhe valeu o respeito de todos. É o que lhe lembra inocentemente Lagrange: "O senhor nunca rendeu preito aos ídolos; é este, se não me engano, o seu crime. O silêncio que teimam em manter em torno do seu artigo parece-me ter como único objetivo levá-lo a alguma forma de humilhação (...). Julgo-o incapaz de desmentir o seu próprio caráter por um só momento que seja."[93]

Voltaire, que tem seus olheiros na Corte, revela a d'Alembert o segredo de sua penosa situação, oferecendo ajuda. As cartas são em sua maioria abertas nos correios, explica-lhe, e "as suas o são há muito tempo".[94] As declarações pouco lisonjeiras contra os ministros que recheiam as cartas de d'Alembert foram lidas por eles, não sem irritação. Eles também abriram a carta em que d'Alembert escrevia a Catarina II que "a França parece uma víbora: tudo é bom, menos a cabeça".[95] Declaração que também teria feito ao rei da Prússia. D'Alembert deve saber que os ministros continuam culpando os filósofos pela morte da Sra. de Robecq, após a circulação do panfleto de Morellet contra Palissot, em 1760.[96] "Desde essa época montanhas de indignação se acumularam contra todos nós, como o senhor bem sabe." Acontece que Voltaire continuou muito ligado a Choiseul, o poderoso ministro das Relações Exteriores, que também é o mais indignado contra d'Alembert. Ele oferece seus bons ofícios: "Não é impossível que seu ressentimento tenha influído na recusa ou no atraso da justiça que lhe é devida. Permitiria que eu tome a liberdade de escrever-lhe? Não estou envolvido, não comprometeria a ele nem ao senhor. Haveria de propor-lhe uma iniciativa generosa. Ele é muito capaz de tomá-la, e também muito capaz de zombar de mim, mas corro de bom grado o risco, e nada haverá de recair no senhor. E certamente nada farei sem as suas instruções."[97]

A resposta de d'Alembert, levada pela Srta. Clairon, a caminho de Ferney, cheira a coisa de Tartufo: "O homem bem posicionado de que me fala conseguiu tornar-se alvo da execração dos homens de letras (...). Creio que me odeia e me meto em brios (...). Não acredito que possa influir muito na recusa (...). De resto, deixo a seu critério tomar as iniciativas que considerar úteis, desde que não me comprometam; o certo é que, de minha parte, nada farei."[98] Em outras palavras: vá em frente, mas não quero saber de nada. A melhor maneira de salvar a própria reputação ao mesmo tempo solicitando a pensão. Mas d'Alembert não diz toda a verdade a Voltaire. Se é verdade que não voltou a escrever diretamente ao ministro das Academias, o fato é que pede dois dias depois a Malesherbes que intervenha junto a ele. Argumentando com o caso, idêntico ao seu, do químico acadêmico Jean Hellot,[99] no qual não houvera necessidade de deliberação da Academia nem de carta ao ministro, d'Alembert pede a Malesherbes que "faça ver ao Sr. de Saint-Florentin a injustiça e mesmo o ridículo dessas demoras e objeções". Espero, conclui então, "que o senhor possa pôr fim imediatamente, para minha satisfação, a um caso cujo bom desenlace parece-me agora depender de sua resposta".[100]

D'Alembert se engana. O caso está além da esfera de influência de Malesherbes. Enquanto isso, Frederico II move seu peão e renova mais uma vez o convite para que vá presidir a Academia de Berlim. O que d'Alembert se apressa a dar ao conhecimento de todos, sem chegar a comover o poder, que observa o mais profundo silêncio. A situação parece sem saída, e cada dia que passa deixa o filósofo um pouco mais mortificado.

"Às portas do túmulo"

A mortificação quase lhe foi fatal. Ele está com a saúde frágil desde Berlim: já temos notícia de suas dores estomacais, que vão e voltam, apesar de dietas severas. Dessa vez, o episódio não se parece com os anteriores. Ele chegou a se considerar "com um pé na barca de Caronte".[101] E não é por fazer drama. Os amigos e parentes realmente acreditaram que ele estava para morrer. O abade Trublet deixou um relato dessa semana de todos os riscos. Já no sábado, 20 de julho, d'Alembert estava ausente da Academia Francesa (na qual se mostrava de excepcional assiduidade). "A perigosa doença (...) foi causada ou provocada por uma indigestão, a 21 de julho. Mas o perigo só se declarou na noite de 23 para 24, com a cólica mais violenta e dolorosa. O cirurgião logo chamado, por ser vizinho do doente, temendo uma inflamação das entranhas, não hesitou em sangrá-lo, o que foi aprovado pelo Sr. Bouvard, que chegou em seguida (...). A sangria produziu excelentes resultados, acalmando as dores e a febre. Entretanto, o perigo persistiu até o dia 28. O doente foi então transportado para a residência do Sr. Watelet, seu amigo e confrade da Academia Francesa. Foi lá que o vi no dia 30, achando-o bem. Estava ainda melhor ontem, e já é considerado fora de perigo."[102]

O mesmo relato faz Diderot a Sophie Volland. A 25 de julho, no auge da crise, ele o considera "nas últimas".[103] As relações entre os dois andam bem há vários anos, e Diderot volta a sentir todo o afeto que teve por ele em outros tempos. "Cuidamos, a Sra. Diderot [!] e eu, de dar testemunho a d'Alembert de todo o interesse que temos por sua situação. Desde que o soubemos doente, todas as manhãs a Senhora vai vê-lo, regularmente, e eu, à tarde. Ele já é considerado fora de perigo. Aceito o prognóstico como um fato que me surpreenderá muito e me será muito agradável

(...). No dia em que o vi, fiquei assustado. Ele tinha o rosto inchado, os olhos perdidos, os lábios ressequidos e a pele de um escuro lívido e plúmbeo. Entretanto, mantinha seu tom agradável."[104]

A sua cabeceira alternam-se os mais íntimos: Bourgelat, Watelet, Morellet, o abade Bon "e uma certa Srta. d'Espinasse, que lá chega pela manhã às oito horas e só se vai à meia-noite".[105] A 29 de julho, tendo Bouvard recomendado que fosse retirado de seu quartinho muito mal arejado na casa da Sra. Rousseau, Watelet o instala em seu palacete "num bulevar".[106] No dia 30, Trublet vai visitá-lo e o acha melhor. A 1º de agosto, ele é declarado fora de perigo, e Diderot tem um encontro "muito terno"[107] com ele. À falta de uma pensão, d'Alembert podia prevalecer-se de uma dupla vantagem de sua doença: restabelecera relações com Diderot e finalmente se desligava de sua ama-de-leite, a Sra. Rousseau.[108] Logo haveria de mudar-se para um andar acima de sua querida Julie de Lespinasse, na rua de Bellechasse.[109] A 12 de agosto, ainda convalescente, ele deu um pulo na Academia Francesa para agradecer aos confrades pelos cuidados que lhe haviam prodigalizado.

Na questão da pensão, nada avançou. Voltaire não escreveu a Choiseul, pois d'Alembert não acredita seja ele a causa de sua situação. E por sinal d'Alembert se diz aliviado. Em compensação, Saint-Florentin encontrou novos pretextos para retardar sua decisão. Três acadêmicos associados também estão em condições de se candidatar ao lugar e à pensão de Clairaut. Um deles, o marquês de Courtivron,[110] associado mecânico desde 1749, logo faz saber que não está interessado e, pelo contrário, ambiciona a posição de veterano. Os dois outros, em contrapartida, são candidatos que convêm ao ministro. A 7 de agosto, ele escreve à Academia que Vaucanson[111] (associado mecânico) e d'Arcy[112] (associado geômetra) contestam as pretensões de d'Alembert. Em conseqüência, "o rei deseja que a Academia delibere sobre essas respectivas pretensões".[113] Uma semana depois, a Academia volta a deliberar e decide que o lugar de Clairaut cabe a d'Alembert, "sem novas eleições".[114]

Já no dia seguinte, toda a Paris dá o episódio por encerrado, e a *Correspondência Literária*,[115] em sua edição de 15 de agosto, julga-se no direito de anunciá-lo.[116] Voltaire congratula-se com o amigo pela restituição de sua pensão,[117] que no entanto continua a fazer-se esperar de semana a semana. Para explicar o atraso, invoca-se o acidente de caça de Saint-Florentin, a 5 de setembro, que lhe valeu a amputação da mão esquerda. A 28 de setembro, desanimado e indignado, d'Alembert chega inclusive a desmentir os boatos que circulam em Paris e na Itália. Não, ele nunca recebeu a pensão que a Academia duas vezes solicitou ao ministro. Não, sua perigosa doença não decorreu dessa recusa ou da demora. "O que me irrita e impacienta", escreve ele a Frisi, "é a impertinência de certas gazetas, que disseram que essa doença me fora causada pela mágoa que senti por não obter a pensão que me é devida. É bem verdade que fiquei sentido com a afronta que me é feita, mas não a ponto de adoecer, nem de ficar angustiado"[118] No *Jornal Enciclopédico*, ele esclarece que todos os seus amigos "sabem que havia cerca de dois anos minha saúde vinha sofrendo perturbações consideráveis, que pareciam prenunciar essa doença e que ainda persistem, apesar de minha convalescença".[119] Nas duas cartas, ele insiste no desapego de que deu tantas provas, solicitando ao padre Frisi que publique na *Gazeta de Modena* "um desmentido a esses impertinentes jornalistas que afirmam que a recusa de 400 a 500 libras de pensão me deixou à beira da morte. (...) É bom que os cientistas da Europa estejam informados dessas circunstâncias e da maneira como sou tratado aqui, depois de tanto trabalho e tanto sacrifício".[120]

O mês de outubro transcorre sem qualquer resposta do ministro. Mesmo Voltaire começa a ter lá suas dúvidas. "Enrubesço quando penso que lhe foi recusada em seu próprio país a vigésima parte do que lhe foi oferecido nos países estrangeiros."[121] D'Alembert faz uma última tentativa junto a Malesherbes. Pede-lhe que se digne "informar ao Sr. de Saint-Florentin o quanto *não seria injusto, desonesto* para a Academia, que deve saber o que mais lhe convém, e ouso mesmo dizer *odioso* depois dos trabalhos e sacrifícios do Sr. d'Alembert".[122] Sem grande esperança em Versalhes, ele se volta para São Petersburgo. A 26 de outubro, relata seus problemas a Catarina II, talvez na esperança de que ela tome o lugar de Luís XV. Insiste muito nessa módica pensão "que se torna necessária pelo declínio de minha saúde, meus poucos recursos e os consideráveis encargos".[123] Mas a czarina faz ouvidos moucos, limitando-se a uma alusão ao convite para que vá à Rússia, onde não há perseguições. Enquanto isto, o ministro Saint-Florentin finalmente decidiu-se a escrever a tão esperada carta. No sábado, 16 de novembro, na ausência de d'Alembert, que se encontra na Academia Francesa, como todos os sábados, Fouchy, secretário da Academia de Ciências, lê essas palavras para a assembléia: "S. M. decidiu nomear o Sr. d'Alembert para preencher a vaga de pensionista desocupada com o falecimento do senhor Clairaut."[124] Ele terá esperado seis meses pelos que os outros obtêm em três dias!

Quando o novo pensionista dá a notícia a Voltaire, percebe-se que sua cólera não está aplacada: "Finalmente foi concedida, meu caro mestre, não a minhas solicitações, pois não as fiz, mas às *démarches* reiteradas da Academia, ao clamor do público e à indignação de todos os homens de letras da Europa, a magnífica pensão de 300 a 400 libras (pois no meu caso não será mais elevada,[125] que julgavam necessário esperasse eu há seis meses. O senhor pode bem imaginar que pelo resto da vida não haverei de esquecer essa afronta atroz e absurda; e digo afronta porque a demora me ofendeu mais do que o teria feito uma pronta recusa, que me teria vingado ao cobrir de vergonha seus responsáveis."[126]

D'Alembert tinha razão. O poder julgava ter acertado humilhando um homem que detestava. Pior ainda: Choiseul deu a entender que interviera pessoalmente junto a seu colega Saint-Florentin para levá-lo a tomar a decisão. D'Alembert teve de enviar uma carta de agradecimento a cada um.[127] Mesmo "sucintas e muito secas", essas cartas certamente lhe custaram muito.

Na verdade, o filósofo não sai engrandecido do episódio, e sua reputação ficou abalada. Ninguém pode jactar-se de independência e desapego ao mesmo tempo que estende a mão a um poder que diz desprezar. Além disso, foi um erro invocar o testemunho de toda a Europa, diante de algo que não passava no fim das contas de uma recusa de magra pensão. Catarina II não esconde a Voltaire que acha tudo isso extremamente medíocre: "Impeça, rogo-lhe, o Sr. d'Alembert de se mostrar tão sensível à recusa da pensão que lhe é devida. É uma inconseqüência que ele precisa desprezar."[128] Mas a lição mais dura parte de Frederico, que lhe escreve em pleno mês de agosto: "Fiquei muito contrariado ao tomar conhecimento da mortificação que lhe foi imposta, e da injustiça de privá-lo de uma pensão que lhe cabe por direito. Quero crer que o senhor saberá mostrar-se suficientemente sensível a essa afronta para não se expor a outras. Nós, militares, não somos homens de oferecer a outra face quando nos agridem. O que se costuma chamar de honra neste mundo não passa sem dúvida de um preconceito; mas está consagrado, e é por essa regra que são julgados os atos dos homens."[129]

Aos olhos dos dois soberanos que lhe ofereceram uma hospitalidade dourada, d'Alembert fracassou. Acaba de demonstrar que prefere ficar em Paris para ser humilhado do que ser independente e respeitado em Berlim ou Moscou. Que não espere, então, condescendência. D'Alembert viria a defender-se junto a Frederico sem muita convicção, insistindo na doença, que o impede de mudar de clima.[130] Mas o rei, muito pouco sensibilizado, manda outra ducha fria: "Seu espírito está tão doente quanto seu corpo (...). Uma comparação pode consolar um grande homem da injustiça sofrida, lembrando que outros grandes homens foram ainda mais desafortunados (...). Ninguém lhe deu cicuta para beber (...). Estou convencido de que haverá de se compenetrar do que acaba de lhe acontecer e não desejará dar a seus inimigos a alegria de imaginar que o matam com suas perseguições."[131]

A lição deve ter surtido efeito. Não se falou mais de pensão.

Se d'Alembert perdia um bocado da soberba nesse episódio medíocre, nem por isso o poder tinha motivos de se regozijar. Sua maneira desdenhosa de tratar os filósofos representava um terrível contraste com a dos soberanos estrangeiros. Para estes é que se voltavam os louvores, e para ele as críticas. Ninguém entendera em Versalhes essa verdade tão simples enunciada por Diderot: "Que não fariam de nós os soberanos, se se dignassem ter o trabalho!"[132]

CAPÍTULO III Um novo território
(1766-1767)

CAPÍTULO III Um novo território
(1766-1767)

Ao longo da década de 1760-1770, a filosofia amplia seu território. A metafísica é relegada em favor "das verdades mais úteis aos homens".[1] Já não se trata apenas das ciências e das técnicas promovidas pela *Enciclopédia*, mas, como escreve em 1764 o abade Mably, "dos princípios da felicidade dos homens",[2] os únicos, a seus olhos, a merecer o nome de "verdadeira filosofia". Esta dá as costas aos valores da monarquia absoluta baseada em Deus e no rei, para traçar os contornos de uma sociedade que tenha no centro o homem. Reviravolta copernicana que, como observa o mesmo Mably, "abarca tudo" e inclina os filósofos a se interessar por questões até então esquecidas. Temas-tabu que dizem respeito ao direito do poder teológico-político, ou preocupações inéditas que dão conta de um novo antropocentrismo. Depois do terreno político (*Do contrato social*, 1762) e do pedagógico (*Emílio*, 1762), que resultam para Rousseau em condenação e exílio, os filósofos apropriam-se da questão judiciária, levando-a à praça pública. Mais que a economia, também ela novo objeto de reflexão, a justiça é o tema candente por excelência, pois diz respeito aos direitos respectivos do Estado e do cidadão, à utilidade social e à liberdade individual. Pela primeira vez, está na berlinda o arbítrio do soberano e do juiz.

DA EMOÇÃO À REFLEXÃO

O interesse dos filósofos pela justiça e pelo sistema judiciário ganha corpo num contexto incomum. Não só porque a emoção antecede a reflexão, mas sobretudo porque os filósofos franceses recebem então uma lição magistral de um jovem milanês de 26 anos. Retomando os conceitos essenciais da filosofia do Iluminismo, Beccaria apresenta aos pares e ao público europeu cultivado uma resposta fulgurante a questões cuja formulação ainda parece difícil em Paris ou Ferney. Daqui em diante, todos aqueles que se interessam pela justiça, de Londres a Berlim, de Paris a Copenhague, serão meros comentadores da filosofia e das propostas beccarianas.

A emoção gerada pela injustiça

Sabe-se que o sistema judiciário estabelecido pelo decreto penal de 1670 dera margem, aqui e ali, a críticas e reações indignadas. Do abade Fleury, preceptor do duque de Borgonha, a Montesquieu, não faltava quem tivesse denunciado os procedimentos arbitrários e os castigos adotados. Mas, ao contrário dos ingleses, que desde o século XIII desfrutavam do *habeas corpus* e de procedimentos desconhecidos no resto da Europa, os franceses se haviam mantido por muito tempo indiferentes à situação de sua justiça penal. Os próprios filósofos não se tinham mostrado sensíveis, em 1757, à incrível desproporção entre o crime e o castigo de Damiens, como tampouco a seu indescritível suplício.[3] Sabemos o quanto o surgimento da questão judiciária deve a Voltaire e a sua campanha exemplar pela reabilitação de Calas e pela defesa de outros infelizes. Mas o escritor foi antes um provocador de consciências que um filósofo da justiça, antes advogado que teórico.

Toda vez que Voltaire se mobiliza por uma causa judiciária, de Calas ao conde de Morangiés, passando pelos Sirven, Lally-Tollendal, o cavaleiro de La Barre ou Étallonde, estão sempre em questão a luta contra a injustiça e a necessidade de impor o reconhecimento da inocência de um homem injustamente acusado e (ou) vítima do fanatismo religioso. Por isso é que ele nunca se lança em campo sem ter-se devidamente informado dos fatos e das acusações que pesam contra o acusado. Quando é possível, encontra-se com os interessados ou com seus parentes e amigos, lendo as atas de acusação para formar opinião própria. Uma vez convencido de estar diante de uma injustiça judiciária, ele alerta amigos e relações que possam ser úteis, põe-se à disposição da defesa, redige relatos e panfletos, paga os advogados, se necessário, e atende às necessidades das vítimas. É verdade que ao longo dos diferentes casos em que se envolveu, Voltaire acabou por se familiarizar com os procedimentos judiciais. Pôde aquilatar a arbitrariedade e a inconseqüência dos juízes, aprendendo a decifrar suas sentenças. Depois da execução de Lally-Tollendal, que sempre considerou inocente, ele escreve a seu sobrinho, o magistrado d'Hornoy, dizendo que ainda não entendeu o motivo da condenação: "As atas contêm apenas injúrias vagas e relatos confusos de operações militares que qualquer conselho de guerra teria dificuldade de julgar. Teriam ocorrido malversações, mas seus muitos inimigos não conseguem mencionar uma só. A palavra malversação nem consta da sentença. Vocês têm, graças a Deus, o hábito de nunca motivar seus julgamentos, e são, creio eu, os únicos que adotam esta prática na Europa."[4]

Ainda assim, esse fino conhecedor do lamentável sistema judiciário francês não teve a idéia — ou os meios — de produzir a obra revolucionária de um Beccaria. Permaneceu na esfera da indignação e da denúncia, investindo, como bom advogado, em causas específicas, sem atacar as raízes do mal. Enquanto Voltaire continua lutando para impor o reconhecimento da inocência de Calas, Beccaria publica anonimamente em Livorno, em julho de 1764, seu livrinho *Dei delitti e delle pene*. A obra tem grande repercussão na Itália, mas Voltaire só toma conhecimento dela dezesseis meses depois: "Começo a ler hoje", escreve, a 16 de outubro de 1765, "o livro italiano *Dos delitos e das penas*. À primeira vista, parece-me de teor filosófico; o autor é um irmão."[5] O que não deixa de causar espécie, quando se sabe que Voltaire lê fluentemente o italiano e sempre é prontamente informado das novas produções literárias e filosóficas. Na verdade, d'Alembert é o primeiro filósofo leitor de Beccaria, graças ao padre Frisi, erudito milanês e amigo do autor, que lhe fez chegar o trabalho do jovem. D'Alembert acusa recebimento a 21 de junho de 1765 e o lê no início de julho: "Não haverá quem se sinta mais encantado", escreve a Frisi, "mais entusiasmado, mesmo, do que eu com esse trabalho; recomendei sua leitura a vários bons filósofos, que manifestaram a mesma opinião. Este livro, apesar do pequeno volume, basta para assegurar a seu autor uma reputação imortal. Quanta filosofia, quanta verdade, quanta lógica, precisão e ao mesmo tempo sentimentos e humanidade em seu trabalho! (...) Um de meus amigos, filósofo e bom escritor,[6] ficou tão entusiasmado com esse trabalho que imediatamente começou a traduzi-lo para o francês, em versão que será publicada em breve."[7]

Enquanto não sai a tradução, a versão italiana circula de mão em mão, despertando o mesmo entusiasmo em todos aqueles que haviam sido sensibilizados por Voltaire para a questão judiciária, em outras palavras, o conjunto do clã filosófico. Tanto mais que o caso Calas acaba de chegar a seu feliz desenlace[8] e Voltaire dedica-se agora à defesa de Sirven.[9] Não demora, e já na edição de 1º de agosto de 1765 da *Correspondência Literária* vem publicada por Grimm uma longa análise dos *Delitti*, assumindo contornos de verdadeiro panegírico.[10] Ele saúda em Beccaria "uma das melhores inteligências atualmente existentes na Europa", concluindo que "seria desejável que todos os legisladores da Europa se dispusessem a levar as idéias do Senhor Beccaria em consideração, para remediar a barbárie fria e jurídica de nossos tribunais". Como frisa Robert Badinter, "Beccaria era o primeiro a fornecer uma resposta coerente a uma questão que se tornara candente: sobre quais princípios, baseados na razão e na humanidade, construir uma nova justiça penal?"[11]

Curiosamente, enquanto todos os amigos de Voltaire discutem e comentam a obra revolucionária do italiano, o eremita de Ferney não diz mais uma palavra a respeito na correspondência que chegou até nós do período entre 16 de outubro de 1765 e o fim de junho de 1766. Embora a tradução do abade Morellet venha a público nos primeiros dias de dezembro de 1765, suscitando críticas acerbas de Grimm e de Diderot, Voltaire só lhe faz uma menção elogiosa por ocasião de uma visita do abade a Ferney, a poucos dias da execução do cavaleiro de La Barre.[12] Obcecado com o caso Sirven e pronto para sair novamente em campanha contra a ignomínia dos juízes do jovem cavaleiro, Voltaire não entendeu logo o golpe mortal que o tratado de Beccaria significava para a justiça do Antigo Regime. A emoção do filósofo humanista e a indignação do advogado da tolerância o mantinham longe do registro frio e distanciado do teórico do sistema judiciário.

De Paris a Milão

Diz a lenda que bem no início dos anos 1760 Pietro Verri, pretendendo difundir as luzes na Itália e "tornar os milaneses europeus",[13] pediu inicialmente a Giambattista Biffi, que estudara direito em Parma, que escrevesse um livro sobre o tema dos *Delitos*. Aparentemente sem êxito, pois voltou a fazer a proposta ao jovem amigo Beccaria algum tempo depois. Este, aconselhado e estimulado por Verri, mais velho dez anos,[14] pôs mãos à obra em março de 1763 e concluiu o trabalho em janeiro de

1764. Dono de sólida cultura filosófica, Beccaria[15] pôde prevalecer-se de um ambiente excepcional. Um fragmento de Memórias de Verri, de 1º de novembro de 1765, contém uma exposição detalhada do nascimento e da redação dos *Delitos*: "Indiquei-lhe [esse tema], sabendo que convinha perfeitamente a um homem eloqüente e de vívida imaginação. Mas ele não estava a par de nossa prática criminal. Alessandro [Verri], que fora *protetor dos prisioneiros*, prometeu ajudá-lo. Beccaria começou a lançar algumas idéias em folhas soltas de papel. Nós o ajudamos com entusiasmo, tratamos de animá-lo (...). Depois do jantar, dávamos um passeio, conversávamos sobre os abusos da jurisprudência penal, discutíamos, questionávamo-nos; chegando a noite, ele escrevia."[16] A colaboração de Verri e a confiança absoluta de Beccaria em sua competência em matéria penal não deixam margem a dúvida quando lemos o que este último escreveu em uma nova edição dos *Delitos*: "Nas correções do livro e nele próprio, corte, acrescente, corrija livremente. Vai-me prestar um grande serviço e me dará também prazer."[17]

Quaisquer que tenham sido a informação e os conselhos técnicos de Verri, a obra é antes de tudo do filósofo Beccaria. Em duas oportunidades ele deu conta de sua fonte de inspiração: os filósofos do Iluminismo. Na carta que envia a d'Alembert para agradecer seus elogios, a 24 de agosto de 1765, Beccaria diz: "O Senhor é que foi meu mestre; foi em seus trabalhos que me abeberei do espírito de filosofia e de humanidade que lhe agradou em meu livro, que lhe pertence mais do que possa imaginar. Nunca me canso de ler o prefácio da *Enciclopédia*, os *Elementos de filosofia*; seus trabalhos, enfim, meu Senhor, são o alimento quotidiano de meu espírito."[18] Ao contrário do que pode parecer, não se trata de adulação ou simples troca de gentilezas. Sua dívida para com os filósofos é amplamente confirmada quando ele acusa a Morellet ter recebido sua tradução: "A época de minha conversão à filosofia data de cinco anos, com a leitura das *Cartas persas*. O segundo livro que conclui a revolução em minha mente é o do Senhor Helvétius. Foi ele que me impulsionou vigorosamente pelo caminho da verdade e o primeiro a chamar minha atenção para a cegueira e para as desgraças da humanidade. Devo à leitura de *Do Espírito* uma grande parte de minhas idéias."[19] Depois de prestar homenagem a Buffon, Diderot e Hume, "um político, um filósofo e um historiador de primeira ordem", ele volta a tratar da influência que recebeu de d'Alembert. Não só o autor filosófico como também as descobertas importantes do "maior geômetra deste século". Foi em todas essas grandes inteligências, assim como em Condillac, que Beccaria se abeberou para redigir sua obra-prima. Curiosamente, ele não cita nem Voltaire nem Rousseau. Acontece que o sabemos profundamente rousseauísta, mais inspirado pelo *Contrato social* que por qualquer outra obra. Prudência política, talvez, numa época em que seus inimigos o acusam exatamente disso e em que Rousseau tem contas a acertar com tantos amigos franceses.

É bem verdade que os *Delitos* tomaram de empréstimo a idéia do pacto social ao genebrino, a ideologia humanista, aos enciclopedistas, a nomeação, os poderes e os deveres do juiz, a Montesquieu, e talvez a indignação ante a tortura, os gritos de Voltaire em favor de Calas, mas ninguém antes de Beccaria fora capaz de mostrar com a mesma força a inadequação das legislações penais européias. E sobretudo, ninguém oferecera à comunidade intelectual um modelo tão coerente de uma nova justiça penal. Além disso, ninguém tivera antes dele a idéia de questionar a legitimidade da pena de morte.

De Milão a Paris

A tradução francesa de *Dos delitos e das penas*, apesar de muito criticada,[20] contribuiu para a difusão do pensamento beccariano. Toda a Europa do Iluminismo começou a refletir sobre a reforma do sistema judiciário em função das idéias do milanês. Os filósofos franceses, unanimemente entusiásticos, foram os primeiros a convidar o jovem prodígio italiano a visitar Paris. Recebido com toda a solicitude imaginável nos salões filosóficos, Beccaria, sombrio e pouco loquaz — só pensava em voltar a Milão, ao encontro da esposa —, decepcionou muito o mundinho parisiense.[21] O que não impediu os filósofos de meditar mais adiante sobre seu livro. Dessa vez, Voltaire foi o mais rápido. Mal se teve notícia da abominação do suplício de La Barre, no início de julho de 1766, Voltaire lançou mão dos *Delitos* para deles tirar todo o proveito, de pena na mão.[22] Publicado em setembro sob o título *Comentário sobre o livro "Dos delitos e das penas" por um advogado de província*,[23] o texto é mais uma denúncia da intolerância institucional e da barbárie do "código do horror". Contra a tortura e a pena de morte — questão a que ele voltaria mais tarde — e por uma justa proporcionalidade entre o delito e a pena, Voltaire se alinha diretamente com as idéias de Beccaria. Mas seu "comentário" não é obra de jurista. Acumulando exemplos concretos que capturam a imaginação do leitor, ele não parece muito sensível "ao projeto filosófico do autor, que pretende deduzir sua teoria das penas de uma concepção contratualista da sociedade política".[24] Pragmático e obcecado com a intolerância religiosa, Voltaire não está interessado nas discussões filosóficas beccarianas. Todavia, é a ele que endereça publicamente seu *Relato da morte do cavaleiro de La Barre*, como primeira homenagem ao incontornável italiano.

À margem do caso de La Barre, Beccaria mexe com a imaginação dos filósofos. No quinto volume de sua *Miscelânea de literatura, história e filosofia*, impresso já no outono de 1766,[25] d'Alembert pela primeira vez dedica algumas páginas à jurisprudência, ligada à arte de conjeturar. Apontando a severidade das leis penais francesas e a pouca importância conferida às provas de culpa de um acusado, ele também se inclina pela abolição da pena de morte. Se os autores da jurisprudência tomaram como princípio que é menos perigoso punir um inocente que poupar um culpado, esse princípio, dizia ele, "repugna à natureza, cuja lei falava aos homens antes que houvesse Estados".[26] Remete, então, "ao excelente tratado" de Beccaria, "obra que parece ter sido ditada pela filosofia e pelo amor aos homens e merece ser (...) o breviário dos soberanos e legisladores".[27]

Por sua vez, também o jovem Condorcet — então com 23 anos — deixa de lado por um momento suas equações para refletir sobre as leis penais. Foi levado a isso pela conjunção do assassinato de La Barre com a leitura de Beccaria. Embora não tenha feito contato com o italiano em Paris,[28] ele se relaciona com seus amigos Alessandro Verri e o padre Frisi. É a este que confidencia a impressão que lhe causaram os *Delitos*, nos quais encontrou preciosos conhecimentos: "Embora eu seja um geômetra, não compartilho a opinião de Halley, segundo quem haveria muito mais mérito em descobrir as leis do sistema do mundo que em proporcionar boas leis aos concidadãos. Eu solicitara ao Sr. conde de Verri que transmitisse a seu amigo nossa ordenação criminal e nosso código penal, para que pudesse avaliar por si mesmo a bondade e a suavidade de nossas de leis (...)."[29] Não sabemos se Beccaria deu-se ao trabalho de responder-lhe, mas sabemos, em compensação, que Condorcet começou a redigir um trabalho sobre as leis penais da França, que dataria, na justificada dedução de B. Bru e P. Crépel, precisamente dessa época.[30] Ele afirma inspirar-se nos princípios de Montesquieu e de Rousseau, "tendo a meu lado o tratado dos delitos e das penas".[31] Pois Condorcet, seguindo o exemplo de Beccaria, apaixona-se pelas questões de justiça envolvendo o cálculo de probabilidades: testemunhos, índices de delitos etc. Anos depois, sua correspondência com Turgot sobre os júris, o processo penal, as decisões de justiça (fevereiro-setembro de 1771), revelaria a que ponto a questão judiciária transformou-se numa das principais preocupações dos filósofos.

Passado o primeiro entusiasmo provocado pela leitura da edição italiana, os *Delitos* tornam-se objeto de debates acirrados entre os filósofos. Antes mesmo de ser publicada a tradução de Morellet, Diderot fica impressionado com as objeções do pintor e filósofo inglês Allan Ramsay durante jantar com Suard na casa de Holbach. Ramsay dar-se-ia ao trabalho de registrá-las preto no branco, na forma de uma carta endereçada a Diderot em janeiro de 1766.[32] Impregnado da filosofia de Hobbes, o inglês recusa a abstração do *Contrato social* e as deduções artificiais dela feitas: "As questões de política não podem ser tratadas como questões de aritmética e geometria (...). Invariavelmente, elas decorrem das necessidades, das circunstâncias específicas, das sociedades."[33] Diderot deixa-se convencer, como indicam suas notas sobre o tratado dos *Delitos* e também as que redigiu mais tardiamente, em 1771, sobre as *Pesquisas sobre o estilo*, de Beccaria. Ele admira, segundo diz, a inesgotável humanidade do italiano, mas todo o seu raciocínio decorre de uma idéia equivocada: a lei suprema não é a salvação dos povos, mas a segurança dos senhores. E o suave Diderot trata de justificar não só a tortura — tormento de que não se poderia abrir mão, "para arrancar [ao criminoso], além da confissão sobre os cúmplices e a maneira de capturá-los, a indicação das provas necessárias para convencê-los"[34] —, mas também a pena de morte. Esta mata menos de trezentos homens por ano na França, "o que significa que é menos funesta que uma desgraça imprevista, uma ventania, as carroças, uma mulher dissoluta (...). Aquele que cai sob a espada da justiça é no mínimo um homem suspeito, quase sempre um homem condenado e cujo retorno à probidade está fora de questão".[35] Além disso, Diderot considera a pena de morte menos cruel que "a escravidão perpétua" pela qual pretende substituí-la Beccaria. Mas o fato de que Diderot não ouse publicar suas reflexões, reservando seu teor a alguns poucos amigos certos, indica talvez que já se verifica uma certa mudança de sensibilidade.

Certamente graças às campanhas voltairianas, mas também ao livro de Beccaria, que propõe soluções radicais deduzidas da filosofia do Iluminismo. Quaisquer que sejam as críticas[36] enunciadas dentro do clã filosófico, todos se sentem obrigados a assumir posição em relação a ele. Os debates longe estão de se encerrar: se se alcança um certo consenso pela condenação da tortura, o mesmo não se pode dizer sobre a pena de morte. Nem Condorcet nem Dupont nem Nemours conseguem convencer Turgot da necessidade de aboli-la completamente.[37]

Aos olhos de Turgot, como aos de sua geração, não é essa a questão principal da reforma judiciária. Mas, graças a Beccaria, o debate sobre a justiça criminal vai-se ampliando até o fim do Antigo Regime. Tema de concursos nas academias provinciais e de dissertações paralelamente aos processos mais espetaculares, a justiça transformou-se numa grande questão do debate filosófico-político.

OS MAGISTRADOS FILÓSOFOS

Desde a publicação, o tratado *Dos delitos e das penas* teve considerável repercussão em toda a Europa. No outono de 1766, Catarina II manifesta seu interesse a Beccaria. No início de 1767, convida-o a ir a São Petersburgo, para colaborar na grande reforma legislativa que pretende empreender.[38] Tentado por um momento, Beccaria declina do convite, tendo aprendido com a experiência parisiense que não era afeito a viagens. Pouco depois, o rei da Dinamarca, impressionado com a leitura, decide limitar a aplicação da pena de morte, para respeitar melhor a proporcionalidade entre crimes e castigos.[39] Os monarcas que se dizem inspirados no Iluminismo vêem a obra milanesa como símbolo da modernidade que sonham encarnar. Pretendem impô-la a seus súditos, que não podem fazer nada. Na França, nada de parecido. Os tiranos e fanáticos de todos os tipos não lêem, como lembra o abade Morellet a Beccaria: "É com a opinião pública que temos de contar." Ora, prossegue ele, "não creio que haja nenhum exemplo de um sucesso mais rápido e mais amplo (...). Como já são sete as edições [de seu livro],[40] existem portanto pelo menos sete mil pessoas que lêem esse livro, e creia que a maior parte dos que o lêem o apreciam e adotam seus princípios (...). São todos esses discípulos da razão que haverão de atrair outros (...). Nem o Senhor Voltaire, nem o Senhor d'Alembert, nem Rousseau, nem o senhor, nem nenhum filósofo será capaz de causar na mente dos que governam um efeito imediato. Agiremos sobre a opinião pública, e a opinião pública finalmente subjugará os fanáticos e mesmo os tiranos.[41] Vale dizer, os padres, os magistrados e os corpos constituídos: "Fora do seu grupo, o particular é ou parece mais razoável, mais instruído, mais humano; faça-o entrar como o décimo numa sala, ele delira, mostra-se ignorante, feroz."

Morellet tem razão de acusar o conservadorismo dos corpos constituídos e a crueldade de certos magistrados, tanto mais que começam a vir a público os detalhes do ignóbil julgamento do cavaleiro de La Barre. O relato de Voltaire, baseado nas melhores fontes, uma dissertação censurada de advogados e indiscrições de parlamentares horrorizados permitiram reconstituir a série de aberrações que levaram um jovem blasfemador ao cadafalso. Mas ele subestima a profunda mudança ideológica que se opera no próprio interior do mundo judiciário. Especialmente na nova geração de homens da lei, leitores convictos dos filósofos, antes mesmo de chegarem à leitura de Beccaria.

O anti-Boi-Tigre

"Boi-Tigre" é o mimoso apelido dado por Voltaire ao conselheiro Pasquier, que se tornou, com sua participação no processo de La Barre, o próprio símbolo de uma magistratura fanática e cruel. D'Alembert o havia comparado inicialmente a uma cabeça de vitela[42] dotada de um coração de tigre. Voltaire falara de "arlequins antropófagos" e "carrascos de toga",[43] para finalmente optar por Boi-Tigre, que se transformou em nome comum.

Os filósofos logo descobriram a esmagadora responsabilidade de Pasquier no decreto do parlamento de Paris confirmando a sentença de Abbeville: dois jovens acusados de declarações ímpias e de supostas profanações haviam sido condenados a ter a língua e o punho cortados, para em seguida serem queimados vivos. Um deles, Étallonde, é réu contumaz, mas o outro, La Barre, comparece sozinho, sem advogado, perante vinte e cinco juízes do parlamento de Paris, na ausência de qualquer público, como era costume. O relator Pellot, inclinando-se para a indulgência, foi seguido por uma dezena de conselheiros, mas a intervenção veemente do mencionado Pasquier obteve a adesão dos quinze outros juízes: "Ele abriu o ponto de vista do rigor, perorou com muita violência contra os filósofos e contra o Sr. de Voltaire, mencionando-o nominalmente; apresentou as profanações de Abbeville como um efeito funesto do espírito filosófico que se dissemina pela França."[44] Era necessário, portanto, confirmar a sentença de Abbeville para suspendê-la. Para cúmulo da hipocrisia, Pasquier nem mesmo é devoto e lê os livros de filosofia com prazer.[45] Mas, conservadores até a medula, ele e os seus podiam valer-se da religião como escudo para preservar seus privilégios.[46] De Toulouse a Paris, todos os juízes que se haviam destacado por seu fanatismo religioso, por sua incompetência criminosa ou por sua crueldade eram chamados de "boistigres" por Voltaire e por seus amigos. Encarnavam essa justiça bárbara de que eles não queriam mais saber.

Mas, ao contrário do que Voltaire dá a entender em sua correspondência ou em sua *História do parlamento de Paris*,[47] nem todos os magistrados dessa época são instrumentos cegos da repressão. Segundo d'Alembert, "a maioria dos conselheiros do Parlamento de Paris se envergonha desse julgamento [contra La Barre], vários estão indignados e o dizem alto e bom som, entre outros o presidente, o conde e abade de Guesbriant, que lamenta muito não estivesse presente naquele dia na Grande Câmara, e que está convencido de que a teria poupado dessa infâmia".[48] Na mesma carta, d'Alembert lembra que homens como Malesherbes, que preside o Tribunal de Contas (*Cour des aides*), e Dionis du Séjour,[49] conselheiro no parlamento de Paris, honram a toga. O primeiro acabava de negar a um dos juízes de Abbeville seu pedido de promoção, enquanto o segundo impediu um desfecho semelhante ao do processo de La Barre num caso parecido.

O mais reconfortante para os filósofos é certamente o surgimento de uma nova geração de magistrados abeberados em suas idéias. O primeiro a se dar a conhecer é Antoine Servan, nomeado procurador-geral no parlamento de Grenoble em 1764. Nascido em Romans em 1737, ele concluiu em Paris seus estudos de direito. Graças a um amigo[50] que o apresenta a d'Alembert em 1764, o jovem entra em contato com a nata filosófica — Diderot, Helvétius, d'Holbach, Morellet — e Voltaire no caminho de volta. O proselitismo deu frutos. Depois de sua passagem por Ferney, escreve o morador: "Veio a minha casa um jovem procuradorzinho geral que em nada se parece com os Omers.[51] Tomou algumas lições com os Da e os Di. É um bom menino, uma boa aquisição."[52] O "bom menino", que se corresponde com d'Holbach e d'Alembert, causa sensação já em sua primeira intervenção na retomada outonal das atividades judiciárias, em 1765, discorrendo sobre *As vantagens da verdadeira filosofia*. Mas é sobretudo com o discurso do reinício das atividades em 1766, *Sobre a administração da justiça criminal*, que obtém um considerável sucesso, transformando-se no modelo da nova magistratura, o anti-boi-tigre por excelência.

Inspirado por Montesquieu e sobretudo por Beccaria, Servan investe contra o segredo de justiça, o isolamento do acusado, o regime cruel das prisões e a tortura. Os filósofos ficam nas nuvens, tanto mais que, sem citá-los pelo nome, ele se diz seu credor, devedor desses "homens que fizeram bem à humanidade" — e "qualquer um pode ver claramente, em minha mente, d'Alembert, Voltaire, Diderot, Buffon, etc."[53] D'Alembert, o primeiro a tomar conhecimento, transmite-lhe, em resposta, seu "prazer inexprimível (...). Achei-o, tal como se apresenta, muito belo e muito bom, cheio de filosofia e de sensibilidade; pode estar certo de que haverei de fazer-lhe em alto nível a justiça que merece. Mostrei-o a alguns amigos, que ficaram tão encantados quanto eu".[54] Entre eles, Morellet, que demonstra o mesmo entusiasmo: "Achei-o, como o senhor, muito belo e muito bom. O autor parece ter aproveitado muito o trabalho de Beccaria, mas acrescentando grande quantidade de idéias novas (...). Senti, em sua leitura, uma grande emoção. Esse procurador-geral parece ter uma alma mais sensível que a do Sr. Omer Joly de Fleury, e cabe esperar que não será nunca o procurador-geral de Abraham Chaumeix, mas o da razão e da humanidade."[55]

D'Holbach, com quem Servan se hospeda em suas visitas a Paris, recomenda a leitura a Beccaria,[56] e d'Alembert faz o mesmo com Voltaire.[57] Este, que só recebeu o discurso em fevereiro, diz-se profundamente tocado: "O senhor é", responde-lhe, "o primeiro homem público que uniu a eloqüência tocante à instrutiva: é, ao que me parece, o que falta ao Sr. Chanceler d'Aguesseau; ele nunca falou ao coração. Pode ter defendido leis, mas será que jamais defendeu a humanidade? O senhor se fez o protetor dela num discurso que nunca teve modelo; e nos faz perceber a que ponto nossas leis precisam ser reformadas. Elas seriam intoleráveis se não se encontrassem diariamente nos tribunais almas esclarecidas e honestas (...) que amenizam sua barbárie."[58]

O discurso de Servan poderia ter alguma influência no corpo judiciário? Grimm não o acredita. Ele fala com muita condescendência do pequeno magistrado de província, "muito jovem e de saúde muito fraca". Percebe-se, é verdade, a bondade de seu coração, mas que influência pode ter um discurso pronunciado por um jovem desconhecido nos cafundós da França? "Se o tivesse sido pelo Mestre Omer Joly de Fleury perante o Parlamento de Paris, eu poderia me regozijar com eles [os filósofos]; mas um jovem magistrado que morre do peito, elevando a voz do fundo de uma província, não tem suficiente autoridade sobre os espíritos para causar a menor impressão... Custa-me crer que as crianças, ainda as mais bem intencionadas, possam fazer grande bem."[59] Grimm mostra-se tanto mais pessimista por serem publicados na mesma época que o de Servan dois trabalhos talentosos, extremamente reacionários, que não passam despercebidos. O primeiro, de Muyard de Vouglans, procurador no Parlamento e bom criminalista, é uma crítica sólida dos princípios de Beccaria.[60] O segundo é obra do advogado Linguet,[61] que investe com ousadia contra os de Montesquieu.

Na verdade, Grimm se engana. Ele subestima a influência das idéias filosóficas na burguesia esclarecida, superestimando a dos poderes parisienses. Servan respondeu-lhe indiretamente numa carta a d'Alembert: "O que deve sensibilizá-lo é o fato de ver um parlamento de província ouvir sem murmurar verdades que teriam agitado todo o parlamento de Paris; de encontrar nos confins do Reino mais justiça com os homens célebres que na própria capital, que deveria conhecê-los melhor. Na verdade, Senhor, ficaria surpreso com os avanços da filosofia nessas regiões bárbaras, jamais poderia imaginar o quanto é lido, entendido, apreciado, admirado."[62] E, com efeito, outros magistrados de província veiculam as mesmas idéias. No reinício das atividades judiciais em outubro de 1765, Le Blanc de Castilhon, procurador-geral no parlamento de Aix, pronunciou um discurso incendiário contra o fanatismo e o despotismo, na linha de Montesquieu.[63] Não importa que tivesse de se retratar em seguida: o mal — ou antes, o bem — estava feito. Anos depois, seria a vez de Dupaty, jovem procurador-geral no parlamento de Bordeaux, entrar em liça para fazer ouvida a voz da tolerância e das liberdades. O que lhe valeria uma ordem régia e o encarceramento na prisão de Encise, mas também o lisonjeiro cognome de "jovem Sócrates de Bordeaux"[64] atribuído por Voltaire.

O que quer que pense Grimm, já passou a hora dos bois-tigres e dos Omer. Uma nova geração de magistrados e advogados, impregnados de filosofia, difunde suas idéias no corpo judiciário e, de maneira geral, no corpo social. É pelo menos a opinião de Voltaire já em meados de 1767. A propósito do caso dos Sirven, que está para ser submetido ao Conselho do rei, ele escreve: "Eles ganharão o processo. Todos os referendários são filósofos, todos são tolerantes. Tem início uma grande revolução nas mentalidades."[65] É também a opinião de Morellet, que afirma em suas *Memórias*, escritas muito tempo depois: "O *Tratado dos delitos* de tal maneira mudara o espírito dos antigos tribunais criminais na França que, dez anos antes da Revolução, já não eram os mesmos. Todos os jovens magistrados das cortes, e posso atestá-lo, pois era um deles, julgavam mais de acordo com os princípios dessa obra do que de acordo com as leis."[66]

Avaliação talvez excessivamente otimista, mas que tem o mérito de identificar a origem da revolução judiciária. Para ser justo até o fim, Morellet também deveria ter frisado o que a jovem magistratura devia à leitura de Voltaire e dos enciclopedistas. Aquele modificara as sensibilidades, estes haviam tornado possível um Beccaria.

CAPÍTULO IV Lua-de-mel entre príncipes e filósofos
(1767-1768)

Desde os gestos espetaculares de Frederico e Catarina em favor dos filósofos, estes consideram os soberanos estrangeiros seus melhores aliados. Suas idéias, debatidas nos salões parisienses e condenadas em Versalhes, constituem o pão cotidiano, acreditam, dos príncipes e reis. Estes não se limitam a aplaudir cada uma de suas novas produções, mas se proclamam seguidores da filosofia. E se quer acreditar que sejam sinceros. Melhor ainda, já não são apenas os filósofos que se deslocam para as cortes estrangeiras; príncipes e reis do norte da Europa viajam a Paris para conhecer esses homens regularmente mencionados por seus jornais favoritos e por seus embaixadores. Mais um pouco, e os filósofos se tomariam por pedagogos dos reis, mesmo sabendo perfeitamente que lhes devem obrigação. A proteção de uns é paga com o serviço dos outros. Mas, por enquanto, a coisa fica nos aplausos recíprocos, que beneficiam as duas partes.

SOCORRENDO MARMONTEL

Uma obra medíocre ajudada pela censura

Marmontel (1723-1799) é um desses autores desprovidos de gênio que fazem carreira desproporcional a seu talento literário. Desses que sabem farejar a direção dos ventos e se posicionar nos lugares certos nos momentos exatos. Seu charme e sua habilidade lhe valeram, ainda muito jovem, a dupla proteção de Voltaire e da Sra. Geoffrin, logo seguida pela de d'Alembert e de seus amigos. Depois de publicar algumas tragédias,[1] cerca de trinta artigos na *Enciclopédia* e dirigir o *Mercure de France* durante dezoito meses,[2] Marmontel é recebido na Academia Francesa[3] graças a uma campanha sem precedente do clã filosófico. Até então, seu maior sucesso é a publicação, no *Mercure*, de narrativas que seriam reunidas numa coletânea intitulada *Contos morais*.

Em janeiro de 1767 vem a público *Belisário*, um romance pseudobiográfico que serve de pretexto a Marmontel para divulgar as doutrinas dos filósofos. Nele, ele não estigmatiza apenas o fanatismo, a intolerância e a censura, mas também exige que os príncipes deixem de se imiscuir nas disputas teológicas e parem de perseguir os indivíduos por suas opiniões religiosas. Trata-se de uma longa homilia sobre os deveres do bom soberano, com direito a muitos lugares-comuns e tiradas filosóficas. Um gostinho de Voltaire, mas sem a genialidade. Mal é publicada, com aprovação e privilégio,[4] a obra atrai a atenção dos delicados censores da Sorbonne. O síndico da faculdade de teologia a coloca sob suspeita de deísmo "e de fazer com que o cristianismo seja visto como uma religião odiosa ou pelo menos absolutamente indiferente".[5] Na mira estão seu capítulo XV, sobre a tolerância — que tanto agrada a Voltaire —, e especialmente esta frase: "A verdade tem luz própria, e não se pode iluminar as mentalidades com a chama das fogueiras." Já no mês de março, a segunda edição é suspensa.

É o bastante para que o clã filosófico entre em polvorosa. D'Alembert ataca "a canalha sorbônica".[6] Cabe em seguida a Turgot ironizar as *Trinta e sete impiedades de Belisário*, denunciadas pela Sorbonne.[7] Um texto "sujo",[8] no dizer de Voltaire, publicado anonimamente pelo intendente de Limoges. Enquanto o abade Coger, sob a autoridade de Riballier, publica seu *Exame do Belisário* para pedir a condenação de Marmontel, este considera mais prudente deixar a França, a pretexto de fazer uma estação de águas em Aix-la-Chapelle. Mas Voltaire, questionado por Coger, cobre o abade de sarcasmos numa "sátira de uma alegria infantil, mais de terrível perversidade"[9] intitulada *Honestidades teológicas*.

Enquanto prossegue a troca de libelos, para grande satisfação do público, um acontecimento inédito deixa embaraçadas as autoridades. Vários monarcas estrangeiros tornam públicos, sucessivamente, sua total adesão às teses de *Belisário* e seu apoio ao autor. Decidiram, como observa Diderot, "dar um piparote no nariz de nosso ministério".[10]

Aplausos principescos

Habilidoso, Marmontel tomou o cuidado, ao sair seu livro, de enviar um exemplar com dedicatória aos diferentes monarcas capazes de apreciá-lo. Ele espera receber apoio de Catarina II, de Frederico II, do príncipe hereditário de Brunswick — em cuja presença já leu um trecho do *Belisário* durante visita a Paris[11] —, do príncipe real da Suécia (provavelmente a conselho de seu amigo íntimo Creutz, embaixador da Suécia em Paris), da mãe deste, a rainha Luísa-Ulrica, e finalmente do rei Estanislau da Polônia, com quem conviveu no salão da Sra. Geoffrin. Se Frederico II, apreciador esclarecido da boa literatura, limita-se a acusar recebimento, a czarina, em compensação, não poupa elogios: "*Belisário* corroborou minha convicção de que a única verdadeira glória é a que resulta dos princípios sustentados por Belisário de maneira tão sólida quanto elegante (...) É um livro que merece ser traduzido em todas as línguas."[12] Passando da palavra ao gesto, a imperatriz, navegando pelo Volga, empreende ela mesma a tradução para o russo, com a ajuda de alguns amigos. A 10 de junho, anuncia ao barão de Munique: "Trabalho concluído. Tratamos no momento de lê-lo para ver se a tradução é exata, e depois mandaremos imprimir. (...) Por tudo isto, poderá ver se *Belisário* nos agradou."[13] Ela trata então de dar conhecimento a Voltaire,[14] convencida de que ele não deixará de divulgar a boa notícia *urbi et orbi*. E com efeito, ele se prodigaliza em mil louvores à soberana, "cuja glória repercute no meu pequeno retiro, como em toda a Terra".[15] Ao publicar um texto sobre a Polônia[16] redigido a pedido de Catarina, Voltaire oferece-lhe um panegírico em regra: "Quanto a mim", diz, "se ela conseguir inspirar a tolerância aos outros príncipes, haverei de chamá-la benfeitora do gênero humano."[17]

A reação dos outros príncipes fez coro com a de Catarina. Sem falar do príncipe hereditário de Brunswick, "entre os verdadeiros crentes na sã filosofia",[18] toda a Europa toma a defesa de *Belisário*. O rei Estanislau,[19] o que era mesmo de se esperar, mas também a imperatriz da Áustria, pouco habituada a essas polêmicas, e cujo sufrágio, por sinal, ninguém se lembrara de solicitar. O barão van Swieten informa a Marmontel: "*Belisário* foi eleito por nossos augustos mestres. Congratulo-o, Senhor, por ter contado com semelhantes juízes. Como não teriam eles aprovado uma obra na qual devem reconhecer-se a cada traço que caracteriza o bom soberano? *Belisário* será impresso aqui, e logo estará nas mãos de todo mundo."[20]

Mais espetaculares ainda são o presente e as cartas da família real da Suécia. Luísa-Ulrica mandara fazer uma caixa valiosa com pinturas representando as principais cenas de *Belisário*. Fizera-a acompanhar dessas palavras: "Não obstante as XXXVII proposições da Sorbonne, não posso recusar minha estima ao autor de *Belisário*. Li esta obra com um prazer infinito e o congratulo sinceramente por ter alcançado tão bom êxito."[21] Vinha anexada uma carta do príncipe herdeiro, o futuro Gustavo III, que não hesita em escrever que *Belisário* é uma grande lição para os reis, da qual saberá tirar proveito. Imprudente (o que no entanto é revelador do estado de espírito e da cultura do príncipe), ele acrescenta: "Se a Sorbonne o condena, o senhor pode sentir-se vingado pela voz pública que condena a Sorbonne. Dito isso, o bem gerado por sua obra ainda estará em vigor quando a censura eclesiástica tiver sido esquecida, e o prazer de ter contribuído para a felicidade dos homens vale mais que o de ter contentado alguns doutores em teologia. Eis aí, Senhor, algo que me parece poder consolá-lo dessa espécie de perseguição a que é submetido por ter dedicado seu talento a publicar as verdades mais úteis jamais ditas."[22]

Adulador, Marmontel respondeu ao jovem príncipe de 21 anos: "Não foi pelo senhor que ousei escrever (...). Escritores mais esclarecidos e mais profundos que eu poderiam tomá-lo por modelo, e nunca por discípulo (...). Sua vida já é, para os seus pares, uma elevada lição de justiça, de beneficência, de aplicação, de dedicação ao bem público, e os príncipes jamais encontrarão melhor livro que o de seu exemplo."[23]

Desejoso de dar conhecimento da imoderada homenagem do príncipe sueco, Marmontel envia uma cópia aos amigos, especialmente a Voltaire, lendo-a na Academia Francesa. Segundo Creutz, "ela provocou admiração geral. Derramaram-se lágrimas de enternecimento e de prazer".[24] Mas esse auditório seleto não lhe basta. Ele dá um jeito de fazer saber que perdeu todas as cartas principescas sobre *Belisário* para poder publicá-las sob anonimato sem correr o risco de ser acusado de indiscrição por seus correspondentes. Paralelamente, os filósofos reúnem todos os documentos e panfletos relativos ao *Caso Belisário*, para lançar uma edição completa. Mero "acaso", a obra é impressa em Genebra. Sartine, que sucedeu a Malesherbes à frente da censura, solicita ao tenente de polícia, Hemery, que saia em busca dos vendedores ambulantes, detendo-os e apreendendo os exemplares.[25] Este último responde: "Não foi vendido por nenhum vendedor ambulante (...). São os Srs. Dargental, d'Alembert, Delamilaville [sic] e o abade Morellet que distribuem e entregam 6 ou 12 exemplares nas casas de pessoas conhecidas, que em seguida os vendem."[26]

Enquanto isso, a Sorbonne é alvo de chacota em toda a Paris e na Europa inteira, tanto mais que já nem sabe mais onde se enfiar: "A Sorbonne está na lama", comemora Voltaire, "e lá ficará, seja escrevendo tolices, seja não escrevendo nada (...). Os teólogos, que hoje são apenas ridículos, só serviram outrora para atormentar o mundo; chegou a hora de puni-los por todo o mal que fizeram."[27] Finalmente, a faculdade de teologia publica uma censura restrita sobre o capítulo XV, a respeito da tolerância civil. O governo, consciente de que está caindo em ridículo, censura por sua vez os *sorbonnards*.

Quem extrai a melhor lição da história toda é Grimm: "Esse Belisário deve muito à Sorbonne por se ter coberto de ridículo a seu respeito. Não fosse essa circunstância, seu sucesso em Paris não teria sido tão grande, e atualmente ele estaria esquecido. Mas os panfletos e as vergastadas provenientes de Ferney mantiveram os olhos do público abertos para essa produção que inicialmente fora recebida com frieza; e o sufrágio com que foi honrado por diversos príncipes e cabeças coroadas tornou esse livro agradável à nação."[28] O que ele não diz, talvez por prudência, é que os soberanos estrangeiros acabam de dar uma magistral lição de tolerância ao monarca francês. Num momento em que Luís XV insiste em desprezar e mesmo combater a república das letras, esta provoca uma imensa curiosidade nos quatro cantos da Europa, e com isso exerce sua influência.

PRÍNCIPES E REIS EM PARIS

A dominação cultural francesa

No século XVIII, o francês não é apenas a língua diplomática da Europa, mas é também o meio de comunicação dos homens e mulheres esclarecidos. O que não se explica exclusivamente pelo poderio militar e econômico da França. "O que faz o grande mérito da França, seu único mérito, sua única superioridade", explica Voltaire à Sra. du Deffand, "são uns poucos gênios sublimes, ou amáveis, que fazem com que hoje se fale francês em Viena, Estocolmo e Moscou. Os vossos ministros, os vossos intendentes e escrivões nada têm a ver com essa glória."[29]

À parte Londres e Viena, onde se desconfia da mentalidade francesa,[30] a maioria das cortes européias que se consideram modernas tem o olhar voltado para Paris. Entre Frederico e Catarina, fala-se, lê-se e se escreve em francês. Aquele se abeberou na prosa voltairiana, esta só fala de Montesquieu. As pequenas cortes alemãs e as do Norte também estão sempre à espreita das novidades parisienses. Todas querem ler o que se lê em Paris e saber o que lá se comenta. Os embaixadores também têm por missão, assim, ser cronistas da vida cultural.[31] O que não basta a Frederico II, que desde a década de 1740 mantém zelosamente correspondentes pessoais para se incumbir dessa missão, enviar livros, etc. Os outros limitam-se a ler os jornais franceses, que oferecem a seus leitores uma crônica cultural cada vez mais volumosa. Os mais ricos assinam a *Correspondance littéraire* de Grimm, cujo importante papel na difusão da cultura francesa na Europa na segunda metade do século XVIII não poderia ser exagerado. Assim que sobe ao trono, Frederico enche sua corte de franceses; o margrave de Bayreuth manda chamar o marquês de Adhémar, amigo de Voltaire, Diderot e d'Alembert, "para preencher os vazios da conversação",[32] e uma das distrações consiste em representar no palco as mais recentes peças de Voltaire.

Para avaliar a influência intelectual da França nos príncipes estrangeiros, nada mais eloqüente que o exemplo da corte da Suécia no reinado da rainha Luísa-Ulrica. A irmã de Frederico II compartilhava com ele um grande interesse pelas letras francesas, e desde 1743 se correspondia com Voltaire. Confiou a educação do filho mais velho, o futuro Gustavo III, ao mais francês dos suecos. Com efeito, Carlos Frederico, o conde de Scheffer, que vivera treze anos em Paris, nove dos quais como embaixador da Suécia,[33] costumava dizer que escolhera a França como pátria cultural. Depois de ensinar o príncipe a redigir suas cartas inspirando-se na Sra. de Sévigné,[34] Scheffer cultivou seu espírito com a leitura e com o comentário dos filósofos franceses. Gustavo ainda não completou 14 anos e já discute com seu preceptor os méritos respectivos do *Espírito das leis*, do *Discurso sobre as ciências e as artes* e da *Carta a d'Alembert sobre os espetáculos*.[35] Ardoroso leitor de *La Henriade*, o príncipe lê com deleite todas as obras de Voltaire. Como Scheffer lhe põe nas mãos tanto os clássicos quanto os escritos contemporâneos pelos quais são tão comentados, não surpreende que o adolescente tenha devorado *Os filósofos*, de Palissot, *A escocesa* e todos os panfletos que se seguiram,[36] ou que tenha tomado as dores de Calas. Além disso, o príncipe é apaixonado pelo teatro francês e sabe de cor tiradas de Corneille, Racine e da arte dramática mais recente. Compartilha esse gosto com a mãe, que mantém uma trupe francesa para representar na Corte tanto o repertório clássico quanto as mais recentes novidades. Numa carta de Gustavo, ficamos sabendo inclusive que a tragédia de Belloy, *Gaston e Bayard*, foi representada em Estocolmo antes mesmo de ser levada à cena na *Comédie-Française*.[37] No mesmo ano, a rainha Luísa-Ulrica recebeu seu irmão, o príncipe Henrique da Prússia, outro grande apreciador do teatro francês, oferecendo-lhe um verdadeiro festival. Em menos de um mês, foram representadas *Ifigênia em Táuris*, de La Touche, *O cego de Palmira*, de Desfontaines, *Eugênia*, de Beaumarchais, *O pocurador árbitro*, de Poisson, *Maomé*, de Voltaire, *Fedra*, de Racine, e *A mania das artes ou A 'matinée' da moda*, de Rochon de Chabannes. Numa das noites, como a rainha não passasse bem, foi suspensa a representação de *Tancredo*, de Voltaire, mas não faltaram compensações nos dias seguintes, com *Gaston e Bayard*, *O inglês em Bordeaux*, de Favard, *A jovem indiana*, de Chamfort, e *O conde de Comminges*, de Baculard d'Arnaud.[38]

Em Estocolmo ou Berlim, Gotha ou Moscou, estão todos sintonizados com a cultura de Paris. Não há uma peça, um panfleto, uma obra que escape à atenção de Suas Majestades, logo, à de seu *entourage* também. Não surpreende, assim, a ansiedade por conhecer todos esses protagonistas da vida intelectual e artística que constituem a expressão da sociedade mais polida do mundo, "essa Paris tão vangloriada, tão desejada, tão amada"?[39] Desde Pedro, o Grande, contudo, os grandes monarcas quase não viajam mais além de suas fronteiras, e são os alemães que lançam novamente a moda das viagens principescas pela Europa. Eles logo seriam imitados pelo jovem rei da Dinamarca, pelos príncipes da Suécia e por Joseph II.

Ao encontro dos filósofos

É bem verdade que os príncipes não viajam como os reis. Com sua liberdade de movimento, eles fogem ao protocolo a que estão submetidos os monarcas, mesmo quando incógnitos. Em julho de 1765, a princesa de Nassau-Saarbruck inaugura "visita ao filósofo". De passagem por Paris durante vinte e quatro horas, ela decide passar uma manhã em companhia de Grimm e Diderot. Nada mais natural, comenta-se, tratando-se de uma fiel assinante da *Correspondência* de Grimm, à qual Diderot dedicara em 1758 o seu *Pai de família*.[40] O que surpreende os filósofos é o tom de simplicidade e de familiaridade da princesa. "É uma mulher encantadora de aspecto e temperamento (...), e ainda que a tivesse visto cem vezes antes", relata Diderot, "não teria ficado mais à vontade. Passados os primeiros cumprimentos, a conversa se fez perfeitamente interessante (...). Ela me prometeu seu retrato e, quando a deixei, ofereceu-me a mão para beijar com uma afabilidade sem par."[41]

De maneira geral, os visitantes não passam com tanta pressa, permanecendo de bom grado entre um e dois meses em Paris. O objetivo é conhecer as maravilhas da capital (Biblioteca Real, Gobelins, Jardim do Rei, Savonnerie, fábrica de Sèvres, Inválidos, etc.) e entrar em contato com toda a gente importante que freqüenta os salões da alta aristocracia ou o da Sra. Geoffrin. Só as personalidades de maior prestígio são recebidas nas academias, onde são cobertas de experiências, dissertações e discursos de todo tipo. Têm, assim, a oportunidade de conhecer o mundo intelectual em sua diversidade e de trocar algumas palavras com os mais célebres, prelúdio a alguma conversa privada.

O príncipe herdeiro Ferdinando de Brunswick, sobrinho de Frederico II, recebe todas as homenagens reservadas aos hóspedes importantes. Em suas duas visitas a Paris nas primaveras de 1766 e 1767,[42] ele é recebido por Luís XV, pelo duque de Orléans e pelos maiores nomes da nobreza, que lhe oferecem festa após festa.[43] Chegava antecedido da lisonjeira reputação de príncipe filósofo,[44] o que lhe atraiu o interesse e a simpatia de todos. Grimm, envaidecido por uma longa entrevista a dois com ele, disse encantado: "Ele pensa como filósofo. Tem uma grande simplicidade de maneiras, que sempre combina com a verdadeira elevação."[45] Recebido a pedido seu nas três academias,[46] o príncipe trava conhecimento com d'Alembert, que a ele se refere em termos altamente elogiosos escrevendo a Frederico: "O Príncipe aqui é estimado, amado e procurado por todo o mundo (...). Estão todos tão ansiosos por vê-lo, que pude desfrutar de apenas alguns momentos de conversa."[47] E no entanto o príncipe bem que se empenhou em agradar a d'Alembert. No encerramento da sessão da Academia de Ciências em que este lera uma erudita dissertação,[48] ele o "cumulara de elogios e afagos".[49] Chegou inclusive a pedir ao Sr. de Paulmy, que oferecia um jantar em sua homenagem dias depois, que convidasse o filósofo. O príncipe cuida da própria reputação, e a viagem a Ferney não haveria de desmenti-lo. Voltaire confirma: "O Príncipe de Brunswick pareceu-me exatamente como o senhor havia dito (...). Parece-me feito para a guerra, para as letras, para a filosofia e para o amor."[50]

De volta a Paris, o príncipe herdeiro cultiva suas relações com os filósofos. Grimm relata que manifestou o desejo de ser convidado a jantar na casa do erudito Trudaine para falar de obras públicas e de finanças. Mas aceitou sobretudo o convite de Helvétius para uma refeição com os filósofos. Nem Grimm nem Marmontel, que participaram, fornecem uma lista exaustiva dos convidados.[51] Mas podemos deduzir sem dificuldade que, além de Diderot e d'Alembert, também estavam presentes o barão d'Holbach e Morellet. E no entanto, segundo anedota relatada por duas fontes diferentes, Diderot quase recusara o convite para algo que considerava uma mundanidade inútil. Segundo Grimm, o príncipe, que queria absolutamente uma conversa a dois com Diderot, pedira-lhe que o levasse ao apartamento em que se hospedava, no terceiro andar da rua Taranne. O filósofo relatou o que se seguiu a G. L. Schmid, literato suíço que se encontrava em Paris: "Diderot nos contou, rindo muito, a peça que lhe fora pregada na visita do príncipe herdeiro de Brunswick. Este, levado pelo Sr. Gr[imm], apresenta-se em sua casa com o nome de conde de Schulenburg, querendo manter-se incógnito. Quando o príncipe já está para se retirar, vem à baila um jantar programado para a residência de Helvétius, para o qual Diderot estava convidado, assim como o príncipe herdeiro. Diderot não queria comparecer: 'Não gosto muito desses personagens importantes', diz ele. 'Nunca nos sentimos à vontade com eles, e quando se vão, percebemos que não valia a pena encontrá-los.'"[52]

Grimm esclarece que, tendo posto fim ao equívoco, o filósofo se desmanchou em desculpas. Antes, porém, a conversa, séria e alegre ao mesmo tempo, durara uma hora e meia. Diderot "ficou tão agradado com a conversa que foi beijá-lo e abraçá-lo com a maior cordialidade, dizendo que estava encantado por ter conhecido um homem tão instruído e tão amável".[53]

A visita do príncipe herdeiro de Brunswick foi imediatamente seguida pela de sua prima, a princesa Carolina de Hessen-Darmstadt. Era ela uma das primeiras assinantes de Grimm,[54] mantendo com ele correspondência privada. Grimm logo se prontificou a servir-lhe de guia, como faria, um ano depois, com o príncipe herdeiro de Saxe-Gotha.[55] Em ambos os casos, providenciou encontros com Diderot, d'Holbach, a Sra. Geoffrin[56] etc.

A estada do jovem rei da Dinamarca, no fim de 1768, foi de alcance muito diferente. Tendo subido ao trono dois anos antes, esse rei minúsculo[57] não brilhava muito pela inteligência ou pela presença. Entretanto, como príncipe reinante, teve direito a todas as homenagens[58] de Luís XV e de sua Corte. Sob o comando do duque de Duras, ele foi cumulado, durante seis semanas, de visitas, festas, espetáculos e banquetes. E, no entanto, mal chegara a Fontainebleau, não hesitara em dizer que Voltaire lhe havia ensinado a pensar, e que desejava encontrar os homens de letras para conversar com eles.[59] Como Duras fizesse ouvidos moucos, o rei incumbiu seu embaixador, o barão de Gleichen, muito ligado aos filósofos, de organizar um jantar no palacete de York, onde se hospedava. Toda a nata das ciências e das letras estava presente: Mairan, Cassini, Duhamel, d'Alembert, Duclos, o abade Barthélemy, d'Holbach, Crébillon, Condillac, Morellet, Grimm, Gentil-Bernard, Diderot, Saurin, Helvétius, Marmontel, Watelet e La Condamine.[60] O rei conversou com todos e se deteve com d'Alembert,[61] Diderot, Helvétius e Marmontel. Segundo Grimm, a Corte não apreciou muito esse encontro: "Para purificar Sua Majestade dinamarquesa do ar pestilento que a filosofia podia ter espalhado ao seu redor, o Sr. duque de Duras a levou, três dias depois dessa audiência, à Sorbonne e ao colégio de Plessis."

Quando já chegava ao fim a estada do rei da Dinamarca, o duque de Duras o acompanhou, como era costume, às três academias, para participar de sessões particulares.[62] Na Academia Francesa e na das Inscrições, foram cumprimentos atrás de cumprimentos. O duque de Nivernais leu algumas fábulas de sua lavra, uma delas sobre *O rei viajante*, que causou bom efeito. A surpresa, provavelmente não muito apreciada pelo duque de Duras, veio da Academia de Ciências. Encarregado de pronunciar o discurso em homenagem ao rei, d'Alembert decidiu discorrer sobre *A influência e a utilidade recíprocas da filosofia em relação aos Príncipes e dos Príncipes em relação à filosofia.*[63] Suas palavras foram unanimemente apreciadas pelos homens de letras.[64] Não surpreende ler, pela pena de Grimm, que d'Alembert "sabe falar com nobre coragem, tão distante da licença cínica quanto da baixeza. De tudo que a estada do rei da Dinamarca suscitou, esse discurso é a única peça que merece ser conservada". Em contrapartida, o comentário dos *Mémoires secrets* de Bachaumont deve ter surpreendido não poucos leitores: "O Sr. d'Alembert, naturalmente pouco lisonjeador (...), encaixou o elogio do rei com naturalidade em sua dissertação, e, como esse volteio oratório, evitou o que poderia ter de insípido um elogio direto na boca de um enciclopedista."[65]

O clã filosófico exulta, e não poderia ser mais exato o sóbrio relato que d'Alembert faz dessa sessão: "Fiz-lhe o melhor que pude as honras [da Academia] das ciências, com um discurso pelo qual meus confrades muito me agradeceram, e no qual cuidei de fazer com que a filosofia se manifestasse com a dignidade que lhe convém."[66] Com efeito, a filosofia se faz cada vez mais ouvida na França, apesar da inabalável hostilidade das autoridades político-religiosas. A simpatia dos monarcas estrangeiros — em maioria protestantes — e o interesse que demonstraram por ela não podem ser ignorados. Mostrando-se na companhia dos filósofos, eles não só lhes conferiram um brilho suplementar, mas também sancionaram, voluntariamente ou não, a idéia de igualdade entre eles.

A lua-de-mel entre príncipes e filósofos chegou ao auge em 1771, durante a viagem de Gustavo III e de seu jovem irmão a Paris.[67] Ao contrário de seu cunhado,[68] o rei da Dinamarca, Gustavo era alto, bem apessoado e espirituoso. Uma pessoa difícil como a Sra. du Deffand, que teve oportunidade de conversar com ele várias vezes, descreve-o como "o mais amável do mundo, de uma polidez simples e fácil, com muita alegria (...). Eles fazem o maior sucesso na Corte, comportando-se com toda a elegância e a prudência possíveis". Ela se diz contrariada pelo fato de que Gustavo não possa, como previsto, visitar a Inglaterra, onde Walpole o teria conhecido: "Esse rei lhe agradaria muito."[69] Se Gustavo III consegue encantar tanto Luís XV, a Sra. du Barry e as damas da Corte[70] quanto a Sra. du Deffand, nem por isso deixa de destilar todo o seu charme na direção dos filósofos. Não tanto porque "o hábito de receber os homens de letras já adquirira força de lei, ou pelo menos de etiqueta (...) e os homens de letras estavam entre os objetos de curiosidade que ninguém pode deixar de ver...",[71] mas porque o rei era ao mesmo tempo filho e discípulo deles. Não hesita, certa vez, em defender vivamente Voltaire perante o marechal de Broglie, que o acusava de todos os males;[72] não teme tampouco mostrar-se "quase sempre cercado dos filósofos enciclopedistas".[73] Logo ao chegar, seu embaixador, Creutz, organizou um jantar com Marmontel, Grimm, Thomas, Morellet e Helvétius. À parte Grimm, "eles são mais agradáveis de ler que de ver", observa ele. Espera, impaciente, encontrar-se com Diderot, d'Alembert, que lhe disseram "tão modesto quanto grande filósofo", e Rousseau, ao qual "prometeram [-lhe] solicitar uma entrevista".[74] A expressão deve ser levada ao pé da letra: quem solicita é o rei, e não o filósofo. Ele esteve com Rousseau, mas não com Diderot, que no entanto o teria de bom grado recebido em casa, embora "um homem de letras deva preferir 'a companhia de seus iguais' à dos grandes, que o fazem perder seu tempo".[75] Em compensação, embora o monarca jante freqüentemente com Grimm,[76] "d'Alembert é aquele que mais distinguiu e que recebeu mais especialmente em sua intimidade".[77]

D'Alembert prestou-lhe duas homenagens sucessivas, na Academia de Ciências e na Academia Francesa.[78] O primeiro foi um discurso sobre o sábio e a filosofia, e o segundo, um *Diálogo entre a rainha Cristina e Descartes nos Campos Elíseos*. Este tinha o objetivo de agradecer ao príncipe sueco por ter mandado construir em seu país um mausoléu para o filósofo, mas também de abordar de forma elegante e firme a delicada relação entre o príncipe e o filósofo. O que levaria Voltaire a dizer: "Ninguém foi capaz de tornar mais respeitáveis a filosofia e a literatura."[79]

O rei deixou Paris coberto de elogios e de saudades. "Ouve-se uma única voz a respeito desse jovem monarca", comenta Bachaumont, "que só pode mesmo ser adorado por seus súditos. Ele obtete a aprovação de todos aqueles que tiveram a felicidade de conhecê-lo aqui."[80] Os filósofos, por sua vez, cortejados pelos grandes deste mundo, recebidos em seu convívio, viram reconhecida, senão ampliada, sua dignidade.

EXPECTATIVAS PARMESÃS

Estão ligadas a dois homens de destino atípico: um camareiro transformado em primeiro-ministro e um adolescente que chegou ao trono aos 14 anos. Para toda a Europa do Iluminismo, o ducado de Parma é um modelo de sabedoria política no qual está em jogo parte da credibilidade dos filósofos.

O primeiro-ministro e o príncipe

Nascido em 1711 em Baiona, Guillaume-Léon Dutillot era filho do camareiro[81] de Filipe V, rei da Espanha. Depois de estudar em Paris, foi posto a serviço do filho do rei, o infante dom Filipe. Quando os Bourbon foram reinvestidos na posse do ducado de Parma, em 1748, graças ao tratado de Aix-la-Chapelle, Dutillot, que gozava da confiança do príncipe e de sua esposa, Luísa-Elisabeth,[82] acompanhou-os muito naturalmente a Parma, com o título de secretário de Estado. Intendente geral da casa do infante, ele se revela um notável gestor, funcionário íntegro e diplomata de alto coturno. Nomeado secretário de Estado para o Tesouro em 1756, torna-se primeiro-ministro de dom Filipe em junho de 1759, com a concordância ao mesmo tempo dos reis de Espanha e da França. O infante dom Filipe, entregue a sua paixões pela caça, pela música, pelo teatro e pelas artes, deixou o primeiro-ministro governar à sua maneira. E foi um êxito exemplar. Grande leitor da revista milanesa *Il Caffé*, admirador de Gournay,[83] convencido dos benefícios das artes e das ciências, Dutillot acreditava nas virtudes do déspota esclarecido. Sob seu governo, Parma conhece "uma época de paz, reformas e progresso que lhe valerá a admiração de todos, fazendo com que fosse visto como um Estado modelo em miniatura".[84] Artistas, artesãos e comerciantes acorrem a Parma, desenvolvendo uma indústria de luxo muito lucrativa. Entre eles, muitos franceses, para não falar dos cientistas e médicos. Em doze anos de gestão, Dutillot transforma uma cidade adormecida e atrasada em uma pequena Versalhes, contando com Academias, um teatro, um museu e uma biblioteca, a célebre Biblioteca Palatina, fundada pelo padre Paciaudi.[85] "Logo a fama do ministro se espalhou por toda a Europa", sendo ele chamado de "Sully de Parma" e "novo Colbert (...). Ele transformou-se num mito".[86]

Se Parma atrai os olhares dos filósofos, não é apenas por causa de sua rápida transformação intelectual, política e econômica. É também por dois outros motivos, que lhes interessam muito de perto. Sob Dutillot, a corte de Parma está em luta com a Santa Sé. O primeiro-ministro tomou uma série de medidas que solapam a influência de Roma, especialmente um decreto submetendo a impostos os bens de mão-morta, outro estabelecendo a idade e as condições para entrar na vida religiosa, outro ainda limitando legados testamentários aos conventos e um, enfim, limitando os poderes da Inquisição. Em 1767, é consumado o rompimento com Roma, e a oposição do clero de Parma aumenta proporcionalmente à de Dutillot aos jesuítas. A 16 de janeiro de 1768, a proibição de que qualquer súdito — inclusive os eclesiásticos — advogue perante os tribunais de Roma sem autorização ducal é a gota d'água que leva ao transbordamento. Clemente XIII[87] reage a 30 de janeiro com um breve apostólico contra o duque de

Parma e seu governo, cassando todos os decretos baixados desde 1764. O que leva o infante a executar o projeto de Dutillot de expulsar os jesuítas de Parma.[88] Na noite de 7 para 8 de fevereiro, eles são detidos e expulsos; dias depois, o padre Paciaudi, diretor de ensino, publica a *Costituzione per i nuovi regi studi*, "importante tentativa de criar um ensino coordenado e controlado pelo Estado, da escola elementar à universidade".[89]

Os filósofos não podiam deixar de aplaudir essa política corajosa que tão bem combinava com seu programa. A excomunhão do duque de Parma, considerada absurda, torna-se alvo de zombaria. Voltaire remete Clemente XIII ao exemplo de seus antecessores, mais sábios, que teriam dito ao infante:

> *Infantezinho, receberás cem piparotes;*
> *Pois, não observando o respeito que me deves,*
> *Todo castigo ainda será leve.*[90]

Mas é a tirada de Frederico II que acerta na mosca entre os filósofos, ao comparar o papa "a um velho equilibrista que, na idade da enfermidade, ainda quer repetir suas piruetas, cai e quebra o pescoço".[91] D'Alembert se apressa a espalhar o comentário, que logo vai de boca em boca. "O grande Lama do Vaticano" ridicularizado: eis uma bela vitória que pode ser creditada à ação de Dutillot.

O segundo motivo do interesse por Parma é a pessoa do jovem duque Ferdinando. Tendo subido prematuramente ao trono,[92] estão depositadas nele as esperanças das principais correntes liberais da Europa, e sobretudo as do clã dos filósofos. Com efeito, ele foi instruído de acordo com seus princípios e valores não para ser um enciclopedista militante, mas para encarnar esse déspota esclarecido com que ainda sonham os Voltaire, os d'Alembert e os Condillac[93] em 1768. Tudo foi providenciado para alcançar o resultado desejado. Sucesso ou fracasso, pesa muito o que está em jogo, para todos aqueles que acreditam no *imperium* da educação, no primado da cultura sobre a natureza.

Parma, laboratório dos filósofos

Por vontade da mãe, o infante de 6 anos foi entregue aos cuidados de um educador francês, Auguste-Guy Guinement de Kéralio, vivamente recomendado pelo duque de Nivernais. Esse bretão de 42 anos já mostrara do que era capaz junto ao jovem conde de Gisors,[94] tendo além disso servido como secretário do duque durante sua missão junto a Frederico II, em 1756. Militar de carreira, Kéralio é bom matemático e engenheiro do exército. Grande admirador de d'Alembert, que talvez tenha conhecido na casa de Nivernais, ligado a Duclos, é um homem de alta cultura, que fala várias línguas e lê todas as novidades, tanto científicas quanto literárias. Próximo dos filósofos, apreciador das polêmicas voltairianas, aberto inclusive às manifestações mais ativas do Iluminismo,[95] Kéralio está longe de ser um radical. Tendo chegado a Parma na primavera de 1757, ele sucede a um jesuíta, o padre Fumeron, que se limitara a inculcar no aluno as primeiras noções de catecismo. Kéralio o faz ler Ovídio, Tito Livio, Cícero, César e Tácito, começando a iniciá-lo nas matemáticas e na geografia. Mais tarde, haveria de ensinar-lhe física, astronomia e até o engenho militar, com material proveniente da França.

Um ano depois, em março de 1758, Condillac, nomeado para a função superior de preceptor, vem juntar-se a Kéralio. Igualmente recomendado pelo duque de Nivernais, de quem é amigo, Condillac[96] é incumbido não só de desenvolver a inteligência do aluno, ensinando-lhe a arte de raciocinar, escrever e falar, mas também de cuidar de sua educação moral e política. Vai ensinar-lhe, assim, além da lógica e da gramática, história antiga e moderna, história da religião e sobretudo os deveres de um príncipe esclarecido. É uma oportunidade de ouro para que o abade filósofo ponha em prática seus princípios pedagógicos: partir do nível e dos interesses da criança para levá-la progressivamente a ampliar seus conhecimentos, sem deixar de respeitar sua personalidade e seu ritmo próprio de evolução. Ao contrário do que dizem os boatos, ele não tenta transformar o infante num puro racionalista nem na cria-modelo da *Enciclopédia*. O abade respeita as tradições, e seu ensino religioso nada tem de heterodoxo.

Kéralio e ele se entendem muito bem, convergindo idealmente quanto à educação a ser dada ao aluno comum. E recebem amavelmente Deleyre,[97] chegado de Paris em novembro de 1760, também por recomendação de Nivernais, para desempenhar a função de bibliotecário. Esse admirador de Rousseau, durante muito tempo ligado a Diderot, ateu militante, pertence à corrente materialista. É um pouco exaltado e radical demais aos olhos de Kéralio e Condillac, que no entanto se limitam a mantê-lo a uma certa distância do príncipe herdeiro. O que os une, assim como ao padre Paciaudi, apesar de hostil aos filósofos parisienses,[98] é uma igual aversão à política pontifícia, à Inquisição e aos jesuítas.[99] Além disso, compartilham o mesmo interesse pela reforma do ensino, e sobretudo uma sólida adesão à política liberal do primeiro-ministro. Em 1767-1768, a guerra contra o Vaticano em nome do infante foi possível, em certa medida, graças a esse ambiente reformista, embora possamos considerar algo excessiva a afirmação segundo a qual todo o ensino de Condillac "tendera a legitimar, aos olhos do jovem soberano, as reformas eclesiásticas de Dutillot, já realizadas ou por realizar".[100]

Quando Ferdinando sucedeu ao pai, mestre e preceptor não tinham mais razão de ser. Tendo em vista sua pouca idade, contudo, o avô, Luís XV, recomendou-lhe que conservasse Kéralio em seu palácio. Depois de uma viagem pela Itália e pela França, Condillac[101] e Kéralio foram convocados a Parma para concluir a educação empreendida. Nessa época, "o próprio jovem disse alto e bom som que, caso se saísse bem, seria graças aos cuidados de seu mestre e de seu preceptor".[102]

Para quem observa de Paris ou de Ferney, o infante parece cumprir suas promessas. O primeiro sinal positivo dos efeitos de sua educação foi sua inoculação, em outubro de 1764. Ao contrário do que se chegou a dizer, foi menos por pressão dos que o cercavam do que por sua própria vontade que ele veio a ser inoculado por Tronchin, que se deslocou especialmente de Genebra para isso. Traumatizado com a morte da mãe e da irmã mais velha em conseqüência da varíola, ele mesmo pedira autorização[103] ao pai. Numa época em que as autoridades francesas e espanholas condenavam essa operação, contrariando toda a lógica,[104] em particular a dos filósofos, a decisão da corte de Parma parecia uma aposta na modernidade. A coragem do jovem príncipe foi festejada em toda a parte.

O segundo sinal encorajador foi seu desejo de dar prosseguimento aos estudos. Não só com Kéralio, que agora lhe ensinava a tática, a arte das fortificações e outros elementos da ciência militar, mas também com os padres Jacquier e Le Sueur, mínimos, que ensinavam matemática e física experimental em Roma. Conhecidos de d'Alembert e de Voltaire, eles eram admirados pelo mundo intelectual por terem sido os primeiros na França a comentar a obra de Newton.[105] Eles foram a Parma dar cursos ao infante por dois anos universitários consecutivos, de 1766 a 1768,[106] retornando a Roma para as férias de verão. Como os dois padres davam os últimos retoques em seus *Elementos de cálculo integral*,[107] a serem impressos em Parma por iniciativa de Kéralio, deduziu-se talvez um pouco apressadamente que eles haviam iniciado o infante nesse ramo difícil das matemáticas modernas.

As notícias de Parma que chegam a Paris através dos viajantes ou por cartas são elogiosas. Depois do duque de La Rochefoucauld, acompanhado de Desmarest, e do cientista Lalande,[108] vem Duclos, secretário perpétuo da Academia Francesa, fazer uma visita à Itália. Ele se hospeda em Parma de 21 a 27 de maio de 1767, deixando por pouco de cruzar com seu amigo Condillac, que retornara à França semanas antes. Tendo tido várias vezes a oportunidade de conversar em particular com Ferdinando, ele comenta: "Encontrei no Infante muito mais conhecimento das belas letras e das ciências que em nossos senhores de idade mais avançada, e que são considerados muito bem educados, se excetuarmos um Gisors, um Montmirail, um La Rochefoucauld, os jovens Noailles e muito poucos outros (...). Quanto ao temperamento do Infante, as cartas que o Sr. de Lomellini recebeu a respeito, e que me havia feito ler em Gênova, já me haviam prevenido favoravelmente; e nada pude encontrar nesse príncipe, fazendo-lhe a corte, que deixasse de corroborar minha opinião."[109] Prudente, Duclos acrescenta: "Quando se trata de elogios, ainda os mais justos, prodigalizados a príncipes, é necessário fixar datas e definir as épocas..."

De volta a Paris um mês depois, Duclos se derrama, tanto na Academia quanto nos salões, em notícias as mais favoráveis sobre o príncipe e sobre seus professores. Condillac, por sua vez, tudo faz para manter a boa reputação do aluno. No salão do duque de Nivernais, freqüentado por ele e por Duclos assiduamente, com freqüência se fala do príncipe. Condillac lê as cartas de Ferdinando, que "fazem pensar favoravelmente a [seu] respeito".[110] E quando Luís XV o chama a Versalhes para receber notícias do neto, Condillac confirma o êxito de sua missão: "Vossa educação", escreve ele ao príncipe, "fez aqui muito barulho, e se tem excelente impressão do senhor. Alimentei essa opinião, dizendo a vosso respeito todo o bem que penso, porque efetivamente o penso. Mas..."[111] Na verdade, Condillac dissimula dos interlocutores que não está ainda totalmente satisfeito com o aluno. Estimula-o a progredir e lhe recomenda muitas leituras edificantes, tanto para aperfeiçoar seu caráter quanto para melhorar seu raciocínio e seus conhecimentos.[112] As cartas de Condillac traem uma certa ansiedade, o temor de uma desilusão. Ele continua a orientá-lo a distância, a corrigi-lo, dando-lhe conselhos e convidando-o a pensar em sua reputação. O que não lhe diz é que da reputação do príncipe depende a do professor, e, em conseqüência, a própria fundamentação de sua educação filosófica.

No ano seguinte, 1768, as angústias de Condillac parecem dissipar-se. Ele é todo cumprimentos para o infante. Por seu futuro casamento, para começar, mas também por seu comportamento. Ele foi informado da tocante sensibilidade demonstrada pelo príncipe na doença de Dutillot e dos êxitos que colheu em sua viagem a Mântua para se encontrar com a rainha Maria Carolina de Nápoles. "O senhor se comportou como um anjo, e eu fiquei encantado."[113] Mas ainda não chegou ao auge a reputação do príncipe. Talvez por instigação de Condillac,[114] e certamente com a ajuda de Kéralio,[115] o infante de Parma traduz para o italiano o belo discurso que d'Alembert pronunciara na Academia de Ciências, a 3 de dezembro, em homenagem ao rei da Dinamarca. O fato de Ferdinando ter-se dado ao trabalho de traduzir esse texto, tratando da utilidade recíproca dos príncipes e da filosofia, e de tê-lo feito chegar muito rapidamente a d'Alembert, acompanhado de uma carta de homenagem, causou grande efeito no meio filosófico.

D'Alembert logo tratou de agradecer com uma carta ostensiva, sem esquecer de frisar a importância do trabalho dos professores: "As luzes naturais e superiores de Vossa Alteza Real, reforçadas pela mais excelente educação que algum príncipe terá talvez jamais recebido, levaram-no, meu Senhor, a conhecer precocemente a utilidade das ciências (...). Para mostrar a vossos súditos o quanto estava pessoalmente convencido, o senhor se dispôs a expressá-las na língua natural à nação que governa. Como é feliz essa nação, meu Senhor, por ter em V. A. R., um soberano esclarecido! (...) A Europa já lhe presta essa homenagem, e minha débil voz vem apenas repeti-la; faltam-lhe apenas anos para aumentar ainda mais o que o renome já dá a público a seu respeito."[116]

Um príncipe entoando loas à filosofia e um filósofo aplaudindo o príncipe: cabia supor chegado o momento de uma colaboração feliz.

CAPÍTULO V O duro princípio da realidade (1769-1770)

Os boletins de vitória que pontuam a correspondência de Voltaire e as homenagens principescas à filosofia não chegam a dissimular os muitos revezes impostos pela realidade. Públicos ou privados, os fracassos e sobretudo as desilusões debilitam as energias. Nesse fim de década, a união dos filósofos se esboroa. Os grandes combates contra a injustiça, que os mantinham unidos desde o caso Calas, já não estão em pauta. A ambição pessoal passou à frente, com suas inevitáveis pequenas baixezas e os acertos de contas que se seguem. Mais grave ainda é a desavença ideológica e tática que surge à luz do dia: Voltaire e d'Alembert são desafiados à esquerda, sem ter muito como obrigar os dissidentes a entrar na linha. A morte, em dezembro de 1768, de Damilaville, que congregava a seu redor todas as cabeças filosóficas, não contribui propriamente para melhorar a situação.[1] Se acrescentarmos os dissabores pessoais de cada um, fica-se com a sensação de ter entrado num período deletério de que a filosofia não sai engrandecida.

DECEPÇÕES

Em Parma

Depois dos elogios de d'Alembert, a fama do infante Ferdinando durou apenas nove meses. Seu casamento com Maria Amélia, filha da imperatriz da Áustria, celebrado em julho de 1768 (mas efetivado em julho de 1769),[2] deu a conhecer um caráter e um comportamento muito diferentes dos esperados. Maria Amélia, cinco anos mais velha que ele, é uma mulher mal-educada, que todos, inclusive sua mãe, consideram caprichosa, autoritária, agressiva — numa palavra, insuportável. Ganharia o apelido de "la *matta*", a louca. Dotada de forte sensualidade e supersticiosa, ela logo ganha ascendência sobre o marido, fraco e pueril, dividido entre suas pulsões sexuais e sua carolice. Mal chega a Parma, e não sossega enquanto não despede Dutillot, sabendo que ele teria preferido uma outra esposa para Ferdinando.

Em setembro de 1769, no entanto, nem Kéralio nem Condillac têm qualquer dúvida quanto ao desastre anunciado. O primeiro, que continua em Parma, decidiu esperar as cerimônias de casamento para retornar à França. Quanto a Condillac, resolveu vir de Paris para assistir a elas. Os dois combinaram retornar juntos, depois de cumprir seu dever em relação ao antigo pupilo. Concluídos os festejos, chegam a Milão as melhores notícias sobre o príncipe e suas núpcias: "*Poche corti sono tanto edificanti come quelle dell'Infant dopo il matrimonio. L'abate di Condillac e Keralio sono* attoniti dei progressi che ha fatto nel bene il loro augusto alunno."[3] Dias depois, Kéralio é convidado a deixar Parma sem sequer despedir-se do príncipe.[4] Fica-se sabendo em seguida que Condillac, "*disgustato*",[5] fez o mesmo por iniciativa própria. Chegando primeiro a Paris, Kéralio relata suas cruéis desilusões ao grupo de amigos, especialmente d'Alembert, que observa, contrariado: "Eu esperava um pouco do Infante, duque de Parma, considerando-se a boa educação que teve; mas onde não há alma, a educação nada pode fazer. Sou informado de que esse príncipe passa o dia encontrando-se com monges, e que sua mulher austríaca e supersticiosa seria quem manda. Oh pobre filosofia! Que será de ti?"[6]

Dissimulado, preguiçoso, curtido numa devoção pueril, o duque acreditava na ação milagrosa das relíquias e transformara seu gabinete particular numa espécie de oratório recoberto de imagens de santos e mártires.[7] Teria escapado a seus educadores sua verdadeira natureza? Nesse caso, que crédito mereceria a pedagogia de Condillac, centrada no conhecimento do jovem? Em suas cartas ao aluno (criança e adolescente) transparece a preocupação com seu caráter. Já vimos que, de volta a Paris, ele falara bem a seu respeito com o avô. Em sua carta ao príncipe, entretanto, acrescentara: "Mas o senhor bem se dá conta de que tive de calar o mal (...). Espero, meu Senhor, que venha a se corrigir tão bem que ninguém desconfie de que menti. Se não cuidar de si, perderá sua reputação (...). A história de sua educação, que será publicada, será a sua condenação, e mais lhe será exigido que de qualquer outro príncipe, pois com efeito o senhor deveria valer mais."⁸

Infelizmente, os temores de Condillac se justificavam. O infante entregou toda sua autoridade à mulher, que provocou a maior desordem em Parma, mobilizando os descontentes com Dutillot, especialmente os eclesiásticos e os atingidos por sua política fiscal, mais igualitária. Hostil à presença francesa, que se manifestava em todos os terrenos, ela causou uma onda de xenofobia, multiplicando sátiras e libelos contra os franceses, e especialmente contra Dutillot. Houve manifestações nas ruas e até incitações ao assassinato. Dutillot foi destituído em setembro de 1771, sem que a tripla oposição do rei da França, do rei da Espanha e de Maria Teresa lograsse neutralizar a fúria de Maria Amélia. Parma logo se viu esvaziada de sua colônia francesa, prestando lealdade ao novo papa. E voltou a cair no sono.

Ficou apenas a amargura dos filósofos. Em 1775, ao ser publicado o *Curso de estudos* de Condillac para o príncipe de Parma, Diderot fez este comentário cruel: "Esta excelente obra de um excelente professor (...) fez apenas, no entanto, um aluno néscio."⁹ Curiosamente, não se viu nenhuma crítica mais séria dos preceptores. Já em 1769, no entanto, Luís XV escrevia ao neto: "É perfeitamente natural que sua juventude o tenha desviado do caminho no momento em que saiu de uma *educação excessivamente rígida.*"¹⁰

Filósofos no cabresto

Depois dos elogios públicos a Catarina II, reiterados numa carta e acrescidos de um toque de humor cínico,¹¹ Voltaire provocara um acesso de indignação na Sra. de Choiseul. Chamar o assassinato de um marido — além do mais um regicida — de "bagatela" era absolutamente intolerável, e mais ainda na pena do filósofo. Num texto de notável lucidez, ela investe ao mesmo tempo contra Catarina e seus acólitos que gostam de dar lições. Protegendo-os, a imperatriz da Rússia "teve a inteligência de perceber que precisava da proteção dos homens de letras. Julgou que seus elogios baratos recobririam com um véu impenetrável, aos olhos de seus contemporâneos e da posteridade, os crimes com os quais ela espantou o universo e revoltou a humanidade (...). Lisonjeados, adulados, afagados por ela, [os homens de letras] se orgulham da proteção que lhe proporcionam, enganados pelas galanterias que lhes prodigaliza. Essas pessoas, que se dizem, que se acreditam professores dos senhores do mundo, se abaixam a ponto de se orgulhar da proteção que esse monstro aparentemente lhes concede, só porque está no trono. Que certos escritores obscuros, vis, baixos, mercenários lhe aluguem suas penas abjetas, posso perdoá-los; mas Voltaire! Voltaire, honra e maravilha de seu século!..."[12]

Que dizer então de Diderot e do papel nada honroso que teve no caso Rulhière? Claude-Carloman Rulhière, secretário do barão de Breteuil, embaixador da França em São Petersburgo, assistira de perto ao golpe de Estado de julho de 1762.[13] De volta a Paris alguns anos depois,[14] ele escreveu, a pedido de sua amiga, a condessa d'Egmont, uma coletânea de *Anedotas sobre a revolução da Rússia*, que representavam um depoimento de primeira mão. Escritor elegante e comedido, ele pintava um quadro lúgubre do despotismo russo, traçando um perfil sem concessão da imperatriz. Cronista prudente, no entanto, eximira-se de afirmar que era uma criminosa. Limitava-se a lançar uma pesada suspeita sobre essa que sempre fora uma hábil atriz.

O texto, escrito para agradar à condessa d'Egmont, não se destinava ao público. Mas o autor fez leituras na casa do duque de Choiseul e na da Sra. du Deffand por volta do fim de 1767.[15] Pouco depois, a Sra. Geoffrin pediu-lhe que fizesse uma terceira leitura em seu salão, na presença de cerca de vinte convidados seletos.[16] Feita a leitura, d'Alembert e outros aplaudiram, mas os amigos de Catarina mostraram-se no mínimo circunspectos. Diderot conta que, como Rulhière pedisse sua opinião, ele respondeu "que era infinitamente perigoso falar dos soberanos; que, debaixo do céu, só a própria Imperatriz poderia dizer até onde se sentiria ofendida ou lisonjeada com semelhante obra; que a calúnia é indigna de um homem de bem, e que *nem todas as verdades devem ser ditas*; que nem toda a consideração do mundo seria suficiente tratando-se de uma princesa admirada por toda a Europa e adorada em sua nação; e que eu acreditava que, no que dizia respeito a ele próprio, qualquer que fosse a glória que esperasse de seu trabalho, o mais honesto, o mais certo e o melhor seria destruí-lo".[17]

Convencido de que mais cedo ou mais tarde Rulhière, não obstante suas promessas, publicaria seu relato, Diderot apressa-se a pedir a orientação da imperatriz. Sugere que sejam propostas ao autor certas modificações que convenham a Catarina, em troca de um posto diplomático em Petersburgo. Mas, acrescenta, "a questão consiste em saber como fazê-lo. Nesse ponto, não sei o que pensar. A questão é delicada, muito delicada (...).

Converse com a Imperatriz; transmita-me suas ordens, e não lhe dê notícia de minha total dedicação: ela já o sabe".

A Sra. Geoffrin, duplamente indignada com o que ouvira — não só se atacava a virtude de sua querida Catarina como se mencionava sem rodeios a ligação de seu protegido Stanislas Poniatowski com o cavaleiro Williams, ministro da Inglaterra na Rússia —, tomou uma incentiva sem esperar qualquer solicitação. Encontrou-se com Rulhière na casa de sua protetora, a condessa d'Egmont, e, na presença de testemunhas, propôs-lhe de chofre 30.000 libras se ele concordasse em modificar certos trechos ou, melhor ainda, destruir o manuscrito. Ante o silêncio de Rulhière, ela lhe teria perguntado se queria mais. Furioso, o autor se teria levantado e deixado o local.[18]

Catarina, enquanto isso, enviara ordens a seu novo encarregado de negócios em Paris, Khotinski:[19] comprar o manuscrito, aconselhando-se com Diderot, e cumprir essa missão com a maior discrição possível. Khotinski fez uma primeira visita ao interessado, sozinho, no dia 7 de agosto. Fingiu estar agindo por conta própria, propondo-lhe também a compra da obra. Em vão. No dia seguinte, voltou à carga, acompanhado de Diderot, mas tampouco teve êxito.[20] Rulhière não pretendia publicar nem abrir mão de seu trabalho,[21] a menos que a imperatriz manifestasse esse desejo. O que ela não queria fazer de modo algum. Após essa sucessão de tiros pela culatra, a coisa ficou por aí. Assim Diderot explicaria o fracasso da negociação: "Era um caso a ser tratado de literato a literato, e não de literato a ministro (...). O dinheiro é aceito ou recusado de acordo com o homem que o oferece."[22]

Mas Diderot, temendo ainda uma indiscrição, não perdia o caso de vista. A princesa Dachkoff conta em suas *Memórias* que, em sua estada em Paris, em novembro de 1770, freqüentou muito o filósofo. Num desses encontros, foi anunciada a chegada de Rulhière, que ela conhecia bem da Rússia. Diderot desaconselhou-lhe vivamente recebê-lo, para não dar crédito a suas *Anedotas*. Segundo a princesa, Diderot teria escrito à imperatriz, após sua partida de Paris, "que, após [sua] recusa absoluta de receber o Sr. de Rulhière, a autenticidade de seu livro fora muito mais seriamente posta em questão do que por todas as palavras e todos os escritos de dez Voltaire ou quinze pobres Diderot".[23]

Não conseguindo dar sumiço ao objeto comprometedor, Diderot e Grimm tentaram desacreditar tanto a obra quanto o autor. Em um de seus contos dialogados, Diderot deu a conhecer sua opinião sobre as *Anedotas*: "Trata-se de um romance histórico, bastante bem escrito e muito interessante, uma trama de mentiras e verdades que será comparada por nossos sobrinhos a um capítulo de Tácito."[24] Grimm investiu contra o homem numa edição de sua *Correspondência Literária*, que tinha Catarina II entre seus leitores. Dando conta da leitura feita dois anos antes na casa da Sra. Geoffrin, ele descreve Rulhière como um beócio, não destituído de talento, é verdade, mas com as faculdades comprometidas: "Falta muito para que seja um espírito esclarecido. É dessas pessoas que vão sempre em frente, sem nunca olhar à direita ou à esquerda: um caminho que freqüentemente leva direto aos piores lugares." Depois de pôr em dúvida a veracidade do que ele diz, assim conclui Grimm o seu artigo: "Julgo o Sr. de Rulhière praticamente o único homem na Europa que acredita na verdade de seu relato."[25]

Grimm e Diderot não saíram engrandecidos dessa história. "Que dizer desses amigos da verdade unidos contra ela e tentando sufocá-la?" Pois o fato, prossegue A. Lortholary, é que "eles não ignoravam que Rulhière dizia a verdade".[26] E nessa época ainda não se tinha conhecimento do elemento essencial aduzido por G. Dulac[27] ao dossiê Diderot/Rulhière. Trata-se de uma carta do príncipe Galitsyn ao vice-chanceler homônimo, datada de Haia, 16 de junho de 1771. Ela relata em detalhes o conteúdo de uma carta de Diderot de 1º de junho, propondo à imperatriz uma dessas mistificações de que ele tinha o segredo, e que consistiria simplesmente em fabricar um documento falso. Aqui está sua gênese:

"Esse relato de Rulhière que tanto me preocupou, pois bem, desferi-lhe um golpe mortal. Tratei de travesti-lo em um conto falso sob todos os aspectos, falso nos fatos, falso no caráter; e quer saber como? Com a ajuda de cinco ou seis conversas noturnas que tive com a princesa Dachkoff. Escrevi essas cinco ou seis conversas, transformei-as num pequeno manuscrito, e o li para alguns amigos, para alguns grandes; e esse papelzinho fez o maior sucesso."

Informado dessas leituras, Rulhière pede a um amigo comum que organize um jantar com Diderot. Na presença de "sete ou oito pessoas da alta roda", o filósofo se gaba de suas conversas com a princesa Dachkoff, para apresentar Rulhière como um mentiroso. "Cheguei à conclusão", diz ele, "de que ninguém melhor que o senhor sabe produzir um romance interessante... Se a princesa Dachkoff contou-me a verdade, aconselho-o a queimar seu relato, pois praticamente não há nele uma palavra que seja verdadeira." Naturalmente, Diderot se exime de ler seu manuscrito na presença de Rulhière, e aguarda sua partida para fazê-lo. "Depois, uma vez feita a leitura, queimei-o na presença deles; e deixei que fossem espalhar pela cidade que eu havia lido para eles um relato encantador; e que o relato de Rulhière não passava de um monte de rabiscos inverídicos (...). E é neste ponto que a coisa se encontra: todos desprezam o relato de Rulhière e lamentam a perda do meu."

Se Diderot queimou em público seu manuscrito, não foi apenas para evitar qualquer contestação de Rulhière, mas também por temer o julgamento de Catarina II:[28] "Quem sabe se a Imperatriz não ficaria mais ferida com minha veracidade do que com as mentiras de Rulhière?" Bom cortesão, ele acrescenta: "Não cabe a nós, sejamos bem ou mal instruídos, falar dos soberanos." É então que sugere "o golpe de mestre que poderia ser dado, e a maneira certa para acabar com Rulhière pelo presente e pelo futuro. Consistiria em me proporcionar um relato do jeito que a Imperatriz gostaria, e cujo estilo eu trataria então de ajeitar a minha maneira (...). Sonhe com isso, meu Príncipe (...). Se nada ficar de mim, haverão de se apegar ao relato de Rulhière (...). Quanto ao resto, ainda que as coisas ficassem como estão, eu sempre teria submetido Rulhière a um violento xeque, mas gostaria de levar nosso trabalho até o fim."[29]

O romance de Diderot não chegou a nascer, pois Catarina não deu seguimento a sua proposta. Mas o fato é que G. Dulac tem razão de se questionar "sobre a atitude do filósofo, aparentemente tão empenhado em utilizar os recursos de sua pena para falsear a história em favor de sua benfeitora".[30] Estamos bem longe do código de honra dos intelectuais, redigido por d'Alembert quase vinte anos antes. No *Ensaio sobre os grandes*,[31] ele denunciava as ligações perigosas do homem de letras com os poderosos, que só geravam dependência e aviltamento. Na melhor das hipóteses, a exigência de verdade de que se jactavam os filósofos foi esquecida dessa vez.

DEPRESSÃO

Desde o outono de 1763, d'Alembert queixa-se regularmente de sua saúde. As dores estomacais, o "transbordamento de bile" e a falta de sono, diz, debilitam sua capacidade intelectual. "Minha pobre cabeça não é capaz de muita concentração" — queixa que volta como *leitmotiv* em sua correspondência com Lagrange. Apesar do estrito regime alimentar, ele amarga um estado de saúde vacilante que atribui a sua viagem à Prússia, "e sobretudo à estada em Potsdam, cujo ar úmido e pestilento me fez muito mal".[32]

Outro motivo invocado, como acontecia com freqüência na época: o excesso de trabalho intelectual, que supostamente poria em risco a saúde física. Nunca, todavia, d'Alembert ou qualquer de seus amigos emprega o vocabulário relativo aos distúrbios psicológicos antes de 1770. À falta de "depressão", que nos é familiar hoje em dia, as expressões "melancolia", "humores" ou "idéias sombrias" tampouco são utilizadas para descrever o mal de que sofre o cientista-filósofo. Aparentemente, ele se mostra à altura quando alguém se aproxima. A vivacidade do olhar, "suas qualidades notáveis em sociedade" e o fato de que "conta as coisas com muito talento e está sempre cheio de anedotas instrutivas e divertidas"[33] enganam a todos. Até 1770, d'Alembert, não obstante as queixas, continua a evidenciar a energia e a alegria que o caracterizam. Mas já no início do ano de 1770 a depressão se manifesta, onipresente, incontrolável, arrasando o filósofo, sem possibilidade de dissimulação. O espetacular desmoronamento[34] do "intelectual" de maior prestígio de Paris é um fato suficientemente raro para que se tentem entender suas causas.

Fadiga e dissabores

Ao ser eleito subdiretor da Academia de Ciências para o ano de 1768,[35] d'Alembert sabe que terá de assumir as pesadas responsabilidades de diretor no ano seguinte. Responsável pelo bom funcionamento da instituição, o diretor organiza o trabalho da Academia, decide sobre a leitura das dissertações e sobre a ordem dos debates. Deve estar presente em todas as sessões, salvo exceção, podendo, nesse caso, ser substituído pelo subdiretor.

Não sabemos se d'Alembert regozijou-se ou não por essa eleição, mas ele não tinha muito a possibilidade de recusar. Há muito tempo a função não era exercida por um representante da classe de matemática.[36] Essa sobrecarga de trabalho não deixava de ter suas vantagens. O diretor desfrutava de certa influência na promoção dos discípulos e na emissão de propostas. Acontece que d'Alembert há muito relegara a Academia de Ciências em favor da Academia Francesa,[37] e era portanto uma excelente oportunidade de voltar a firmar-se nela. Como, além disso, acabava de publicar os tomos IV e V de seus *Opúsculos matemáticos*,[38] ele decidira conceder-se seis meses de repouso intelectual.

O ano de 1769 começara com uma grande satisfação: a eleição de Condorcet, a 25 de fevereiro, para o lugar de mecânico adjunto. Desde seu brilhante trabalho sobre *Cálculo integral*, publicado em 1765, Condorcet é a jovem esperança da matemática; seduziu d'Alembert tanto por sua capacidade intelectual quanto pelas qualidades de seu coração. Provavelmente já teria sido eleito, não fosse a oposição da família.[39] Agora que a coisa está feita, d'Alembert tem dois discípulos e amigos na instituição. Ao lado de Condorcet e do abade Bossut,[40] tardiamente eleito em agosto do ano anterior, forma um pequeno clã sólido, capaz de influenciar nas eleições vindouras. Outro motivo de satisfação diz respeito a uma mudança nas modalidades de votação:[41] nada revolucionário, mas serve para que d'Alembert fique na expectativa de poder encaminhar a adoção de uma reforma muito mais ampla. A 7 de julho, ele envia uma dissertação a Saint-Florentin,[42] o ministro das Academias, propondo nada menos que a eliminação da classe dos adjuntos, para juntá-la à dos associados, concedendo o direito de voto a todos os acadêmicos. Em suma, proceder à unificação da república dos cientistas, tal como já ocorreu na das letras, na Academia Francesa. E, sobretudo, melhorar seu funcionamento, privilegiando a competência em detrimento do princípio hierárquico. O suficiente para provocar um grande debate na Academia, sempre dividida entre antigos e modernos. A discussão ocorreu entre 6 de dezembro de 1769 e 31 de janeiro de 1770. Não conhecemos seu teor, mas podemos pressentir que foi áspero. "O Sr. d'Alembert chegou inclusive a ler a este respeito uma dissertação na Academia, mas a maioria dos acadêmicos não pensa como ele, e o abade Nollet foi incumbido de informá-lo dos inconvenientes numa dissertação. O rei decidiu a questão, determinando que as coisas fiquem como estão".[43]

Para d'Alembert, é um fracasso, pelo qual é em parte responsável. O ministro permitira-lhe fazer a proposta, mas ele não soube convencer os colegas. É verdade que seu projeto "igualitário" não podia deixar de desagradar à ala conservadora da assembléia, mas ele tampouco soube obter a adesão dos moderados ou dos indecisos. Um dos motivos desse fracasso reside em sua personalidade e em seu comportamento. Ele não é um homem querido por seus pares cientistas, como eram o afável e encantador Dortous de Mairan e o amável Clairaut. "Ele tem um grande defeito", conta Lexell, "esse tom cortante e afirmativo que ostenta invariavelmente, e, em sentido inverso, um excesso de crítica em relação a questões tratadas por outros. Estou quase certo de que, em sua maioria, as disputas em que se envolveu decorriam de um julgamento por demais arriscado ou de uma crítica sem fundamento."[44] Nos quase trinta anos em que tem feito parte da Academia, não faltaram querelas e críticas. Com uma obstinação que surpreende até seu amigo Lagrange,[45] ele remexe nas velhas feridas que nunca fecham. Já vimos suas intermináveis polêmicas com Clairaut e Bernoulli. E assim acontece com todos os que o contradizem, sobretudo seus rivais em matéria de prioridade. O resultado não é dos mais brilhantes para sua popularidade junto aos confrades, tanto mais que ele não esconde seu desprezo por muitos deles. A começar por Fouchy, o secretário, por ele considerado incapaz de exercer suas funções. Mas também Lalande, um intrigante, por ele comparado a um "inseto".[46] Em relação a Fontaine, seu colega matemático, não é desprezo que ele sente, mas hostilidade, sobretudo depois que ele não deu a menor importância às objeções que fez a seu método de resolução das equações numéricas.[47] Ele exorta Lagrange a não deixar Fontaine sem punição, pois não há ninguém "mais orgulhoso e mais cruel".[48] Como, além do mais, ele não se dá bem com Buffon e despreza toda a classe dos astrônomos,[49] não lhe resta muita gente para tecer alianças, considerando-se que também está de relações estremecidas com Vaucanson, seu rival na disputa pela pensão de Clairaut, e em maus termos com o conde d'Arcy...[50]

Que saibamos, seus amigos na Academia de Ciências se contam nos dedos da mão. À parte Lemonnier, Condorcet e Bossut, ele tem relações amistosas com Dionis du Séjour, conselheiro no Parlamento e associado livre,[51] um pouco mais distantes com Malesherbes,[52] e ainda mais com Bailly e já agora também com Bézout:[53] aquele desde que vem fazendo a corte a Buffon, e este, porque fora rival de Bossut nas eleições de 1768. No cômputo geral, apoios insuficientes para uma meta tão importante.

Resta ainda um motivo mais pessoal de insatisfação, que vem a ser o cavaleiro de Borda.[54] Este brilhante matemático tem uma trajetória e uma formação atípicas. Militar, participou da guerra dos Sete Anos no corpo de engenharia e se interessou de perto pelos problemas de balística. Por outro lado, exerceu funções de engenheiro no porto de Dunquerque em 1756-1757. Foi para ele uma oportunidade de se debruçar sobre a questão da resistência dos fluidos, tema de predileção de d'Alembert, ou pelo menos aquele que lhe valera a glória.[55] Toda vez que alguém se aproxima de seu território, este último fica de tocaia, com todas as garras preparadas. Acontece que as reiteradas experiências de Borda com a resistência que o ar e a água opõem ao movimento levam-no a retificar os resultados de teóricos tão eminentes quanto Newton, Bernoulli e d'Alembert. Ele descobre, entre outras coisas, que as equações dos fluidos de d'Alembert, completadas por Euler, baseiam-se numa hipótese equivocada, e que seu método precisa ser modificado. Em março de 1766, Borda lê na Academia de Ciências uma dissertação sobre o escoamento dos fluidos na qual corrige os erros de d'Alembert, que negligenciou a perda de força viva. Os comissários incumbidos de examinar seu trabalho mostram-se particularmente elogiosos, pois a solução de Borda exigia "uma sagacidade infinita e a utilização de uma geometria extremamente fina".[56]

D'Alembert não manifesta qualquer contrariedade especial, mas já em maio de 1766 comunica a Lagrange sua intenção de publicar um segundo volume de seu *Tratado dos fluidos*.[57] Nos anos subseqüentes, tenta em vão derrubar as objeções de Borda. Quando a dissertação crítica de Borda finalmente é publicada, no fim de 1769, d'Alembert sai em campo. É verdade que não demonstra o tom agressivo que costuma reservar a seu velho rival Daniel Bernoulli. Ao contrário deste, Borda não o refutou com "uma carranca demasiado imperiosamente magistral".[58] Mas dá para perceber que ele ficou irritado. Logo estaria pedindo a Condorcet e depois a Lagrange que o ajudassem a se defender dos ataques de Borda. Enquanto isso, o golpe é duro. Ver-se contestado por um brilhante colega mais jovem sem poder calá-lo é, para d'Alembert, uma penosa provação.

Globalmente, esse ano na direção revelou-se ao mesmo tempo cansativo e frustrante. Não só ele não perdeu uma única sessão da Academia de Ciências como se fez tão presente quanto possível na Academia Francesa, não raro correndo no mesmo dia de uma a outra. Apesar do mês que passou no campo, em setembro, sua saúde não vai bem, e sua capacidade intelectual ressente-se disso. Ele confidencia a Lagrange que está muito cansado e que perdeu o sono,[59] o que no entanto não basta para explicar a derrocada que se segue.

Motivos inconfessáveis

A partir de janeiro de 1770, os comentários sobre seu estado de saúde se fazem cada vez mais alarmantes: "Tonturas e um enfraquecimento da cabeça que me parecem anunciar um desarranjo geral da máquina",[60] escreve ele a Voltaire. Um mês depois: "Vejo-me forçado há seis semanas a renunciar a toda forma de trabalho, em virtude de uma fraqueza da cabeça que mal me permite escrever-lhe."[61] As mesmas queixas se repetem em suas cartas a Voltaire e a Lagrange, até o mês de junho, quando ele menciona pela primeira vez um novo sintoma: a tristeza. "À minha permanente imbecilidade veio somar-se, há alguns dias, uma profunda melancolia."[62] A 13 de julho, ele informa a Lagrange: "Continuo nesse infeliz estado, e a isto se acrescentam *outros motivos de aflição*, que lentamente me vão levando para onde o senhor bem sabe."[63]

Seus amigos preocupam-se, e mais que todos Julie de Lespinasse. Ela o exorta a deixar Paris para finalmente fazer a viagem pela Itália com que sempre sonhou, implorando ao fiel Condorcet que seja seu acompanhante: "Nosso amigo, o Sr. d'Alembert, encontra-se no estado mais alarmante; debilita-se de uma maneira assustadora; já não dorme, e só come obrigado; mas o pior de tudo é que mergulhou na mais profunda melancolia; sua alma nutre-se apenas de tristeza e de dor; ele já não tem atividade nem vontade para nada; numa palavra, vai-se acabar se não nos empenharmos em arrancá-lo à vida que leva (...). *Minha amizade* e a dos outros amigos não bastam para a mudança de curso que lhe é necessária. Enfim, juntamo-nos todos para exortá-lo a sair de onde está e fazer a viagem à Itália (...). Ele jamais se abalançará a fazer sozinho essa viagem (...). Só o senhor pode tirá-lo desse estado que a todos nos causa temor."[64]

Duas questões se colocam: quais são os motivos de aflição de que ele se queixa a Lagrange e por que a própria Julie de Lespinasse não o acompanha à Itália? A resposta às duas perguntas parece estar com Julie. É ela mesma o motivo de sua aflição, e por isso sente uma enorme vontade de afastá-lo de si. Ao contrário do que afirmam muitos observadores, particularmente o marquês de Ségur,[65] d'Alembert talvez não seja o grande simplório, cego e surdo, que se gosta de pintar. Para corroborar essa hipótese, devemos voltar à cronologia dos amores de Julie com o marquês de Mora.

Mora é um jovem viúvo de 20 anos[66] quando se estabelece em Paris, na casa de seu pai, o conde de Fuentes, embaixador da Espanha. Trata-se de um militar de carreira, homem sedutor, dotado de sólida cultura francesa. Só viria a conhecer Julie de Lespinasse, onze anos mais velha, em dezembro de 1766. Para ela, é uma paixão à primeira vista.[67] Mas não, aparentemente, para ele. Ele deixa Paris algumas semanas depois, para retornar ao seu regimento em Madri, e só estaria de volta à França em outubro de 1767. É provável que se tenham reencontrado no início de 1768[68] e que, dessa vez, a paixão seja recíproca. Ter-se-iam tornado amantes? As opiniões divergem. Para uns, é mais que evidente, mas outros invocam sólidos argumentos tendentes a provar o contrário.[69] O fato é que eles vivem os primeiros arrebatamentos de um grande amor, visível para os que os cercam.[70] Entretanto, chegando ao fim a licença de Mora, ele mais uma vez tem de deixar Paris, no fim de abril de 1768. Eles só voltariam a se ver no fim de junho de 1769. É entre esta data e fevereiro de 1770 que o casal vive o período mais feliz e eufórico de sua história. Os dois querem casar-se e se consideram ligados um ao outro, qualquer que seja o preço a pagar. Mas não é o que pensa a família de Mora. Seria impensável unir seu filho a uma mulher madura, bastarda e sem tostão, por mais simpatia que ela inspire. O conde de Fuentes fica preocupado com semelhante projeto (prova de que era sério) e recorre ao pretexto dos problemas de saúde de Mora para mandá-lo de volta à Espanha. Nomeado general-de-brigada e dotado de um emprego na corte madrilenha, o rapaz é convidado a esquecer seus amores de juventude.[71]

Aparentemente, é nesse contexto que devemos situar a depressão de d'Alembert. Sempre apaixonado por ela, morando no andar de cima, ele compartilha de seu salão e de sua intimidade. Como poderia deixar de ver Julie definhar de tristeza após a partida de Mora, que podia supor definitiva?[72] Marmontel, amigo do casal, informa que ela "não era mais a mesma com d'Alembert, e ele não só tinha de amargar sua frieza, como freqüentemente também seu mau humor, cheio de azedume e amargura. *Ele engolia o sofrimento e só se queixava comigo*".[73] D'Alembert já não sabe mais o que fazer para consolá-la e cair novamente em suas boas graças. Já ao amanhecer, relata ainda Marmontel, ele vai aos correios buscar as cartas de Mora para que ela as encontre ao despertar. Quanto mais ele se mostra dedicado, contudo, mais Julie se sente culpada, e mais o rejeita. Processo clássico dos amores mortos, agravado pelo fato de que ela lhe esconde a verdade. Ela efetivamente gosta dele, mas não o ama mais e não ousa confessá-lo. Percebendo ser a causa de seu definhamento, não admite a hipótese de enfrentar a intimidade de uma viagem a dois que causaria maior sofrimento ainda a ambos. Remoendo a dor causada pela ausência de Mora e o remorso decorrente de sua crueldade com d'Alembert, Julie impõe-lhe uma separação que ele acaba aceitando.

Sob a influência do texto "À alma da Senhorita de Lespinasse", escrito logo após sua morte, julgamos que d'Alembert só descobrira sua ligação com Mora lendo as cartas que deveria ter queimado. Entretanto, observando melhor, constatamos que ele distingue dois períodos em sua vida comum: "os oito ou dez [primeiros] anos [nos quais] me considerei tão amado pela senhora", e os oito últimos, nos quais "eu já não era o primeiro objeto do seu coração, não obstante as garantias que tão freqüentemente me havia dado".[74] Cabe supor que a cruel descoberta de d'Alembert fosse menos a relação de Julie com Mora que sua profundidade e intensidade. Não obstante as reiteradas juras,[75] ele não era mais "*o primeiro*", o que não significa que se julgasse o único. Pelo contrário....

Se os amigos de d'Alembert — e, com eles, muitos observadores — foram levados a pensar que ele ignorava os amores de Julie, terá sido simplesmente porque nunca falava a respeito. É preciso ter em mente que nessa época a postura do filósofo apaixonado era ridícula, e mais ainda a do filósofo chifrudo, devastado pelos ciúmes. Vimos a sua irritação quando Voltaire mencionara seu possível casamento com Julie, em 1764, como se semelhante assunto fosse indigno de menção. E não era ele que zombava de Lagrange ao ser informado de que se casara com uma parenta? "Escrevem-me de Berlim que o senhor deu o que entre nós, filósofos, chamamos de *salto perigoso*..."[76]

Nessa primavera-verão de 1770, quando descobre que não é mais o único no coração de Julie, d'Alembert morre de amor e se cala. Para não ter mais de enfrentar o inferno da rua de Bellechasse, e talvez também por instinto de sobrevivência, ele se decide a deixar Paris com seu caro Condorcet. Graças à generosidade de Frederico II, que lhe oferece 6.000 libras para fazer a viagem à Itália, os dois amigos, que poderiam ser considerados pai e filho,[77] põem o pé na estrada a 16 de setembro de 1770. Direção: Genebra, logo, também, Ferney. Certamente é uma grande alegria para d'Alembert rever o amigo depois de quatorze anos de separação. Os dois têm tantas coisas a se dizer que não podem expressar em cartas, e Voltaire está tão alegre...

CISÃO

Há quatro anos, uma guerra subterrânea opõe Voltaire aos adeptos do materialismo.[78] A visita de Damilaville a Ferney, em 1765, o havia alertado para o ateísmo militante do clã Diderot-d'Holbach. A partir de agora, a luta contra o Infame opõe a manufatura de d'Holbach à de Voltaire, que se manteve fiel ao teísmo. Guerra subterrânea porque anônima — não são conhecidos, então, o autor ou os autores dos panfletos holbachianos —, mas também porque o adversário nunca é designado. Todos fingem estar defendendo as próprias idéias sem atacar frontalmente. Mas hoje sabemos, através da *Correspondência Literária* de Grimm e também da correspondência privada de Voltaire, o que os dois clãs pensavam um do outro. Já em 1766, Voltaire investe contra os "modernos spinozistas", publicando seu *Filósofo ignorante*, que não pode ser considerado, é bem verdade, seu melhor trabalho. Resposta imediata de Grimm, que o acusa de ser superficial e pueril.[79] É pouco provável que Voltaire tivesse conhecimento dessa crítica desdenhosa, mas a leitura do *Cristianismo desvendado*,[80] questionando seu credo, a saber, a necessidade dos princípios religiosos para uma boa conduta em sociedade, exige uma resposta. Seria sua primeira *Homilia*, contra os perigos do ateísmo. As leis, diz ele, são insuficientes para conter o criminoso; só a idéia de um Deus que vinga e recompensa pode impedi-lo de agir ou, melhor ainda, permitir-lhe reformar-se. Mais chacota na *Correspondência Literária*,[81] chamando Voltaire de "capuchinho", e uma chuva de panfletos publicados em 1767,[82] batendo com força na tecla do ateísmo. No ano seguinte, o patriarca publica sua *Profissão de fé dos teístas,* qualificada por Grimm simplesmente de baboseira.[83] Como o velho decidiu passar ostensivamente a páscoa em Ferney, os filósofos, indignados, estão a ponto de falar de traição. O próprio d'Alembert não aprecia muito todo esse jogo de cena, embora compartilhe da oposição de Voltaire ao ateísmo. E no entanto, em 1769, Voltaire e d'Alembert, o teísta e o cético, dão um passo em direção aos materialistas. Em *Tudo em Deus*, Voltaire invoca Spinoza, aceitando boa parte da metafísica dos ateus. Mas se mantém inflexível quanto à existência do Criador.

D'Alembert, por sua vez, passa por "uma crise de consciência".[84] Impressionado com os argumentos materialistas, ele deixa de lado seu deísmo cético para se refugiar no puro ceticismo. Como seu mestre Voltaire, recusa-se a dar o derradeiro passo em direção ao ateísmo, pelo menos em público. Mas esse recuo dos deístas não é suficiente para os militantes do clã adverso, os d'Holbach, Diderot, Naigeron e Grimm.[85]

Quando d'Alembert e Condorcet se põem a caminho de Ferney, uma verdadeira bomba explodiu, diretamente saída da fábrica holbaquiana. Trata-se do *Sistema da natureza*, "um *compendium*"[86] de todos os argumentos que a filosofia materialista era capaz de reunir na época, inclusive no plano científico. Ele tendia a demonstrar que Deus é tão inútil quanto perigoso. Inútil porque as leis do mundo físico são suficientes para produzir a vida e o pensamento.[87] Perigoso porque fonte inelutável de fanatismo. Dessa vez, a sinagoga da rua Royale investe diretamente contra Voltaire e contra todos os monarcas supostamente em aliança com os padres.

Lenha na fogueira

Saindo da gráfica em novembro de 1769, a bomba incendiária cai em Paris em fevereiro de 1770.[88] É um verdadeiro escândalo e um grande sucesso, saindo em poucos meses dez edições sucessivas. Voltaire toma conhecimento em meados de maio e imediatamente trata de responder com um texto que será publicado por volta de 10 de agosto.[89] E no entanto, ele, em geral tão suscetível ao menor ataque, não parece dar-se conta das insinuações quase injuriosas a seu respeito. O *Sistema da natureza* zomba abertamente de sua "imaginação inquieta", que recorre a Deus, e desses teístas idosos que acreditam em qualquer coisa, a ponto de cair na superstição. Num primeiro momento, pelo contrário, Voltaire não esconde sua admiração por essa obra ousada. Considera-a logo de entrada "admirável em sete ou oito capítulos".[90] A 16 de julho, faz-se mais preciso: "Parece-me que há coisas excelentes, uma razão forte e uma eloqüência viril, e que, em conseqüência, ele causará um terrível mal à filosofia. Pareceu-me que havia coisas muito longas, repetições e algumas inconseqüências; mas há também coisas boas demais para que não invistamos com fúria contra esse livro."[91] Dias depois, ele acrescenta: "Se a obra fosse mais compacta, teria causado um efeito terrível; mas, tal como se apresenta, já faz muito. É muito mais eloqüente que Spinoza."[92] O tom muda repentinamente quando ele toma conhecimento da resposta de Frederico II ao *Sistema*, indignado por ser acusado, como rei, de se aliar aos padres. Voltaire percebe o perigo de alienar aliados tão poderosos e garante a Frederico que, como ele, luta ao mesmo tempo contra a superstição e contra o ateísmo.[93] No mesmo dia, lastima essa "guerra civil entre os incrédulos".[94] Já não se trata de reconhecer as qualidades da bomba incendiária, mas de reconciliar os dois partidos para preservar a unidade de fachada do clã filosófico. Encarrega então d'Alembert dessa missão. Longe de Paris, não sabe que este não tem mais possibilidade nem vontade para tal.

A 18 de agosto, a ira parlamentar se abate ao mesmo tempo sobre o *Sistema da natureza* e sobre a resposta de Voltaire, que no entanto ele considera "muito sincera"[95] e capaz de aplacar a cólera do clero e da Corte. As duas obras são condenadas à fogueira, juntamente com cinco outros livros irreligiosos. Aos olhos de Voltaire, a situação não podia ser pior. Ei-lo associado àqueles que o combatem sem trégua, obrigado a tomar distância e correndo o risco de uma irreparável cisão no movimento filosófico. E ele ainda não sabe de tudo...

A dispersão do clã filosófico

Quando d'Alembert e Condorcet chegam a Ferney, por volta de 23 de setembro,[96] Voltaire ainda não se deu conta do tamanho do fosso que separa "os irmãos". Os visitantes que se hospedam na casa do "eremita" durante mais de duas semanas terão todo o tempo necessário para contar-lhe o que não pode ser dito em cartas. Para começar, Voltaire constata que d'Alembert está muito mais indignado com a sinagoga de d'Holbach do que transpareceria em sua correspondência. Não só ele não aprecia a tática destruidora dos materialistas,[97] que gera violência e afasta os filósofos de seus aliados, como já não se identifica com essa panelinha radical cujos integrantes não hesita em qualificar de "velhacos":[98] "Podemos dizer de todos esses escrevinhadores contra a superstição e o despotismo", escreve então a Frederico, "o que o padre de la Rue dizia de nosso confrade Le Tellier: Ele nos leva tão depressa que acabará por nos derrubar."[99]

Além da discordância na questão de método, que é grande, e quanto ao fundo, já nem tanto, d'Alembert revela a Voltaire, que o ignorava,[100] o alcance da dissensão entre os filósofos. Mas é preciso distinguir entre o que ele ignora realmente e o que finge ignorar. Há muito tempo já, constantemente exortando à unidade dos filósofos para melhor lutar contra o

Infame, ele faz de conta que não percebe as reticências e mesmo a hostilidade de sua ala esquerda. Nem Diderot nem d'Holbach se dignaram pôr os pés em Ferney, apesar de vários convites. E quando ele propôs a migração dos "irmãos" para Clèves, temendo a perseguição dos filósofos após o assassinato do cavaleiro de La Barre, ninguém sequer se deu ao trabalho de responder. Diderot o admira, mas não gosta dele. Ele e seus amigos da rua Royale vêem com suspeita o homem que nunca rompeu com seus inimigos, os Palissot, os Choiseul ou o duque de Richelieu. Ele é acusado de fazer jogo duplo e de mamar em todas as tetas. De tudo isso Voltaire está plenamente consciente, tanto mais que d'Alembert nunca se privou de recriminá-lo a respeito. Em compensação, certamente ignora a que ponto sua estrela empalideceu, e com que condescendência suas últimas obras foram recebidas. Embora não tenha acesso à *Correspondência Literária*, d'Alembert deve ter ouvido Grimm e o salão de d'Holbach ironizar cruelmente as produções de Ferney. Todos zombam do velho pateta que "raciocina como uma criança" e só sabe responder aos materialistas com uma "lengalenga de mediocridades (...) com uma fisicazinha acanhada, tão mesquinha em seus princípios quanto deplorável em suas conseqüências".[101] D'Alembert certamente contou a seu anfitrião como a sinagoga holbaquiana fez o que podia para abafar sua resposta ao *Sistema na natureza*. Já a 1º de outubro, Voltaire se queixa a Cramer, suspirando que "todos são favoráveis a esse infeliz sistema".[102]

Teria d'Alembert mencionado suas próprias relações com Diderot? Depois do reencontro à sua cabeceira, em 1765, o relacionamento entre os dois ficou novamente tenso desde o verão de 1769. Diderot não digeriu o fato de que, depois de abandoná-lo no meio do caminho, em 1758, deixando a seu cargo o fardo da *Enciclopédia*, d'Alembert tivesse concordado em participar da nova edição de Panckoucke. Esse *Suplemento* à *Enciclopédia*,[103] no momento em que a primeira edição ainda não se esgotou, é um autêntico golpe baixo. Por sinal, Diderot, igualmente convidado por Panckoucke, pusera-o literalmente para correr com um: "Vá se f..., o senhor e a sua obra!"[104] Não podia deixar de se indignar com o fato de que d'Alembert e Voltaire traíssem a obra comum por honorários que o editor de Lille costumava distribuir generosamente.[105] Por sinal, outro motivo de atrito deve ter surgido quando Diderot, convencido de ter demonstrado a quadratura do círculo, quis publicar suas memórias de matemáticas.[106] Conhecendo o desprezo de d'Alembert pelos adeptos da quadratura, dá para imaginar facilmente as afrontas e os vexames então sofridos por Diderot.

À parte essas disputas pessoais, d'Alembert não suportava mais a companhia da sinagoga nem as discussões em que se defrontavam de maneira cada vez mais áspera em questões políticas e filosóficas. A condescendência de Grimm, a teimosia e os horizontes acanhados do factótum de d'Holbach e Diderot, Jacques-André Naigeon,[107] fanático do ateísmo, e afinal a ironia de Diderot[108] foram mais fortes que a paciência de d'Alembert. Tanto mais que ele não pode ignorar que os comentários desfavoráveis a respeito de Voltaire também o têm como alvo. Todos sabem que ele é aliado e representante do patriarca em Paris, e que os dois compartilham, essencialmente, as mesmas convicções. Depois da publicação do *Sistema*, dando-se conta de que não há mais conciliação possível com o clã de d'Holbach, que rejeita qualquer compromisso, d'Alembert rompe com os amigos. J. Pappas[109] tem razão ao fixar a data do rompimento em 1770. É provável, inclusive, que tenha ocorrido antes da chegada a Ferney, o que explicaria a mudança de atitude de Voltaire logo depois: se se consumou o rompimento entre as alas moderada e radical do movimento filosófico, não só não há mais necessidade de andar com luvas de pelica com aqueles que nos atacam, como é urgente deixar bem clara nossa oposição para nos distanciarmos deles.

A 26 de setembro, Voltaire se lança numa dessas campanhas de demolição de que parece ter o segredo. Nada no *Sistema da natureza* merece mais contemplação. Em suas cartas à Sra. Necker, a Chabanon, a Schomberg, à duquesa de Choiseul, à Sra. du Deffand, a Saurin, etc., ele só fala, agora, do tédio provocado por esse livro, eivado de asneiras que não podem ser levadas a sério. Spinoza recuperou toda a sua superioridade! Voltaire ataca sem rodeios essa obra "maldita" que causa um mal irreparável.[110] Trata de ridicularizá-la sem piedade,[111] escarnecendo das experiências de Needham, de suas enguias e de sua farinha, tão louvadas por Diderot e d'Holbach. Por mais que ele esperneie, contudo, a repercussão do *Sistema* é considerável. Até seu fiel amigo d'Argental extraiu da leitura "um grande prazer".[112] Apesar de suas alfinetadas, dos ataques de d'Alembert e das violentas reações tanto de Frederico II quanto das autoridades francesas, os materialistas encarnam uma nova era filosófica. Como observa R. Mortier, "o símbolo da filosofia militante do Iluminismo [Voltaire] transformou-se, para d'Holbach, Diderot, Naigeon e consortes, no defensor de uma filosofia ultrapassada, tanto política quanto teoricamente. Compreende-se, assim, a tristeza e a amargura do velho combatente."[113]

Pappas está certo ao observar que foi o foguete com retardador das *Cartas filosóficas* (de 1734) "que lançou pelos ares a bomba do *Sistema da natureza* em 1770",[114] mas não é mais hora de reconhecimento. Não só o rei dos filósofos foi destronado, como os satélites da casa de d'Holbach preparam-se para trucidá-lo. Georges Leroy[115] publica em 1772 um volume de *Reflexões sobre a inveja para servir de comentário aos últimos trabalhos do Sr. de Voltaire*, denunciando sua senilidade e sua mesquinharia em relação a Montesquieu, Buffon e Helvétius, assim como seu servilismo em relação aos poderosos. Naigeon, tentado talvez a dar sua contribuição, é duramente advertido por Diderot: "Esse homem, diz o senhor, já nasceu invejoso de todo tipo de mérito (...). Mas esse invejoso é um octogenário que a vida inteira manteve o chicote erguido contra os tiranos, os fanáticos e outros grandes malfeitores deste mundo (...). Um dia, esse homem será muito grande, e seus detratores, muito pequenos."[116]

A clarividência de Diderot não o impede de enxergar também as fraquezas do grande veterano, que teria inclusive chamado de "beato". Entrementes, ele aderiu à homenagem geral prestada a Voltaire. Seu nome consta da lista de subscrição para encomendar sua estátua em Pigalle na primavera de 1770, ao contrário dos nomes de "Naigeon e do barão, que brilham pela ausência".[117] Mas Voltaire pode consolar-se dessa dupla defecção com a adesão de peso que lhe foi apresentada por d'Alembert. O jovem Condorcet, apaixonado pelas questões de justiça, indignado com as atrocidades denunciadas por Voltaire, é um novo discípulo dos sonhos para o solitário de Ferney. Os dois conversaram longamente sobre as teses de Beccaria,[118] e Condorcet considera-se preparado para participar do combate contra as injustiças judiciárias. A partir de agora, Voltaire já não tem apenas um, mas dois escudeiros: o fiel d'Alembert e o entusiástico Condorcet. Até a morte do mestre, e mesmo depois, este último haveria de mostrar-se de uma fidelidade exemplar. Apesar de decididamente ateu e nacionalista radical, Condorcet nunca se juntou ao clã Diderot-d'Holbach. O que prova mais uma vez a importância das simpatias, do acaso dos encontros e portanto do elemento irracional nos combates filosóficos.

Tendo desistido da Itália, os dois viajantes estão de volta a Paris por volta de 20 de novembro. D'Alembert está melhor, Voltaire sente-se menos só, mas o mais feliz dos três é sem dúvida alguma Condorcet. Além dos prazeres de sua primeira grande viagem, ele ficou vivamente impressionado com o patriarca, achando-o "tão cheio de atividade e inteligência que quase nos sentimos tentados a considerá-lo imortal, embora um pouco de injustiça em relação a Rousseau e um excesso de sensibilidade com as tolices de Fréron permitam perceber que é um homem".[119] Terá sido talvez por causa desse encontro que ele decide engajar-se no debate público. O rapaz tímido, que parecia destinado aos mistérios do cálculo integral, encontrou em si um temperamento combativo e um gosto da polêmica que ninguém poderia imaginar. Muito mais que d'Alembert, é Condorcet o verdadeiro herdeiro dos compromissos de Voltaire. Ainda ouviremos falar dele.

SEGUNDA PARTE   O gosto do poder
                  (1771-1776)

CAPÍTULO VI   A irrupção da política (1771)

Numa monarquia absoluta baseada na origem divina do poder, a política cabe ao rei e aos ministros por ele escolhidos. Os Montesquieu, os Rousseau, os Mably, editados em Genebra ou na Holanda, provocam reflexões e debates teóricos sem qualquer conseqüência na prática real. Os súditos de Sua Majestade sabem que seu destino é decidido em Versalhes e ainda não são capazes de imaginar que possa ser diferente. Em 1771, quando explode a grande crise opondo o rei à magistratura, a opinião pública reage em função de seus interesses, sem avaliar o alcance desse debate em torno da questão da autoridade. Mais surpreendente, em contrapartida, é a reação quase idêntica daqueles que se dizem filósofos. A maioria deles observa tudo a distância, sem dar importância, como se não lhes dissesse respeito. Outros tomam partido em função dos sentimentos que nutrem por esses ou aqueles. Raros são os que baseiam sua opinião numa análise aprofundada. À exceção de certos juristas, como Malesherbes, parte interessada no debate, ninguém entendeu muito bem as conseqüências de um conflito equivocadamente associado a uma fronda do passado.

A MAGISTRATURA DERRUBADA

A resistência dos parlamentos[1]

Essa resistência é constante desde o restabelecimento de seu direito de advertência pelo regente, em 1715. Depois do conflito da década de 1750 em torno da bula *Unigenitus,* que terminou com o exílio dos parlamentares parisienses em 1753 e sua reintegração no ano seguinte, verifica-se entre o governo e as corte soberanas um novo combate, tendo por objeto a arrecadação de impostos. Motivo pelo qual o Tribunal de Contas, presidido por Malesherbes desde 1750, encontra-se dessa vez na linha de frente, ao lado do Parlamento. A guerra dos Sete Anos (1756-1763), ao exigir a cobrança de novos impostos, agrava as relações entre o rei e seus magistrados. Parlamento e Tribunal de Contas protestam contra quase todos os decretos fiscais. O imposto de renda — o vigésimo, criado em 1749 — é duplicado em 1756, triplicado em 1760 e prorrogado até 1763. O público, inconformado com essa voracidade fiscal, aplaude as advertências cada vez mais severas dos tribunais, que apontam os abusos e a arbitrariedade da administração. Essa constante guerrilha em torno dos impostos dá aos magistrados a oportunidade de questionar a monarquia absoluta e levantar a questão dos direitos da nação. Para legitimar sua resistência, eles se baseiam no costume medieval da livre outorga dos impostos, que reconhecia aos estados gerais o direito de recusá-los. Como os estados gerais não são convocados desde 1614, eles reivindicam, escorando-se em Montesquieu, a condição de intermediários entre o rei e seus súditos. Pretensão ilegítima, pois as cortes nunca tiveram direito de veto nem o poder de representar o povo. Desde Luís XIV, o Estado e o rei são uma só coisa, e nenhum poder intermediário ou representativo pode interferir nessa perfeita unidade. O que Luís XV não se exime de lembrar brutalmente a suas cortes, em março de 1763, no discurso muito apropriadamente conhecido como o da "flagelação". Apesar disso, os parlamentos, com o apoio da opinião pública, continuam a considerar-se representantes da nação, no que diz respeito à coleta de impostos, "no intervalo" entre duas convocações dos estados gerais. O que explica o pouco empenho que demonstram, antes da década de 1780, em exigir sua convocação. Se os estados gerais se tivessem reunido, as cortes teriam de devolver-lhes o poder de aprovar essas leis.

Desse ponto de vista, Malesherbes se distingue de seus colegas parlamentares. A solidariedade corajosamente prestada pelo Tribunal de Contas ao Parlamento em 1771 encobriu ilusoriamente as divergências políticas entre os dois organismos. Eles estavam de acordo em reivindicar a função de "depositários das leis" e assumir conjuntamente a condição de "intermediários" entre o rei e o povo e o papel de "órgãos" da nação, mas as aspirações do Tribunal de Contas paravam por aí. Sob a égide de Malesherbes, ele nunca se arvorou em representante do povo nem em substituto dos estados gerais. Pelo contrário, Malesherbes é o primeiro presidente de uma corte soberana a exigir a convocação dos estados gerais, já em 1761. Essa posição, original e precursora, não foi desde logo compreendida pela opinião esclarecida. Embora ele a tivesse manifestado em várias oportunidades entre 1761 e 1775, particularmente nas advertências de 1763, ninguém levou a coisa adiante.

Na correspondência que chegou até nós dos diferentes "enciclopedistas" e na imprensa da época, constatamos que o Tribunal de Contas é pouco mencionado até 1771. Mesmo nesse ano, ninguém se dá ao trabalho de discutir as idéias de seu presidente, por sinal velho amigo dos filósofos. É bem verdade que esse tribunal é de categoria mais modesta que o Parlamento, que desempenha o papel principal. Ora, as constantes advertências dos diferentes parlamentos cansam o público, perfeitamente consciente de que eles estão defendendo menos a causa do povo que a sua própria. Suas greves, as suspensões dos serviços e a insolência diante do governo muito freqüentemente têm como objetivo fortalecer os poderes da corporação. O que não agrada nem ao rei nem aos cidadãos sob sua jurisdição. Além disso, os protestos de Voltaire desonraram o parlamento de Toulouse, com o caso Calas, e o de Paris tornou-se alvo da ira dos filósofos depois da abominável sentença contra o cavaleiro de La Barre. Se lembrarmos, ainda, as constantes perseguições contra os escritos filosóficos por parte desse mesmo Parlamento, centro de poder jansenista, entenderemos por que seus autores se abstêm de tomar partido num conflito em que se enfrentam seus dois inimigos. O que explica em parte a indiferença dos intelectuais pelos combates de Malesherbes. Aparentemente mais dócil que o parlamento de Paris — Malesherbes nunca recorreu aos diferentes procedimentos de chantagem dos parlamentares —, o Tribunal de Contas, pela voz de seu presidente, diria verdades duras e cruéis ao rei.[2] Ao denunciar os abusos de poder e denegações de justiça cometidos por funcionários do Estado, ele se apresenta como defensor das liberdades públicas e individuais. Os filósofos, entretanto, absortos em sua obsessão antiparlamentar e pouco se envolvendo com o tribunal, não lhe dão ouvidos.

A exasperação do rei

No ano de 1770, os nervos reais foram postos a dura prova. Tanto o Tribunal de Contas quanto o parlamento de Paris desafiam suas ordens. No primeiro caso, está em questão um abuso contra a liberdade de um comerciante de Limoges; no segundo, o julgamento de um grande deste mundo, ou duque d'Aiguillon.

O primeiro, Guillaume Monnerat, detido sob acusação de contrabando, passara vinte meses nas masmorras de Bicêtre sem direito de se defender. Quando sua inocência foi reconhecida, ele moveu no Tribunal de Contas um processo contra a Fazenda Geral, por perdas e danos. A 10 de fevereiro, um decreto do Conselho[3] avoca a ação movida por Monnerat no Tribunal de Contas, tirando-a, em outras palavras, de sua iurisdição. Não obstante os decretos de avocação e cassação, o tribunal insiste em manter o caso sob sua jurisdição. A 13 de julho, ordena a detenção do empregado da Fazenda que deteve Monnerat, intimando o diretor do Tabaco e o encarregado geral da fazenda incumbido de reprimir a fraude em Paris. Dois dias depois, novo decreto do Conselho, proibindo o Tribunal de Contas de dar continuidade aos procedimentos, sob pena de ser fechado. O rei convoca uma grande deputação do Tribunal para repreendê-lo. Indignado, Malesherbes redige as advertências de 14 de agosto de 1770, denunciando o despotismo da administração real. Invocando os direitos imprescritíveis de todo indivíduo, especialmente o de não ser condenado sem ser ouvido, e de se queixar quando vítima de uma injustiça, ele estigmatiza certos procedimentos cujos riscos para as liberdades não parecem estar sendo avaliados: delação, ordens régias, detenção ilegal, tortura nas prisões, condições desumanas de detenção. E conclui assim: "Resulta daí, meu Senhor, que nenhum cidadão, no vosso reino, tem garantias de que sua liberdade não será sacrificada por uma vingança; pois ninguém é suficientemente grande para estar ao abrigo do ódio de um ministro nem suficientemente pequeno para ser esquecido por um funcionário da Fazenda."[4]

Sem ilusões quanto ao destino que se reserva a seu Tribunal e a ele mesmo, Malesherbes não se cala. A 17 de agosto, são redigidas novas advertências com o objetivo de neutralizar completamente o Tribunal de Contas. Que papel poderia continuar exercendo, quando todos os seus atos são anulados? Numa página de notável coragem e vigor, Malesherbes enevereda pelas mais elevadas considerações de ordem política. Ele lembra a Luís XV os direitos da nação e o princípio da necessária representação dos cidadãos, cujo consentimento é indispensável para a criação de impostos. Desenvolvendo os temas de um direito natural dos povos, limitador da autoridade do monarca, dos direitos da humanidade, contra os quais não pode prevalecer nenhum interesse de Estado, e se apresentando, enfim, como "intérpretes e defensores do povo oprimido",[5] Malesherbes e seu Tribunal fazem à monarquia absoluta um desafio insuportável aos ouvidos de Luís XV.

Simultaneamente, um outro caso exaspera as relações entre o rei e os parlamentos. Inicialmente, tratava-se apenas de um conflito localizado na Bretanha, opondo o procurador-geral do parlamento, La Chalotais, ao comandante-em-chefe da região, o duque d'Aiguillon. Em março de 1770, o parlamento abre uma investigação contra este, por manipulação de testemunha num processo contra os magistrados bretãos. O duque d'Aiguillon obtém autorização para ser julgado em Paris pelo Tribunal dos Pares. Em junho, no entanto, Luís XV manda suspender o processo, que pode comprometer seu governo, considerando o duque irrepreensível. A 2 de julho, o parlamento de Paris baixa decreto excluindo o duque d'Aiguillon das funções do pariato, não obstante a ausência dos príncipes e dos pares. A partir daí, os acontecimentos se precipitam. Dois magistrados bretãos[6] são detidos em Versalhes ao sair de uma audiência que acabava de lhes conceder o rei. O Tribunal de Contas protesta a 31 de agosto com novas e duríssimas advertências, concluídas em tom áspero: "Quando se quer utilizar o poder soberano para satisfazer paixões particulares, ameaça-se com a autoridade aqueles que já penam sob a injustiça, reduzindo-os à alternativa de recorrer a atos que possam ser considerados desobediência (...). Segui os impulsos de vosso coração, Senhor, e reinareis pela justiça, e os vossos povos cairão de joelhos; sabereis então que é inútil reinar pelo terror."[7]

A 3 de setembro, o rei proíbe o parlamento de Paris de cuidar do caso do parlamento da Bretanha, recolhendo todas as peças do caso do duque d'Aiguillon. No dia 6, antes do início das férias, as Câmaras reunidas adiam a deliberação para a segunda-feira, 3 de dezembro. O reinício das atividades judiciárias a 28 de novembro prenuncia um confronto decisivo. O chanceler Maupeou, comandante em chefe nessa guerra entre o monarca e seus tribunais, sai na frente do Parlamento, dirigindo-lhe a 3 de dezembro um decreto de título aparentemente inofensivo, "Regulamento de disciplina", que põe lenha na fogueira. O preâmbulo, fazendo um balanço das recentes iniciativas parlamentares, constitui uma brutal advertência à magistratura. Proíbe a utilização de termos como "unidade", "indivisibilidade" e "classes", por meio dos quais os parlamentos queriam fazer-se passar por um único organismo, e também que se correspondam entre eles (1º artigo); proíbe a suspensão dos serviços e os atos coordenados de demissão (2º artigo); e também a postergação da promulgação dos decretos após as primeiras advertências (3º artigo). Tudo isso sob pena de prevaricação e confisco de cargo. O decreto é imposto por autoridade real a 7 de dezembro. O parlamento de Paris põe fim a suas advertências e suspende o exercício de suas funções.

O golpe de mão de Maupeou

A 20 de dezembro, o Parlamento recebe por mandado ordem de retomar atividades. Quatro dias depois, Choiseul, seu aliado, cai em desgraça. Depois de alguns dias de incerteza, o rei faz saber que manterá o regulamento disciplinar. A 15 de janeiro, os parlamentares se reúnem para negar obediência coletivamente. Na noite de 19 para 20 de janeiro, todos os parlamentares recebem uma ordem régia intimando-os a informar imediatamente se retomarão ou não suas atividades. A maioria responde que não, e, a 21 de janeiro, 130 deles são expulsos, sendo seus cargos cassados. As expulsões foram desiguais em sua severidade. Uns foram mandados para suas terras; outros, os mais renitentes, para a linha de mira de Maupeou, nos quatro cantos da França, nas regiões mais inóspitas. Segundo o abade de Véri, que no entanto era favorável ao golpe de mão, Maupeou tinha lá suas intenções malignas: "Ele acrescentou acessórios que envenenaram essa boa operação. Esses acessórios foram uma mistura de ódio, injustiça e perseguição. Exilou vários membros em lugares desertos e insalubres; e manifestou o prazer que sentia por vê-los sofrer. Não teve a menor consideração pelas razões de família e de saúde que levaram os exilados a solicitar mudanças."[8]

Após a desgraça do todo-poderoso Choiseul e o espetacular corretivo infligido aos parlamentares, o chanceler Maupeou, ministro da Justiça, tornou-se o homem forte do ministério e o mais temido da França depois do rei. Esse togado (1714-1792), de prenome René Nicolas, é filho de René Charles, primeiro presidente do Parlamento de 1743 a 1757. Também foi seu braço direito, até se tornar por sua vez primeiro presidente de 1763 a 1768. Quando Lamoignon, pai de Malesherbes, demite-se do cargo de chanceler, em setembro de 1768, é ele, René Nicolas, que o sucede. "Era um homem pequeno, com grandes olhos proeminentes sob espessas sobrancelhas negras (...), a pele amarela e biliosa. Era severo, compenetrado de seus deveres, incansável no trabalho, desincumbindo-se como se brincasse de uma carga considerável, capaz de conduzir uma empreitada sem se desviar do caminho, a mente sempre voltada para os negócios. Seus defeitos eram o excesso de calor e a precipitação."[9]

Foi portanto a alguém da própria corporação que se confiou a tarefa de calar os colegas. Não faltou quem fizesse questão de lembrar que seu pai, então primeiro presidente, tomara ele próprio a frente da fronda contra o governo em 1756, com notável audácia.[10] Mas o filho pouco está ligando, e conhece perfeitamente as fraquezas mas também os abusos e as pretensões de seus antigos pares. Ninguém, portanto, estava em melhores condições de operar esse espetacular golpe de mão — outros diriam "golpe de Estado", para retomar as rédeas do poder judiciário e impedir qualquer recuo.

A 23 de fevereiro, o Conselho, fazendo as vezes de Parlamento, promulga uma lei de audácia reformista sem equivalente. Esse decreto desmantela o parlamento de Paris, excessivamente poderoso, dividindo sua alçada em várias zonas. O parlamento mantinha apenas a Île-de-France, o Orléanais, a Picardia, as regiões de Reims e Soissons, e seis conselhos superiores eram criados nas regiões mais afastadas.[11] Mais importante ainda, não prevalecerá mais a venalidade dos cargos, nos novos tribunais, e sobretudo, a justiça, neles, será gratuita. Considerava-se que os novos magistrados, deixando de comprar seus cargos, receberiam garantias, podendo contar, se necessitassem, com um gradual enobrecimento. Ao fim da venalidade dos cargos vêm somar-se o das contribuições em espécie ou em dinheiro dadas pelos litigantes e o dos emolumentos, assim como o de certos tribunais especiais. Os tribunais são aproximados daqueles que se encontram sob sua jurisdição, sendo consideravelmente diminuídos os encargos das justiças senhoriais. O projeto tinha, portanto, motivos para despertar interesse. J. N. Moreau, partidário de Maupeou, relata: "Quando toda a Paris tomou conhecimento do decreto, as pessoas sensatas convieram que se tratava do início de um vasto e belo plano."[12]

Não sabemos exatamente quem eram "as pessoas sensatas", mas Voltaire foi um dos primeiros a aplaudir. Em seu ódio aos bois-tigres, ele se regozijou, para começar, com a humilhação dos assassinos do cavaleiro de La Barre,[13] mas se felicitando também por seu exílio.[14] Aprova o projeto dos conselhos superiores, que facilitarão a vida dos cidadãos de província, e declara, sem mais esperar, que é necessário "preparar uma coroa cívica para o Sr. Chanceler".[15] É bem verdade que este não lhe é totalmente estranho. Desde sua nomeação, em 1768, Voltaire teve o cuidado de enviar-lhe suas obras, para estabelecer uma relação com o poderoso da hora. Chegou inclusive a enviar uma carta de rara obsequiosidade, juntamente com sua refutação do *Sistema da natureza*.[16] Em suma, já tomou as providências necessárias para não passar despercebido. Começa a circular em janeiro o boato de que Maupeou recorreu secretamente à pena de Voltaire para contrabalançar os epigramas que circulam em Paris a seu respeito.[17] Em particular este, de um membro do Parlamento, por ocasião da entrega do *"cordon bleu"** ao chanceler:

> *Esse vizir negro, déspota da França,*
> *Que para reinar tudo incendeia,*
> *Merecia uma corda, creio eu,*
> *Mas não exatamente a azul.*[18]

Não sabemos se Maupeou realmente pediu apoio a Voltaire, mas o fato é que impressiona o crescente entusiasmo deste. Ele acha graça do destino de seus sobrinhos, d'Hornoye e Mignot, aquele, exilado, este, integrado a um novo conselho superior, e em fevereiro começa uma campanha em favor do chanceler. Qualifica-o de "homem muito esclarecido e muito firme; se persistir, haverá de se cobrir de glória",[19] seu "nome será abençoado".[20] Ele se diz "muito satisfeito com o Decreto" de 23 de fevereiro, considerando o discurso do chanceler "perfeitamente belo".[21]

À falta de respostas de d'Alembert, não chegou até nós a avaliação da rua de Bellechasse sobre o golpe de mão, a reforma ou a atitude de Voltaire. Em compensação, o amigo Turgot, de sua intendência em Limoges, parece expressar um ponto de vista bastante disseminado no meio, equiparando "os velhacos que nos governam" às "moringas quebradas [os parlamentos]". "Essa pequena farsa montada em Paris parece-me mais cômica que trágica, e acabará (...) com a volta das moringas."[22]

---

* Referência à Ordem do Santo Espírito, a mais alta condecoração oficial da monarquia francesa, que tinha a forma de uma Cruz de Malta pendente de uma cordinha ou fita azul (*cordon bleu*). (N. do T.)

A opinião parisiense muda completamente quando começam a se disseminar como trilha de pólvora as advertências do Tribunal de Contas redigidas por Malesherbes. Antes mesmo de serem levadas ao rei, multiplicam-se as cópias. A 24 de fevereiro, Condorcet adverte Turgot: "Temos excelentes advertências do Tribunal de Contas. Tudo que se pode dizer de bom e verdadeiro a respeito do Parlamento é expressado, nelas, com energia e nobreza, sem arrebatamentos nem baixeza; as coisas condenáveis de que pode ser acusado o Parlamento e os aspectos fracos da causa são disfarçados e minimizados com destreza."[23] O boato chega até Voltaire, que solicita a Richelieu uma dessas cópias. Ele acrescenta, irritado: "Mas que é que pretende o Tribunal de Contas?"[24] Dois dias depois, reitera sua solicitação ao conde de Schomberg, sem esconder sua hostilidade: "Não entendo por que o Tribunal de Contas se intromete nos Conselhos soberanos que o rei considera necessário criar para socorrer suas populações; entretanto, como são tão bem escritas, fico curioso de vê-las como peças de eloqüência, e não como questão de Estado (...). Quando surgirem advertências que servirem para pagar nossas contas, ficarei muito satisfeito. Até lá, vejo apenas frases inúteis."[25]

Antes mesmo de poder lê-las, Voltaire pressente que essas advertências vão aborrecê-lo. Malesherbes é um velho conhecido, com o qual não lhe interessa indispor-se. Sabe perfeitamente o respeito de que é cercado o antigo diretor da Livraria e atual presidente do Tribunal de Contas. O que ainda não sabe é o alcance do que Malesherbes tem em mente, indo muito além das legítimas preocupações que o atormentam. Dessa vez, os papéis se inverteram. O jurista pensa como filósofo, e o filósofo reage como cidadão submetido à justiça.

A SOLIDÃO DE MALESHERBES

Um homem do Iluminismo

Malesherbes tem 49 anos quando decide redigir as advertências que lhe valerão ao mesmo tempo a celebridade e o exílio. Antes mesmo de escrever a primeira palavra, ele sabe muito bem o que o espera. Esse homem modesto e discreto, que aprecia acima de tudo a solidão de seu gabinete e seus trabalhos de botânica, sente-se forçado a tomar a defesa do Parlamento dissolvido. A seus olhos, trata-se de um verdadeiro golpe de Estado, que passa por cima das leis do reino e dos direitos invioláveis do povo. Ratificadas por unanimidade no Tribunal de Contas a 18 de fevereiro de 1771, essas advertências foram escritas, corrigidas e discutidas num dos piores momentos de sua vida. Com efeito, sua mulher acabava de se suicidar, a 11 de janeiro, no bosque de Malesherbes, com um tiro de fuzil.[26]

Gordo, com seu rosto ingrato e seu caminhar desajeitado, ele está nos antípodas da soberba de um grande magistrado. Seus traços já marcados em nada deixam transparecer a distinção da mente. Quem haveria de reconhecer nele o herdeiro de uma das mais importantes famílias togadas? Há mais de duzentos anos, seus antepassados, os Lamoignon, presidem aos destinos da justiça francesa, juntamente com os Séguier, os Joly, os Maupeou e alguns outros. Ao ser nomeado chanceler da França, em dezembro de 1750, o pai transmite a Malesherbes o cargo de primeiro presidente do Tribunal de Contas, delegando-lhe também a direção da Livraria, que faz parte de suas atribuições. O filho mantém o cargo até outubro de 1763, ano da desgraça do pai, mas seu poder depende inteiramente do chanceler, em nome de quem dá ordens e ao qual deve prestar contas de todas as suas decisões.

Seu trabalho consiste em conceder privilégios, ou permissões para imprimir manuscritos, e fiscalizar a introdução de obras estrangeiras na França, impondo a observância de uma regulamentação extremamente complexa. Cada publicação era submetida a uma censura prévia, a cargo do diretor da Livraria. Malesherbes comandava um exército de censores escolhidos em função de sua competência em determinado tema, e respondia pelo trabalho deles perante o pai. Ora, ao contrário dele, muito piedoso e ligado aos jesuítas, Malesherbes era amigo dos filósofos e partidário da maior tolerância. Acuado entre leis absurdas e contraditórias, a lealdade ao pai e suas convicções liberais, ele praticou uma política de dubiedade que o levou a favorecer a impressão de certas obras, ao mesmo tempo em que fingia oficialmente nada saber a respeito. As únicas censuras que considerava justificadas diziam respeito a sátiras pessoais, a obras obscenas ou que atacassem os direitos do trono e os fundamentos da religião.[27] Invariavelmente, ele tentava reduzir ao mínimo as restrições à liberdade de pensamento.

A IRRUPÇÃO DA POLÍTICA

De 1751 a 1763, Malesherbes tomou conhecimento de alguns dos textos mais importantes do movimento filosófico. Todos os filósofos tiveram de negociar com ele a publicação de obras audaciosas que não podiam deixar de suscitar a condenação das autoridades e às vezes a perseguição de seus autores. O diretor da Livraria precisou freqüentemente dar mostra de infinita astúcia, e mesmo duplicidade, para evitar o irreparável. Em duas ocasiões, em 1752 e em 1759, ele salva a situação para a *Enciclopédia*, chegando a acolher em sua casa os volumes que supostamente teria de apreender no dia seguinte. Graças a ele é que vêm a público a *Teoria do imposto*, de Mirabeau, em 1760, e, em 1762, o *Emílio*, de Rousseau, causando ambos enorme escândalo. O primeiro autor foi encarcerado durante oito dias em Vincennes, e o segundo teve tempo apenas de fugir, para escapar à detenção.

A cada uma dessas vezes, Malesherbes corria sério risco para permitir que os filósofos expressassem suas idéias, sem receber invariavelmente o reconhecimento esperado. É o que ele explica numa carta a Bernis de 1758:

"Se eu fosse tenente da polícia judiciária, minha profissão seria intimidar os que tivessem a infelicidade de ter de se haver comigo (...). Mas, infelizmente, não é a minha profissão, estou incumbido de uma polícia que diz respeito aos homens de letras, aos cientistas, aos autores de todos os tipos, ou seja, pessoas que amo e estimo, com as quais sempre desejei passar minha vida, que honram o século e a pátria. Não afirmo que os talentos de um homem devam eximi-lo da punição devida por seus crimes; creio que todos devem estar submetidos às leis, mas me parece que os homens célebres deveriam beneficiar-se da vantagem de ser confrontados, por um lado, com a pena, e, por outro, com a recompensa. Dito isto, Senhor, veja qual é minha situação: posso criar contrariedades para os homens de letras, impor limites a seu gênio, queixar-me dos erros que cometem, e não tenho qualquer vantagem a lhes oferecer, posso prejudicá-los e nunca posso ser-lhes útil."[28]

Essas últimas palavras, como vimos, são inexatas. Mas os filósofos, excessivamente suscetíveis, nada perdoavam a Malesherbes, muito menos que concedesse a seus inimigos a mesma liberdade de expressão que reclamavam para si. Se mantinha boas relações com Diderot e Rousseau, ele tivera de chamar secamente à ordem Voltaire e d'Alembert. O primeiro, porque introduzia suas obras na França a seu bel-prazer; o segundo, por uma terrível tendência a considerar qualquer crítica um atentado à sua honra. Os dois eventualmente receberam dele lições nos termos mais severos,[29] especialmente quando insistiam em exigir a censura de Fréron.

Quando Malesherbes deixou a Livraria, em 1763, Voltaire, que tantas vezes se mostrara indignado com sua falta de flexibilidade, não deixou de manifestar pesar: "O Sr. de Malesherbes não deixara de prestar serviço ao espírito humano ao conceder à imprensa mais liberdade do que ela jamais tivera. Já estávamos quase a meio caminho dos ingleses."[30] Não era a opinião de d'Alembert, que escreveu: "Começo a pensar que a Livraria nada terá perdido com a saída do Sr. de Malesherbes. É bem verdade que fizeram aos homens de letras a honra de enquadrá-los no mesmo departamento que as moças de vida fácil..."[31] Na ausência de documentação, não conhecemos as reações dos outros filósofos, como Diderot. Mas sabemos que Rousseau foi o único que manteve relações mais constantes com Malesherbes — os dois tinham a mesma paixão pela botânica.

Desde que deixou a Livraria, Malesherbes dedica-se ao Tribunal de Contas e ocupa seu tempo livre com a história natural e as viagens. Faz-se particularmente presente na Academia de Ciências, da qual é membro honorário,[32] a partir do momento em que assume, em 1765, o cargo de presidente. De maneira geral, freqüenta mais os magistrados e cientistas que os homens de letras. Seus amigos se chamam Turgot, Morellet, Dionis du Séjour, Bernard de Jussieu.

É possível que estivesse em melhores condições que outros de avaliar as mesquinharias e o oportunismo não raro inerentes ao ofício de autor, inclusive entre os que se intitulam filósofos... No momento em que se prepara para enfrentar o poder e empreender uma das grandes batalhas de sua vida, Malesherbes está bem sozinho.

As advertências de Malesherbes

Em nome de seu tribunal, ele redige advertências que são lidas e aprovadas a 18 de fevereiro de 1771. No fim de janeiro, confidencia ao amigo Augeard: "Vou ler-lhe as advertências do Tribunal de Contas que preparei e que serão publicadas dentro de quatro semanas. Estou convencido de que serei no mínimo exilado, mas nada me haverá de impedir de fazer chegar a verdade ao trono."[33] Essas advertências constituem uma severa crítica do decreto de dezembro de 1770 e um verdadeiro requisitório contra o despotismo à francesa, "sistema destrutivo que ameaça a nação inteira".[34] Malesherbes não menciona uma só vez o nome de Maupeou. Uma pudica terceira pessoa do plural funciona na acusação ao longo de todo o texto: "*Querem* inspirar terror a todos os organismos do Estado... *Impediram* todo e qualquer acesso à verdade."[35] Mas qualquer um percebe facilmente que é Maupeou que está sendo visado, e, além dele, o responsável supremo, que é o rei. Pois se Maupeou foi capaz de perpetrar algo que veio a ser considerado um autêntico golpe de Estado, é porque o germe do despotismo está na base da monarquia absoluta. Malesherbes inspira-se em Montesquieu, que mostrou muito bem os perigos inerentes ao absolutismo real. Monarquia e despotismo, dizia, constituem ambos o poder de um só homem. Mas o que os distingue radicalmente é que o monarca governa através dos organismos subordinados e independentes e com o seu aconselhamento, depositários que são das leis fundamentais do reino, ao passo que o déspota não se depara com qualquer limite ao seu poder. Sua vontade pura e simples faz as vezes de lei fundamental do reino.

Segundo Malesherbes, a França de Louis XV resvalou para o despotismo. Estão reunidas todas as condições para isso: desprezo pelas leis (decreto de dezembro de 1770), um favorito todo-poderoso (Maupeou), o temor que se pretende incutir num povo disperso e calado. A seus olhos, as liberdades públicas e individuais foram postas em risco com o fechamento do parlamento de Paris. A inamovibilidade do cargo de magistrado, única garantia de independência e da inviolabilidade das leis, foi varrida de um só golpe. Ao dissolver o Parlamento antigo, que se mostrava reticente, substituindo-o por conselhos superiores sob seu controle, Maupeou livrou o rei dos últimos entraves ao seu poder. Com isso, já não passa ele de um déspota reinando sobre um povo escravo.

Com razão, Malesherbes frisa que o soberano acaba de cometer um crime político grave. Pisoteando as leis essenciais do reino, ele abriu o debate sobre os fundamentos da monarquia e sobre o direito público francês. Disso só pode decorrer uma sensação de incerteza capaz de ameaçar o poder do rei. A esse respeito, Augeard reproduz uma reflexão de Malesherbes que ajuda a esclarecer suas idéias: "O senhor é um excelente cidadão, um excelente francês, mas, em questões de direito público, encontra-se na maior ignorância, e nisto está acompanhado de 24 milhões de habitantes. Além disso, é uma questão importante saber se é interessante, para o poder real e para a felicidade dos povos, esclarecê-los demais a esse respeito; o certo é que o Chanceler comete o maior erro possível em administração e em política, diante do rei e de seus sucessores; ele levanta e suscita um problema cuja solução poderá um dia mudar a constituição do reino, e mesmo a dinastia."[36]

Mas nem por isso Malesherbes se deixa enganar pelos erros do Parlamento. Embora não os mencione nas advertências, ele o criticava por "um *esprit de corps* que o porá a perder, e a todos nós, e mesmo à realeza".[37] E acrescentava, com severa lucidez: "O parlamento de Paris não passa do tribunal de justiça do Rei, provisionado e garantido por ele (...). Se, por vaidade ou por outros motivos ainda mais condenáveis, não tivesse feito questão de se aferrar a esse pretenso direito de registro em matéria de impostos, não teria sido exilado quatro vezes durante esse reino; acabará sendo aniquilado. O parlamento sempre foi conduzido por dez ou doze intrigantes, cada um mais hábil que o outro, muito pouco preocupados com o que aconteceria ao organismo e ao Estado, desde que sua ambição descontrolada e sua avidez em matéria de dinheiro fossem saciadas."[38]

Depois de vários adiamentos, Luís XV recebeu Malesherbes e seu Tribunal em Versalhes, para dizer-lhes: "Não receberei as advertências do Tribunal de Contas quando disserem respeito a questões que não lhe são afetas. E muito menos quando, antes de encaminhá-las a mim, tiver permitido que recebam uma publicidade de que nunca devem estar cercadas."[39] É verdade que Malesherbes tomara a iniciativa de mandar imprimir clandestinamente as advertências logo depois de sua adoção no Tribunal. E elas se haviam disseminado com enorme sucesso, como demonstram os *Mémoires secrets* de 26 de fevereiro: "Elas são consideradas uma obra-prima. São atribuídas ao Sr. de Malesherbes, o diretor da companhia, magistrado naturalmente eloqüente, que cultiva as letras e inflamado por esse entusiasmo patriótico capaz de chegar verdadeiramente ao sublime nesse tipo de escrito."[40] A 7 de março, ele acrescenta: "As advertências do Tribunal de Contas tiveram repercussão tão prodigiosa no público, e as cópias se multiplicaram de tal maneira que praticamente não existe uma casa onde não possa ser encontrado esse manuscrito. Todos os bons franceses querem lê-las e consideram seu autor não só o defensor da magistratura, mas o Deus tutelar da pátria."[41]

Depois das advertências, Malesherbes e seu tribunal baixaram uma resolução capital, que levou ao máximo a fúria do rei. Declararam que não reconheceriam os novos conselhos superiores nem qualquer ato por eles produzido. Era uma rebelião bem caracterizada, de conseqüências previsíveis. A 6 de abril, Malesherbes recebeu uma ordem real determinando que permanecesse em seu castelo de Malesherbes até segunda ordem. A 9 de abril, o duque de Richelieu foi ao Tribunal de Contas anunciar aos magistrados a dissolução do tribunal e a imediata eliminação de todos os cargos.

Depois dos aplausos do público, eram já agora o silêncio e a solidão que esperavam o magistrado por um período que duraria três anos. Enquanto isso, como deixar de estranhar o silêncio da maioria dos intelectuais?

OS FILÓSOFOS PEGOS DE SURPRESA

Lendo as crônicas e correspondências[42] da época, temos a impressão de que toda a Paris está em ebulição. Fala-se de problemas, agitação, desordens, mas apenas com informações factuais. Quase sempre se evita dar uma opinião ou fazer uma análise, especialmente de teor crítico. O motivo, naturalmente, é o temor de ser lido por alguém mais que o destinatário. "O senhor pede-me notícias", responde Kéralio a Frisi. "Poderia dá-las se estivesse aqui, mas não seria prudente escrevê-las. Passamos atualmente por uma crise de que dificilmente se poderia prever o fim."[43] Embora seja possível afinal pressentir a opinião deste ou daquele, faltam-nos cruelmente pontos de vista filosóficos sobre as questões levantadas por Malesherbes. O homem do *Contrato social* foi reduzido ao silêncio, e o abade de Mably, que criticou vigorosamente o despotismo jurídico,[44] se diz assoberbado com a conclusão do trabalho prometido ao duque de Parma.[45] Chegou até nós apenas uma carta de Diderot expressando francamente sua oposição ao golpe de Estado de Maupeou, e dando seus motivos. Só a opinião de Voltaire, pró-governamental, pode ser ostentada em cartas e cartas, além de vários panfletos. À falta de uma análise unânime, podemos de qualquer maneira distinguir três opiniões diferentes sobre os acontecimentos políticos do momento: ou se aprova a luta de Maupeou contra os parlamentos, ou se apóia o antigo Parlamento contra o chanceler ou então se considera que os dois lados se merecem.

A *aprovação* de Voltaire

Do ponto de vista de Ferney, a reforma de Maupeou é uma bênção. Aos olhos de Voltaire, não estão em pauta as grandes questões da legitimidade dos corpos intermediários e do despotismo real. Aparentemente, nada disso o interessa. Suas preocupações são de natureza subjetiva e prática. A humilhação e o subseqüente fechamento dos antigos parlamentos concretizam um velho sonho de vingança: é para ele um verdadeiro motivo de júbilo ver os bois-tigres, os assassinos de Calas, de La Barre e outros pagando por seus crimes. Embora saiba perfeitamente que não foram dissolvidos por esse motivo, Voltaire os detestava suficientemente para se regozijar com sua desgraça. É um sentimento que não procura ocultar, e um traço de caráter que podemos observar com freqüência nele. Mais honrosa é sua preocupação sincera com uma justiça melhor, menos onerosa porque mais acessível ao cidadão. "Qual o interesse dos povos que devem ser objeto da legislação? Poder obter justiça da forma menos onerosa possível, com a rapidez e a comodidade possíveis. Ora, perguntamos se não é muito mais cômodo ser julgado na própria província do que numa província estranha, ser julgado com maior rapidez, e a um custo dez vezes menor."[46]

Se tivesse ficado por aí, Voltaire não teria dado motivo a polêmica. Nos seis meses de duração da crise, contudo, ele se faz defensor incondicional de Maupeou, não só em sua correspondência, especialmente para d'Alembert — de cujas respostas não temos conhecimento —,[47] mas numa série de pequenos panfletos que distribui por Paris a partir de março de 1771.[48] O que mais chama a atenção e é mais discutido é sua *Resposta às advertências do Tribunal de Contas*. Não só porque o texto foi unanimemente aplaudido em Paris, mas porque todo mundo percebe por trás dele a pena de Maupeou, golpeando covardemente um homem honrado e derrotado, que no entanto sempre foi amigo dos filósofos. Comenta-se que essa *Resposta*, inicialmente impressa por Cramer em Genebra, teria sido reimpressa em Paris por ordem do chanceler, com pequenas modificações.

O texto tem basicamente dois objetivos. Primeiro, privar de legitimidade a intervenção de Malesherbes: "As advertências do Tribunal de Contas são tanto mais dignas de respeito na medida em que essa corte não tem qualquer interesse no caso de que tratou; e são tanto mais eloqüentes porque o fundo da questão tampouco foi tratado por ela, como não fora pelos parlamentos, ou seja, não o foi de todo; e porque o autor, livre da preocupação de *debater fatos*, atendeu aos movimentos de seu coração patriótico e de sua superior inteligência."[49] Em poucas linhas, Voltaire varre do mapa a problemática de Malesherbes, limitando-se a uma alusão irônica às pretensões exorbitantes do antigo Parlamento: "Não entramos aqui no labirinto obscuro em que se perdeu a origem do Parlamento de Paris; não haveremos de lembrar os antigos direitos do pariato; não voltaremos um olhar por demais curioso à divergência que causou enfim o rompimento entre o Conselho Supremo do rei e o tribunal sediado em sua capital. O autor das advertências não se pronuncia a respeito, nós seguiremos seu exemplo."[50] Em outras palavras: os belos arroubos de Malesherbes ficam comprometidos pelo que ele cala. Saem de cena o direito público e a história, e voltamos aos fatos, ou seja, ao incontestável avanço que essa reforma dos tribunais representa para os cidadãos.

Por outro lado, Voltaire procura conferir novamente dignidade àqueles que aceitam fazer parte dos novos conselhos. Malesherbes estigmatizara duramente esses que já são chamados de "amarelos": "Só será possível encontrar, para integrá-los, indivíduos que, aceitando essa comissão, estarão assinando a própria desonra. Por um lado, aqueles que, por ambição, estarão dispostos a enfrentar a indignação pública; por outro, os que não demorarão a fazê-lo."[51] Com efeito, Maupeou tem dificuldade para encontrar magistrados dispostos a tomar o lugar dos colegas exilados. Donde o longo arrazoado de Voltaire, em forma de profissão de fé de um novo conselheiro: "Não, não me sinto desonrado por ter estudado as leis de minha pátria, por ter talvez merecido ser escolhido juiz por meu rei (...). Não sou covarde nem prevaricador, por ser útil à minha província. Espero que somente a lei, e não o espírito corporativo, dite sempre minha opinião; que jamais saia de nosso tribunal uma sentença que não seja motivada; que em todos os casos nos quais o menor vislumbre se nos possa descortinar em favor de um acusado, a indulgência leve a melhor sobre o rigor (...). Desejaremos sempre ser justos, lembrando-nos sempre de que somos cidadãos. E será desfrutando da preciosa vantagem de dispensar gratuitamente a justiça que seremos mais justos..."[52] E, para concluir: "Qual é o advogado, o bacharel que, sendo designado magistrado, não se haverá de sentir na obrigação de defender os direitos da Nação, as liberdades da Igreja galicana e as leis antigas que são chamadas fundamentais? Qual deles não se apressará a levar ao trono as queixas do povo, quando o povo for oprimido pelos que abusam do poder? (...) Por que então dizer que os que aceitarem essa posição estarão *assinando sua desonra*?"[53]

Acreditaria realmente Voltaire em tudo que proclamava? Essa imagem ideal do bom juiz não era muito digna de crédito, tanto mais que foi necessário muito pouco tempo para constatar que a realidade era bem outra. À parte Maupeou, ninguém ficou satisfeito com seu arrazoado, como tampouco com sua catilinária contra os parlamentos,[54] publicada pouco antes. Só Condorcet se alinha com ele, assumindo constantemente sua defesa: "Voltaire escreveu, ao que dizem, uma carta contra os Parlamentos, o que não seria generoso, só podendo ser perdoado a um homem já exasperado por ouvir todas as tolices que aqui são ditas em defesa deles."[55] Aparentemente, a darmos crédito a Condorcet, não são muitos os que o defendem no meio filosófico. Contrariado porque o abade Arnaud não fez o elogio de Voltaire em seu discurso de recepção na Academia Francesa,[56] ele expressa sua indignação em carta a Amélie Suard:

"Não perdoarei os homens de letras por terem abandonado um grande gênio, o implacável inimigo da tirania e da superstição, para admirar a prosa das advertências e lastimar os assassinos. Pois qualquer homem que pense não pode encarar de outra maneira os Pasquier, os Saint-Fargeau e os juízes de La Barre, de Morissot, de Lally, etc. Devemos considerar também que o Parlamento, ao compartilhar com o Rei o poder legislativo e guardar a administração da justiça, tendia a introduzir o mais tirânico tipo de governo, como disse Montesquieu e diziam todos os filósofos antes do último mês de janeiro (...). Não esqueci ainda que o abade de Prades foi punido por suas ligações com os editores da *Enciclopédia*, que o Sr. Helvétius foi obrigado por eles a uma retratação humilhante, que puniram Rousseau e condenaram às galeras quem vendia os livros dos filósofos, e que esses mesmos filósofos foram tratados por eles como pestes públicas (...). Considero o Sr. de Voltaire desculpável por ter jurado ódio eterno ao Parlamento, considerando sua destruição como um bem e sua reabertura como o maior dos males (...). Quanto aos elogios que faz ao Sr. de Maupeou, constato que está elogiando uma operação que considera útil por si mesma, como é da opinião de todo mundo..."[57]

Longe de Paris, Voltaire não avaliou bem a mudança ocorrida na opinião pública, assim como a que se verificou, conseqüentemente, entre os homens de letras. Desprezados meses antes, os magistrados exilados faziam agora figura de vítimas sacrificadas no altar do despotismo ministerial. Os conselhos tinham dificuldade para cumprir as ordens e os novos magistrados não gozavam de simpatia. As advertências do Tribunal de Contas, assim como as dos parlamentos dissolvidos,[58] haviam causado forte impressão, e Maupeou era unanimemente execrado. Apresentando-se como seu defensor, Voltaire não só não conseguiu o apoio do clã filosófico como atraiu para si uma parte da condenação de que estava cercado Maupeou. Os amigos de Diderot foram dos mais severos com o velho de Ferney. Um ano depois, o próprio Diderot ainda precisaria lembrar a Naigeon o respeito devido a Voltaire: sim, ele "fez a apologia de um vizir cujas ações esmagavam os indivíduos sem aliviar o império (...). E que se diz do vizir? — Diz-se, entre suspiros, que ele continua gozando de benevolência, e se espera. — E de seu apologista? — Que é um covarde ou um insensato (...). Aos 78 anos de idade, esse homem coberto de láureas entregou-se à fantasia de se atirar num monte de lama; e o senhor julga que está certo pular com os dois pés em cima dele, enterrando-o no lodo até desaparecer? Ah! Senhor, bem há de ver que não é assim."[59]

Contra Maupeou, pelos parlamentos

É a opinião de Diderot, sintonizado com a opinião pública. Desta, podemos ter uma idéia lendo o *Diário* de Charles Collé, leitor do duque de Orleans:[60] "Estamos assistindo a uma espécie de guerra sem muitos equivalentes desde o início de nossa monarquia (...), movida com a máxima fúria por um chanceler da França contra todo o corpo da magistratura do reino. Seu ódio pessoal contra o parlamento de Paris o leva a derrubá-lo de cabo a rabo, arrastando em sua queda todos os outros parlamentos do reino (...). O que se quer é privar desse freio o despotismo de nossos Reis." Collé retoma a tese de Malesherbes segundo a qual, na ausência dos estados gerais, o parlamento de Paris é o depositário das leis, investindo violentamente contra Maupeou: "O horror da nação [que] cuidou de tornar nossos Reis déspotas de direito; não bastava para ele que o fossem de fato, ou, melhor dizendo, quer ele tornar-se déspota sob o nome de seu senhor." Para alcançar seu objetivo, ele não hesitou em derrubar todas as leis fundamentais do Reino, e Collé faz um inventário das ignomínias aos olhos da opinião pública: "O exílio do Parlamento, as atrocidades cometidas contra os exilados, as perseguições dioclecianas contra o Tribunal de Contas, etc., etc."⁶¹

Diderot compartilha o mesmo horror a Maupeou, chamando-o de "homem perverso",⁶² e a seu golpe de Estado. Horrorizado, prevê o pior: "Chegamos a uma crise que levará à escravidão ou à liberdade. Se for à escravidão, será uma escravidão semelhante à que existe no Marrocos ou em Constantinopla. Se todos os parlamentos forem dissolvidos e a França vier a ser inundada por pequenos tribunais formados por magistrados sem consciência nem autoridade, além do mais removíveis ao primeiro sinal de seu senhor, adeus todo e qualquer privilégio dos diferentes Estados constituindo um princípio corretivo que impede a monarquia de degenerar em despotismo! (...) É mil vezes mais fácil, estou convencido, voltar um povo esclarecido à barbárie do que avançar um povo bárbaro num só passo para a civilização."⁶³

Ao contrário de outros, Diderot nunca mudou de opinião. Em sua *Refutação de Helvétius*, escrita entre 1773 e 1774, ele continua cuspindo fogo contra os déspotas que levam os povos a passar do estado de liberdade ao de escravidão: "Permanece então, no fundo das almas, um sentimento de liberdade que se apaga pouco a pouco; sentimento que os ministros dos tiranos reconhecem em si mesmos e respeitam nos novos escravos (...). Do que dá prova o horror que cercava o celerado do Maupeou quando percorria a capital para se encaminhar ao palácio."⁶⁴ Mais tarde ainda, em uma de suas últimas obras, Diderot, ainda indignado, dirige-se nesses termos ao antigo chanceler: "Tu, o mais odiado, o mais desprezível e o mais desprezado dos homens!"⁶⁵

Em sentido inverso, ele seria um dos raros filósofos a se felicitar pelo retorno incondicional dos antigos parlamentos, em 1774: "O restabelecimento da antiga magistratura trouxe de volta o tempo da liberdade",⁶⁶ escreve, sem a menor hesitação. E no entanto, mal são reinvestidos em suas funções, os parlamentares voltam a cultivar seus maus hábitos, seus excessos e a oposição sistemática a qualquer reforma de fundo. E por sinal não seriam alheios à queda de Turgot, que poria um ponto final nas possibilidades de reerguer o país. A história acabaria dando razão a Maupeou, mas ele e seu estilo eram insuportáveis para aqueles que devia governar. Em 1771, a maioria da opinião pública esclarecida enxerga apenas o golpe de Estado, esquecendo as pretensões injustificáveis dos parlamentos, a maneira execrável como faziam justiça. Antes arrastados pela opinião pública que tratando de conduzi-la (o que Voltaire não se cansava de lastimar em suas cartas), os filósofos limitam-se, em sua maioria, a glosar a comoção causada pela destituição e pelo exílio dos infelizes magistrados. Terá sido também, provavelmente, o sentimento dominante no salão de Julie de Lespinasse e d'Alembert. Embora não conheçamos a posição deste, uma carta de Kéralio, que o freqüentava assiduamente desde o retorno de Parma, nos dá uma idéia do ponto de vista que ali predominava: "Se estivesse aqui, só ouviria falar de exílios, proscrições, cassações. Julgaria ter sido transportado àqueles tempos terríveis descritos com tanta eloqüência por Tácito."[67] Um mês depois, ele acrescenta: "O novo parlamento, longe de conquistar a confiança do público, resvala cada vez mais para o desprezo geral..."[68]

Todos parecem ter esquecido as pesadas acusações que ele voltava seis meses antes contra os abominados parlamentares.

Contra Maupeou e contra os parlamentos

Essa última posição, minoritária e talvez a mais política de todas, era a de Turgot, ao qual logo se juntaria de certa forma Condorcet. Vimos que no início da crise o intendente de Limoges chamava os parlamentos de "moringas quebradas" e a crise, de "pequena farsa"[69] parisiense. Semanas depois, Turgot dá-se conta de que o golpe de mão de Maupeou pode ser uma oportunidade inesperada de pôr fim às pretensões exorbitantes do Parlamento. A seus olhos, este era menos um contra-poder em relação ao despotismo real que uma outra forma de tirania, desprovida de qualquer legitimidade. A 28 de fevereiro, ele confidencia a seu amigo, o economista Dupont de Nemours: "Parece-me que estamos caminhando para o despotismo legal. Para mim, detestando as causas, as manipulações de bastidores, não censuro no fundo o que foi feito [o fechamento dos parlamentos], e me parece que, se a coisa se sustentar, público, em última análise, terá mais a ganhar que a perder."[70] Logo, no entanto, ele percebe que o golpe de mão foi um fracasso: "Por tudo que me dizem, vejo que o ministério atual fracassou em sua ação. Ficaremos livres de alguns lobos vorazes e os *bois-tigres* retornarão igualmente estúpidos, e mesmo mais que nunca. Por outro lado, nada devemos esperar de bom. Essas pessoas [Maupeou...] iniciaram com más intenções uma coisa que, mesmo com boas intenções, teria sido muito difícil; mas os obstáculos com que se depararam servirão por muito tempo de obstáculo a todo progresso e a toda mudança para melhor."[71]

Se por um lado Turgot rejeita decididamente o conceito de "despotismo legal", considerando Maupeou (e seus seguidores, Terray e d'Aiguillon) como um velhaco, por outro, censura-o ainda mais por ter fracassado em seu golpe de Estado. Muito ligado a Malesherbes, assim como a Condorcet, que lhe escreve regularmente para transmitir as notícias do dia, Turgot retira-se no Aventino. Aparentemente, não faltava quem considerasse que o déspota e os tiranetes se mereciam. Em carta a Galiani, a Sra. d'Épinay, encarregada de fornecer-lhe a crônica parisiense, escreve em tom de galhofa: "Surgiu uma grande querela nas nossas noitadas, para saber quem seria mais perigoso: um tolo que dá ordens ou homens de inteligência que perdem a razão. Parece-me uma questão das mais profundas!"[72] O "tolo que dá ordens" seria Maupeou, e os "homens de inteligência que perdem a razão", os partidários dos antigos parlamentos. De passagem, observe-se que a Sra. d'Épinay, apesar de tão próxima de Diderot, não compartilhava sua raiva de Maupeou nem o apoio aos parlamentos. Por sua vez, Condorcet, apesar da exemplar fidelidade a Voltaire, acabaria pensando como Turgot. Cabe assinalar que os novos magistrados logo estariam sendo objeto de tantas críticas quanto os anteriores.

Nesse momento de uma crise política de grande alcance, o que se pode concluir é que o mais lúcido de todos foi Turgot. Só ele percebe a necessidade de uma profunda reforma das instituições; só ele avalia as desastrosas conseqüências dessa revolução abortada a longo prazo. Longe de Paris, como Voltaire, ele não se mostra mais compadecido da situação dos parlamentares exilados.[73] Enquanto seus amigos filósofos parecem pegos de surpresa pelos acontecimentos, reagindo em função de seus sentimentos, Turgot demonstra uma elevação política que prenuncia o estadista.

CAPÍTULO VII Poder de influência (1772-1773)

Ao se aproximar dos 60 anos,¹ Diderot e d'Alembert estão no auge da glória. Apesar de duramente atacados pelos inimigos dos filósofos, os pais da *Enciclopédia* reinam na república das letras e não ignoram seu próprio poder. A interpelação de Diderot a Sartine, sucessor de Malesherbes na Livraria, não podia ser mais eloqüente quanto à aguda consciência que têm da própria importância: "Se o senhor puder dar um jeito de fazer com que não se diga que duas vezes, com sua permissão, foram insultados em público os seus concidadãos celebrados em todas as partes da Europa; cujas obras são devoradas tanto perto quanto a distância; que são reverenciados e recompensados pelos estrangeiros; que serão citados e contribuirão para a glória do nome francês quando o senhor já não existir mais, nem tampouco eles; que os viajantes se sentem obrigados a visitar quando aqui se encontram, e se sentem honrados por ter conhecido ao voltarem a suas pátrias; creio, Senhor, que estará agindo adequadamente."²

Cada um na sua trilha, o príncipe das matemáticas e o grande arquiteto do dicionário que deu nome aos filósofos chegaram a essa época da vida em que já se contam os anos e o desejo de fugir à rotina é mais vívido. As honrarias e o poder consolam da velhice que se aproxima; o desejo de existir e continuar sendo útil afasta os maus pensamentos. Tanto mais que os dois passam por um período difícil na vida privada. Apesar da viagem a Ferney e de uma saúde um pouco melhor, d'Alembert não se recuperou completamente da depressão. Queixa-se de não estar mais na plena posse de sua capacidade intelectual, e seus estados de ânimo variam em função dos da Srta. de Lespinasse. De sua parte, Diderot, depois de dois anos de difíceis negociações para casar sua filha única com o Sr. de Caroillon de Vandeul,³ reagiu muito mal ao afastamento da adorada Angélique do ninho familiar, deixando-o sozinho com a "rabugenta" de sua mulher. Sabendo-se, além disso, que está farto de trabalhar para os outros

— d'Holbach, Grimm ou Raynal[4] — e que a d'Alembert não passou despercebida a ascensão de uma nova geração de matemáticos, entenderemos que ambos se aproveitem das oportunidades que se apresentam para afirmar novas ambições ou oficializar sua influência. Nos dois casos, percebemos claramente nesses intelectuais um novo gosto do poder. Reinar nos ambientes de maior prestígio do saber e da cultura francesa tornou-se um objetivo político. Seja o caso de aconselhar o príncipe ou de influenciar nas eleições acadêmicas, Diderot e d'Alembert demonstram a mesma ambição de promover as idéias (e o clã) filosóficos, mas também de satisfazer sua vontade de poder saindo de sua rotina de trabalho.

RUMO ÀS ACADEMIAS

Em princípio, as Academias não são fontes de poder. Pelo contrário, insiste-se no caráter "republicano" dessas sociedades que supostamente devem trabalhar no sentido da união. Em duas oportunidades, Duclos sentiu-se na obrigação de lembrar a regra fundamental da igualdade acadêmica aos "grandes" que pretendiam entrar para a Academia Francesa[5] sem se submeter ao regulamento obrigatório para todos. Na Academia de Ciências, por sua vez, se prevalece uma hierarquia entre os membros eleitos[6] (pensionistas, associados e adjuntos), não é pelo nascimento nem pela riqueza que eles se distinguem, mas pelo mérito e pela competência. Além do mais, em ambas as academias, o secretário perpétuo não é considerado um "chefe" da sociedade, mas a encarnação de sua permanência e coesão. Pelos estatutos de ambas, o secretário não é o primeiro na hierarquia absolutamente formal dos "oficiais". Na Academia Francesa, ele vem em terceiro lugar, depois do diretor (o único que se senta numa poltrona!), que preside as sessões e homenageia os confrades falecidos, e do chanceler, que o substitui em sua ausência. Mas esses dois oficiais são nomeados apenas por um trimestre. Na Academia de Ciências, a precedência cabe ao presidente e ao vice-presidente, e sobretudo ao diretor e ao subdiretor, todos nomeados por um ano. Só o secretário é "perpétuo", responsável pela organização do trabalho, pelo cumprimento do regulamento, pelas atas e pela resolução dos conflitos que eventualmente se manifestam entre os confrades. À falta de autoridade, ele não deixa de estar em condições de exercer um verdadeiro poder de influenciar.

Na realidade, o peso do secretário perpétuo varia muito em função de sua personalidade e de seu brilhantismo. Depois da demissão de Fontenelle, em 1740, a Academia de Ciências assistiu sucessivamente à chegada de dois homens "de hábitos suaves e sociáveis", Dortous de Mairan (1740-1743) e Grandjean de Fouchy (1743-1755), que não têm o talento nem o desembaraço do antecessor. Em sentido inverso, a Academia Francesa passa por um autêntico renascimento durante a secretaria de Charles Pinot Duclos, inaugurada em novembro de 1755. Homem de letras brilhante, de temperamento difícil, ele é apreciado pelos pares pela retidão e pela habilidade. Conferiu novo brilho à instituição ao renovar os gêneros de discursos nela pronunciados: discursos de recepção, elogios fúnebres, concursos de prosa e de poesia. Com Voltaire e Buffon,[7] um vento de modernidade já havia soprado, tendo sido reforçado por Duclos.[8] Era cada vez mais numeroso o público que acorria às sessões a eles destinadas. Foi o caso, sobretudo, depois da reconciliação entre Duclos e d'Alembert, no início da década de 1760. Sensível ao talento literário e retórico do confrade, que atrai a sociedade mais distinta e até sabe fazê-la rir,[9] Duclos confia a secretaria a d'Alembert sempre que deixa Paris ou cai doente.[10] Muito naturalmente, com o falecimento de Duclos, a 26 de março de 1772, a Academia incumbe d'Alembert "de exercer as funções de secretário durante a vacância".[11]

D'Alembert toma conta da Academia Francesa

Sua eleição para o cargo de secretário perpétuo é ao mesmo tempo resultado de uma presença excepcional e prova de uma profunda mudança no estado de espírito do mundo intelectual e, de maneira mais ampla, das classes dominantes. É também a culminância de uma luta sem trégua entre o partido "devoto", o da Corte, fiel à tradição, e o partido filosófico, que encarna a modernidade.

Ao ser eleito para a Academia Francesa, a 28 de novembro de 1754,[12] d'Alembert é o primeiro "enciclopedista" patenteado que merece essa honra. Voltaire e Buffon chegaram antes dele, mas nenhum dos dois usava essa etiqueta, gloriosa ou infamante, de acordo com o ponto de vista. Fora necessária toda a energia da Sra. du Deffand para que o filósofocientista recebesse os quatorze votos[13] necessários para se eleger. Passando os olhos pela lista dos acadêmicos eleitores[14] presentes nesse dia, é difícil adivinhar os que inscreveram o nome no boletim de voto.

Durante dezoito anos, d'Alembert demonstra notável assiduidade. Como quase todos os homens de letras profissionais, ele é um *"jetonnier"*[15] que cuida do andamento dos trabalhos, do dicionário e dos concursos. Os outros, prelados e homens da corte, para os quais pertencer à Academia significa apenas a satisfação de uma vaidade, só fazem questão de marcar presença nas eleições e assembléias públicas. Até 1761, nada muda. Seis novos acadêmicos[16] são eleitos, mas não brilham propriamente pelo talento nem pelo modernismo. Entre eles, o presidente Séguier e Le Franc de Pompignan distinguem-se pela violenta oposição ao clã dos filósofos. Felizmente para d'Alembert, Séguier pouco aparece na Academia, e Pompignan, que, como Voltaire, mora longe de Paris, nunca põe os pés lá.

A partir de 1761, os ventos mudam de direção. É proibida a publicação da *Enciclopédia*, mas os filósofos estão na linha de frente da vida literária, como demonstra o escândalo provocado pela peça de Palissot.[17] Por mais que desagrade ao duque de Richelieu, decano da Academia, que desempenha um papel determinante nas eleições, é cada vez maior o número de homens e mulheres da Corte que lêem os filósofos sem se assustar, e toda a Versalhes sabe que eles são ouvidos pela marquesa de Pompadour. O que não significa que os filósofos sejam bem-vindos na Academia, e alguns deles, que tiveram de prestar contas à justiça — como Diderot e Helvétius —, teriam seu acesso tacitamente vedado, mas a instituição seria aos poucos ocupada por seus amigos e suas relações, que tornariam possível a entrada dos que fazem parte diretamente do clã.[18] Essa política hábil, em grande parte arquitetada por d'Alembert e Voltaire, daria plenamente seus frutos no fim da década de 1760.

Depois de Dortous de Mairan (1743), Maupertuis (1743), Buffon (1753) e d'Alembert (1754), La Condamine é o quinto acadêmico da área de ciências eleito para a Academia Francesa, a 30 de outubro de 1760. Grande amigo dos jesuítas, esse explorador audacioso não está entre os mais chegados de d'Alembert. Segundo o abade Trublet, este último, exasperado com sua campanha junto aos Grandes, nem sequer lhe teria dado seu voto.[19] Em compensação, a Academia elege no mesmo dia o melhor amigo de d'Alembert, Claude-Henri Watelet, escritor e desenhista. Autor de um longo poema frio, *A arte de pintar* (1760), ele escreveu cerca de trinta artigos de pintura e gravura para a *Enciclopédia*. Nada que pudesse assustar a ala direita da Academia. Das seis eleições ocorridas em 1761, somente duas são favoráveis aos filósofos. A de Bernard Joseph Saurin, dramaturgo, amigo e protegido de Helvétius, é um autêntico sucesso para o clã de d'Alembert.[20] Por sorte, a maioria dos Grandes e dos membros do partido devoto não se abalou a participar da eleição desse homem de teatro,[21] ao passo que o marechal de Richelieu comparecera pessoalmente algumas semanas antes — fato raro o suficiente para se registrado — para garantir as eleições dos candidatos do seu campo: o antigo bispo de Limoges, Coëtlosquet, "que não sabe ler", o abade Batteux, "que não sabe escrever",[22] e o abade Trublet, que, alvo de todas as zombarias, candidata-se pela enésima vez à Academia. Três nomes que vêm reforçar o partido dos devotos chefiado por Richelieu.

Uma segunda eleição revelar-se-ia favorável aos filósofos, embora eles ainda não o soubessem. É a eleição do jovem príncipe Louis de Rohan,[23] futura vítima do caso Collier. Para enorme contrariedade de d'Alembert, Marmontel teve de desistir de se candidatar contra ele. Mas o príncipe haveria de se revelar um inesperado aliado deste em sua eleição, a 24 de novembro de 1763. D'Alembert relata a Voltaire: "Felizmente para a filosofia, nem todas as pessoas que têm motivos para temê-la se manifestaram da mesma forma. O Sr. príncipe Louis de Rohan, por mais coadjutor que seja do bispo de Estrasburgo, prestou-se perfeitamente dessa vez a ser o coadjutor da filosofia, prestando-lhe, sem desmentir a própria condição, todos os serviços imagináveis. É através dele que o senhor tem hoje um partidário e um admirador a mais [Marmontel]. O Sr. Príncipe merece na verdade o reconhecimento de todos os homens de letras, pela maneira como sabe defendê-los e servi-los na devida oportunidade."[24] E d'Alembert solicita a Voltaire que remeta seu último trabalho sobre a tolerância a título de agradecimento ao príncipe, que não deixará de ficar lisonjeado. Nessa oportunidade, o filósofo revela sua tática para "conquistar partidários em terras inimigas: esses partidários não haverão de se comprometer, pois nunca devem comprometer-se, mas receberão de mim, de todos os meus amigos, e também deveriam receber do senhor, o tributo de reconhecimento que lhes é devido por todos os seres pensantes". Em outras palavras: consideração, respeito e elogios.

Entre a eleição de Marmontel, que reivindica para si o título de filósofo, e a de d'Alembert para a secretaria, oito anos e meio depois, realizam-se nove eleições, nas quais entram para a Academia oito filósofos reconhecidos, aparentados ou amigos.[25] É bem verdade que não são os mais radicais nem os melhores, para contrariedade, às vezes, de Voltaire e d'Alembert, e alguns sequer têm qualquer vínculo com a filosofia propriamente dita, mas todos têm em comum o fato de estarem ligados a d'Alembert e sobretudo de não abraçar as idéias tradicionais do clã adverso. Sucessivamente, são eleitos Antoine Léonard Thomas (1767), o abade de Condillac (1768), o marquês de Saint-Lambert (1770), Loménie de Brienne, arcebispo de Toulouse (1770), o príncipe de Beauveau (1770), Gaillard (1770), o abade Arnaud (1771) e Belloy (1771). Haverá quem estranhe a associação a seis homens de letras dos nomes de um arcebispo e de um príncipe. Na verdade, Loménie de Brienne e o príncipe de Beauveau integram a nova ala liberal da Igreja e da nobreza. Aquele é próximo amigo de Turgot, com o qual estudou na Sorbonne, e de d'Alembert; este é o protetor de Saint-Lambert, e se corresponde em termos amáveis com Voltaire. No devido momento, ele haveria de se revelar, como anteriormente o duque de Nivernais, um intermediário útil entre Versalhes e os filósofos da Academia.

Não obstante a presença desses novos aliados, o clã dos filósofos longe está de ditar a lei na Academia. Cada eleição é uma autêntica batalha, e o clã dos devotos, tendo à frente Richelieu, não perde a menor oportunidade de colocar duramente os filósofos no seu devido lugar. O pobre Thomas foi o primeiro a senti-lo na carne. A 25 de agosto de 1760, ocupando a função de diretor da Academia, ele leu um *Elogio de Marco Aurélio* no qual proclamava a igualdade original de todos os homens, a superioridade dos talentos sobre a nobreza, os direitos do pensamento. De passagem, investia contra a tirania do fisco e contra a venalidade dos juízes. Segundo Bachaumont, esse discurso "faz um barulho dos diabos. Parece realmente extraordinário que, no santuário da Academia (...) um membro dessa companhia tenha ousado enunciar as propostas mais ousadas, desafiar o governo atual [Maupeou]...".[26] Três semanas depois, Thomas volta à carga, na recepção de Loménie de Brienne. Na época diretor, ele é incumbido de responder-lhe. Dá, então, um jeito de introduzir um elogio da filosofia, acompanhado de alusões aos acontecimentos recentes, vale dizer, ao incendiário requisitório do advogado-geral do Parlamento, seu confrade Séguier, contra o *Sistema da natureza* e outras obras filosóficas. Thomas não faz por menos: "Sempre houve e sempre haverá homens que julgarão necessário vingar-se das letras e daqueles que as cultivam. São utilizados, assim, todos os meios que a covardia acaso determine ao interesse ou a vingança ao orgulho. O vício se faz delator da virtude; a baixeza ultraja a grandeza d'alma; o ódio reconhecido vem em socorro do ódio obscuro; a calúnia lisonjeia os preconceitos dos poderosos..."[27]

Toda a assembléia, à frente Séguier, identificou "o caluniador desenhado ao natural".[28] Em vez de se queixar à Academia, o alto magistrado dirigiu-se diretamente ao chanceler Maupeou, que convocou Thomas. Não só o proibiu de publicar o menor trecho que fosse de seus dois últimos discursos, sob pena de ser mandado para a Bastilha, como lhe vedou em caráter perpétuo o direito de ler o que quer que fosse nas sessões públicas da Academia.[29] Tais proibições não tinham precedente na Academia, que as sentiu como uma penosa humilhação. A tensão, já grande, aumentou ainda mais quando "o Sr. de Saint-Lambert, uma das melhores cabeças do partido enciclopédico, propôs gravemente aos confrades que o Sr. Séguier fosse excluído da assembléia: o motivo que apresentava era que o Sr. Séguier traíra a companhia ao se queixar ao Sr. chanceler do discurso heteróclito do Sr. Thomas. Ele considerava que, se o Sr. Séguier tinha queixas a apresentar a esse grande orador, deveria tê-las dirigido aos Srs. da Academia".[30] Alguns aplaudiram, mas todos os antigos se posicionaram contra ele. Habilmente, o secretário perpétuo logo tratou de descartar a infeliz proposta do jovem acadêmico, e no dia seguinte, em conversa particular, dirigiu a Saint-Lambert "uma viva reprimenda, daquelas que o Sr. Duclos sabe fazer muito bem quando está motivado".[31] Por sua vez, Loménie de Brienne marcou solidariedade com Thomas negando autorização para imprimir seu próprio discurso.

O caso estava encerrado, mas a oposição entre os dois partidos era mais viva que nunca. Três meses depois, o duque de Richelieu conseguiu eleger um de seus homens de confiança, o bispo de Senlis,[32] para lembrar mais uma vez ao campo adverso, caso houvesse necessidade, o alcance de seu poder.

Um ano depois, quando, morrendo Duclos, vem a ser designado seu sucessor provisório, à espera da eleição do novo secretário, marcada para 9 de abril de 1772, d'Alembert tem motivos para temer as manobras de Richelieu para impedi-lo de ser eleito. O que efetivamente acontece. Voltaire, que conhecia melhor que ninguém seu velho amigo perseguidor, tentou desarmar a má vontade do duque em relação a d'Alembert. Antes da votação, escreve-lhe: "Não sei para quem voltais vossos olhos, mas queira considerar, Meu Senhor, que está em jogo uma pensão, normalmente vinculada a essa eminente posição, que d'Alembert é pobre, e que só é pobre porque recusou cinqüenta mil libras de renda da Rússia. Ele domina todas as partes da literatura, parece-me mais indicado que ninguém para esse lugar, é rigoroso e assíduo. Se não estiverdes comprometido com essa pessoa, creio que não faríeis melhor escolha que a do Sr. d'Alembert."[33]

Em vão! Richelieu opôs a d'Alembert um adversário que contou com o apoio de todos os acadêmicos da Corte. Era o abade Batteux, uma de suas criaturas, que d'Alembert dizia não saber escrever e que era descrito por Grimm como "um dissimulado, falso, intrigante e hipócrita de primeira ordem".[34] Pior ainda, o duque espalhou, pouco antes da eleição, o boato de que, se d'Alembert fosse eleito, haveria de obter sua interdição por parte do rei, ao qual estavam submetidas todas as eleições. Paulmy, Séguier e Voisenon se incumbiram de espalhar a notícia. Os dois campos se mobilizaram de tal maneira que um número incomum de acadêmicos compareceu no dia da eleição. Vinte e nove deles se apresentaram a 9 de abril.[35] Embora o voto fosse secreto, sabemos que d'Alembert obteve uma vitória esmagadora. Segundo suas próprias informações, ele recebeu os votos "de pelo menos dois terços de [seus] confrades".[36] Contrariamente às ameaças assacadas, o rei ratificou a escolha da Academia. A se dar crédito a d'Alembert, a incerteza prevaleceu até o último momento: "O senhor não acreditaria", escreve a Lagrange, "nas manobras indignas e baixas a que se recorreu para me impedir de ser o secretário da Academia..."[37] Ele confidencia a Frederico II: "Um habitante de Versalhes assegurou-me que, não obstante a pluralidade dos sufrágios, eu teria sido objeto de interdição da parte da Corte se não tivesse contado com a salvaguarda das manifestações de bondade e estima que recebi dos estrangeiros, e sobretudo de Vossa Majestade."[38]

Conhecendo-se a oposição virulenta de Luís XV aos filósofos e as anteriores humilhações infligidas a d'Alembert, o boato provavelmente devia ser levado a sério. Profundamente irritado com esse fracasso, Richelieu vingou-se espetacularmente pouco depois. A 7 de maio, a Academia elegeu o abade Delille e Suard, ambos amigos dos filósofos. Na ausência do diretor, o duque de Nivernais, coube ao duque de Richelieu ir submeter ao rei a decisão da Academia. "Ele retornou na sessão da academia do dia 9, trazendo, com um ar aparentemente consternado, uma carta do rei dirigida ao Sr. duque de Nivernais, através da qual o rei desaprovava a escolha da Academia e baixava interdição sobre os dois eleitos, ordenando à Academia que procedesse a nova eleição." Quando Nivernais foi defender a causa dos dois interditados perante o rei, este se limitou a responder que eles eram "enciclopedistas".[39] Um procedimento tão excepcional[40] causou revolta na maioria dos acadêmicos, à frente d'Alembert, que enxergou nele um ataque pessoal. Escrevendo a Lagrange, ele se queixa "das tramas e intrigas odiosas" de "nossos f... padres, à frente o marechal de Richelieu",[41] que investem contra os filósofos. Dirigindo-se a Frederico II, fala de seus "dissabores e contrariedades muito grandes nas circunstâncias atuais, em que a literatura é mais oprimida e perseguida que nunca entre nós".[42]

O mau humor de d'Alembert não deve encobrir a importância de sua vitória e o significado de sua nova posição. Nada loquaz sobre os motivos de seu envolvimento com a Academia Francesa e de seu desejo de suceder a Duclos, ele se limita a invocar "as poucas obrigações a cumprir, o que me convém muito nas condições em que me encontro".[43] Ele frisa que as vantagens materiais são medíocres — "1.200 libras muito mal pagas, e uma habitação muito ruim que não pretendo ocupar, pois é tão triste e tão sombria que nela morreria de consumpção"[44] —, mas se exime de falar do prazer que sente nessa sociedade. Fora das eleições, ele se encontra três vezes por semana com uma dezena de homens de letras de boa companhia. O trabalho do dicionário o interessa, e ele aprecia sobretudo as sessões públicas, nas quais brilha como ninguém. A designação como secretário o deixa na obrigação de dar continuidade à *História da Academia*, e a redação dos seus *Elogios* lhe dá oportunidade de filosofar e desenvolver suas idéias. Na verdade, ele se sente mais à vontade e mais tranqüilo nesse lugar que ali ao lado, na Academia de Ciências, onde as rivalidades e cabalas diárias tornam insuportáveis as relações entre os confrades. Numa palavra, "ele desposou a Academia"[45] e pretende deixar nela a sua marca. Durante dez anos, percorreu caminhos tortuosos para acolher ali os amigos e "institucionalizar" a filosofia. Elegendo-se secretário perpétuo, ele, o chefe oficial da "seita" detestada pela Corte, marca um ponto determinante contra o poder. Confere aos seus uma respeitabilidade e uma dignidade que soam como uma vingança das humilhações e das perseguições sofridas há vinte anos. Por mais que d'Alembert se faça de modesto, sua eleição significa a tomada do poder na cidadela cultural mais elitista da França. E ele não espera parar por aí.

Seu filho espiritual na Academia de Ciências

Trata-se de Condorcet. Esse filho espiritual e do coração foi adotado por d'Alembert em 1765.[46] Primeiro, porque lhe é parecido, mas também porque o admira. Os dois têm o mesmo sentido da amizade, o mesmo gosto pela solidão e pela matemática. Ambos tiveram sua vocação de geômetra contrariada na juventude, e d'Alembert não hesitou em tomar aquele jovem sob sua asa protetora. Além de suas relações científicas, colocou-o em contato com todo mundo que tinha alguma importância em Paris. Introduziu-o no salão de Julie de Lespinasse, que logo se afeiçoou — com as melhores intenções — por aquele rapaz tímido, de superior inteligência e de uma "bondade universal".[47] Lendo o perfil que dele traçou Julie (corrigido por d'Alembert), percebemos toda a ternura e a admiração que o casal devota ao rapaz. D'Alembert lhe dá aulas de moral e filosofia, Julie, aulas de etiqueta e desembaraço, pois o jovem provinciano, sem dinheiro nem relações, realmente precisa de polimento. Não obstante seu excepcional talento na matemática, só em 1769 Condorcet seria eleito mecânico adjunto na Academia de Ciências.[48]

D'Alembert o escolheu entre muitos outros. Perdemos a conta, com efeito, dos jovens candidatos a cientistas que bateram à sua porta, em busca de conselhos ou colocação. Extremamente generoso, ele se desdobra para ajudar. Montucla, Bossut, Bézout, Laplace, Monge e muitos outros, hoje esquecidos, recorreram a ele. Parece, inclusive, que d'Alembert, antes de "adotar" Condorcet, depositou muitas esperanças no jovem astrônomo Bailly, após sua eleição em 1763,[49] pois chegou a pensar em fazê-lo o sucessor de Fouchy. Decepcionado em sua expectativa — já veremos por que —, d'Alembert escolhe Condorcet como herdeiro. Depois da viagem a Ferney, Voltaire os une sob o pseudônimo de "os dois Bertrand", tomado de empréstimo a La Fontaine, dirigindo-se a um como se estivesse falando com o outro. A seus olhos, os dois são a mesma pessoa.

Mal saiu vitorioso da batalha da Academia Francesa, "d'Alembert trabalha para fazer com que recaia [o lugar de secretário da Academia de Ciências, que provavelmente ficará vago em breve] em nosso amigo

Condorcet, que o ocupará de maneira superior".[50] Há muito o atual secretário, Grandjean de Fouchy, pensa em deixar o cargo. Com problemas de saúde e assoberbado pelas tarefas administrativas, esse astrônomo e músico de temperamento pacífico provavelmente só se eximiu de fazê-lo até então para conservar a modesta pensão com que sustenta a família. Mas a função de secretário da Academia de Ciências é mais pesada que a do colega da Academia Francesa, e Fouchy sente-se cada vez menos em condições de exercê-la. Responsável pela publicação das *Dissertações* da Academia, ele se atrasou de tal maneira que todos os colegas reclamam de sua negligência, e d'Alembert está entre os que se dizem exasperados pela "inépcia" do secretário. Além disso, ele deve redigir os *Elogios* dos acadêmicos falecidos, para lê-los nas sessões públicas. Acontece que, desde sua nomeação, em 1743, Fouchy, inseguro, sempre cumpriu essa obrigação com a ajuda dos dois antecessores: Fontenelle, até sua morte em 1757, e depois Dortous de Mairan. Este, no entanto, morreu em fevereiro de 1771, e Fouchy não se sente capaz de prosseguir sozinho, como explicaria aos confrades um pouco depois: "Tive a grande felicidade de conservar por muito tempo os dois grandes homens que me haviam antecedido nessa carreira. Sua amizade por mim os levara a aceitar que lhes lesse meus trabalhos antes de lê-los perante o público, e sua prudência me tranqüilizava quanto ao risco de fazer a Academia se pronunciar de uma forma diferente da que convém (...). Privado de meus guias, não pude tranqüilizar-me senão mostrando os meus trechos àqueles que tinham interesse direto, mas fiquei absolutamente sem cobertura nos *Elogios*".[51]

A idéia de fazê-lo acompanhar de um secretário "sucessor" vai abrindo caminho. Não sabemos se partiu de Fouchy ou d'Alembert, mas é muito provável que este é que tenha sugerido para a função o nome de seu protegido, com o aval tácito de Versalhes, já em 1772. Quando Condorcet agradece a Turgot,[52] a 19 de maio, pelo interesse manifestado por Trudaine por seu caso,[53] isso significa que foi encontrado o intermediário capaz de falar a respeito ao ministro da Casa do Rei incumbido das academias, La Vrillière. D'Alembert, Fouchy e Condorcet traçam uma estratégia para obter êxito. Decide-se, para começar, esperar o ano seguinte para submeter a candidatura de Condorcet à aprovação do ministro. Por um bom motivo: Trudaine é que será o presidente da Academia em 1773,[54] estando, logo, em condições de influir ao mesmo tempo sobre o ministro e seus confrades. Um procedimento surpreendente e incomum na Academia de Ciências, onde o secretário é eleito antes de tudo pelos próprios pares, para só então ser submetido à aprovação do rei. Dessa vez, decide-se inverter as etapas. Fouchy solicitará inicialmente ao ministro que nomeie Condorcet como seu adjunto, e só então o ministro submeterá a escolha à votação dos acadêmicos. Pura ilusão democrática, pois não dá para imaginar os acadêmicos votando contra a escolha do ministro, feita em nome do rei.

Falta justificar a candidatura do jovem Condorcet, tanto aos olhos do ministro quanto aos de seus confrades. Até então, todos reconhecem seu estofo de grande matemático, mas, freqüentemente ausente de Paris,[55] ele não é muito bem conhecido pelos pares. Além disso, nada produziu até então que imponha seu nome como secretário. Para convencer, nada melhor que o teste da prática. Como Fouchy se diz em dificuldades para redigir os *Elogios*, d'Alembert recomenda a Condorcet que aproveite para se exercitar nesse novo gênero literário. Nele, são necessários exatidão, imparcialidade e estilo. E justamente se oferece uma oportunidade de testar essas qualidades com o elogio do matemático Fontaine, morto meses antes.[56] Esse personagem irascível, não muito apreciado pelos confrades e particularmente por d'Alembert, enciumado de Condorcet, é um tema delicado. Em menos de um mês,[57] a questão está resolvida. Para um trabalho de estréia, já pode ser considerado obra de mestre. É a opinião da Srta. de Lespinasse, que escreve a respeito a Turgot. D'Alembert certamente providenciou certas correções no texto antes que Condorcet o fizesse chegar a Turgot. "Diga-me", pede-lhe então, "se considera que consegui que a verdade fosse adivinhada, sem faltar com a consideração devida a um homem que devemos louvar, da mesma profissão e do qual julgarão talvez que eu tenha motivos de me queixar."[58]

Essa primeira tentativa, "que serve apenas a Fouchy", é acompanhada de outra sobre a influência da gráfica,[59] que pretende publicar para dar aos colegas uma idéia de seu estilo. Fouchy deve ter-se declarado satisfeito, pois Turgot considera que a questão da secretaria estará resolvida na sessão de retomada das atividades em novembro.[60] Mas era ignorar as ambições e rivalidades internas.

Dois rivais, dois clãs

Na Academia de Ciências, a oposição entre filósofos e devotos não se manifesta. Em compensação, as divergências científicas freqüentemente assumem os contornos brutais de acertos de contas pessoais. Como em qualquer sociedade, as ciumeiras e afinidades constituem fatores determinantes nas tomadas de posição.[61] Os conflitos em torno da primazia de determinada descoberta e da atribuição de pensões, as rivalidades que se manifestam a cada eleição[62] despertam ódios remastigados pelo tempo. É verdade que muitos acadêmicos, por temperamento ou prudência, se mantêm afastados do campo de batalha, mas não é fácil escapar às pressões. Embora se tome o cuidado de calar nas atas a maior parte dos conflitos internos, para preservar a imagem de uma comunidade harmoniosa, é às vezes impossível encobrir as recriminações e exigências de arbitragem.[63] Não sendo ouvidos na Academia, alguns não hesitam em publicar suas queixas nos jornais, embora o regulamento o proíba.

A eleição de Condorcet deve ser situada nesse contexto. Acadêmico por demais jovem para ter inimigos entre os votantes, ele se vai deparar com os de seu mentor. E inimigos são o que não falta a d'Alembert. Além dos amigos do falecido Clairaut, que não lhe perdoam a perseguição que lhe moveu, Buffon, o poderoso intendente do Jardim do Rei, não pretende permitir que o geômetra faça o que bem entende. A oposição entre os dois cientistas não é de ordem ideológica. Buffon teria sido solicitado, inclusive, a redigir artigos de história natural para a *Enciclopédia*.[64] A rivalidade tem caráter pessoal. Ambos integram as duas academias e gozam de uma celebridade que vai além das fronteiras. A antipatia recíproca não vem de ontem, e d'Alembert não esconde que considera Buffon pomposo e solene, vale dizer, insuportável.

Quando d'Alembert e Condorcet julgam estar alcançando a meta, no início de novembro de 1772, ignoram na verdade a hostilidade que vem a ser oportunamente despertada por uma candidatura antiga ao cargo cobiçado. Trata-se da candidatura de Jean-Sylvain Bailly, astrônomo de competência reconhecida, que entrou para a Academia seis anos antes de Condorcet.[65] Seu talento e sua experiência no trabalho acadêmico o tornam pelo menos tão legítimo quanto o rival, senão mais. Além disso, essa candidatura é tanto mais embaraçosa para d'Alembert porque anos antes já exortara Bailly a se preparar para a sucessão de Fouchy. O aluno do grande Lacaille acabava de publicar um ensaio muito apreciado sobre os satélites de Júpiter.[66] Apesar de ser um admirador de Clairaut, Bailly conquistara a simpatia de d'Alembert, mas também a de Fouchy, tomando emprestado a este seu método de utilização do telescópio. Tal como

Condorcet agora, d'Alembert convidara então Bailly a se exercitar nas artes dos *Elogios* acadêmicos. Em 1767-1768, Bailly concorreu aos prêmios oferecidos por diferentes academias, com resultados diferentes. Em 1767, não obtém êxito com o elogio de Carlos V para a Academia Francesa, mas abiscoita o prêmio da Academia de Berlim, que solicitara um elogio de Leibniz. No ano seguinte, alcança um *accessit** na premiação de eloqüência da Academia de Rouen pelo elogio de Corneille, e o segundo lugar, depois de Chamfort, pelo de Molière na Academia Francesa.

Aparentemente, Bailly fizera a demonstração de seus talentos biográficos, embora se pudesse criticar uma certa ênfase declamatória. Que terá acontecido, então, para que d'Alembert e Fouchy virassem casaca em 1772, preferindo a ele Condorcet? É evidente que d'Alembert sentira imediatamente pelo jovem matemático uma amizade que não sentia pelo astrônomo. Talvez também estivesse aborrecido por ver este último tão próximo do clã rival de Buffon e Clairaut. Como quer que seja, d'Alembert provavelmente já havia escolhido seu protegido em 1769, quando obteve sua eleição para a Academia. Quanto ao discreto Fouchy, uma explicação interessante é sugerida por F. Arago,[67] biógrafo de Bailly e editor das *Obras* de Condorcet. Ele considerava que Bailly magoara mortalmente Fouchy ao escrever um novo e excelente elogio de Lacaille, quando o secretário da Academia já prestara tributo ao astrônomo.[68] Na introdução, Bailly tomara inúteis precauções ao pedir que não fosse "criticado por repetir os elogios devidos a um homem ilustre". "Bailly não foi criticado em voz alta", comenta Arago, "mas quando chegou a hora da aposentadoria para o Sr. de Fouchy, sem fazer barulho, sem se mostrar ferido em seu amor próprio, mantendo-se sempre modesto, esse sábio nem por isso deixou de solicitar como adjunto um confrade que se eximira de *repetir* seus elogios, que não julgava insuficientes as suas biografias."[69]

Em novembro de 1772, quando Bailly comunicou que mantinha sua candidatura, Fouchy e d'Alembert consideraram mais prudente adiar por alguns meses a eleição. "O meu caso vai se arrastar", escreve Condorcet, "pois muitas pessoas se comprometeram com Bailly e é preciso dar-lhes motivos para que se desembaracem. Acontece que Fouchy pediu-me que o ajudasse em sua *História*, o que constituirá, daqui a alguns meses, uma

---

* Recompensa concedida a um trabalho que não chegou a ser premiado mas poderia sê-lo. (*N. do T.*)

excelente razão".⁷⁰ Em tempo recorde, Condorcet escreve os elogios de uma parte dos acadêmicos mortos entre 1666 e 1699, que não haviam sido feitos por Fontenelle. Entre novembro e dezembro, redige onze deles, submetendo-os à avaliação da Academia na sessão de 16 de dezembro. Como se fosse mera coincidência, os comissários designados são d'Alembert e o amigo Bossut. Condorcet apressa-se a enviar seus *Elogios* à gráfica, para que estejam prontos no momento da votação. As semanas que antecedem a eleição são administradas com mão de mestre, enquanto a Academia apresenta "o aspecto de dois campos inimigos".⁷¹ D'Alembert e Bossut apresentam um relatório entusiástico sobre os *Elogios* de Condorcet na sessão de 10 de fevereiro de 1773. Enquanto Condorcet se desculpa pelas "poucas firulas" contidas em seu elogio de Fontaine — "mas a natureza", diz, "recusou-me o talento de juntar palavras"⁷² —, seus juízes se desdobram em cumprimentos. Enfatizam "o gosto sábio e a elegância nobre" do estilo, "a clareza e as reflexões filosóficas que o autor acresce a essa exposição precisa e fiel".⁷³

Duas semanas depois, o diretor da Academia, Le Roy, lê para os confrades a carta do ministro La Vrillière datada de 24 de fevereiro de 1773, solicitando o cargo de adjunto do secretário para Condorcet: "O Sr. de Fouchy, secretário há quase trinta anos, deseja ter um adjunto que possa auxiliá-lo em seus trabalhos atuais (...) e sucedê-lo nessa função (...). Encaminhei ao rei a carta que o Sr. de Fouchy me escreveu a este respeito (...). Ele voltou os olhos para o marquês de Condorcet, mecânico associado,⁷⁴ cujos talentos já pôde comprovar (...) e do qual conhece o temperamento ameno e imparcial, necessário ao secretário de uma sociedade de erudição. Por sinal, a escolha do Sr. de Fouchy parece corroborada pela reputação que as obras do Sr. de Condorcet lhe grangearam na Europa literária e pela aprovação unânime que o público conferiu aos *Elogios* de vários antigos acadêmicos que o Sr. marquês de Condorcet acaba de publicar. Assim foi que o rei considerou, Senhor, com base no desejo do Sr. de Fouchy e no conhecimento que ele próprio tem do mérito do Sr. de Condorcet, que ele é indicado para ocupar o lugar em questão. Entretanto, como S. M. deseja obter a opinião da Academia, ordena-lhe que delibere dentro de uma semana se o Sr. de Condorcet efetivamente é capaz de ocupar essa função..."⁷⁵

A medida, no mínimo incomum, gera protestos. Nunca se vira um secretário escolher sozinho o seu sucessor. Nos casos anteriores, quando

Fontenelle e Mairan se haviam afastado de suas funções de secretário perpétuo, o ministro solicitara à Academia que elegesse um candidato. Dessa vez, ele não tem escolha. É simplesmente convidado "a confirmar a designação de um candidato oficial cuja solicitação foi anteriormente aprovada pelo ministro, em nome do rei e com sua autoridade".[76]

A ratificação deu-se a 6 de março, e a ata dessa sessão limita-se a indicar que a Academia atende à vontade real. Mas as anotações de Fouchy mostram claramente que houve resistência, pois Condorcet obteve apenas quinze votos de um total de vinte e um.[77] Seis votos negativos eram sinal de um grave descontentamento. Em vez de se aplacar, ele aumentaria até a efetiva aposentadoria de Fouchy e uma nova eleição de Condorcet, dentro dos devidos parâmetros, em 1776.

Curiosamente, o principal alvo dos opositores não foi Condorcet nem Fouchy, mas d'Alembert, acusado de ser o *deus ex machina* do golpe de mão. Arago relata que os partidários de Bailly manifestaram sua indignação "em termos de uma dureza imperdoável. Diziam que d'Alembert traíra covardemente a amizade, a honra, os princípios básicos da probidade",[78] fazendo alusão à promessa de proteção que fizera dez anos antes. Era recriminado também por "mendigar ordens ao rei, alto e bom som e em plena Academia".[79] Acusação retomada mais tarde por Métra e La Harpe contra Condorcet, para estigmatizar esses filósofos que não hesitavam em recorrer "às ordens do ministro" e a "um ato de autoridade"[80] quando seus interesses estavam em jogo. Por enquanto, todavia, d'Alembert não se preocupa. Ele considera que Condorcet é de longe o melhor secretário possível. Como alguém lhe perguntasse o que achava dos *Elogios* de seu protegido, ele respondera: "Justiça, exatidão, conhecimento, clareza, precisão, gosto, elegância e nobreza."[81] Opinião compartilhada por Voltaire, que fala de "uma pequena obra de ouro".[82] Considera-a inclusive superior aos *Elogios* de Fontenelle: "Existe aí uma filosofia mais nobre e mais ousada, embora modesta."[83]

D'Alembert nunca manifestou qualquer arrependimento a respeito dessa eleição pouco ortodoxa. Pelo contrário, rejubila-se pelo resultado. A seus olhos, é, antes de mais nada, a vitória do mérito, e, paralelamente, a marca de sua influência. E sobretudo é uma felicidade ver confiada a seu filho espiritual a responsabilidade por uma instituição decisiva para o progresso das ciências. E por sinal ele nunca escondeu que ela era mais importante que a Academia Francesa, exigindo de seu secretário uma competência e um trabalho de que não se sentia capaz. Entretanto, obtendo a eleição de Condorcet para a secretaria, é um membro de sua família, um amigo íntimo que ele coloca no cobiçado cargo. Seus numerosos inimigos não estarão completamente errados ao se queixar, depois disso, de que d'Alembert mande e desmande nas duas academias. Embora a realidade freqüentemente o tenha desmentido, não se pode negar que, em menos de um ano, duas das companhias de maior prestígio da Europa passavam a ser representadas por dois filósofos de convicções fortes que conferiam ao seu clã uma aura e um reconhecimento oficial sem precedente.

Essa dupla vitória, longe de desarmar os opositores, aumenta sua hostilidade. Os anos subseqüentes demonstrariam que eles não desistiram de se fazer ouvir na Academia de Ciências. Buffon, o chefe das "intrigas", faz de tudo para tentar "indispor [Condorcet] com as funções da secretaria",[84] na esperança de vê-lo deixar o cargo. Conta com o apoio, além de Bailly, de todos os inimigos de d'Alembert: Darcy,[85] Paulmy,[86] Borda,[87] Duhamel de Monceau,[88] Le Roy.[89] Condorcet mantém-se firme. Mas quando Fouchy anuncia que definitivamente se afasta, em julho de 1776, julga necessário, para fundamentar sua legitimidade contestada, pôr em questão o seu título. Dispõe-se então a se submeter a uma nova eleição. Os confrades apreciaram o gesto e o elegeram, dessa vez por unanimidade.[90] Mas não é o suficiente para abafar o contencioso entre Buffon e d'Alembert, nem entre Condorcet e seu malfadado rival. Como os ambiciosos sempre caçam nas mesmas terras, os dois voltariam a se defrontar numa eleição na Academia Francesa. Dez anos depois, os mesmos clãs voltariam a se formar para uma campanha ainda mais dura que a anterior. Nada será poupado em matéria de ardis e golpes baixos, deixando claro a que ponto o desejo de vingança de uns e a ambição de outros continuavam os mesmos ao longo de todos esses anos, exatamente como o ódio que os opunha.[91]

Na primavera de 1773, contudo, por mais que Buffon proteste contra a insuportável expansão de d'Alembert, senhor de duas academias, este não esconde sua satisfação. Embora a questão de seus emolumentos não tenha sido resolvida, Condorcet desfruta agora de uma situação social invejável. O suficiente para calar sua família, que não vira com bons olhos suas ambições científicas. Só a mãe tinha motivos para lastimar a nova condição do filho, que o impedia de passar as férias acadêmicas em Ribemont.

O BOM E O MAU DÉSPOTA

O "bom" déspota é o soberano aberto aos argumentos dos filósofos. Espera-se dele que ponha seu poder absoluto a serviço da razão e do bem comum, ou seja, que não se permita aquelas arbitrariedades que passam por cima da lei. Até a década de 1770, os filósofos querem crer que semelhante déspota, qualificado de "esclarecido", é não só possível como desejável nos países que ainda não o têm. Vimos que dois soberanos de grandes nações reivindicam esse título glorioso, fonte de prestígio e admiração fora de suas fronteiras. O que também é uma maneira de zombar do rei da França, ao qual não falta arrogância. O rei da Prússia e a imperatriz da Rússia se desdobraram em gestos de estima em direção aos filósofos para que cantem em seu louvor. O que eles trataram de fazer sem vacilar, menos por baixeza ou cupidez do que para satisfazer seu desejo de consideração, obstinadamente negada por Luís XV. Ao contrário deste, Frederico e Catarina lêem suas obras, comentam-nas e às vezes até dizem pretender inspirar-se nelas. É bem verdade que Frederico se mostra cada vez mais crítico em relação às produções filosóficas, especialmente as de Helvétius e d'Holbach, chegando a tomar da pena para refutá-las, como filósofo, de igual para igual. Pelo menos é o que pensa. Como Frederico, Catarina tem uma sólida cultura filosófica. Ambos julgam, assim, governar em nome das Luzes, tanto mais que podem jactar-se de manter uma relação privilegiada com seus mais prestigiados pensadores. Além de Voltaire, que se corresponde regularmente com os dois monarcas, todos sabem em Paris que d'Alembert é o filósofo favorito de Frederico, e Diderot, o de Catarina. Se Voltaire já entendeu há muito tempo que o déspota, esclarecido ou não, só faz o que lhe dá vontade, os dois pais da *Enciclopédia* não abriram mão de acreditar que podem exercer influência sobre ele. Não que sejam os ingênuos que se chegou a pintar, mas por estarem convencidos do poder irresistível da razão.

A mancada de d'Alembert

D'Alembert não entende nada de política. Não se interessa pela teoria nem pela prática. Todo voltado para a solidão de seu gabinete e para as conversas dos salões de Julie e da Sra. Geoffrin, não toma conhecimento dos negócios do governo dos homens e dos Estados. Cidadão do Iluminismo, a idéia de pátria lhe é tão estranha que ele apóia o rei da Prússia contra a França na Guerra dos Sete Anos. Se luta com unhas e dentes pela república das letras, são curtas suas idéias sobre a melhor forma de governo a adotar. Seu ódio ao absolutismo francês deriva antes do desprezo nele encontrado pelo homem de letras do que de uma indignação propriamente política. Claro que, como Voltaire, ele preferiria uma monarquia à inglesa, mas deixa que outros se preocupem com essas questões. Sua concordância com Diderot a respeito do artigo polêmico "Autoridade política" (no primeiro volume da *Enciclopédia*) em nada contrariava sua ligação com Frederico II, muito embora, aqui e ali, fosse alvo de zombaria o filósofo confidente do déspota.

Lendo a correspondência entre os dois, que se estende por mais de vinte e cinco anos, constatamos que nem Frederico nem d'Alembert jamais tratam de questões políticas: no máximo algumas alusões à religião, aos jesuítas, ao Parlamento ou ao desmembramento da Polônia. Trata-se antes de mais nada de uma conversa literária e filosófica, à qual se adicionam notícias de saúde e dos últimos acontecimentos marcantes envolvendo um ou outro. Para d'Alembert, essa correspondência também serve para ampliar seu poder junto aos cientistas e homens de letras. Todo mundo sabe que, para conseguir uma colocação em Berlim, é melhor passar por ele, especialmente depois de sua viagem de 1763. Presidente "virtual" da Academia de Frederico, d'Alembert, empenhado ao mesmo tempo em elevar o nível da Academia e colocar seus protegidos, não economiza recomendações de novos associados ou professores para essa ou aquela instituição. Interveio, especialmente, por seu amigo Bossut, por Lagrange, Foncenex, Pernety, Borrelly, Laplace,[92] Suard. Às vezes, Lagrange pede-lhe que escreva a Frederico em favor deste ou daquele em Berlim. D'Alembert entra em cena, fazendo o elogio dos matemáticos Lambert e Jean III Bernoulli, mas também de Castillon e Béguelin. Freqüentemente com êxito, mas nem sempre. Bossut não conseguiu entrar para a Academia de Berlim, e Suard não sucedeu a Thieriot como correspondente literário do rei. Em compensação, Frederico recebe amavelmente os viajantes recomendados por d'Alembert, sejam eles o tático Guibert, o conde de Crillon ou o conde de Boufflers. Em qualquer dos casos, contudo, o filósofo respeita um código tacitamente estabelecido entre eles: nunca voltar à carga mais de uma vez. Ele propõe e o rei dispõe: em caso de recusa, este limita-se a não responder à sugestão de d'Alembert.

De maneira geral, d'Alembert tem todos os motivos para se congratular por suas relações com Frederico II. Limitando-se estritamente às trocas de idéias e questões acadêmicas, ele soube evitar respostas atravessadas e humilhações da parte do monarca. Frederico sempre se mostrou generoso e amigável com esse homem que respeita tanto mais por se ter sistematicamente recusado a se abrigar debaixo de sua asa. E é verdade também que, ao contrário de Voltaire ou Helvétius, ele nunca tentou qualquer *démarche* política. O que talvez lhe tivesse valido os mesmos dissabores.

Estranhamente, d'Alembert deixa de lado sua habitual prudência para tomar uma iniciativa das mais arriscadas junto à outra déspota esclarecida, a imperatriz de todas as Rússias. Depois de vários anos de silêncio, ele escreve a Catarina II para pedir que liberte um punhado de oficiais franceses mandados para a Sibéria depois de terem sido feitos prisioneiros em Cracóvia, onde combatiam ao lado dos confederados poloneses.[93] Oficialmente, toma a iniciativa a pedido da família e dos amigos dos prisioneiros, que nesse sentido lhe encaminharam uma dissertação no mês de outubro de 1772.[94] Ele sabe que não é o primeiro a intervir em seu favor, e que o ministro d'Aiguillon já fracassou nessa empreitada. Mas saberia, acaso, que Voltaire interveio discretamente em favor dos compatriotas, em março de 1772, e que levou uma lambada de Catarina?[95] E que, apesar disso, ofereceu ao duque de Richelieu seus serviços de negociador secreto para voltar à carga?[96] O duque, mal informado, não faz a coisa andar. Finalmente, segundo Grimm,[97] o ministério considerou mais indicado dirigir-se a d'Alembert, que outrora fora convocado por Catarina a ir para a Rússia educar seu filho. Esperava-se que a imperatriz concedesse "à filosofia que sai em defesa da humanidade o que recusa ao poder".[98]

Convencido de que Catarina se mantém no mesmo estado de espírito de 1762, quando solicitava a aprovação dos filósofos, d'Alembert escreve-lhe para propor, em troca da libertação dos prisioneiros, os mais altissonantes elogios da república das letras. Esta, "cuja filosofia é hoje, entre nós, o mais digno órgão, e cuja pena, por assim dizer, ela sustém, não permitirá que nem a França nem a Europa ignorem que essa mesma Imperatriz que, do fundo do Norte, fez tremer Constantinopla (...) mostrou-se maior ainda depois da vitória"...[99] D'Alembert lembra oportunamente que um gesto de clemência de sua parte seria "o testemunho mais glorioso" que ela poderia "dar a essa filosofia que hoje solicita [sua] generosidade". Afogada numa torrente de cumprimentos, essa carta de tom aparentemente submisso é na realidade uma espécie de advertência: liberte os franceses, e haveremos de cobri-la de elogios, caso contrário... Na realidade, conscientemente ou não, o filósofo fala de igual para igual com a imperatriz, como se o prestígio e o poder do Iluminismo pudessem impor-se à déspota esclarecida. D'Alembert esqueceu que a soberana não se encontra mais no mesmo estado de espírito a seu respeito nem a respeito da filosofia. Não se deu conta do quanto ela ficou mortificada por ver recusado seu convite para que fosse para a Rússia, para não falar da aprovação oficial de d'Alembert ao livro do abade Chappe d'Auteroche, que humilhou seu país,[100] nem dos aplausos dos mesmos às leituras das *Anedotas sobre a revolução da Rússia*, de Rulhière. Por sinal, a correspondência entre os dois estava em ponto morto desde 1767, e Catarina reservava suas atenções para Diderot.

A resposta veio prontamente na forma de um desmentido seco. Não, os prisioneiros não estavam na Sibéria, mas em Kiev, onde não poderiam estar sendo mais bem tratados. "Habituada a ver se espalharam pelo mundo manifestações da mais negra calúnia, não fiquei em absoluto espantada com mais esta",[101] diz ela, concluindo sua breve carta, sem se dignar a responder ao pedido de libertação.

Antes mesmo de receber essa resposta, d'Alembert enviara uma segunda carta,[102] reiterando os termos da primeira. Vem então a escrever uma terceira, a 31 de dezembro, para reconhecer seu equívoco e solicitar novamente a libertação dos prisioneiros franceses. Mais uma vez ele invoca o prestígio da filosofia e a grandeza de Catarina, não hesitando em concluir a carta nos seguintes termos: "Como seria para mim consolador se pudesse, ao morrer, recomendar a meus amigos que inscrevessem em meu túmulo (...): Ele obteve da imortal Catarina, em nome da filosofia e de humanidade, a liberdade dos prisioneiros franceses."[103] Julgava ter escrito assim "a mais eloqüente obra jamais saída da cabeça de Bertrand".[104] Assim é que aguarda "com impaciência o efeito desse novo arrazoado, e não perde a esperança de obter sucesso", confidencia a Voltaire, pedindo-lhe que se junte a ele nas exortações a "Catau". Mas Voltaire prefere eximir-se. Mais atilado que o colega mais jovem, ele sabe perfeitamente que não se deve solicitar a um monarca um favor que já recusou.

A resposta de Catarina é um fulminante e redondo não. Ela não só zomba de seu arrazoado e de seus elogios como lhe inflige uma séria lição de moral e política. Manifesta seu espanto por vê-lo empenhar-se em favor "dos incendiários que insuflavam a discórdia onde quer que se apresentassem", ao passo que "os milhares de prisioneiros turcos e poloneses, vítimas logradas por aqueles pelos quais o senhor se interessa, terão de se queixar por terem sido abandonados pela humanidade (...). Haveria justiça em conceder vantagem àqueles que causaram o mal, deixando em situação menos vantajosa os que lhes serviram de joguete?"[105] A filosofia terá de esperar, e, com ela, d'Alembert. No dia em que ela libertar o mundo, "o senhor poderá acrescentar, na mencionada inscrição, os nomes dos prisioneiros turcos aos dos prisioneiros franceses. De resto, desejo, pelo bem da filosofia, que por muito tempo ainda o senhor não precise de nenhum epitáfio".

A missiva levou tempo para chegar ao destinatário. Em meados de março, Catarina relata a Voltaire, não sem mofa, o conteúdo das cartas de d'Alembert e os principais vetores de sua resposta.[106] Com certa crueldade, Voltaire reproduz a conversa para d'Alembert, pedindo-lhe: "Rogo que me diga se efetivamente lhe escreveram nesse tom."[107] D'Alembert-Bertrand fica para morrer, tanto pelos termos da carta de Catarina quanto pelo fato de que tenha levado Voltaire a testemunhar seu desprezo. Tendo acreditado em seu próprio poder de influência, chegando inclusive a anunciar o êxito da iniciativa, ele é obrigado a recuar. "Eu duvidava seriamente, não obstante a eloqüência de Bertrand, que conseguisse dela a libertação dos Ratos (...). Mas Bertrand podia pelo menos, e mesmo devia esperar uma resposta honesta e razoável, e não a troça que o senhor transcreve.[108] Eis então uma nova referência a acrescentar a todas de que já disponho sobre os Cataus e companhia."[109] Para não ter de assumir uma afronta pessoal, ele se apressa a interpretá-la como um fracasso da filosofia. "Não sei de quem a filosofia deve queixar-se mais no momento, de seus vis inimigos ou de seus supostos protetores (...). Naturalmente, aqueles que zombam dela não poderão mais esperar dela apenas justiça e verdade."[110] Subentendido: a déspota do Leste não é afinal mais esclarecida que qualquer outro soberano absoluto, como por exemplo Luís XV.

A bofetada é tão espetacular que ele custa a se recuperar. Apesar das justificações pouco dignas de crédito de que Voltaire tenta cercar o comportamento da imperatriz, d'Alembert sente-se humilhado. "Quanto mais releio o trecho que o senhor me enviou da carta de Petersburgo, mais contrariado fico. Era tão fácil para essa pessoa dar uma resposta honesta, satisfatória e lisonjeira para a filosofia, sem mesmo conceder o que lhe era pedido (...). Ficaria, meu caro amigo, profundamente obrigado se me obtivesse essa resposta que desejo. Pode ver por si mesmo o quanto a causa comum dela necessita. A mobilização contra a razão e contra as letras é mais violenta que nunca. Será então que a filosofia terá de dizer à pessoa pela qual se julgava amada: *Tu quoque Brute*? Adeus, meu caro mestre, a pena já me cai das mãos, pela dor do mal que lhe é feito através de mim, e pela indignação diante das traições que sofre através do senhor."[111]

A partir de agora, Catarina é vista como "má déspota", tanto mais passível de ser criticada por tê-lo feito de joguete, não hesitando em cobrir-se com o manto da filosofia para ocultar sua verdadeira natureza. D'Alembert não perderá mais uma oportunidade de ironizar às suas custas. Meses depois, confidencia a Voltaire: "Parece-me que os turcos começam a zombar dela. Quando se é derrotado por esses marabutos, é melhor não fazer troça da filosofia. Ri melhor quem ri por último."[112] Ele acrescenta que tem a prova de que ela mentiu: "Essa Semíramis me havia dito que os prisioneiros franceses capturados em Cracóvia eram muito bem tratados. O Sr. de Choisy, um desses prisioneiros, que se encontra aqui, garante que foram tratados indignamente."[113]

Estranhamente, d'Alembert não avalia bem as conseqüências de seu passo em falso. Não questiona a idéia de "déspota esclarecido". Seria por indiferença ou fidelidade a seu correspondente prussiano? E no entanto, se tivesse esboçado iniciativa semelhante junto a Frederico, é muito provável que este tivesse reagido como Catarina. Tê-lo-ia feito de outra forma? Não podemos ter certeza. Os déspotas não autorizam ninguém — nem mesmo um filósofo — a lhes ditar leis.

A ambição de "ser útil"

Quando Diderot fecha as malas, em junho de 1773, para partir para a Rússia, está tomado de angústia. Teve o cuidado de deixar seu testamento (literário) com Naigeon.[114] A Sra. d'Épinay o acha "tão espantado, no dia da partida, por estar sendo obrigado a partir, tão assustado por ter que ir mais longe que Grandval, tão infeliz por ter de fazer malas".[115] Oficialmente, trata-se apenas de ir prestar homenagem aos pés da soberana que o honrou com sua generosidade. Visita de cortesia necessária após reiterados convites desde 1767, e que se parece com a que d'Alembert fez ao rei da Prússia em 1763. Na verdade, ninguém se engana: "Ele vai mostrar um filósofo a uma imperatriz", escreve Thomas. "Vai buscar algumas linhas em sua história."[116] Se se aventura a uma viagem tão acidentada, logo ele, que detesta qualquer deslocamento, é menos para se mostrar polido, como anos antes d'Alembert, do que para tentar influenciar a política de Catarina II. Nem vaidoso nem tão ingênuo ou ignorante quanto se chegou a dizer,[117] Diderot quer correr o risco de, quem sabe, ser ouvido. Não pretende "fazer filosofia" na corte da Rússia, "como seu confrade Platão outrora fez na Sicília".[118] Embora o procedimento dos dois filósofos não deixe de ter pontos em comum, tendo ambos sonhado reformar a política, a empreitada de Diderot é menos idealista do que parece. Ele não parte como futuro conselheiro do príncipe, munido de um plano de governo a ser aplicado tal qual na realidade russa. Mais pragmático e modesto, espera apenas transmitir a Catarina II algumas das convicções que adquiriu após anos de reflexão. A grande incerteza diz respeito à imperatriz: é ela efetivamente aquela que descrevem seus próximos, liberal, generosa, filósofa, ou a tirana cínica e impiedosa cujos desmandos foram relatados por Rulhière? Diderot decidiu ir verificar pessoalmente, pois se trata de uma oportunidade inesperada de dar vida a sua filosofia. O pior não é o fracasso, mas não agarrar a oportunidade de ser útil.

Ao contrário de d'Alembert, Diderot é um apaixonado pelo governo dos homens. Ele é "o escritor mais político do Iluminismo".[119] Influenciada por Montesquieu e Rousseau, a política de Diderot não se apresenta em forma de uma doutrina rígida. "Caracteriza-se antes por uma atitude e mesmo um engajamento, movido por uma sede inesgotável de liberdade."[120] Desde a redação de seu artigo "Autoridade política" (1751), ele está profundamente convencido de que "nenhum homem recebeu da natureza o direito de mandar nos outros". Mas é somente depois de ter concluído a *Enciclopédia*, em 1765, que ele elabora sua obra política, grande parte da qual não mereceu a devida atenção até o século XX. É o abade Raynal, diretor da *História filosófica e política das duas Índias*,[121] que lhe proporciona a primeira oportunidade de se expressar sobre o despotismo, protegido pelo anonimato. Encarregado do trabalho de revisão da obra, ele se torna um de seus redatores, cada vez mais importante a cada uma das três sucessivas edições.[122] Já na primeira edição, investe contra Frederico II e o czar Pedro, o Grande, em textos redigidos provavelmente em 1769. Frederico é invectivado num estilo declamatório. Ele condena o rei-guerreiro e aquele que confunde "as verdades, os erros, os preconceitos, as origens do bem e do mal". Compara aos bons ofícios da juventude as más ações do soberano que envelhece, dando-lhe alguns bons conselhos: "Volta a abrir teu coração aos sentimentos nobres e virtuosos (...), ocupa teus derradeiros dias com a felicidade de teus povos (...). Respeita a tranqüilidade de teus vizinhos."[123] Quanto ao falecido Pedro, o Grande, não havia necessidade de tais precauções: ele deixou seu império "sem leis, sem liberdade, sem riquezas, sem população e sem indústria".[124] Diderot aproveita para traçar o programa que deveria ser seguido por Catarina: libertar os servos, formar "um terceiro estado, sem o qual jamais pôde haver, em povo algum, artes, luzes nem liberdade", abrir mão de toda política de expansão territorial.

Mal entregou Diderot essas páginas a Raynal, e um novo panfleto incendiário saído da fábrica de d'Holbach circula em Paris.[125] O *Ensaio sobre os preconceitos* é um ataque em regra contra os padres, os militares e a arrogância dos príncipes. Ele investe contra o déspota cujas "vitórias sanguinolentas" custam "séculos de miséria" às nações, ameaçando-o com a retirada do apoio da filosofia. Frederico II é o alvo principal, e o sabe perfeitamente.[126] Imediatamente trata de responder[127] com pesados sarcasmos e invectivas desdenhosas que causam indignação em Diderot. Este, por sua vez, toma da pena e redige algumas páginas de rara violência contra Frederico. Essas *Páginas contra um tirano*,[128] que não se destinam à publicação, revelam a profunda hostilidade do filósofo em relação ao monarca e tudo aquilo que encarna. Nelas, ele expressa com indignação seu desprezo pelo impostor, reacionário e cínico, que se fez passar por um rei filósofo, amigo da verdade e da tolerância. Enxerga nele o "mau soberano", o falso filósofo e a "besta feroz que ordena a devastação do Palatinado", para em seguida concluir: "Que Deus nos preserve de um soberano que se pareça com esse tipo de filósofo!"[129] No ano seguinte, Diderot vai às últimas conseqüências de sua indignação num dos dezesseis *Fragmentos políticos*[130] que redige para a segunda edição da *História das duas Índias*. O déspota esclarecido desejado pelos fisiocratas é ilegítimo. Por mais justo que seja, "pode acontecer que a vontade desse senhor absoluto esteja em contradição com a vontade de seus súditos. Nesse caso, não obstante toda a sua justiça e todas as suas luzes, ele estaria errado se os destituísse de seus direitos, mesmo em seu benefício. É possível abusar do poder tanto para fazer o bem quanto para fazer o mal; e nenhum homem, qualquer que seja, jamais tem o direito de tratar seus constituintes como gado (...). Confundiram-se as idéias de pai com as de rei (...). Um rei, mesmo um bom rei, não é um pai na sociedade: é apenas seu gestor."[131]

Diderot não chega à Rússia munido apenas de suas convicções contra o despotismo. Também refletiu muito sobre o programa de civilização da Rússia,[132] do qual faz um apanhado geral no *Fragmento 16*.[133] Intitulado "Que é necessário começar pelo começo", trata-se de uma crítica profunda da política conduzida por Catarina II. Ou, antes, de uma crítica do método. Até então, ela tentou civilizar seu país importando talentos do Ocidente, "como plantas exóticas", e imitando suas principais realizações, ao mesmo tempo em que mantinha a servidão. Ela "começou seu edifício pela cúpula", ao passo que deveria atacar o problema pela base, seguindo "a marcha constante da natureza". Só o desenvolvimento das artes mecânicas e das "condições baixas", artesãos e camponeses livres e proprietários de suas terras, confere alicerces sólidos à diversificação das atividades sociais e ao progresso das ciências e técnicas. É preciso, portanto, começar formando o povo para a liberdade, para assim "civilizá-lo".

O enciclopedista não considera impossível convencer a soberana da validade de seus pontos de vista. O que sabe de Catarina tenderia antes a induzi-lo ao otimismo, por oposição ao pessimismo que lhe inspira o despotismo de Maupeou. A França é um velho país, que julga incapaz de renovação, ao passo que a Rússia, sob o tacão da soberana, parece, de longe, pronta para as reformas. Essas esperanças depositadas na czarina reformadora não decorriam apenas dos muitos gestos por ela feitos em direção aos filósofos, e particularmente a ele. Ela subjugara a opinião esclarecida ao convocar a reunião dos estados gerais de seu império. Para isso, criara uma comissão legislativa composta de mais de quinhentos membros, para redigir um código de leis. Os trabalhos haviam começado em Moscou a 10 de agosto de 1767, tendo prosseguido em São Petersburgo em fevereiro de 1768, até serem suspensos em dezembro, em virtude da guerra contra os turcos. A comissão se reunira mais de duzentas vezes[134] para trabalhar no documento preparado pela própria Catarina, uma "Instrução preparatória" — o *Nakaz* —, amplamente inspirada em Montesquieu e Beccaria. Na época, os filósofos aplaudiram essa iniciativa liberal, que parecia impossível na França. A popularidade da soberana chegou ao auge quando ela publicou o *Nakaz* em francês, em São Petersburgo e na Holanda, em 1771. O trabalho, censurado na França como um vulgar ensaio filosófico, conferiu a Catarina inesperados ares de soberana filósofa. Não é à toa que Helvétius lhe faz um enfático elogio no prefácio de seu livro *Do Homem*,[135] publicado aos cuidados de Galitzyn e dedicado a Catarina II.

Ao criar sua comissão legislativa, a soberana deu um passo decisivo. A Diderot, resta agora convencê-la a torná-la permanente e transformá-la em guardiã das leis. Ele pensa no golpe de Estado de Maupeou e no fechamento do Parlamento, contrapeso do poder absoluto do rei. Mesmo um bom rei não basta. "Sua Majestade Imperial", dir-lhe-ia, "haverá de entender o quanto a legislação posta sob a salvaguarda de um único homem é vacilante e de pouca duração. A própria nação é que deve incumbir-se de conservá-la, geração após geração."[136]

Para ter alguma chance de ser ouvido, o filósofo pode valer-se da malfadada experiência de Le Mercier de La Rivière. Sabemos que o reputado autor da *Ordem natural e essencial das sociedades políticas*[137] foi chamado à corte de Catarina por calorosa recomendação de Diderot, para aconselhá-la na redação do novo código. Tendo partido de Paris em agosto de 1767, ele chegou em outubro e retornou em março de 1768, tendo sido recebido pela czarina apenas uma ou duas vezes. Fosse por presunção ou por inabilidade, o fisiocrata fora visto pelos russos, e especialmente a czarina, como um dono da verdade que os desprezava. Seis anos depois, Catarina assim o descreveria a Voltaire: "[Ele] supunha que caminhávamos sobre quatro patas e (...) muito cortesmente se dera ao trabalho de vir da Martinica para nos pôr de pé sobre as patas de trás."[138] Com o tempo, sua visão veio a tornar-se ainda mais negativa: "O filósofo pusera na cabeça que eu o havia convocado para me ajudar a governar o Império e para nos tirar das trevas da barbárie graças à expansão das suas luzes (...). Despertei esse legislador de seus sonhos; conversei com ele duas ou três vezes sobre seu trabalho, a cujo respeito confesso que me falou muito bem; pois o que não lhe faltava era inteligência. Só a vaidade turvara momentaneamente seu cérebro. Recompensei-o devidamente (...). Ele esqueceu seus sonhos de primeiro-ministro e voltou ao seu país (...) como filósofo algo envergonhado do passo em falso que havia sido levado a dar por seu orgulho."[139]

Diderot captou a lição: acima de tudo, não bancar o mentor; afastar da cabeça imperial a menor suspeita de que pretenda dirigi-la. Pelo contrário, na presença de Catarina, ele se apresentará sempre como "um pobre diabo metido a fazer política nas horas vagas", reconhecendo que "não há nada mais fácil que pôr ordem num império com a cabeça no travesseiro".[140] Compara-se ao cego que opina sobre cores, uma criança que Sua Majestade Imperial "autorizou, como teria autorizado um de seus filhos, a dizer todas as inocentes bobagens que lhe tivessem passado pela cabeça".[141] Em vez de se apresentar como conselheiro dogmático, ele lança mão do trunfo da modéstia: "Sou um filósofo como outro qualquer, vale dizer, uma criança bem nascida que balbucia sobre questões importantes (...). Um especulador que botou na cabecinha de reger um grande Império." [142]

Fino psicólogo, ele parte para a Rússia com toda uma estratégia em mente: será preciso destilar suas idéias com discursos variados, sob diferentes formas literárias, "fábulas, anedotas, comédia, diálogo filosófico (...), sem encurralar a imperatriz".[143] Ao encontrá-la finalmente em São Petersburgo, em outubro de 1773, a sedução é mútua. Ela o convida a vir diariamente a seu gabinete de estudos para "conversas que não acabam mais". Para não despertar ciúmes nos cortesãos, Diderot limita-se a uma visita de três em três dias, depois do almoço. "Vejo em Diderot", escreve a soberana a Voltaire, "uma imaginação inesgotável, considerando-o entre os homens mais extraordinários que jamais existiram".[144] Ela menciona ainda "o prazer que sinto em conversar com Diderot, é mesmo das mais extraordinárias a sua cabeça, a têmpera de seu coração deveria ser a de todos os homens".[145] Diderot, por sua vez, fica maravilhado com a simplicidade e a curiosidade intelectual de Catarina, que por sinal tem lá também os seus encantos: "A alma de Brutus com os encantos de Cleópatra. Se ela é grande no trono, seus encantos como mulher teriam feito milhares perder a cabeça. Ninguém conhece melhor que ela a arte de deixar todo mundo à vontade."[146]

Circulam anedotas sobre a familiaridade que se estabelece entre eles,[147] exagerada pelos boatos. Fala-se de Diderot atirando sua peruca no rosto da imperatriz ou beliscando-lhe o joelho no calor de uma discussão.[148] Imagens que contribuem para mostrar que o filósofo não cedeu terreno ao cortesão e que se manteve fiel a si mesmo. Não o incomoda que zombem de sua falta de educação. Pelo contrário, ele quer corroborar em Paris a idéia de que se estabeleceu um clima de igualdade entre a soberana e ele. Escreve a sua mulher que discutem "de homem para homem",[149] sabendo perfeitamente que a carta passará de mão em mão. Alimenta a lenda de uma imperatriz humana e liberal, disposta a tudo ouvir e tudo compreender. Em várias oportunidades, afirma sentir a mente mais livre na Rússia que na França: "Nenhuma das coisas que escrevi em Petersburgo me teria ocorrido em Paris. Como o temor é capaz de conter o coração e a cabeça! Que singular efeito não exercem a liberdade e a segurança!"[150]

Não faltará, é bem verdade, quem ironize sua ingenuidade e seus paradoxos: o filósofo que se julga em pé de igualdade com a autocrata, o homem livre no império da escravidão! E no entanto, se ignorarmos por um momento os desdobramentos da viagem e os comentários a que daria lugar *a posteriori*, Diderot efetivamente tem motivos para pensar que talvez esteja ganhando sua aposta. Lendo a resenha diária de suas conversas e propostas de reformas, constatamos que ele realmente abordou todos os temas políticos, inclusive o mais delicado, o do despotismo. É verdade que se censurou um pouco em matéria de religião, sabendo que Catarina acredita em Deus, e no tocante à servidão, conhecendo as idéias da nobreza. Mas não hesita em lembrar à soberana que o código deve ser feito em nome dos homens, e não de Deus, e que o progresso da civilização russa depende do fim da escravidão. E por sinal, Catarina não teria dedicado tanto tempo ao filósofo — "uma centena de horas de 'trabalho' em comum"[151] — se não tivesse aí algum prazer e interesse. Diderot tem motivos para acreditar, assim, que não se abalou inutilmente e que algumas de suas idéias poderão concretizar-se.

Pelo momento, não deixa de ser interessante dar a conhecer que sua viagem é um sucesso e que se estabeleceu uma relação sem precedentes entre uma imperatriz todo-poderosa e um filósofo. Graças às cartas de Catarina a Voltaire e às que Grimm e Diderot mandam a Paris, não demora muito para que os dentes comecem a ranger na capital francesa. Há aqueles que prevêem que ele não voltará. Outros acham que está com a cabeça virada. A darmos crédito a Diderot, d'Alembert está no campo dos descontentes. Em suas *Miscelâneas para Catarina II*, ele dá conta de uma carta, infelizmente perdida, que este lhe teria enviado em Petersburgo.[152] Sem a menor preocupação de discrição, ele resume para a soberana o seu conteúdo, tão desagradável para ela quanto para ele:

"Recebi de d'Alembert uma carta em que se propõe a fazer a Sua Majestade Imperial uma pergunta talvez ainda mais indiscreta que aquela que fez pessoalmente.¹⁵³ Ele continua mortificado por sua troça¹⁵⁴ em comentário com Voltaire (...). Cumprimenta-me pela acolhida cheia de bondade com que Sua Majestade me honrou de maneira a me fazer crer que não ficou mais satisfeito que qualquer outro, e que se rejubila com isso como se fosse um fardo; que se morde de ressentimento e orgulho; que ficaria muito satisfeito se, conseguindo levar-me a dar um passo em falso, por ele mesmo sugerido, meu pouco êxito me enchesse de orgulho próprio, como a ele, e me mergulhasse num estado de ânimo tão prolongado e ridículo quanto o seu; que pensou que, contorcendo bem semelhante sugestão, a exuberância da sua contorção me ocultaria a fina perfídia; que jurou que eu me haveria de afastar de Vossa Majestade Imperial, deixando-a insatisfeita comigo, e julgando-me eu com motivos para queixar-me dela; e que, como sempre, ele, sempre ele, nesta como em toda outra circunstância, me devolveria tolamente a zarabatana¹⁵⁵ de seu pequeno e pueril ressentimento."

Para atingir d'Alembert, Diderot sugere a Catarina "um meio de desolá-lo: seria, da primeira vez que ela escrever a Voltaire, dar-lhe testemunho de toda a satisfação que sente ou que pelo menos eu desejo que sinta a respeito de meu comportamento em sua corte; e isto, com toda a simplicidade e a naturalidade que ela sabe conferir a sua comédia. É preciso que de Voltaire seja realmente enganado, transmitindo essa mortificação a d'Alembert sem suspeitar da verdade. Não é difícil. Basta incluir meu elogio à margem e inflá-lo um pouco. Voltaire é suficientemente predisposto a meu favor para cair direitinho".¹⁵⁶

Talvez d'Alembert efetivamente se mostre enciumado e pérfido. Mas o certo é que não está nada satisfeito. Já vimos como se ressente da czarina pela humilhação que lhe infligiu. A seus olhos, ela encarna no momento o arbítrio e o despotismo que Diderot tão duramente censura a seu "amigo" Frederico II. D'Alembert certamente fica amargurado com o sucesso de Diderot junto a sua inimiga, além de furioso com seus afagos recíprocos. Mas não ignora o caudal de ódio que seu antigo colega derrama sobre Frederico, como tampouco a hostilidade que por ele demonstra. Pois não tomou um desvio para evitar passar por Berlim? Frederico não esconde sua indignação a d'Alembert. Este, ao contrário do que faz Diderot com Catarina, tenta defender o amigo: "Se ele passar por Berlim, gostaria que Vossa Majestade lhe permitisse uma aproximação; ouso assegurar-lhe que fará um julgamento mais favorável de sua pessoa que de suas obras,[157] e que haverá de encontrar nele, com muita fecundidade, imaginação e conhecimentos, um calor suave e muita amenidade."[158] Curioso da pessoa de Diderot, Frederico promete recebê-lo quando retornar da Rússia. Mas o filósofo preferiria fazer novo desvio a se encontrar com o rei da Prússia.[159]

A cada um seu bom e seu mau déspota. É verdade que d'Alembert não tem as mesmas ambições e convicções políticas que Diderot. Mas faz questão de manter sua relação privilegiada com o rei da Prússia, ainda que para isso deva fechar os olhos ao que não lhe agrada. Diderot, por sua vez, retornando a Paris em outubro de 1774, deixou na Rússia muitas ilusões perdidas. Mas não se cansa de cantar louvores a Catarina, querendo considerá-la muito diferente de Frederico. Terá conseguido lançar a boa semente filosófica em seu espírito? Só o futuro dirá. Publicamente, contudo, Diderot se haverá de mostrar sempre pródigo em seu reconhecimento à czarina.

CAPÍTULO VIII Os intelectuais na política (1774-1776)

À morte de Louis XV, Luís XVI, 20 anos, imediatamente manda chamar Maurepas, 73 anos.[1] Essa velha raposa da política, conhecida como "o mentor", sabe que é preciso proceder a uma espetacular ruptura com o reino anterior. A opinião pública aguarda impaciente a partida dos três ministros detestados: d'Aiguillon, das Relações Exteriores; Maupeou, da Justiça; e Terray, das Finanças. A estes, caberia acrescentar Bourgeois de Boynes, titular da Marinha, adepto do *Triunvirato*, sob suspeita de ter aconselhado Maupeou a substituir o Parlamento pelo Grande Conselho. À parte a demissão voluntária do duque d'Aiguillon, a 2 de junho, e sua substituição por Vergennes, nada muda durante dois meses. Maurepas pondera a formação do novo governo e busca homens "sem comprometimentos", para ser seu único protetor e dirigi-los como bem lhe aprouver. Para contrastar com os anteriores, busca também personalidades de reputação moral indiscutível, capazes de merecer a simpatia do público.

Turgot pertence à classe dos grandes administradores, indicados por sua experiência para as mais altas responsabilidades. Sem real apoio na Corte, é um homem só, que deve sua reputação exclusivamente à própria integridade e ao notável trabalho realizado como intendente da região do Limousin, durante treze anos. Maurepas o conhece e o estima, mas seus méritos não teriam sido suficientes sem a intervenção de certos amigos. O abade de Véri, seu condiscípulo na Sorbonne e íntimo de Maurepas, falou dele em termos entusiásticos. Ele também recebeu o apoio da duquesa d'Enville, que não poupou esforços para "empurrar" seu protegido. O "mentor", convencido de que poderá fazer de Turgot sua "criatura", pensa nele para substituir Terray nas Finanças; como, entretanto, o rei demora a se desvencilhar de Terray, Maurepas propõe Turgot para o lugar de De Boynes na Marinha. A 20 de julho, ele é nomeado ministro.[2]

Essa nomeação causa rebuliço entre os filósofos e os economistas. Pela primeira vez eles vêem um dos seus chegar ao coração do poder. Condorcet exulta: "Nada mais afortunado poderia acontecer à França e à razão humana", escreve ele a Voltaire. "Jamais havia entrado para qualquer conselho do monarca um homem que reunisse nesse grau a virtude, a coragem, o desinteresse, o amor pelo bem público, as luzes e o empenho em disseminá-las. Desde esse acontecimento, durmo e desperto tão tranqüilamente quanto se estivesse sob a proteção de todos os reis da Inglaterra."[3] D'Alembert declara sem rodeios que a virtude está no poder,[4] e até a Sra. du Deffand, que não gosta dos filósofos, reconhece que é uma boa escolha.[5]

De maneira geral, o público esclarecido, que conhece Turgot, recebe com satisfação sua nomeação, desejando que Malesherbes, outro amigo dos filósofos, assuma a pasta da Justiça. A hora de Malesherbes só chegaria um ano depois, ao aceitar, quase contra a vontade, o departamento da Casa do Rei.[6]

O ministério Turgot, depois Turgot-Malesherbes, que duraria menos de dois anos, constitui um momento crucial do Antigo Regime em seus estertores. Representa também o teste da verdade para os filósofos e para seus adeptos, cada vez mais numerosos. Acaso seria ainda necessário ir a São Petersburgo para aplicar suas idéias? Diderot, que recebe a notícia em Haia, ao retornar, não está preocupado com isso. Pensa apenas na proteção que Turgot (que conhece e aprecia) pode proporcionar a seu genro.[7] Completamente voltados para sua alegria, suas esperanças e seus interesses, os filósofos não põem em dúvida a compatibilidade entre a teoria e a prática. Aprenderão que "o papel, que tudo aceita", é muito diferente da "pele humana (...), muito mais irritável e suscetível".[8] Que é mais fácil pensar o mundo que transformá-lo. Em suma, que a política é uma arte difícil que não se satisfaz com a virtude e a razão.

DOIS HOMENS DE CONFIANÇA

O gosto pelas letras e pelas ciências

Malesherbes (1721-1794) e Turgot (1727-1781) não são filósofos propriamente ditos. Não dedicaram a vida a escrever. Ambos filhos de togados,[9] entretanto, chamados a exercer altas funções no Estado, eles mantiveram ao longo de toda a vida relações íntimas com a república das letras, compartilhando seus gostos e idéias. Desde a adolescência, é clara a sua paixão pela escrita. Na longa exortação ao filho de 16 anos, recomendando-lhe mais religião, trabalho e docilidade, o Sr. de Lamoignon censura sua preferência exclusiva "pela leitura das tragédias, embora lhe tenha sido exposto o quanto é perigosa essa tendência".[10] O jovem Turgot mostra-se mais brilhante e trabalhador, mas não menos rebelde e taciturno que Malesherbes. Destinado ao estado eclesiástico, ele se entrega inicialmente ao estudo da teologia, sendo eleito prior da Sorbonne em dezembro de 1749. Embora seja tomado pelo ceticismo religioso, a ponto de deixar o hábito no início do ano de 1751, seu gosto pelas letras e pelas ciências é impressionante. Já aos 18 anos, ele domina o grego e o latim. Na Sorbonne, além da teologia, estuda direito, moral, matemáticas, astronomia e física. Dedica-se ao hebraico, ao inglês, ao italiano e ao alemão, estabelecendo um impressionante programa de obras a serem escritas: poemas, tragédias, romances filosóficos, traduções, tratados de física, de história, de geografia, de política e de metafísica. Antes de completar 20 anos, ele redige um tratado sobre a existência de Deus e uma *Carta* a Buffon, apontando os erros de sua teoria da Terra. Prepara um dicionário etimológico da língua latina, consideravelmente avançado ao ser interrompido o trabalho. Tudo isso ao mesmo tempo em que efetuava seus estudos de direito, para ser nomeado referendário.[11]

Se o currículo do jovem Malesherbes é o mesmo,[12] seus interesses intelectuais são menos dispersivos. Ao sair do colégio, ele tem a sorte de encontrar na casa da avó o famoso abade Pucelle, que se torna seu professor de direito e seu guia espiritual. Esse encarniçado defensor dos jansenistas, parlamentar talentoso, inculca-lhe a coragem e uma moral da resistência que haveriam de marcá-lo pelo resto da vida. Entretanto, como no caso de Turgot, a carreira de magistrado não lhe basta. Sua curiosidade intelectual o conduz muito longe da jurisprudência. Já em 1746, ele freqüenta as aulas de Bernard de Jussieu, demonstrador de botânica no Jardim do Rei e autor de um método natural de classificação das plantas. Assiste a suas aulas durante quatro anos,[13] tornando-se um apaixonado pela história natural, entre amador esclarecido e cientista profissional. Cultivaria essa ciência ao longo de toda a vida, não apenas pela leitura de livros, mas através de inúmeras observações e experiências. Naturalista em Malesherbes mesmo e em suas inúmeras viagens, manteria extensa correspondência sobre botânica e arboricultura, acumulando anotações e dissertações sobre essas matérias. Segundo seu biógrafo, "ele se orgulhava mais de seus trabalhos de naturalista que de sua carreira de magistrado e de sua obra de ministro".[14]

Além dessa paixão predominante, Malesherbes tem uma outra pelas letras. Muito antes de dirigir a Livraria em 1751, passando a se relacionar com todos os homens de letras, ele se abebera em Voltaire, Montesquieu, todos os autores importantes da época. Anos depois, confidenciaria a Morellet: "Durante anos, ocupei-me exclusivamente de literatura, convivendo apenas com homens de letras."[15] Será talvez essa a razão do estilo incomparável de suas futuras advertências. Seja no fundo ou na forma, ele é herdeiro dos filósofos e os acompanha. Em matéria de justiça e de política, antecede-os.

Enquanto Turgot vegeta em sua carreira de magistrado até 1761, Malesherbes, graças à nomeação de seu pai para a chancelaria, em 1750, é propulsionado à frente do Tribunal de Contas e da Livraria. Logo vem a ser nomeado membro honorário na Academia de Ciências,[16] onde, ao contrário de muitos de seus pares, participa ativamente dos trabalhos da companhia, como também dos da Academia das Inscrições e Belas Letras, onde é admitido em 1759. Enquanto isso, Malesherbes e Turgot tiveram, cada um à sua maneira, uma colaboração importante na *Enciclopédia*. Não sabemos se se conheceram nesse contexto ou nos salões da Sra. Blondel, mas o fato é que ambos freqüentam o meio enciclopedista. Sabemos que em duas oportunidades Malesherbes salvou a *Enciclopédia* da destruição pretendida por seus inimigos. Quanto a Turgot, foi apresentado a Diderot e d'Alembert por Morellet, seu condiscípulo na Sorbonne, no início da década de 1750.

Compartilhando basicamente as idéias dos filósofos sobre a tolerância religiosa e o papel das ciências no progresso do espírito humano, Turgot começou a colaborar na *Enciclopédia* no máximo por volta de 1755.[17] Redigiu cinco artigos sobre temas bem diferentes, os quais seriam publicados nos volumes VI e VIII. O primeiro, "Etimologia", é inovador. Ele "enuncia então, sobre o objeto e os métodos da etimologia, sobre a criação lexical, sobre as mudanças de sentido, etc., tantas idéias precursoras para a época" que ainda hoje lhe é atribuído "um sentido positivo das realidades lingüísticas".[18] O segundo, "Existência", é um artigo de metafísica de inspiração lockiana e newtoniana que critica certos aspectos do *Cogito* de Descartes. O terceiro, "Expansibilidade", é um brilhante ensaio de física sobre várias propriedades do ar, que inspiraria, vinte anos depois, as teorias de Lavoisier. Finalmente, dois outros artigos revelam seu empenho em favor da reforma econômica: "Feira" é uma condenação de todo monopólio comercial, e "Fundação", uma crítica dos fundos concedidos em caráter perpétuo, por mais caridosa que seja a finalidade; nem mesmo o homem mais esclarecido do século, acreditava ele, seria capaz de fundar um estabelecimento útil para o século seguinte. Turgot interromperia sua colaboração para o *Dicionário* depois da crise de 1758, que provocaria o afastamento de d'Alembert e, com ele, de toda a ala liberal. Receia, a essa altura, que seu nome venha a ser associado a um escândalo que poderia prejudicar sua carreira e suas expectativas. Além disso, segundo Condorcet, "haviam conseguido fazer com que a *Enciclopédia* fosse considerada um livro de seita",[19] e Turgot detestava a idéia de qualquer coisa que pudesse, em última análise, tornar-se fonte de preconceitos.

Turgot manteve seu relacionamento com Diderot, mas se tornou amigo íntimo sobretudo de d'Alembert. Este o introduziu no salão da Sra. du Deffand, para em seguida acompanhar Julie de Lespinasse, em cujo salão é encontrada a fina flor das letras. Mas o abandono da *Enciclopédia* não significa que abandone também sua própria produção literária. Ele continua aprofundando seus conhecimentos em astronomia, química[20] e história natural, empreendendo entre 1753 e 1761 consideráveis trabalhos de tradução: as pastorais de Gessner, fragmentos de Ossian, dissertações de Hume sobre o comércio, os partidos e a liberdade de imprensa, além das considerações de Josias Tucker igualmente relativas ao comércio.[21] Para não falar de numerosos versos, que mantinha engavetados. Como Malesherbes, trata-se de um autêntico intelectual, integrado ao meio filosófico e científico. Os dois se freqüentam e se estimam. Estabelece-se entre eles um sólido vínculo, fortalecido pela amizade comum pela Sra. Blondel. Era ela, segundo se diz, uma mulher brilhante e de grande cultura,[22] tão fiel a Malesherbes quanto fora a Turgot. Como a Sra. d'Enville, outra amiga íntima de Turgot, ela visitaria Malesherbes em seu exílio, entre 1771 e 1774, e estaria à cabeceira de Turgot no dia de sua morte... juntamente com a Sra. d'Enville.

Rotas paralelas

Se ambos saíram da magistratura, Malesherbes por herança, Turgot por escolha, a carreira daquele começa mais cedo que a deste. O filho do chanceler vem a ser nomeado primeiro presidente do Tribunal de Contas e responsável pela produção literária francesa aos 30 anos de idade. Essa segunda função cessaria em 1763, quando seu pai é demitido da função de ministro da Justiça. Em compensação, ele preservaria a presidência do Tribunal de Contas até entrar para o ministério, em 1775. Turgot, por sua vez, começa sua verdadeira carreira de administrador quando é convocado à intendência do Limousin, em agosto de 1761. Tem 34 anos e acumulou experiência e convicções fortes ao longo dos anos anteriores, não tanto no exercício de suas funções de referendário,[23] mas no convívio com um homem que admira e que haveria de marcá-lo profundamente. Foi no momento da tradução do panfleto de Josias Tucker que ele travou relações com Vincent de Gournay, intendente do Comércio, talvez através de Trudaine, encarregado do comércio no Controle Geral e que tivera acesso a notas de Gournay contra as corporações de ofício, redigidas já em 1752. A Gournay é atribuída a célebre máxima "Deixar fazer, deixar passar" ["*Laisser-faire, laisser-passer*"]: vendo na indústria e no comércio as verdadeiras riquezas do Estado, ele estava convencido de que o governo não devia nunca intervir em qualquer dos dois. Esse pai do liberalismo tornou-se a bússola intelectual de Turgot, que o acompanhou durante dois anos em suas viagens a serviço: em 1755, pelo oeste e pelo sudoeste da França, La Rochelle e Bordeaux, e, no ano seguinte, ao longo do Loire, de Orléans a Nantes, chegando depois a Saint-Malo. Afirma-se que os artigos "Feira" e "Fundação" representam um resumo das conversas que teve então com seu mestre.[24] À morte prematura deste, em 1759,[25] Turgot escreveu seu elogio fúnebre, contendo "os verdadeiros princípios que comprovam a utilidade da liberdade da indústria e do comércio, e a injustiça de toda restrição".[26] Adicionou elementos do pensamento de Quesnay,[27] pai da fisiocracia, que conhecera nesse período. Como Gournay, ele preconiza a liberdade do trabalho, e, como Quesnay, a necessidade de um imposto único. Discípulo de ambos, tornou-se convicto economista, embora afirme não pertencer à "seita".

A 8 de agosto de 1761, Turgot é nomeado intendente de Limoges, uma das regiões mais pobres e assoberbadas de impostos da França. Durante treze anos, ele tenta de todas as maneiras melhorar a situação de sua província. Consegue diminuir o imposto principal, a derrama, organiza um cadastro equânime e substitui os dias de trabalho gratuito, que oneravam exclusivamente os mais destituídos, por um imposto sobre os proprietários fundiários, substituindo igualmente a conscrição forçada na milícia por um alistamento voluntário. Abre estradas e canais para o transporte de cereais e outros gêneros e estimula o quanto pode a liberdade de comércio e a agricultura. Paralelamente, conduz uma notável política social: considerável assistência em épocas de escassez, criação de oficinas de caridade, formação de parteiras rurais e de médicos capacitados para combater as epidemias. Funda em Limoges uma escola de veterinária, desenvolve as atividades agrícolas, distribui sementes e instrumentos de aragem e introduz a batata para compensar a escassez de trigo. Teve também de enfrentar revoltas, que neutralizou com firmeza. Durante todo esse tempo, governa sua região como economista convicto, estimulando inovações nem sempre bem absorvidas pela população. Os outros intendentes, especialmente Saint-Priest no Languedoc e Montyon na Auvergne, não escondem sua hostilidade a todas essas novidades, mas Turgot não se dá por achado. A dúvida não faz parte de seu vocabulário.

Simultaneamente, Malesherbes também luta por mais liberdade e justiça fiscal. Terminada a Guerra dos Sete Anos (1756-1763), o déficit é colossal[28] e a crise econômica, grave. Os parlamentos e o Tribunal de Contas sentem-se na obrigação de refletir a insatisfação da opinião pública. À frente de seu Tribunal, Malesherbes protesta contra quase todos os decretos que geram novos impostos ou aumentam os existentes. A defeituosa organização fiscal serve-lhe de alimento e justifica já agora suas críticas. Desde 1759, Malesherbes afirma que os franceses mais miseráveis são os que mais pagam impostos, lastima as isenções e o favoritismo de que se beneficiam os poderosos e constata que a desigualdade em matéria de impostos vem acompanhada de injustiças e afrontas intoleráveis para os mais fracos. O Tribunal de Contas reclama impostos fixos, proporcionais e uniformes, para promover uma repartição mais justa, livrar os mais humildes da tirania dos coletores e diminuir os enormes gastos da administração financeira.[29] O primeiro presidente reitera suas queixas em junho de 1761, a propósito da imposição e da cobrança da derrama. Investe violentamente contra o arbítrio dos comissários e contra os subalternos que recebem suas ordens. A guerrilha contra o poder é uma luta invariavelmente perdida antes mesmo de começar; em vez de esmorecer, no entanto, ela aproveita cada decisão financeira para ganhar novo impulso.

O conflito permanente em que se defrontam o Tribunal de Contas e o poder real adquire contornos dramáticos em 1770, como vimos, com o caso Monnerat. Já acontecia, como relata Boissy d'Anglas, de os parlamentos se queixarem contra o encarceramento ou o exílio de alguns de seus membros, dirigindo ao rei advertências indignadas. Mas até então não se dera ainda o caso de a liberdade de um simples cidadão ser alvo da solicitude dos magistrados. Malesherbes deu o exemplo, transformando o caso Monnerat num julgamento exemplar da injustiça e dos atentados às liberdades individuais. "Sem grande importância em si mesmo, ele [lhe] dera a oportunidade de se elevar ao cume do pensamento jurídico e político."[30]

Cada um à sua maneira, Malesherbes e Turgot encarnam a preocupação com o bem público e a esperança de liberdade apregoadas pelos filósofos. Muito embora Turgot se tenha secretamente regozijado pela dissolução dos parlamentos, sem esconder sua reprovação do radicalismo de Malesherbes em 1771, os dois acreditam que eles só poderão ser reabertos se aceitarem certas condições. À parte essa divergência, estão de acordo no essencial. Têm uma visão comum sobre a política fiscal, a Fazenda Geral, os dias de trabalho gratuito, a tolerância religiosa, etc.

Quando Luís XVI sobe ao trono, só Malesherbes, ainda no exílio, goza de autêntica popularidade. Sua coragem, sua dignidade e sobretudo seu combate pelas liberdades públicas fazem com que uma grande parte do público deseje vê-lo no ministério. O que não é o caso de Turgot, cuja notoriedade não vai além do meio dos filósofos, dos economistas e da alta administração. E no entanto, aquele só pensa em voltar ao seu Tribunal de Contas, ao passo que este sonha ser ministro...

Ambições diferentes

Ao deixar Limoges em janeiro de 1774, Turgot realizou um notável trabalho governamental. Às vésperas da Revolução, Young escreveria em seu diário: "A reputação que aqui deixou Turgot é considerável."[31] Não obstante seus inimigos, sua intendência marcaria época. De sua parte, há alguns anos já deseja voltar a Paris. O ambiente na região do Limousin é limitado, e sobretudo tão distante da capital, onde ficaram todos os seus amigos! Nas visitas à capital duas vezes por ano, ele ampliou o círculo de suas relações e dos amigos, particularmente entre os economistas. Em 1764, trava amizade com o jovem Pierre Samuel Dupont,[32] que acaba de publicar um livro sobre *A exportação e a importação de cereais*. Quando ministro, Laverdy incumbira esse discípulo de Quesnay da direção do

Jornal da Agricultura, e Turgot o apresentou aos dois Trudaine, amigos do primeiro círculo. Sob a direção de Trudaine de Montigny, Turgot participa com Dupont da preparação do decreto de 1764 sobre a liberdade do comércio de cereais. Em 1766, durante suas estadas em Paris, ele comparece aos jantares das terças-feiras instituídos pelo marquês de Mirabeau.[33] Neles, encontra todos os economistas, com os quais conversa sobre questões econômicas, naturalmente, mas também sobre justiça e política.[34] Graças, mais uma vez, a Trudaine, mantém relações cordiais com Maynon d'Invau, controlador geral de setembro de 1768 a dezembro de 1769. Desde essa época, Turgot é um homem bem posicionado no círculo do poder. Segundo Julie de Lespinasse, seu nome teria sido cogitado, inclusive, para substituir Maynon d'Invau em 1769.[35] Mas Choiseul, ao que se diz, não o teria achado com "uma cara ministerial" nem capaz de conquistar a confiança do Parlamento. Deu preferência, assim, ao abade Terray, que logo tratou de revogar o decreto liberal de 1764, restabelecendo as proibições anteriores.

Turgot é um homem tímido e discreto que gosta do trabalho solitário. Mas também é um homem de ação e de idéias muito firmes, e que sonha pô-las em prática. Considera ter mostrado do que é capaz no Limousin e espera apenas uma oportunidade para ampliar seu campo de ação. Não só o poder não lhe dá medo como ele sente ao mesmo tempo a vocação do bem público e a força de caráter necessária para servi-lo e impô-lo.

Quando Luís XVI sobe ao trono, Malesherbes está num estado de espírito muito diferente. Os três anos e meio de exílio foram-lhe menos penosos que a seus colegas. Ele aprofundou seus conhecimentos em botânica e escreveu muitas dissertações, especialmente sobre as condições a serem lembradas aos parlamentos para não solapar a autoridade do rei. Conversou a respeito com Turgot quando este o visitava em Malesherbes. Não surpreende, assim, que Maurepas, alertado por Turgot, queira levar para o governo o "ídolo do público".[36] No início de agosto de 1774, seu nome é aventado para ocupar o lugar do ministro da Justiça, embora Luís XVI seja radicalmente contrário à idéia. "Não falemos dele para nada", teria dito o soberano. "Trata-se de um enciclopedista por demais perigoso."[37] Maurepas ainda esperava fazê-lo mudar de idéia, mas o próprio Malesherbes não quis saber de nada: a 5 de agosto de 1774, escreve a Turgot enumerando seus motivos para não aceitar o cargo. É bem verdade, diz então, que é necessário conter o poder da magistratura, mas não cabe a ele, que lutou durante anos contra o arbítrio governamental, para afirmar os direitos dessa mesma magistratura, fazer-se o instrumento dessa política: "Como quer o senhor que essa reforma seja feita, que ela seja sequer proposta por aqueles mesmos que sofreram perseguição pela causa parlamentar? (...) Entendo que alguém aceite passar por déspota, e mesmo por tirano, quando tem a íntima convicção de que está fazendo o bem, quando segue os princípios que passa por ter sempre professado (...). Mas a acusação de ter traído a própria consciência e abandonado por ambição seus princípios e seus confrades é uma acusação que não entendo seja alguém capaz de sustentar..." Depois de reiterar sua inabalável decisão de nada aceitar, ele responde antecipadamente à última objeção que provavelmente lhe terá sido endereçada por Turgot: "O senhor acredita, então, que é o caso de sacrificar minha honra pelo bem do Estado, mas eu sei perfeitamente onde é que estão as pessoas que fizeram semelhante sacrifício sem um pequeno consolo disfarçado de ambição. E aliás, prove-me que é aí que está o bem público, pois muito longe estou de acreditá-lo."[38]

Em setembro de 1774, Miromesnil é ministro da Justiça e Turgot, controlador geral desde 24 de agosto. Malesherbes encaminha a este suas idéias sobre o processo de restabelecimento da antiga magistratura. Trata-se de quatro dissertações endereçadas a Luís XVI. O rei deve reconhecer a injustiça cometida contra o Parlamento e portanto contra a nação, mas serão tomadas precauções contra os abusos que ele sempre pode cometer.[39] O Grande Conselho é transformado em órgão moderador, capaz de substituir o Parlamento em casos de cessação de serviço, desde que essas funções de suplência constem explicitamente do decreto de reabertura.

Assim foi feito a 12 de novembro. O rei fez valer sua autoridade para reabrir o Parlamento e o Tribunal de Contas. O decreto real retomava exatamente as propostas de Malesherbes, mas este, à frente do seu Tribunal, fez que não via. Estranho comportamento, o seu! Ele tivera considerável participação no restabelecimento da antiga magistratura, desempenhando secretamente o papel de ministro da Justiça, ao mesmo tempo em que se recusava a assumir suas responsabilidades e riscos, mas também a glória ou eventual desonra. Na verdade, esse intelectual de mãos limpas desconfia da política como da peste. Quer antes de mais nada preservar o capital moral acumulado na oposição e o reconhecimento da república das letras. Este lhe é oferecido na forma de uma eleição triunfal para a Academia Francesa. Em seu benefício, Chastellux, candidato do clã filosófico, abre mão de sua candidatura, e a Academia esquece o próprio regulamento.[40] Contrariando o costume, Malesherbes não precisa apresentar sua candidatura nem fazer campanha: "Foi em virtude de uma extraordinária admiração pelas altas qualidades desse magistrado que a Academia, elevando-se acima das regras, decidiu recebê-lo e convidá-lo a ocupar um lugar em seu seio."[41] Uma espécie de cooptação das mais raras, pois ele é convocado por unanimidade. Por cortesia, Voltaire é o único a quem Malesherbes solicita um sufrágio moral.[42] O que não deixava de ser um gesto elegante, depois do ataque do patriarca contra as advertências de 1771. Assim é que ele vem a ser eleito a 12 de janeiro de 1775, praticamente por aclamação. É a recompensa pela coragem política que evidenciou em 1771 e por sua incansável atividade em favor das letras. Assim que é conhecida a data de sua recepção (16 de fevereiro), "estima-se que virá uma multidão considerável (...),[43] há uma prodigiosa procura para conseguir entradas para essa assembléia memorável". Chegado o dia, houve tanta gente "que nada parecido se havia visto em cerimônia dessa natureza".[44] O discurso de Malesherbes revela o homem do Iluminismo por excelência. Ao escolher como tema *Da posição ocupada pelas letras nas diferentes ordens do Estado*, ele presta uma vibrante homenagem aos homens de letras. Ousa comparar sua influência sobre a opinião pública "aos oradores de Roma e de Atenas em meio ao povo reunido", frisando assim a importância do novo poder intelectual. Ao dar "um testemunho público de [sua] veneração pelo homem que fez a glória de [seu] século",[45] ou seja, Voltaire, Malesherbes optou deliberadamente por dar prioridade à literatura sobre a política.

O TESTE DO GOVERNO

Governar é uma arte que pressupõe objetivos claros, mais ainda que convicções, pedagogia para convencer, flexibilidade para negociar ou neutralizar o maior número possível de adversários e, finalmente, temperamento para pôr mãos à obra e enfrentar os que resistem. Nem Turgot nem Malesherbes reuniam essas qualidades em conjunto. E por sinal, ninguém mais que este último podia mostrar-se tão lúcido a seu próprio respeito. Quando seu nome era aventado para o ministério da Casa do Rei, em junho de 1775, o abade de Véri relata a seguinte conversa de Malesherbes com Boisgelin, arcebispo de Aix, a respeito dos ministros:

"Percebo cada vez mais", diz o arcebispo, "que não é pela inteligência nem pelas virtudes nem pelas idéias superiores que se governa bem, mas pelo caráter.

— O senhor tem toda a razão — observou vividamente o Sr. de Malesherbes. — É por isso que não serei um bom ministro. Não tenho caráter.

— Mas que está dizendo (...), que o senhor não tem caráter?

— Não, na verdade, não o tenho — respondeu ele.

— E no entanto eu o vejo manter-se firme em suas idéias uma vez abraçadas.

— Mas não é certo — atalhou ele prontamente — que eu as tenha abraçado a respeito de três quartos das coisas."[46]

Em sentido inverso, Turgot certamente não pode ser considerado destituído de caráter e de "idéias fixas". Mas lhe falta essa "gotinha de óleo"[47] que facilita as relações humanas.

Na visão de seus inimigos, Turgot é um dogmático rígido e Malesherbes, um cético destituído de vontade. A Sra. du Deffand sente um prazer pérfido em relatar a Walpole o que se diz dos dois: "Não se encontra um homem mais empreendedor, mais obstinado, mais presunçoso [que Turgot]; seu companheiro Malesherbes vai ao sabor das circunstâncias. De nossos três ministros, o que se diz é: Turgot não duvida de nada, Malesherbes duvida de tudo e Maurepas zomba de tudo."[48] Apesar de simplista, a afirmação não deixa de ter um fundo de verdade, a darmos crédito aos interessados e a seus amigos.

O *handicap* de Turgot

Sua timidez é conhecida. Confere-lhe um certo ar de "incômodo e embaraço".[49] Segundo seus amigos mais chegados, sua aparência lhe prega terríveis peças. "Sem que ele saiba, sua fisionomia apresenta um ar de desdém em relação aos que lhe parecem estar errados."[50] Para Condorcet, "ele não era capaz de dissimular seu ódio pelos maus, seu desprezo pela covardia; seus sentimentos involuntariamente lhe afloravam ao rosto, em seu olhar, em sua expressão".[51] Mas, para julgá-lo, acrescenta

Condorcet, será necessário conhecê-lo por inteiro: "Ele podia ser considerado frio, mas só a razão o havia preservado de ser um homem profundamente apaixonado. Era tido por desdenhoso, e nunca homem algum sentiu uma estima mais profunda pelos talentos e pelas virtudes (...). Parecia minucioso, mas era por ter abarcado tudo em amplas combinações (...). Era considerado suscetível de prevenção porque só julgava por experiência própria e não se submetia à opinião comum. Achava-se que era orgulhoso porque não escondia nem o sentimento de sua própria força, nem a convicção firme de suas opiniões, e, sentindo o quanto estavam ligadas umas às outras, não se dispunha a abandoná-las na conversa nem a defender separadamente alguma de suas partes isoladas."[52]

"Fundamentando suas decisões no minucioso exame de todos os elementos, analisando e refutando as objeções, custa-lhe crer que outros espíritos recusem as evidências que se impuseram ao seu. Ele não entende que alguém resista a algo que não é capaz de refutar."[53] Turgot é criticado ao mesmo tempo por "sua fúria do bem público" e por pretender "governar por demonstrações". Seus pontos de vista são acertados, segundo se reconhece de bom grado ao seu redor, mas ele não tem "a maneira de fazê-los valer".[54] O abade de Véri se preocupa com o ardor demasiado diligente na execução de seus projetos e com os obstáculos que não é capaz de prever. Ele não sabe mostrar-se maleável para chegar aonde quer e esquece a importância do "jeito". "Inabalável na consecução de seus planos, [Turgot] não tem a menor flexibilidade para saber atender às opiniões dos outros (...); seus estudos solitários de gabinete não lhe ensinaram a arte de transmitir sua convicção à alma daqueles que não estão preparados. A retidão de suas intenções, que julga tão evidente aos olhos dos outros quanto aos seus próprios (...), sempre o afastou dos caminhos da flexibilidade, da condescendência e da cortesia, que constituem uma alavanca tão importante nas cortes."[55]

Essa total ausência de sensibilidade política lhe vale um número cada vez maior de inimigos. Uma coisa é ver se insurgirem contra o ministro todos aqueles cujos interesses vitais estão ameaçados, como os financistas, o clero, os cortesãos; outra, bem diferente, é perder os próprios aliados políticos. O primeiro deles, naturalmente, é o rei, que o apoiava firmemente desde o início. Com tanta secura e quase arrogância, ele acaba por indispô-lo: "Só os seus amigos têm mérito e só as suas idéias são acertadas",[56] comentaria Luís XVI com Maurepas. Com este, ao qual deve o fato de estar no governo, Turgot tampouco se mostra mais hábil. Recusa-lhe obstinadamente um favor para um de seus protegidos, por não considerá-lo merecido.⁵⁷ O que torna o clima cada vez mais pesado com o primeiro dos ministros... Seus colegas, justamente, queixam-se de que ele interfere em seus departamentos. Acusam-no, inclusive, de falar mal deles e de sua administração ao rei. Sempre essa mania de "pronunciar secamente o seu julgamento (...) sem consideração pelas pessoas, sem levar em conta a ignorância em que pode estar de tantos detalhes",⁵⁸ segundo o recrimina Véri.

Carecendo da mais elementar psicologia e de senso tático, Turgot parece cultivar a arte de transformar seus contraditores em inimigos. Foi o que aconteceu com Necker, adversário de sua política liberal no comércio de grãos. No exato momento em que as más colheitas de 1775 elevam o preço do trigo, pondo em risco o abastecimento, Necker publica sua "bomba doutrinal",⁵⁹ *Da legislação e do comércio dos grãos*. Com certa elegância, convidou Turgot a ler previamente seu manuscrito, para dizer se não haveria inconveniente em publicá-lo. Necker foi à casa de Turgot "com seu caderno". O abade Morellet, amigo dos dois, mas colaborador do ministro, presenciou a cena: "O Sr. Turgot respondeu algo secamente ao autor (...) que ele podia imprimir o que bem quisesse, que não se *temia* nada, que o julgamento cabia ao público, recusando a divulgação do trabalho; tudo com esse ar de desdém que ele tantas vezes ostentava ao combater as idéias contrárias às suas (...). E pude ver [o Sr. Necker] se ir com ar de um homem ferido mas não abatido."⁶⁰

O livro de Necker saiu no exato momento em que tinha início a guerra das farinhas. O autor imediatamente tratou de mandar um exemplar ao ministro, que respondeu, não sem certa má-fé: "Se eu tivesse de escrever sobre essa questão e me julgasse na obrigação de defender a opinião abraçada pelo senhor, teria esperado um momento mais tranqüilo, no qual a questão pudesse interessar apenas às pessoas em condições de julgar sem paixão. Todavia, nessa questão como em tantas outras, cada um tem sua maneira de pensar."⁶¹ O livro de Necker encantou os inimigos de Turgot. Teve, como observa Edgar Faure, "uma grande influência na opinião pública. Forneceu aos hesitantes motivos para se decidir, aos céticos, razões de confirmação do seu ceticismo. Dava uma explicação e quase uma justificação doutrinária para os tumultos que pareciam assinalar o fracasso da experiência".⁶²

O golpe foi duro para Turgot. Entretanto, em vez de se questionar sobre sua própria inabilidade, ele responsabilizou Necker por seu fracasso. E jamais haveria de perdoá-lo.

Malesherbes ministro contra a vontade

Depois de sua entrada triunfal na Academia Francesa, Malesherbes assina seu último texto de presidente do Tribunal de Contas. São as advertências de 6 de maio de 1775, mais conhecidas sob o título "Grandes Advertências". Grandes porque volumosas, elas reiteram o essencial das análises e críticas feitas há vinte anos. Grandes sobretudo porque já não investem contra este ou aquele aspecto específico do sistema político e administrativo, mas contra o próprio sistema. Nunca até então se havia desmontado com tanta acuidade o mecanismo administrativo e o sistema de opressão que o estabelecia. E tampouco se havia jamais descrito com tanta clareza a pirâmide de poderes característica do centralismo francês. De passagem, Malesherbes denunciava a utilização das ordens régias, símbolo de uma política despótica. Essas advertências logo seriam consideradas perigosas para o poder, muito embora Luís XVI tivesse concordado em recebê-las e lê-las.[63]

Estranhamente, pouco depois que o ministro da Justiça, Miromesnil, comparece solenemente ao Tribunal de Contas para receber a minuta do texto, evitando assim que seja tornado público, volta-se a falar da entrada de Malesherbes para o governo. Turgot, Vergennes e Miromesnil querem que ele suceda a La Vrillière no ministério da Casa do Rei, para impedir que o lugar seja ocupado por Sartine, candidato da rainha e inimigo de Turgot. Maurepas acaba convencendo Luís XVI a consentir na nomeação do enciclopedista. Faltava agora obter o consentimento de Malesherbes. Formou-se uma equipe de quatro[64] para arrancar-lhe uma decisão... restritiva!

Graças ao *Diário* de Véri, podemos acompanhar dia a dia a resistência de Malesherbes à pressão dos amigos. A todos os argumentos políticos, morais e amistosos, ele opõe uma profunda repugnância a ocupar tais funções. "Seus motivos são que, equivocadamente, julgam-no capaz de cumprir funções em que haja detalhes diários; que ele sabe apenas falar e lançar idéias; que se o quisessem apenas *como conselheiro, e não para agir*, ele poderia ajudar de alguma maneira, mas que era *inapto para um cargo de ação*; que a benevolência que suscitara nos parlamentos ao parecer apoiá-los haveria de se transformar em aversão por ele a partir do momento em que o vissem ter êxito em enfrentá-los (...); que estava convencido de que o rei mais cedo ou mais tarde haveria que ceder terreno à rainha na escolha de seus ministros... Como superar a repugnância infinita que sempre senti pelo ministério?"[65]

Seus amigos insistem, respondem a suas objeções. Malesherbes pede um prazo de vinte e quatro horas, dando resposta negativa. No dia seguinte, 29 de junho de 1775, à noite, Maurepas convoca a seu gabinete Turgot e Véri. Decide-se enviar imediatamente um mensageiro a Malesherbes, onde ele reside, exigindo pronta resposta. Despertado em plena noite, ele escreve a Turgot uma carta cheia de confusão, evidenciando em particular seu medo de desagradar à rainha: "O senhor me quer fazer entrar contra a vontade de uma rainha todo-poderosa. Será que faz algum sentido? O senhor me faz entrar hoje para ser expulso amanhã, não de forma gloriosa, como diz, mas humilhante. Pois será por ter feito nesses oito dias dez besteiras, que necessariamente haverei de fazer, pois assim será levado a proceder, a cada passo, um homem que todos sabem desagradar à rainha (...). O senhor me fala da felicidade de vinte milhões de pessoas. Eu deveria sacrificar em nome disso não apenas minhas aversões, não apenas minha felicidade (...), se alguma influência pudesse ter, mas não devo sacrificar minha honra e minha felicidade quando (...) nada posso fazer."[66]

Mas o fato é que Malesherbes não deixa de entreabrir a porta, prova de sua indecisão. Ele pede uma entrevista com o rei e a rainha, sabendo perfeitamente que pode ser fatal a Turgot. Mas, em vez de ir a Versalhes, como anunciado, Malesherbes fica em casa. No dia 30 de junho, nas primeiras horas da tarde, Malesherbes recebe o abade de Véri, portador de uma carta de Turgot e de outra do rei. O primeiro garante-lhe que a rainha não tem qualquer oposição pessoal contra ele, e que serão tomadas todas as providências possíveis para desincumbi-lo dos detalhes e estorvos das reformas da Casa do Rei. Ele conclui a carta com as seguintes palavras: "Perdoe-me pela insistência, não me considere seu inimigo (...). Mantenha sua amizade por mim apesar do mal que lhe faço."[67] A carta do rei é uma ordem embrulhada em fórmulas de amabilidade: "O Sr. Turgot, Senhor, relatou-me sua repugnância a assumir o lugar que lhe ofereci, mas acredito que seu amor pelo bem público haverá de vencê-la, e o senhor não imagina o prazer que me haveria de dar se aceitasse pelo menos por algum tempo, se não desejar decidir-se completamente a isso. Acredito que isso é absolutamente necessário para o bem do Estado."[68]

O abade de Véri, testemunha da cena, relata: "Quando entreguei a carta ao Sr. de Malesherbes, fiquei aflito com a violenta agitação em que o vi. À parte alguma doença mortal, disse ele, exaltado, nada mais funesto poderia acontecer-me! Mas não se pode resistir a um desejo muito mais forte que uma ordem."[69] No dia seguinte, Véri levava ao rei a resposta de Malesherbes. Nunca a aceitação de um cargo ministerial terá sido acompanhada de tantas ressalvas! Ele não só lembra ao rei sua inaptidão para os detalhes da administração como aceita a missão apenas por "um tempo muito curto", anunciando-lhe ainda, antes mesmo de começar: "Não perderei a menor oportunidade de suplicar [a Vossa Majestade] que trate da escolha do meu sucessor."[70]

A contragosto, Malesherbes tornava-se secretário de Estado para a Casa do Rei. Depois de se demitir, não sem tristeza, do Tribunal de Contas, a 14 de julho de 1775, ele assumiu suas novas funções no dia 21.

A impotência de Malesherbes

Sua entrada para o governo entusiasma a opinião liberal, mas também camadas mais populares. A 6 de julho, Julie de Lespinasse escreve a Guibert: "Oh! fique desde logo certo de que o bem será feito e *será feito bem*, pois serão as luzes que dirigirão a virtude e o amor do bem público. Nunca, ouça bem, nunca dois homens [juntamente com Turgot] mais virtuosos, mais desinteressados, mais ativos foram reunidos e animados mais vigorosamente por um interesse maior e mais elevado. O senhor o verá: seu ministério deixará marcas profundas no espírito dos homens (...). Essa escolha será recebida com entusiasmo pelo público (...). Oh! serão maus tempos para os velhacos e os cortesãos!"[71]

Constantemente associada à de Turgot nas manifestações de alegria que provoca, sua nomeação reforça a posição do controlador geral. As cartas de Voltaire durante o verão e o outono não podiam ser mais entusiásticas. Ao receber a notícia, ele pergunta: "Será a França tão feliz assim para que o Sr. de Malesherbes esteja no ministério? Eis, então, o reino da razão e da virtude por todos os lados. Vejo que precisamos pensar em viver."[72] A *Correspondência* de Metra não fica para trás. Nela, podemos ler, na data de 9 de setembro: "Nunca um homem de Estado mostrou-se com traços mais estimáveis que aqueles através dos quais vemos o Sr. de Malesherbes. Que um alicerce tão necessário à nossa felicidade não seja derrubado!"[73] Sucedem-se poemas e epístolas versificadas.[74] Seu elogio é feito nas academias de província. Só se fala da bondade do novo ministro, de seu amor pelo povo, de seu desapego e de seu senso de justiça.

À parte os gracejos da Sra. du Deffand sobre esse "governo formado pelos filósofos: é o reino da virtude, do desapego, do amor ao bem público e da liberdade"[75] e o ceticismo realista da Sra. de Maurepas: "Ele me parece um homem bom e muito sensível, o que me leva a temer que não tenha êxito neste país",[76] todos querem acreditar que Malesherbes porá fim às iniqüidades e que será possível passar da sombra à luz. Essa louca esperança e essa confiança tão grande devem tê-lo levado a lamentar um pouco mais a aceitação de uma missão tão pesada. Em tais condições, ele só poderia decepcionar e perder o capital de respeito e admiração que estava associado ao seu nome.

As atribuições de seu ministério são múltiplas e disparatadas. As principais são a gestão da Casa do Rei, o ministério de Paris e as questões do protestantismo. Grosso modo, trata-se de um ancestral do Ministério do Interior. Logo de entrada, Malesherbes volta-se para o mais fácil. Em benefício dos prisioneiros do Estado, toma iniciativas que não incomodam ninguém. Visita as prisões (a Bastilha, Vincennes, as masmorras de Bicêtre) e encontra presos que se tornaram dementes em virtude da longa detenção. Manda ampliar várias delas, provocando delirante entusiasmo na opinião pública. O homem que tão freqüentemente denunciava o recurso arbitrário às ordens régias cumpre suas promessas ao chegar ao poder! Ele não propõe que sejam eliminadas — o que estaria fadado ao fracasso —, mas expõe seus princípios de detenção e as soluções que pretende adotar para encaminhar de maneira humana a situação dos prisioneiros de Estado. Com essa finalidade, uma nota é enviada ao rei, enquanto os intendentes de província recebem uma circular. Ele anuncia a criação de comissões extraordinárias para rever o que foi feito até o momento e estudar as questões vindouras. Essas instruções ministeriais não poriam fim ao arbítrio das detenções nem às ordens régias, mas Malesherbes assumiu suas funções bem de acordo com sua imagem.

O mais difícil não era isso. Turgot o quisera a seu lado para pôr fim a privilégios ruinosos para o Tesouro público e restabelecer a ordem na

Casa do Rei. Tratava-se de limitar o máximo possível pensões e gratificações, e, portanto, provocar a indignação e o repúdio dos mais poderosos da Corte. Acontece que Malesherbes não sabe dizer não. "É muito forte minha vontade, por natureza", explicava, "de considerar que qualquer um que entra no meu gabinete tem razão." Resultado: em vez de lutar palmo a palmo contra as despesas de aparato da família real, ele deixa correr. Todo mundo fica encantado com Malesherbes, exceto ele próprio. Como o rei faça um comentário sobre a boa vontade geral de que está cercado, ele responde que "era a prova de que ocupava mal o lugar que ele me dera. Pois, se o ocupasse bem, geraria uma multidão de queixosos".[77] Estamos em novembro de 1775 e ele já está desanimado com a missão que não consegue cumprir. E no entanto, considera essencial a reforma da Casa do Rei, chegando inclusive a redigir uma dissertação sobre os meios de alcançá-la.[78] Mas se recusa a executá-la: "Estão muito enganados se esperam que eu a promova. Sou incapaz disto, por caráter."[79]

Além da Casa do Rei, ele é assoberbado por uma série de questões que o entediam, especialmente tudo que diz respeito ao "ministério de Paris", "o mais tedioso e o mais chão, e por sinal sujeito a todo tipo de querela". Ele deve cuidar da loteria da cidade, da liberdade de venda de carne durante a quaresma, dos abusos da administração da Ópera, da guarda de Paris, da vagabundagem, etc. Confessa que esse trabalho o "extenua de tal maneira que eu, que sempre me encaminhava com alegria para meu gabinete, preciso agora fazer força para dirigir-me a ele e até para sair da cama".[80] E no entanto, o fato é que Malesherbes não ficou propriamente inativo durante os dez meses de seu ministério. Embora se revele incapaz de impor sua vontade e resolver as questões administrativas que lhe cabem, está no seu elemento ao redigir dissertações que analisam os males e sugerem os remédios a serem aplicados. Além das dissertações sobre as ordens régias e a reforma da Casa do Rei, ele formulou longas observações sobre a indigência e a mendicância, a repressão da vagabundagem[81] e a reformulação das leis penais. Mais à vontade nessas questões, ele desenvolve pontos de vista ousados que vão muito além dos expostos pelos enciclopedistas, particularmente a respeito da pena de morte e da prisão.[82]

De todas as suas atribuições, a que lhe falava mais de perto era a questão dos protestantes. Partidário, como Turgot, da tolerância religiosa e da integração dos protestantes ao estado civil, ele se sensibilizara com sua situação trágica muito antes de chegar ao poder. Já reunira ampla informação sobre a questão. Nomeado ministro, passa a se relacionar secretamente com seus representantes, defendendo-os contra os bispos e encetando negociações com vistas a uma lei em seu favor. Mas a pretensão de conceder aos protestantes o direito ao casamento legítimo sem a participação do clero católico continuava provocando feroz oposição da Igreja católica. Malesherbes tentou superar as reticências de Luís XVI demonstrando que uma medida dessa natureza não seria contrária à política de Luís XIV. Em vão: as mentalidades não estavam preparadas. Na véspera de deixar o governo, tendo perdido a esperança de levar a cabo seu projeto, ele levantou a questão no Conselho, a 10 de maio de 1776.[83] Como previsto, a questão foi adiada *sine die*. Meses depois, afastado, Malesherbes enviou ao rei várias dissertações sobre o que seria necessário fazer no departamento que acabava de deixar. Destacava-se uma extensa *Dissertação sobre as questões de religião*, criticando as iniciativas do clero e atacando "os ministros fanáticos e perseguidores que usam a religião como pretexto para seu ódio e sua ambição".[84] Entretanto, como no caso das outras reformas que considerava necessárias — ordens régias, economias da Casa do Rei, reunião dos estados gerais —, ele deixava ao rei e a seus próprios sucessores a tarefa de realizá-las...

A colméia ministerial de Turgot

Assim que é nomeado para o Ministério da Marinha, a 20 de julho de 1774, Turgot cerca-se dos amigos cientistas e filósofos. Um mês depois, nomeado controlador geral, convoca seus amigos mais próximos, os economistas. Pela primeira vez, "intelectuais" entram em peso para um ministério, para nele fazer o aprendizado da política. Descobrem os palácios oficiais, freqüentam os gabinetes dos ministros e conhecem a excitação do poder.

Condorcet foi um dos primeiros a se juntar a Turgot na Marinha. Não é por acaso que, entre as medidas tomadas no primeiro mês, além do pagamento dos atrasados dos operários do arsenal de Brest, está a tradução de dois tratados de Euler, sobre ciência naval e artilharia. A secretaria da Marinha tinha sob sua incumbência as colônias, e tanto Turgot quanto Condorcet desejavam ardentemente acabar com "essa escravidão de negros, vergonha das nações modernas".[85] Muito próximos há vários anos, os dois compartilhavam as mesmas convicções filosóficas, a mesma desconfiança do Parlamento e sobretudo um inalterável otimismo cientificista. Mais enciclopedista que economista, Condorcet, o mais fiel entre os fiéis, entraria várias vezes em liça para defender a política de seu amigo e chefe.[86]

No Controle Geral, seus colaboradores pessoais são provenientes da mesma sociedade. Seu primeiro auxiliar[87] é Devaines, que já trabalhou para ele em Limoges.[88] Considerado um "sectário da filosofia",[89] trata-se de um amigo íntimo de Julie de Lespinasse e d'Alembert, como Condorcet. Turgot convoca Dupont de Nemours na Polônia, onde trabalhava para o príncipe Czartoryjski, instalando-o em sua secretaria particular, para em seguida nomeá-lo inspetor geral de Comércio e Manufaturas. Incumbe seu antigo condiscípulo Morellet de trabalhos sobre a liberdade de comércio, vinculando-o ao escritório de despachos. Finalmente, põe novamente à frente das *Éphémérides*[90] o abade Baudeau, economista particularmente exaltado, que é encarregado de difundir sua doutrina.

Com essa equipe de absoluta dedicação, Turgot arregaça as mangas para reformar a França como fizera no Limousin, num espírito de completo desapego[91] e com uma imensa ambição. Indo além da economia e das finanças propriamente ditas, ampliou seu campo de ação para todas as iniciativas técnicas que permitissem melhorar a condição de vida dos franceses. Essa parte de sua atividade — a menos espetacular — nos interessa na medida em que mostra seu considerável interesse pelas questões que comportassem aplicações científicas, assim como a estreita relação que mantém com a Academia, através de Condorcet. Este é incumbido de todas as questões de navegação interna, essencial para o desenvolvimento do comércio. É encarregado igualmente de estabelecer uma nova tonelagem para a navegação, menos escandalosamente favorável aos coletores de impostos. Turgot cria uma cadeira de ciência hidráulica na administração de Pontes e Calçadas, entregando-a a Bossut. Interessa-se por uma máquina de dessalinização da água do mar, estudada por Condorcet e Lavoisier, e mais adiante entrega a este último a administração de pólvora e salitre. Corresponde-se com Macquer[92] a respeito dos problemas de química, com Duhamel sobre a conversão do ferro em aço nas forjas de Buffon, com Fouchy sobre os efeitos do curtimento do cânhamo nas águas correntes.[93] Encarrega um jovem e brilhante médico, Vicq d'Azir, de combater a terrível epizootia que devasta o sudoeste no outono de 1774. No lugar de Bertin, ministro da Agricultura, Turgot aprova suas propostas de isolamento das regiões e imediato sacrifício dos animais afetados... Todas essas medidas e muitas outras[94] grangeiam-lhe a fama de ministro esclarecido, mas não é aí que se encontra o cerne de sua política.

Turgot chegou ao poder para aplicar seus princípios liberais. Trata-se de pôr fim aos privilégios, às corporações, aos monopólios que entravam a indústria e o comércio. Entretanto, a cada privilégio retirado, sucedem-se os protestos contra um ministro que investe contra a propriedade. A título de exemplo, quando ele abole o privilégio exclusivo do Hôtel-Dieu* para venda de carne durante a quaresma, fala-se de medida anticlerical. O clero ficou ainda mais insatisfeito quando ele investiu contra o direito de feudo livre,** que os eclesiásticos não nobres se recusavam a pagar, a pretexto de que "a promoção às ordens sagradas apaga a mancha da condição de plebeu".[95] Logo ao chegar ao Controle Geral, ele investe contra os coletores e a Fazenda,[96] através do arrendamento de bens do patrimônio. Aproveita para esboçar a política de substituição das administrações de Estado nas fazendas, que haveria de aplicar às hipotecas, à pólvora e às agências de transporte. Essa substituição tinha o objetivo de assegurar melhor receita, evitar abusos e protestos do público. "Essas operações contra fazendas particulares", escreve Edgar Faure, "equivaliam a escaramuças preparatórias antes da grande ofensiva a ser empreendida contra a Fazenda Geral".[97] Isto teve o efeito de irritar os coletores, que se tornaram, assim como seus dependentes, seus inimigos irredutíveis.

As duas reformas que definem sua política são a lei sobre o comércio de cereais, de que se ocupa de setembro de 1774 a maio de 1775, e uma série de seis decretos que assinalam forte intenção liberal.

O decreto de 13 de setembro de 1774 é o primeiro de seus grandes atos administrativos. D'Alembert, que não é economista, comemora a decisão sobre os cereais. É, para ele, uma oportunidade de prestar uma vibrante homenagem ao amigo, e, com ele, ao jovem soberano: "Parece-me", escreve a Guibert, "que o rei reinante fez mais bem, com esta simples escolha, que seu antecessor em 60 anos de reino (...). A maldade

---

* O hospital mais antigo de Paris, fundado no século VII pelo arcebispo da capital francesa. (*N. do T.*)
** Feudo pelo qual o senhor não devia homenagem ao suserano. (*N. do T.*)

humana não poupará esforços para sabotar as operações do novo ministro. Mas espero que o Rei deposite no Sr. Turgot suficiente confiança para sentir o quanto um homem assim é valioso para o seu reino, e necessário para tirá-lo da agonia em que se encontrava (...). Espero que o decreto sobre os cereais sirva de modelo para todos os que se seguirão no novo reino, e que, a partir de agora, em vez de dizer *Pois é esta a minha vontade*, o Rei diga: *Esta é a justiça...*[98]

Trata-se de uma etapa decisiva em direção à abolição da regulamentação dos cereais, indo de encontro à tese oficial. A convicção geral é regulamentarista.[99] Acredita-se, de modo geral, que o problema todo está nos especuladores, e que são necessárias medidas autoritárias para impedi-los de estocar os produtos. Os liberais respondem que é precisamente na regulamentação que está a causa da penúria. Por mais que Turgot introduza seu decreto com um longo preâmbulo explicativo, para tentar convencer a opinião popular, os regulamentaristas, como Necker e o abade Galiani, não arredam pé. O abade, premonitório, anuncia: "[O Sr. Turgot] ficará demasiado pouco tempo no cargo para concretizar seus sistemas (...), seu crédito diminuirá, ele será detestado, haverão de dizer que não está apto para a missão (...) a livre exportação do trigo é que lhe haverá de quebrar o pescoço, lembrem-se bem."[100] Para dar razão a suas palavras, a colheita nesse ano é ruim, e o preço do pão aumenta consideravelmente a partir do fim de 1774. É o início de um amplo movimento de insatisfação popular, que reforça as predisposições contrárias e permite aos inimigos de Turgot no Parlamento, na nobreza, no clero e nas finanças tomar a palavra.

Já em abril de 1775, têm início distúrbios em Dijon e Beaumont-sur-l'Oise. São as primeiras manifestações daquela que ficaria conhecida como a guerra das farinhas. São saqueadas padarias onde o trigo é vendido a preço exorbitante. A revolta chega a Versalhes, depois a Paris, a 3 de maio. A capital é saqueada, e o tenente de polícia Lenoir não tomou as necessárias medidas de segurança. Turgot não é homem de recuar diante da violência.[101] É ajudado por sua experiência como intendente. Ele toma a pulso a situação e afirma sua autoridade. Consegue a demissão forçada de Lenoir, convoca o exército e leva o Conselho a expedir um mandado contra os acusados de sedição. Estes, em obediência aos procedimentos de tempo de guerra, podem ser detidos e julgados imediatamente. Algumas centenas de pessoas foram detidas, sendo anistiadas dias depois. A

11 de maio, contudo, dois revoltosos são condenados à forca e executados no mesmo dia. Foi o fim de uma revolta que Turgot preferiu considerar simples efeito de um complô de seus inimigos. Falou-se do príncipe de Conti, cujos interesses financeiros eram ameaçados por sua política, mas também de Necker, por ter publicado seu ensaio regulamentarista no exato momento da revolta.[102]

Em junho de 1775, se Turgot conserva todo o seu prestígio junto ao rei, o mesmo não se dá com Maurepas. O mentor desconfia do papel preponderante desempenhado pelo controlador geral, julgando-se ameaçado por seu crescente prestígio. Não obstante o empenho de conciliação do "grande reparador",[103] Maurepas faz um jogo pessoal que não beneficia Turgot. Todavia, quando este lança a candidatura de Malesherbes para apoiá-lo em sua política de economia, Maurepas, como vimos, aquiesce e obtém o assentimento de Luís XVI, tão reticente.

Em novembro de 1775, começa a correr o boato de que o controlador geral está preparando decisões fundamentais. Já se prevê uma intervenção do rei no Parlamento. Trata-se de seis decretos profundamente liberais, tratando os mais importantes da supressão da polícia de cereais em Paris,[104] das *jurandes*[105] e dos dias de trabalho servil sem remuneração.[106] Os dois últimos, muito caros aos economistas e a Condorcet,[107] enlouquecem de fúria os privilegiados. Quando é divulgada uma brochura de Condorcet, *Abençoado seja o ministro* — um panfleto muito duro, visando esses mesmos privilegiados —, o Parlamento perde as estribeiras, acusando o texto de insultar a magistratura e o clero e exigindo que seja queimado. Por sua vez, os nobres vêem nos decretos um atentado a seu privilégio de isenção de impostos. A eliminação das *jurandes*, que libera os trabalhadores da indústria e do comércio, não gera menos protestos. Essas comunidades de ofício, que não passavam na verdade de monopólios para os mestres e suas famílias, eram fonte de humilhações e afrontas para os que estavam submetidos a elas. Eles literalmente tinham de comprar seu direito de trabalhar. Além disso, essas corporações, originando numerosos entraves, dificultavam os progressos da indústria e o desenvolvimento do comércio.[108]

Miromesnil, ministro da Justiça, extremamente hostil a esses decretos, estimulou discretamente a agitação no Parlamento. Seu grande inspirador, o príncipe de Conti, louco de raiva, fez o mesmo com notável obstinação para um homem já doente.[109] Em março, o Parlamento decide mandar advertências ao rei, reiteradas dois dias depois. Na alça de mira, a supressão dos dias de trabalho gratuito, ameaçando os privilégios do clero e da nobreza. Chegou a hora do teste de força: é inevitável uma sessão solene do parlamento na presença do rei. Turgot é isolado no Conselho[110] e só conta agora com o apoio de Malesherbes, que preconiza firmeza e escreve ao rei: "O Parlamento deve entender que não se haverá de transigir enquanto ele se deixar levar por um príncipe de sangue."[111] O rei dá razão a Turgot e Malesherbes, para enorme contrariedade de Maurepas. A sessão do parlamento na presença do rei realiza-se em Versalhes a 12 de março. São adotados um a um os seis decretos, em meio a discursos de Séguier, insurgindo-se contra os vícios decorrentes do excesso de liberdade.

A vitória de Turgot sobre os parlamentos é "uma vitória ruinosa".[112] Suas reformas em nada contribuem para recuperar sua popularidade, tanto mais que a lei sequer tem tempo de ser aplicada. No momento em que o Parlamento anuncia novas advertências para o dia 8 de maio, Turgot tem contra si todos os corpos intermediários. "A convergência de suas reformas acarretava a das oposições. Ele levava a se unirem contra ele classes socialmente muito diferentes: os privilegiados do imposto, nobreza e clero, grandes proprietários; os privilegiados das corporações, todos de nascimento obscuro..."[113]

É a hora dos libelos e ataques *ad hominem*. Turgot é um homem só.

Uma partida e uma demissão

Tendo entrado para o governo contra a vontade, Malesherbes saiu o mais rápido possível. Amargurado, deixa apenas esboçadas as grandes realizações que planejava. Dos arquivos publicados por P. Grosclaude[114] constam dois esboços de cartas de demissão endereçadas ao rei, com data de abril de 1776. Neles, Malesherbes esclarece que deu conhecimento a Maurepas de seus planos de afastamento *dois meses* antes, para dar ao rei tempo para escolher seu sucessor. O boato corre em Paris no início de abril. Louis Dutens, que na época mantinha contato constante com Malesherbes,[115] escreve-lhe num bilhete datado de 16 de abril: "Como o boato de que o senhor pretende se afastar dos negócios ganha mais crédito a cada dia..."[116] Dessa vez, o boato tem fundamento. A todas as contrariedades do governo, já mencionadas, vem somar-se uma razão suplementar: a resistência encarniçada do Parlamento e do Tribunal de Contas aos decretos de Turgot. Ele efetivamente preconizara firmeza, mas a sessão especial do parlamento na presença do rei, a 12 de março, fora para ele uma verdadeira provação. Uma semana depois, o conde d'Artois comparecera ao Tribunal de Contas para obrigá-lo a promulgar os mesmos decretos. Fora ele, Malesherbes, que, em sua condição de ministro, rubricara as ordens reais, provocando protestos de seus antigos colegas. O Tribunal defendeu seus direitos, como fizera Malesherbes tantas vezes. Ele ouviu então as mesmas palavras que dissera no outro reinado. Sabia que o Tribunal estava errado ao se insurgir contra reformas necessárias e justas, mas também sentia que os direitos da magistratura eram enxovalhados, como outrora. Seus antigos colegas o julgavam com severidade,[117] o que devia deixá-lo mortificado.

Outro motivo acelerou sua carta oficial de demissão. Ao contrário de Turgot, que "até o último momento" teve a seu crédito a mais firme confiança da parte de Luís XVI, Malesherbes dá-se conta de que "só decai na confiança do rei (...) que o encarava como defensor constante do homem que diariamente fazia tudo que era necessário para lhe desagradar".[118] Acontece que, para recuperar a confiança do rei, ele precisaria ter abandonado seu amigo Turgot. Pior ainda: em seus dois esboços de carta, Malesherbes dá conta da humilhação que vem sofrendo, da parte de Luís XVI, desde que o monarca tomou conhecimento de seu desejo de se afastar: "Vossa Majestade sabe que, nos dois últimos meses, não pude dirigir-lhe a palavra. Só me permitiu trabalhar com ela uma única vez, e me mandou dizer que lhe seria desagradável que lhe dirigisse a palavra (...). Foi-me dito que V. M. deseja que meu afastamento seja adiado da Páscoa para Pentecostes, e é, assim, na impossibilidade de falar que me decido a escrever-lhe (...). O que mais me afeta é essa proibição de falar a V. M. pessoalmente. Permita-me observar que não creio ter ela jamais sido imposta a qualquer de seus ministros. Se não sou digno de ser ouvido por V. M. sobre meu afastamento e o departamento com que fui honrado, serei digno de permanecer um único dia em seu Conselho [?]. Nada é mais humilhante para mim que ser reduzido a este silêncio..."[119]

Não sabemos se Malesherbes fez sua carta chegar ao destinatário, mas sabemos que o rei mandou convocá-lo, na noite 10 de maio (ou no dia seguinte), "para concluir e lhe anunciar como seu sucessor o Sr. Amelot".[120] No dia 11, ele deixara suas funções.

Muito se tem dito que a partida de Malesherbes foi fatal para Turgot. É verdade que o anúncio de sua demissão, mais de dois meses antes de ocorrer, contribuiu para fragilizar a situação do colega. Todavia, a darmos crédito ao abade de Véri, o destino de Turgot já estava selado desde as agitações parlamentares. A 3 de fevereiro de 1776, ele escreve em seu *Diário*: "Predisse-lhe sua queda, acompanhada de uma opinião geral de que sua sabedoria estava abaixo de sua reputação. Sugeri-lhe em seguida uma maneira de se retirar prontamente com honra e reputação."[121] Mas Turgot não quis saber. Até o último momento, ele espera convencer o rei a dar prosseguimento às reformas, e mesmo acelerá-las.[122] Indiferente às muitas cabalas da Corte, especialmente do partido da rainha, avalia mal a frieza evidenciada por Luís XVI desde o início do mês de abril.[123] A união dos adversários da política de Turgot, as dificuldades e agitações por ela geradas acabaram por cansar o monarca. A 30 de abril, informado de que um dos homens mais incapazes da administração, Amelot,[124] sucederia a Malesherbes, Turgot escreve uma última carta para tentar dissuadir o rei de ceder a semelhante fraqueza.[125] Como se ainda estivesse em posição de aconselhá-lo... Sabe que seus dias estão contados, mas não se dá conta da iminência de seu afastamento. E por sinal, pergunta a si mesmo e a suas confidentes, as Sras. Blondel e d'Enville: seria o caso de pedir demissão ou de esperar que sua dispensa seja comunicada? A Sra. Blondel aconselha que se vá; a Sra. d'Enville, que permaneça até ser mandado embora. Esta opinião é a que prevalece.[126] Ele decidiu cair gloriosamente. Julgando ainda ter alguns dias pela frente, "queria apresentar ao Conselho seu plano de reforma da Casa do Rei; como o plano sem sombra de dúvida seria rejeitado, ele teria então apresentado sua demissão".[127]

Foi apanhado de surpresa. A 12 de maio, Maurepas enviou-lhe Bertin, com a ordem de suspender suas funções. Ele deixou imediatamente o Controle Geral.

A partida de Malesherbes e de Turgot foi cercada de sarcasmos sobre a incapacidade dos filósofos e o perigoso sectarismo dos economistas. A Sra. du Deffand certamente se faz porta-voz de seu meio ao escrever a Walpole o que pensa dos ministros demitidos: "O Malesherbes é um tolo, um homem de bem, sem talento (...). Por si mesmo, não teria feito bem nem mal; teria desejado o bem, mas não sabia como promovê-lo (...). Quanto ao Turgot, o mesmo não se aplica (...). À parte os economistas e os enciclopedistas, todo mundo reconhece que é um louco, tão extravagante e presunçoso quanto se pode sê-lo (...). Mais vale, para o governo, um homem hábil, com menos probidade, vale dizer, menos boas intenções, que um homem que, não conseguindo enxergar além do próprio nariz, julga tudo ver, tudo entender, tudo empreendendo sem jamais prever como poderá ter êxito (...). Além disso, ele é de um orgulho e de um desprezo que só podem causar hilaridade..."[128] Foram raros os que se consideraram, como a duquesa de Nivernais, "muito contrariada por ver sair do ministério duas pessoas cujo coração é tão reto, o desapego, tão perfeito, e o amor pela humanidade, tão verdadeiro e profundo".[129]

A própria república das letras — como veremos — já não se mostrava unânime em seu apoio. E muito embora o abade de Véri quisesse acreditar que as províncias e o povo, "que não tem acesso à Corte"[130] continuavam apoiando Turgot, este não tinha qualquer possibilidade de verificá-lo.

O BALANÇO

As lições do poder

De volta à vida civil, Malesherbes e Turgot mergulharam novamente na solidão de seus gabinetes e nas alegrias do trabalho intelectual. Esse intermédio de dez meses, num caso, e de vinte e dois, no outro, servirá idealmente para revelar seu temperamento e sua capacidade. Através de sua experiência, vemos desenhar-se o perfil de dois tipos de intelectuais na política — não exclusivos, é verdade —, mostrando a extrema dificuldade de conciliar as necessidades tão diferentes da teoria e da ação. Observando bem, constatamos que nenhum dos dois tem as qualidades necessárias para se tornar um verdadeiro político. Por questões de temperamento, mas também por motivos de ordem intelectual. Um não duvida de nada, o outro duvida de tudo, segundo dizia, como sabemos, a Sra. du Deffand...

A experiência de Malesherbes é um fracasso. O homem capaz de escrever advertências sem concessões contra o despotismo ministerial se vê paralisado na posição de ministro. Não sendo apegado à função nem carecendo de coragem pessoal, ele é acometido de um mal grave para o homem de ação: quer ser amado. Incapaz de dizer não e de se impor diante de interesses contraditórios, é o homem das unanimidades. Seria possível, como fez ele próprio, atribuir essa tendência a uma falta de caráter. Mas também devemos levar em conta o temperamento excessivamente escrupuloso do personagem. Basta ver os manuscritos de suas memórias, rasurados, tantas vezes reescritos, para entender a que ponto ele precisa ponderar longamente argumentos e contra-argumentos para formar uma convicção própria. Malesherbes nunca se faz surdo às opiniões contrárias, pois nunca está certo de estar com a razão. Pelo menos em matéria política, em que a razão se torna justiça. A seus olhos, recusar um pedido a alguém implicava em que estivesse convencido de não estar cometendo uma injustiça. Na verdade, Malesherbes confundia moral e política. Se não foi capaz de mostrar qualquer autoridade no exercício do poder, foi por temer acima de tudo perder sua reputação moral. Acontece que esta era imensa no momento da coroação de Luís XVI, e ele valorizava esse bem mais que qualquer outro. Por isso é que recusara até o extremo limite o cargo ministerial que lhe suplicavam aceitasse. Ele sabia perfeitamente o que perderia. Podemos imaginar o que não deve ter sofrido ao longo desses dez meses! Aplaudido como ninguém ao chegar ao poder, foi chamado de "tolo" e "camponês pervertido" ao deixá-lo. Escreveria Edgar Faure: "Já agora, tratava-se, de certa maneira, da sua 'salvação'."[131]

À falta de coragem política, Malesherbes demonstrou uma coragem moral que lhe garante um lugar indelével na história. Sabemos que, aos 71 anos, velho e cansado, ele propôs a Luís XVI, prisioneiro no Temple, assumir sua defesa. Aparentemente, a iniciativa não foi antecedida de qualquer indecisão ou tergiversação. Ninguém, pelo menos, tomou conhecimento dos debates em seu foro íntimo. E no entanto, era sua própria vida[132] que ele doava a um rei que nunca havia manifestado grande simpatia por ele. Ato gratuito, pois ninguém o solicitara para essa missão recusada pelo grande advogado Target. A 11 de dezembro de 1792, ele escreveria ao presidente da Convenção: "Fui convocado duas vezes para o Conselho daquele que foi meu senhor, numa época em que essa função era ambicionada por todo o mundo: devo-lhe o mesmo serviço no momento em que é uma função que muitas pessoas consideram perigosa."[133] Com toda a certeza, o caminho da "salvação"...

Malesherbes decepcionou no poder, mas se superou na oposição. Mostrou inclusive, nela, uma coragem de romano. Como tantos intelectuais, sentia-se mais à vontade na crítica que na ação, na moral que na política.

O balanço político de Turgot é notável. O financista cumpriu suas promessas e o economista pôs a França no caminho das reformas. Em vinte e um meses, não seria possível fazer mais, nem mais depressa. No dia de sua entrada para o Controle Geral, ele resumira para o rei, por escrito, os principais eixos de sua ação e as condições necessárias para sua realização. O ministro das Finanças anunciava: nem bancarrota, nem aumento de impostos, nem empréstimos. "Para cumprir esses três pontos, existe apenas um meio. É reduzir as despesas abaixo da receita, o suficiente para economizar anualmente cerca de vinte milhões."[134] Essa política necessariamente dolorosa, que faria tantos descontentes, implicava o apoio do rei, logo, sua firmeza de caráter. Um ano depois, os resultados são visíveis. Véri se espanta com o silêncio de Turgot, que não "se impõe muito no Conselho". "Mas que quer?", responde ele. "Não quero crer que alguém vá dizer coisas assim para se impor. Semelhante idéia me deixa perplexo."[135] Ao contrário de seu sucessor, Necker, ele é perfeitamente indiferente à popularidade. Durante a guerra das farinhas, assume sem hesitação todas as operações, inclusive a repressão. Convencido intelectualmente de que todos os males da sociedade francesa decorrem da repartição injusta dos impostos, mas também do regulamentarismo que sufoca o comércio, a agricultura e a indústria, ele só pensa em aplicar uma política liberal. Quebrando monopólios, acabando com numerosos privilégios, ele abre a França para a modernidade. Seus inimigos, cada vez mais numerosos com o passar do tempo, acusaram-no de ser um refém dos economistas; um sectário, ignorante das realidades humanas. Na verdade, Turgot é um homem com pressa, sofrendo de gota, convencido de que tem pouco tempo pela frente.[136] A juventude do rei, sua ignorância e mesmo suas freqüentes indecisões acabaram por levá-lo progressivamente a se comportar como chefe de governo. O rei o aprovava porque era demasiado tímido para se opor a ele. "Se acrescentarmos a tenacidade desse ministro no empenho de conseguir a ajuda dos pares [os outros ministros] para a meta que considerava boa, as opiniões que dava ao rei quando seus colegas o contradiziam e o ardor com que procurava cercar-se de colaboradores que compartilhassem sua opinião, podemos ver com facilidade que o jovem, em última análise, devia sentir-se incomodado."[137] Turgot comportava-se como chefe de Estado, o que levou o soberano fazer esse comentário de grande percepção: "O Sr. Turgot quer ser eu, e eu não quero que ele seja eu."[138]

Na verdade, Turgot tinha as qualidades de um homem de Estado: uma visão de mundo, caráter e uma vontade inquebrantável de alcançar sua meta. Na noite em que é demitido, diz-lhe Malesherbes, rindo: "O senhor imagina ter o amor do bem público: em absoluto! O que tinha era uma fúria. Pois era preciso estar enfurecido para ter pretendido isto... e mais aquilo..., para ter *forçado* o rei, o Sr. de Maurepas, a Corte, o Parlamento, etc."[139] Era com efeito a "gotinha de óleo" que lhe faltava tão cruelmente. Essa carência foi a causa de seu fracasso. Ao contrário de Malesherbes, ele não estava preocupado em ser amado. Mas o homem de gabinete tinha apenas a razão para convencer, e em política ela freqüentemente se revela insuficiente.

Discórdia na república das letras

Em 1774, a nomeação de Turgot despertara o entusiasmo unânime do mundo intelectual. Quase se chegava a falar de um milagre. No fim de 1773, quando ninguém ainda pensava em tal eventualidade, Diderot confidenciava a Catarina II: "O Sr. Turgot (...) é um dos maiores homens de bem do reino, e talvez o mais hábil em todos os sentidos. Nunca haverá de sair de Limoges, e, se o fizer, darei um grito de alegria, pois é necessário mudar completamente o espírito de nosso ministério, e que o estado de coisas se modifique de maneira quase milagrosa. Existem pequenos fenômenos que prenunciam grandes acontecimentos: pois é este o caso, aqui."[140]

Economistas, filósofos, cientistas e homens de letras, todos haviam tido a oportunidade de encontrar Turgot neste ou naquele salão. Sua nomeação satisfazia suas idéias liberais, mas também, acreditavam, seus interesses particulares. A reação de Diderot, ao ser informado, é típica. Ele se apressa a cumprimentar o novo ministro e ordena à filha e ao genro que o visitem "sem demora; e se apresentem. Lembrei-lhe em minha carta o interesse que havia manifestado por vocês quando se cogitou de lhes providenciar uma colocação. Pois a terão, a seu lado. Ele certamente não haverá de privá-los hoje daquilo que gostaria de estar em condições de lhes proporcionar então."[141] Diderot se sente tanto mais seguro da boa sorte dos filhos porque o primeiro secretário, Devaines, é um amigo íntimo. Por sua vez, Condorcet nem dá tempo para que seu ministro se instale na Marinha, e começa a bombardeá-lo com solicitações, não para si mesmo, mas para os amigos: financiar a expedição do impecúnio Bernardin de Saint-Pierre,[142] apoiar a solicitação de Voltaire em favor da região de Gex, distribuir cruzes de São Luís para este ou aquele, uma colocação de escrivão para alguém mais, uma ajuda para fulana, etc. Mas Turgot concede seus favores com parcimônia, e as recusas geram ressentimento. O bom Diderot é, disso, a melhor ilustração. Não tendo sido atendido no caso do genro,[143] ele se indispõe com Turgot e Devaines, passando-se em seguida, de armas e bagagens, para o clã Necker, no verão de 1775.[144] Com isso, quando Turgot nomeia os amigos Dupont, Condorcet, Morellet e o abade Baudeau, respectivamente, inspetor geral do Comércio, inspetor da Moeda, para o escritório de despachos e à frente das *Éphémérides*, ou ainda quando cria uma comissão composta por d'Alembert, Condorcet e Bossut, para o aperfeiçoamento da navegação interna, é acusado de desperdiçar o dinheiro público e de cair no favoritismo.

O entusiasmo por Turgot começa a esfriar em certos salões — à exceção do salão de Julie e d'Alembert — quando têm início a guerra das farinhas e o conflito político entre Necker e o controlador geral. Conflito agravado por Condorcet, que demonstra excessiva e inábil paixão na defesa de seu ministro.

A hostilidade de Condorcet e de Turgot em relação a Necker remonta a 1773, quando o genebrino fez o elogio de Colbert e de sua política de regulamentação. Nessa época, eles são praticamente os únicos a expressar esse sentimento. Condorcet já investe com tanta fúria contra o autor que chega a se indispor durante alguns dias com d'Alembert.[145] É verdade que o banqueiro é rico e que sua mulher mantém um dos salões mais concorridos de Paris. Apesar de puritana e muito convencional, Suzanne Necker é fina e bela. Soube atrair os homens de letras a suas reuniões de terças e sextas-feiras. No verão, eles vão para o castelo de Saint-Ouen, à beira do Sena. Lá, são encontrados o casal Suard, Marmontel, Saint-Lambert, o abade Morellet, o abade Raynal, Grimm, Diderot, d'Alembert com Julie e muitos outros ainda. Foi à sua mesa, em 1770, que dezessete homens de letras propuseram que fosse erguida por subscrição uma estátua a Voltaire.[146] Os Necker também sabiam ser generosos. Quando a *Gazette de France* foi retirada a Suard, no outono de 1771, eles se apressaram a ir em socorro do "pequeno lar",[147] despertando assim a admiração geral dos homens de letras.

Até a primavera de 1775, Turgot e Necker se ignoram, mas têm em comum muitos amigos. As divergências de opinião não acarretam efetivos impasses. Assim, Diderot, que compartilhava as idéias regulamentaristas do abade Galiani — de cujo livro *Diálogos sobre o comércio de cereais*[148] fizera a revisão —, não se teria indisposto com Turgot por tão pouco. Nem Morellet, advogado da causa contrária, com Necker. O que estava em jogo, questão menos filosófica que econômica, não era considerado tão fundamental que devesse afetar negativamente as relações. Tudo muda quando Necker publica seu livro — com todas as precauções que já vimos — contra as teses de Turgot e este passa a considerá-lo um dos responsáveis pela guerra das farinhas. Condorcet se inflama. Sem sequer esperar o fim dos distúrbios, redige um primeiro panfleto contra Necker, *Carta de um trabalhador da Picardia ao Sr. Necker, autor proibitivo em Paris*.[149] Esse texto de rara violência acusa Necker de explorar os preconceitos e a estupidez do povo, ao passo que Turgot o trata como uma sociedade de pessoas razoáveis. Frisa os erros de seu trabalho, que demonstram sua ignorância, e dá claramente a entender que foram seus agentes que estimularam os revoltosos. Finalmente, investe contra a desonestidade dos financistas que se desonram através de manobras condenáveis, concluindo com este brado de indignação: "Sentimos que, se seu agente lhes dá a facilidade de comprar prazeres de que somos privados, não lhes confere nenhum direito de obter sobre nós distinções e diferenças."[150]

Os amigos de Condorcet ficam apavorados. O *bom* Condorcet vai agora perder este cognome[151] para ganhar outro: *carneiro enfurecido*. Julie de Lespinasse pede-lhe que modere o tom; os Suard se dizem desanimados com essa guerra entre seus amigos mais queridos, tanto mais que Condorcet não se priva de soprar a brasa nas cartas que lhes envia! Decepcionado com o pouco efeito de seu primeiro panfleto no público, ele empreende uma nova refutação mais detalhada do trabalho do genebrino. São as *Reflexões sobre o comércio dos cereais*, que redige entre abril e junho, sob o olhar de Turgot e Dupont de Nemours. Dessa vez, Julie atua como intermediária entre Ribemont e o Controle Geral.[152] Voltaire, que se diz "indignado com o fato de que um banqueiro defenda uma causa tão ruim",[153] é incumbido de mandar imprimir em Genebra o texto, que lhe vai chegando aos poucos. Por motivos políticos, a publicação seria retardada até 1776. Mas o clima está bastante tenso entre os partidários dos dois campos.

Finalmente, Julie e d'Alembert dão preferência a Turgot e a Condorcet, seus amigos íntimos. Embora desaprovem o tom insultuoso deste último e não queiram se indispor com os Necker, haverão durante algum tempo de tomar certa distância do casal. Voltaire, de Ferney, mantém-se fiel aos seus Bertrand. Tanto mais que espera que a administração Turgot livre sua querida região de Gex das garras da Fazenda Geral. É bem verdade que é um partidário convicto do liberalismo de Turgot, não hesitando em se referir aos escritos de Necker como "mixórdia"[154] ou "livro de ricos";[155] entretanto, desde a chegada desse amigo ao Controle Geral,[156] ele não se cansa de fustigar Devaines, Dupont, Trudaine, Morellet e Condorcet para acelerar a questão de Gex. Não era, portanto, o momento de deixar transparecer a menor vacilação em seu apoio à política de Turgot. Por sinal, conseguiria o que buscava no fim de dezembro de 1775. O que era apenas uma questão de justiça.

A maioria dos homens de letras se posiciona ao lado dos Necker, embora jure, como os Suard, não pertencer a qualquer clã. Por mais que a Sra. Suard, indignada, proteste quando Voltaire a recebe em Ferney, com um "Escreveram-me que o senhor está entre nossos inimigos?",[157] o fato é que se diz aflita com a maneira como ele se refere ao trabalho de Necker. Não só ele é seu benfeitor como os Necker têm, sobre Turgot, a enorme vantagem de manter relações pessoais e constantes com os homens de letras. O ministro, que trabalha dezoito horas por dia, mal tem tempo de escapar às vezes uma hora ou duas para um *tête-à-tête* com Julie. Queiram ou não, esses detalhes influenciam a escolha das pessoas em favor de determinada política ou contra ela! Além de Grimm e Diderot, que conseguiram a adesão de Necker — embora Diderot seja favorável à eliminação das *jurandes*[158] —, o abade Morellet, colaborador de Turgot, liberal feroz mas amigo dos Necker, acabará dando preferência a estes. Uma autêntica traição aos olhos de Turgot e Condorcet. Nisto, Morellet vem apenas juntar-se aos Marmontel, Thomas e Saint-Lambert que costumava convidar aos seus domingos!

Contrariando toda expectativa, o ministério Turgot não serviu, assim, para reforçar a coesão do "partido intelectual". Pelo contrário, deu origem a uma nova cisão[159] em seu seio, desta vez mais pessoal que filosófica ou política. Tal como na crise causada pelo *Sistema da natureza*, cinco anos antes, vamos encontrar Diderot e seus amigos num campo, Voltaire, Condorcet e d'Alembert no outro. Estranhamente, os filósofos não aproveitaram a presença no poder de um dos seus para apoiar suas idéias ou sugerir outras! À parte Condorcet, mantiveram-se como súditos passivos de Sua Majestade, limitando-se a observar o que não estava a seu alcance. Essa geração de enciclopedistas é a última a ignorar o engajamento político, que nada tem a ver com a função de conselheiro do príncipe. Provavelmente seria necessário que não houvesse mais príncipe para que o intelectual pudesse realmente entrar para a política...

TERCEIRA PARTE Recuo (maio de 1776-
maio de 1778)

CAPÍTULO IX O desencanto
(1776-1778)

A experiência russa de Diderot e a queda do ministério Turgot assinalam o fim das ambições políticas de uns e de outros. Embora os numerosos intelectuais que freqüentam o salão de Necker aplaudam sua nomeação e continuem a falar de "ministro-filósofo",[1] nenhum deles pretende de modo algum influenciá-lo ou participar do poder. Alguns, por indiferença à política, outros, por despeito. Foi-se a hora das grandes esperanças. Cada qual em sua posição, tanto Diderot quanto Condorcet puderam avaliar a pífia influência da filosofia nas decisões do monarca. Luís XVI e Catarina II deixaram claro que não têm muita necessidade dos filósofos, e mesmo que desconfiam deles. Assiste-se a uma espécie de recuo de um mundo intelectual que envelhece e em parte perdeu sua força criadora. Rousseau só pensa em suas *Memórias*; Voltaire tornou-se "tedioso";[2] os Marmontel, Suard e Arnaud só se preocupam com a "guerra da música", opondo gluckistas e piccinistas; Malesherbes, Turgot, Condorcet e Diderot dedicam-se a seus caros estudos; d'Holbach está devastado pela gota, e seu salão parisiense, que foi durante vinte anos um extraordinário laboratório de idéias, está fechado;[3] o próprio Grimm abandonou a *Correspondência literária* nas mãos de Meister para poder percorrer a Europa, fazendo a corte aos príncipes e aos reis e à czarina. A extinção quase simultânea dos salões de Julie de Lespinasse e da Sra. Geoffrin, que não foram substituídos pelos da Sra. d'Enville e da Sra. Necker, assinala o fim da efervescência intelectual e do reino enciclopédico. Só a Academia de Ciências passa por uma autêntica renovação, com os trabalhos de Lavoisier, Laplace e Monge. Mas já não estamos na época feliz da década de 1740, quando as matemáticas e a física estavam na moda. As ciências tornaram-se coisa de especialistas. Fogem à competência do público cultivado.

As doenças e a aproximação da morte não são propícias à renovação das idéias. Tanto mais que o peso dos filósofos continua sendo tão considerável que praticamente reduz os da nova geração à condição de satélites. E são satélites bem fracotes esses Chabanon, Lemierre, Delisle de Sales e Millot que não chegam aos pés de seus gloriosos antecessores. Eles ainda querem dar lições, mas já não são ouvidos.

MÁGOA E FRUSTRAÇÕES

Síndrome pós-ministerial

O exercício do poder deixa traços indeléveis. Na noite de sua demissão, a 12 de maio de 1776, Turgot encontra Malesherbes na casa da amiga comum, a Sra. Blondel. Segundo testemunhas, Malesherbes está alegre como um escolar fazendo gazeta, e Turgot sorri dos comentários divertidos de seu colega da véspera. Na verdade, esforça-se por fazer boa figura. Ao contrário de Malesherbes, feliz com a liberdade reconquistada, Turgot foi mandado embora. Partiu "sem vergonha nem remorso",[4] mas não sem pesar. "Pesar de ver dissipar-se um belo sonho", o de modernizar a França e livrá-la de seus velhos demônios. Interrompido em pleno vôo, ele não teria a honra de levar a cabo essa missão entusiasmante. Ao efetivamente assumir o cargo,[5] em 1777, Necker haveria de lembrar-se dos sentimentos experimentados no momento da nomeação: "Cheio dessa alegria e dessa satisfação que um homem movido pela paixão de fazer o bem aos homens e se destacar por grandes realizações sente ao descortinar a imensa carreira que se abre diante de seu gênio, e que ele se sente apto a percorrer com passo firme e rápido."[6] O fim do sonho é cruel, embora o interessado não o demonstre e seus amigos se congratulem porque "[sua] alma e [sua] saúde desfrutam de uma calma que ele não tinha ao ocupar a posição".[7]

Turgot deixou o Controle Geral exatamente como havia entrado. Recusou qualquer indenização pecuniária, e, não tendo onde morar, instalou-se na casa do abade de Véri. Mas só pensa em uma coisa: fugir da capital e de tudo aquilo que lhe lembra sua desgraça. Não sabemos se a agonia de sua querida Julie de Lespinasse o reteve em Paris até o enterro, a 23 de maio. Entretanto, ao se refugiar na casa da Sra. d'Enville em La Roche-Guyon, ele finge interessar-se apenas, já agora, por seus trabalhos de física e de astronomia. Qualquer reconforto, espera apenas dos amigos mais próximos, Condorcet, Dupont e Véri, convidando-os a vir o mais breve possível juntar-se a ele. Condorcet está retido em Paris por d'Alembert, não podendo deixá-lo entregue a sua terrível dor. Mas não esconde uma decepção bem na medida de sua indignação. Refere-se à demissão de Turgot como "o acontecimento fatal que privou todos os homens de bem da esperança e da coragem". A Voltaire, declara ter esperado, para escrever-lhe, "que minha indignação tivesse passado um pouco, e que restasse apenas uma certa aflição. Esse acontecimento alterou, para mim, toda a natureza. Já não sinto o mesmo prazer em contemplar esse belo campo, onde ele teria gerado a felicidade (...). Os lobos [os coletores de impostos] de que o senhor conseguiu livrar a região de Gex vão-se lançar sobre o resto da França, e dois anos de abstinência transformaram em fúria a sede que tinham de sangue do povo". Ele conclui como Turgot: "Tivemos um belo sonho, mas foi curto demais. Voltarei para a geometria e para a filosofia. Parece tão frio trabalhar apenas pelas glórias vãs, quando se pretendeu por algum tempo trabalhar pelo bem público."[8] Com seu habitual entusiasmo, ele diz em voz alta o que Turgot provavelmente pensa com seus botões. Seu bode expiatório é Maurepas, que considera responsável pela queda de seu chefe, tal como Véri. "O caráter, a virtude, os amplos horizontes do Sr. Turgot o assombravam e humilhavam (...). A força de temperamento demonstrada pelo Sr. Turgot estabelecia, com a indiferença e a nulidade do primeiro-ministro, um contraste que este último não podia digerir."[9] Razão pela qual, acrescenta, Maurepas escolheu para sucedê-lo no Controle Geral seu exato oposto, o intendente Clugny de Nuits. Relatando os boatos desagradáveis que correm a respeito deste, Condorcet não hesita em descrevê-lo como "um velhaco, duro, exaltado, bêbado, jogador e dissoluto. O Sr. de Maurepas informou-o de sua estima pelos coletores gerais. Ele declarou que nada faria que pudesse desagradar-lhes".[10]

Mais uma vez, Condorcet deixa-se levar pela paixão. Turgot, que conhece Clugny e teve oportunidade de conversar com ele depois de sua nomeação, a 21 de maio, descreve-o como um "homem de inteligência".[11] Chega inclusive a recomendar a seus colaboradores que continuem a trabalhar em seu departamento.[12] Mas se equivoca ao dizer a Voltaire que "ficaria surpreso se ele não apoiar o que eu tenha feito de útil", a menos, ressalva, "que se veja constrangido em sua administração".[13] Foi, entretanto, o que aconteceu, para grande contrariedade de Turgot e aliados. Clugny foi o símbolo do questionamento de suas reformas e das idéias dos economistas. As medidas encaminhadas para a eliminação do direito de *aubaine** são suspensas, e os decretos de março, em parte revogados. Um decreto de 11 de agosto de 1776 suspende também a aplicação dos decretos de Turgot que suprimiam *jurandes* e dias de trabalho gratuito. Os economistas Baudeau e Roubaud são exilados em agosto, sob pretextos falaciosos. Tudo leva a crer que o parênteses liberal foi definitivamente fechado. Na realidade, Clugny empenhou-se em seguir um caminho intermediário, ao qual era impelido por Trudaine de Montigny e Fourqueux, fiéis ao princípio da liberdade econômica. A declaração real de 11 de agosto relativa aos dias de trabalho gratuito e a instrução enviada aos intendentes a 6 de setembro mantêm a substituição por uma taxa do pagamento em espécie do dia de trabalho gratuito. Por outro lado, o restabelecimento de seis corporações de comerciantes e de quarenta e quatro comunidades de artes e ofícios permite racionalizar essa organização e reafirmar o princípio de liberdade em determinados setores da economia.

Por maior que seja a amargura de Turgot e de seus colaboradores, Clugny não é um inimigo com o qual se deva romper por simples questão de honra. De Vaines, Condorcet, Dupont, Fargès, Trudaine e Fourqueux mantêm-se em suas posições. Tudo muda quando Clugny morre repentinamente, a 18 de outubro de 1776, aos 47 anos, depois de apenas cinco meses no poder. Para suceder-lhe, Maurepas divide a função entre dois titulares. O intendente Taboureau de Réaux[14] é nomeado controlador geral. É um homem de mérito, razoavelmente apagado e conservador. Só é promovido para servir de anteparo à nomeação simultânea de Necker para a direção do Tesouro. Logo se haverá de descobrir que este é o verdadeiro chefe do departamento. Ao ser anunciada essa curiosa nomeação bicéfala, Turgot se arrisca no humor. De La Roche-Guyon, escreve a Condorcet: "O governo vai-se tornar tão misterioso quanto a teologia. Esse mistério é uma verdadeira trindade. As finanças serão governadas como o mundo. O Chefe do Conselho [Maurepas] mais se parece com o Pai eterno (...). O Sr. Taboureau representará o Menino Jesus ou o cordeiro, cuja mansidão será sua também. Quanto ao Sr. Necker, é certamente o

---

* Direito pelo qual reverte em favor do soberano a herança dos estrangeiros que morrem em seu Estado. (*N. do T.*)

O DESENCANTO

Espírito Santo, e será preciso ler os Atos dos Apóstolos para ter uma idéia do estrépito que acompanhará sua chegada." E ele acrescenta: "Estou gracejando, mas realmente aflito."[15]

Antes mesmo de tomar conhecimento da distribuição de cargos, Turgot alerta os antigos colaboradores. Só poderão permanecer em suas funções se estiverem subordinados a Taboureau. "Temo que [Necker], cujo orgulho o senhor feriu, tenha o poder de afastá-lo de sua posição na Moeda",[16] escreve a Condorcet. Mas este, que nada quer ficar devendo a Necker, já tomou a iniciativa, dirigindo-se diretamente a Maurepas: "Acabo de saber que o Controle Geral será dividido entre o Sr. Taboureau e o Sr. Necker; mas não sei em que departamento ficará o lugar que ocupo. Manifestei muito claramente minha opinião sobre os trabalhos do Sr. Necker e sobre sua pessoa para permanecer numa função subordinada a ele. Não gostaria de ser prejudicado e menos ainda poupado por um homem sobre o qual tenha dito o que eu disse do Sr. Necker. Peço-lhe assim, Sr. Conde, caso ainda sinta alguma benevolência por mim, que me comunique se eu estarei subordinado ao departamento do Sr. Necker, e, nesse caso, pedir-lhe-ia que me autorize a depositar em suas mãos a minha demissão."[17]

Dessa vez, Condorcet preserva sua função, subordinada apenas à autoridade de Taboureau. Mas não se exime, em caráter privado, de dizer cobras e lagartos do diretor do Tesouro. Em janeiro de 1777, quando Necker lança um empréstimo em forma de loteria, ele não consegue deixar de escrever a Suard, protegido e amigo de Necker: "Li a respeito da loteria, não creio que jamais tenha havido no Pont-Neuf charlatão mais descarado. As pessoas que, para se vingar,[18] entregaram o Estado em tais mãos devem estar-se sentindo bastante culpadas, pois estão tão submetidas a esse charlatanismo quanto eu."[19] Em compensação, Jean Devaines, que se manteve no cargo sob Clugny, demite-se à chegada de Necker, ao qual estaria subordinado. Necker bem que gostaria de ter mantido como colaborador esse grande funcionário, fervoroso admirador e colaborador fiel de Turgot, mas como servir com lealdade a um homem detestado, pondo em prática uma política contrária à que se abraçou? "Pedem-me tempo", escreve ele a Voltaire, "vou esperar até o fim de janeiro, desolado por ter de continuar arrastando correntes que finalmente pude romper."[20]

Não demora, e Taboureau se dá conta de que está ali apenas para corroborar as decisões de Necker. Insatisfeito por ficar em segundo plano e tendo de enfrentar a troça da Corte, onde logo passou a ser apelidado de "a Muleta", em janeiro de 1777 ele apresenta sua demissão a Luís XVI, que a recusa. Vem a apresentá-la de novo no mês de abril seguinte, igualmente sem êxito. Mas o rei e Maurepas são obrigados a ceder quando Taboureau recusa-se categoricamente, em junho, a apor sua assinatura a um decreto de Necker eliminando os recebedores gerais de finanças. De um só golpe, desapareciam os intendentes de finanças e os intendentes de comércio, que se interpunham entre o controlador geral e os escritórios. A 29 de junho de 1777, Necker é nomeado diretor-geral de Finanças. Assume, então, todas as funções do controlador geral, sem ter o título.

Dessa vez, o golpe é tão duro para Turgot que ele deixa cair a máscara de indiferença e impassibilidade. Ver chegar à função de controlador geral aquele homem tão detestado representa para ele uma dor que já não é capaz de dissimular. Por mais que se diga mais preocupado com seus colaboradores do que consigo mesmo, o fato é que suas cartas à Sra. d'Enville revelam que se mantém à espreita de cada ato ou gesto do sucessor, que não consegue deixar de denegrir. Furiosamente hostil à supressão dos intendentes de finanças, ele critica os métodos sumários de Necker, sem conseguir sequer escrever seu nome: "Não *se* disse uma só palavra, nem antes nem depois, a qualquer desses senhores [os intendentes demitidos], e ainda esta manhã eles não sabiam a quem deveriam entregar os documentos de seus escritórios. Pelo menos os condutores de carroças, quando querem abrir caminho, gritam para sair da frente. Mas *esse aí* vai derrubando as pessoas sem nem avisar. *Ele* concedeu audiência já ontem no Controle Geral, sem esperar que sua nomeação fosse divulgada ao público, mas era necessário mostrar Heraclius ao povo. *Ele* não recebe vencimentos. Se os recebesse, seria exigido que tivesse uma casa em Versalhes, em Compiègne, em Fontainebleau (...). *Ele* quer viver [em Paris] como vivia antes de ocupar o cargo e como viverá depois de deixá-lo; *pois sabe perfeitamente que se acaba saindo...*"[21] Único consolo de Turgot: inevitavelmente haveria de chegar o dia em que Necker também enfrentaria suas frustrações. Essa alegria perversa, no entanto, lhe seria negada, pois ele morreria meses antes da demissão do rival, em 1781.[22]

Depois de mais algumas alfinetadas contra o diretor das Finanças nos meses que se seguiram a sua nomeação,[23] Turgot impõe-se silêncio. Condorcet demitiu-se de seu cargo de inspetor de Moedas e Dupont foi oficiosamente convidado a permanecer em seu retiro de Gâtinais. Dali para a frente, o ex-ministro viveria apenas para os livros e para os amigos, sem mais se interessar pelo que fazem os ministros. Mas o fato é que seus colaboradores mais jovens, como Dupont e Condorcet, eximindo-se durante dez anos de qualquer comentário público sobre questões de Estado, continuariam sentindo profunda nostalgia das alegrias tão peculiares do poder. Vimos que Condorcet não se mostrou menos amargurado que Turgot com sua demissão. Participar das grandes decisões, melhorar as condições do povo e sobretudo fazer com que os próprios pontos de vista se tornem realidade é uma missão muito mais entusiasmante, a seus olhos, que a geometria, sempre um prazer solitário. Não muito sensível às vantagens que lisonjeiam a vaidade, nem por isso ele esqueceu essa dimensão fora do comum conferida pelo poder àquele que dele participa. Apesar disso, deve contentar-se com as tarefas que incumbem ao secretário da Academia de Ciências e organizar uma nova eleição, que o confirma no cargo.[24] Nessa primavera-verão de 1776, contudo, Condorcet tem outro motivo de aflição além da demissão de Turgot. Na mesma época, a morte de Julie de Lespinasse deixou seu caro d'Alembert num estado lamentável. Ele se vê obrigado a se dividir entre seus dois pais espirituais. Tanto mais que, amigo íntimo de Julie, toma a frente do cortejo fúnebre juntamente com d'Alembert.

As mágoas de d'Alembert

Julie de Lespinasse morre a 22 de maio de 1776, provavelmente em conseqüência de uma tuberculose. Mas sabemos que seus amores contrariados com Mora e Guibert apressaram seu fim. Se o seu círculo tomou conhecimento de sua paixão por Mora, a que nutriu por Guibert,[25] onze anos mais moço que ela, desde o fim de 1772 ou o início de 1773, por outro lado, foi mantida em segredo. Todos acreditam que ela morre por ter perdido Mora.[26] Julie escondeu tudo dos amigos, especialmente de d'Alembert, tendo em relação a ele um sentimento de culpa insuportável. Depois do casamento de Guibert, em junho de 1775, sua dor é tão grande que lhe é praticamente impossível dissimulá-la. A presença de d'Alembert lhe é insuportável, e ela o trata com dureza, como se tivesse agora aversão a ele. É pelo menos a sensação que ele teve, e da qual tomamos conhecimento pelo texto *À alma da Senhorita de Lespinasse*,[27] encontrado entre seus papéis após sua morte.

"Por que me ficava repetindo, dez meses antes de morrer, que eu continuava sendo seu mais querido, o objeto mais necessário a sua felicidade, o único que a prendia à vida, quando estava às vésperas de me provar tão cruelmente o contrário?[28] Por que motivo, que não posso compreender nem suspeitar, esse sentimento tão doce por mim, que talvez ainda experimentasse no último momento em que dele me assegurou, se teria transformado de repente em distância e aversão? (...) Por que não se queixava a mim, se tinha motivos de queixa? Teria visto o fundo do meu coração, desse coração que nunca deixou de pertencer-lhe (...). Tinha de mim alguma queixa que eu ignorava, e que com tanta doçura lhe teria perdoado se a tivesse conhecido? (...) Quantas vezes não estive a ponto de me atirar em seus braços e perguntar qual seria meu crime; mas temia que seus braços rechaçassem os meus, estendidos em sua direção. Sua atitude, sua fala, até mesmo seus silêncios, tudo parecia proibir-me qualquer aproximação (...). O único momento em que eu poderia ter mostrado abertamente minha alma abatida e consternada foi aquele momento funesto em que, horas antes de morrer, pediu esse perdão dilacerante, último testemunho do seu amor (...). Mas já não tinha força para falar nem para ouvir-me; foi necessário, como Fedra, que eu me privasse de lágrimas, que teriam perturbado seus derradeiros momentos, e assim perdi, sem possibilidade de recuperá-lo, o instante de minha vida que me teria sido mais precioso: o momento de dizer-lhe mais uma vez o quanto me era cara, o quanto compartilhava seu sofrimento, o quanto desejava pôr fim, com o seu, ao meu também. Pagaria com tudo que ainda me resta viver esse instante que não mais recuperarei e que, mostrando-lhe toda a ternura de meu coração, talvez me tivesse devolvido toda a do seu."[29]

Mais que pela descoberta das cartas de amor de Mora, d'Alembert é terrivelmente mortificado pelo derradeiro silêncio de Julie:

"Ah! Se pelo menos tivesse manifestado alguma dor por se separar de mim, com que delícia não a teria seguido no asilo eterno em que habita! Mas eu sequer ousaria desejar aí ficar a seu lado quando a morte tiver fechado meus olhos e secado minhas lágrimas; temeria que sua sombra rechaçasse a minha, prolongando para além da vida a minha dor! Oh, desgraça! De tudo fui destituído, da alegria de viver e da própria alegria de morrer (...). *Ninguém me espera nem jamais me esperará.*"[30]

Nesse momento, aquele que havia sido exposto, horas depois de nascer, na escadaria da igreja de Saint-Jean-Lerond, reviveu a cruel experiência do abandono e da solidão. Não mais se haveria de recuperar.

Nas semanas que se seguiram ao falecimento, ele cumpre sua obrigação de executor testamentário e marca presença nas duas academias.[31] Não mais podendo viver na rua de Bellechasse, decide mudar-se para o apartamento funcional destinado ao secretário perpétuo da Academia Francesa: um sótão indigno constituído de três compartimentos mal iluminados, numa das esquinas da Cour Royale do Louvre.[32] Por falta de recursos, não tem outra escolha, e se muda para lá no mês de agosto seguinte. Dessa primeira época de luto chegaram até nós poucas cartas de d'Alembert,[33] como se não tivesse forças para nada além das tarefas mais cotidianas. Como se também lhe fosse impossível simplesmente evocar Julie. Entretanto, quando da recepção de La Harpe na Academia Francesa, a 20 de junho, ele lê o elogio do Sr. de Sacy.[34] Este, morto em 1727, era conhecido por seu *Tratado sobre a amizade* e por suas ligações íntimas com a marquesa de Lambert. Ela teve a infelicidade de vê-lo morrer, e d'Alembert descreveu a dor que se seguiu à separação. "Nunca", diz a *Correspondência Literária*, "o Sr. d'Alembert escreveu algo com mais alma e sensibilidade. Embora não lhe tenha escapado uma só palavra sobre sua própria situação, todo mundo reconheceu o sentimento que lhe ditava suspiros tão ternos, e todo mundo pareceu compartilhá-los. É mesmo preciso que essa maneira indireta de dividir as próprias mágoas com o público seja infinitamente delicada para não ferir; ela chegou inclusive a enternecer..."[35] Era a homenagem pública que ele prestava à Srta. de Lespinasse.

Muito cercado pelos amigos, d'Alembert tenta reaprender a viver. Condorcet, que não se afasta dele, relata: "Reunimo-nos ontem nas Tulherias com o Sr. d'Alembert, como há dez anos. É lá que ele pretende passar suas noites na estação quente. Ele ouve os outros; fala, inclusive, com muita liberdade, mas está profundamente ferido, e tudo que posso esperar para ele é uma condição suportável."[36] Não é este, todavia, o caso, como constatamos por sua primeira carta a Voltaire depois do luto, a 22 de junho: "Minha vida e minha alma estão no vazio, e o abismo de dor em que me encontro parece sem fundo. Procuro sacudir-me e me distrair, mas, até agora, sem êxito."[37] Curiosamente, ele se abre mais na carta a Frederico II datada do mesmo dia.[38] É verdade que d'Alembert não fala de Julie a Voltaire em nenhuma das cartas que chegaram até nós. Sua doença nunca é mencionada. Em compensação, ele a comunica ao rei, a 26 de abril, para justificar sua ausência. Não iria à Prússia naquele verão, como prometido. "O espetáculo de uma velha amiga, com a qual [ele] vive há doze anos, e que vai definhando de uma doença debilitante"³⁹ abalou seus pobres alicerces. Ele não está em condições de viajar. Frederico imediatamente manifestou-lhe sua compaixão em termos sentidos. Ele sabe muito bem o que é a amizade: "Uma alma em dois corpos."⁴⁰ Ao tomar conhecimento da morte de Julie, Frederico, o cínico e maquiavélico, demonstra uma sensibilidade quase inesperada para consolar o amigo: "Para minha desgraça, pude muitas vezes experimentar o que sofremos com tais perdas", afirma. "O melhor remédio é violentar-se para se distrair de uma idéia dolorosa que se enraíza excessivamente na mente. É necessário escolher alguma ocupação geométrica que exija muita atenção para afastar, na medida do possível, idéias funestas que se renovam constantemente (...). Haveria de propor-lhe melhores remédios se os conhecesse. Cícero, para consolar-se da morte de sua querida Túlia, atirou-se à composição..."⁴¹

Com toda evidência, Frederico soube, mais que outros, encontrar as palavras que chegam ao coração. "Vossa Majestade", responde d'Alembert, "não precisa dizer *que muitas vezes experimentou, para sua desgraça, o que sofremos ao perder o que amávamos*. Bem se vê, Meu Senhor, que experimentou essa cruel infelicidade, pela maneira tão sensível e tão verdadeira como sabe falar a um coração aflito (...). Como o senhor, todos os meus amigos procuram consolar-me (...), mas nenhum sabe, como o senhor, acrescentar (...) *que nossa razão é por demais fraca para vencer a dor de uma ferida mortal, que é preciso entregar alguma coisa à natureza e sobretudo dizer a si mesmo que, na idade em que estamos ambos, não demoraremos muito a nos juntar aos objetos de nosso pesar*."⁴² Ele promete ir consolar-se junto ao rei na primavera seguinte. Enquanto isso, seu estado é insuportável: "A vida, a glória, o próprio estudo, tudo se tornou insípido para mim. Sinto apenas a solidão de minh'alma, e o vazio irreparável que minha infelicidade nela deixou (...). A natureza, para mim aniquilada, já não me oferece qualquer objeto de apego, nem mesmo um objeto de ocupação."

Sem desanimar, Frederico volta à carga, três semanas depois, tentando, por meio de confidências mais pessoais, transmitir-lhe sua experiência. Conclui fazendo referência ao encontro que terão em breve e com essa promessa tocante: "Farei o que depender de mim para afastar de sua lembrança tudo que puder lembrar-lhe coisas tristes e desagradáveis, e sentirei tanta alegria ao tranqüilizá-lo quanto se tivesse vencido uma batalha."⁴³

O que d'Alembert não relatou ao rei, e que torna seu luto mais inconsolável, é a traição de Julie. Por essa cruel ironia, a única carta conhecida em que ele fala a respeito é dirigida àquele que é a verdadeira causa de seu sofrimento. A 29 de junho, ele confidencia a Guibert: "Chore por mim, Senhor, chore meu abandono, minha infelicidade, o vazio tenebroso que vejo pelo resto de minha vida. Amei-a com uma ternura que me tornou indispensável a necessidade de amar; nunca fui o primeiro objeto de seu coração; perdi dezesseis anos de minha vida, e tenho sessenta anos."[44]

Instalado em seu sótão do Louvre, d'Alembert busca a companhia das mulheres, com as quais é mais fácil abrir-se. A Sra. Necker, Amélie Suard e mais tarde a Sra. Marmontel são interlocutoras sensíveis e afetuosas. Com elas, ele pode entregar-se a essa dor que não acaba mais.[45] Mas, acima de tudo, é na casa de sua querida Sra. Geoffrin que ele busca reconforto. Dezoito anos mais velha, ela tem idade para ser sua mãe, e há cerca de trinta anos o cobre do mais terno afeto. Quando sofreu um primeiro ataque, em março de 1776, d'Alembert passou as manhãs à sua cabeceira, até seu aparente restabelecimento. Depois da morte de Julie, ele mantém esse hábito. É em sua casa que ele vai derramar sua dor. A 29 de agosto, contudo, a Sra. Geoffrin sofre novo ataque, que deixa paralisada metade do corpo. Dessa vez, d'Alembert não a deixa mais. Segundo a filha da Sra. Geoffrin, Sra. de La Ferté-Imbault, que detesta todo o bando dos filósofos ateus, ele tomara conta de seu quarto: "Ele chegava às oito horas da manhã e voltava cinco vezes por dia, às vezes trazendo Suard, Marmontel e o abade Morellet."[46] Como o estado da doente causava preocupação, e além disso sua filha e ela eram muito piedosas, o padre da paróquia foi chamado para administrar-lhe os sacramentos. O que se segue é a única versão fornecida pela Sra. de La Ferté-Imbault:

"No dia dos sacramentos, pareceu-me indecente permitir que d'Alembert e seu séquito circulassem pelo quarto ao mesmo tempo em que o padre e o confessor, e mandei que lhe fosse vedado o acesso já no dia seguinte. Horas depois, quando eu jantava, ele entrou furtivamente no quarto de minha mãe, que estava dormindo, e deparou com um exemplar da *Imitação* aberto sobre uma mesa. Apanhou-o com raiva e, dirigindo-se às pessoas que velavam junto ao leito, exclamou em voz alta que semelhante leitura só servia para debilitar ainda mais a cabeça da doente (...) e que era necessário substituir aquelas parlapatices pelos *Contos de fadas* ou as *Mil e uma noites*..."[47]

Escandalizada, a filha da Sra. Geoffrin escreve a d'Alembert para chamá-lo à decência a que teria faltado. "A alma de minha mãe", diz ela, "vale mais que a sua, Senhor; está mais voltada para a religião, a virtude e o amor da ordem."[48] Ordena-lhe que se comporte convenientemente, sob pena de fechar-lhe a porta da casa de sua mãe. A darmos crédito à marquesa, d'Alembert se teria precipitado em busca de seu perdão: "Ele me pareceu muito baixo, muito vulgar e muito pequeno; e eu me senti uma giganta, pois tinha a virtude e a razão do meu lado. Finalmente, ele me prometeu tudo que eu exigia dele, desde que lhe permitisse ver minha mãe; e eu o levei até o seu leito..."[49] Sempre de acordo com ela, d'Alembert teria imediatamente abusado dessa autorização: "Uma vez tendo retornado ao local, [ele] não queria mais arredar pé (...) e só se retirou depois de cair a noite..." Dias depois, exasperada, a Sra. de La Ferté-Imbault pretextou um novo agravamento da doença para se livrar dos visitantes. D'Alembert apresentou-se diversas vezes à porta da Sra. Geoffrin, mas a exclusão era definitiva, para ele como para seus amigos.

D'Alembert desmentiu a versão da Sra. de La Ferté-Imbault,[50] mas não o verdadeiro motivo pelo qual fora proibida sua entrada: "Estou às vésperas de sofrer uma outra perda que será muito sensível, a da Sra. Geoffrin, tanto mais sensível na medida em que a Sra. de La Ferté-Imbault, sua filha, que demonstra devoção, mas não é nada tola, afastou do leito da mãe todos aqueles que podem ser considerados Filósofos, e que não têm vontade como tampouco necessidade de falar de religião a sua mãe, no estado em que se encontra."[51]

Segundo ele, a Sra. Geoffrin, impotente mas não inconsciente, sofria com essa separação dos amigos. Condorcet informa a Turgot, a 20 de outubro, que a doente mandara chamar o criado da Sra. Suard na madrugada, antes que a filha se levantasse. Ter-lhe-ia "dito que seu estado a impedia de ver os amigos, mas que continuava a amá-los, que queria saber notícias suas"... Condorcet acrescenta: "O criado a achou muito desfigurada e debilitada. Chorou muito, e ela também. Parece que ela está sentindo a tirania da filha, e que não tem forças para se desvencilhar."[52]

A Sra. Geoffrin viveu ainda um ano,[53] durante o qual recebeu as visitas aceitas pela filha, entre elas a de Joseph II, em sua passagem por Paris na primavera de 1777. Para d'Alembert, contudo, a proibição de se aproximar era como se ela tivesse morrido um ano antes. Ele só foi autorizado a acompanhar o enterro. Mais uma vez, queixa-se com Frederico: "Assim é que perco, em período de poucos meses, as duas pessoas que mais amava e que mais me amavam."⁵⁴ Mais uma vez, Frederico o consola, recomendando a leitura de Lucrécio e convidando-o a ir vê-lo. Enquanto isso, sua vida está totalmente desorganizada. Há muito acostumado a passar as noites na companhia de Julie e as tardes na casa da Sra. Geoffrin, ele perdeu seus referenciais afetivos e temporais. "Já não há para mim noite nem manhã",⁵⁵ repetia.

Profundamente "desanimado e infeliz",⁵⁶ d'Alembert definha. Finalmente, é obrigado a desistir da viagem a Berlim. Não tem forças nem vontade de deixar o seu sótão. Apesar de cercado por aqueles que lhe restam, os seis anos que o separam da morte não bastariam para diminuir a dor da solidão.

O DIVÓRCIO ENTRE OS FILÓSOFOS E OS REIS

A lua-de-mel não terá durado quinze anos. Não resistiu ao mal entendido original que selara o entendimento. Os filósofos que se ressentiam da falta de consideração em Versailles esperavam dos monarcas estrangeiros o reconhecimento de sua dignidade. Os príncipes, por sua vez, consideravam os filósofos arautos de sua reputação. Diderot o havia entendido perfeitamente ao dizer a Catarina II: "Os grandes homens fazem as grandes ações, mas são os grandes autores que as imortalizam."⁵⁷ A afirmação pressupõe que o filósofo julgue as ações do monarca, em outras palavras, que este último aja de acordo com as idéias preconizadas pelo primeiro. Ora, a filosofia se radicaliza a partir do início da década de 1770, e em pouco tempo se empana a imagem do déspota esclarecido. O golpe de Estado de Gustavo III provocara em 1772 a ironia acerba de Diderot, e a viagem a Petersburgo acabara de lhe abrir os olhos. O déspota esclarecido mostra-se cheio de consideração com o filósofo, trocando cartas e fornecendo pensões, mas não quer ser criticado, e muito menos que alguém se julgue em condições de lhe limar as garras. Por outro lado, a afirmação de Diderot também implicava a existência de "grandes autores". Acontece que o que ocorre no fim da década e bem no início da seguinte é precisamente o desaparecimento dos mais prestigiados dentre eles. Que interesse poderia haver em ser louvado por um Lemierre?

Últimas ilusões

Vimos de que maneira Gustavo III da Suécia seduzira o mundo intelectual durante sua viagem a Paris, em 1771. Dizia-se discípulo dos filósofos e tinha uma admiração sem limite por Voltaire. Um ano depois, o jovem rei dá um golpe de Estado[58] em seu país, favorecido pelos franceses. Revoga a Constituição de 1720, que restringira as prerrogativas do poder real em benefício do Parlamento. A rivalidade entre os dois partidos, os "Bonés" e os "Chapéus", assim como sua corrupção, explorada pelos países vizinhos, tornavam difícil governar a Suécia. À parte as reticências de Diderot, preocupado com "a rapidez com que o país passa do estado de uma monarquia temperada para o estado de despotismo mais ilimitado",[59] e a publicação das cartas do conde Hessenstein à Sra. Geoffrin e a Gustavo III,[60] explicando os motivos de sua demissão, a notícia do golpe de Estado não poderia ter tido melhor acolhida em Paris e Ferney. Assim que toma conhecimento, Voltaire se congratula por essa "bela revolução da Suécia, promovida com tanta firmeza e prudência".[61] Logo trata de redigir uma *Epístola* ao rei da Suécia, "jovem e digno herdeiro do grande nome de Gustavo", enviando uma cópia a Creutz,[62] embaixador da Suécia em Paris, e ao conde Lewenhaupt, grande escudeiro do rei. A este último, diz: "Minha cabeça girou de alegria e de admiração. Está de tal maneira virada que lhe envio os maus versos que me escaparam à primeira notícia que me chegou da revolução (...). O entusiasmo nem sempre é eloqüente, mas o que parte do coração tem direito à indulgência."[63]

Os agradecimentos do rei da Suécia não chegaram até nós, mas, a julgar pelos que enviou a Marmontel[64] por sua carta de congratulações, podemos imaginar que lhe foi precioso o apoio de Voltaire. Como observa Proschwitz, Gustavo queria passar, aos olhos de Voltaire e de seus contemporâneos, como "um inovador e um reformador".[65] Por isso é que lhe envia pessoalmente o decreto sobre liberdade de imprensa pelo qual se responsabiliza,[66] juntamente com uma carta em forma de homenagem: "É principalmente ao senhor que o espírito humano deve a vantagem de superar e destruir as barreiras que lhe eram interpostas pela ignorância e uma falsa política. Seus escritos esclareceram os Príncipes quanto a seus verdadeiros interesses. O senhor mostrou-lhes, com esse encanto que só o senhor sabe conferir até mesmo às coisas mais sérias, que, quanto mais esclarecido for um povo, mais ele se haverá de revelar tranqüilo e fiel a suas obrigações. É perfeitamente justo, assim, que o senhor receba a primeira homenagem prestada pela razão à humanidade."⁶⁷

O rei da Suécia conhece a arte de seduzir os filósofos. Não só com palavras, mas também mediante fortes gestos simbólicos. Ainda na condição de príncipe herdeiro, ele determinara a construção, por ele mesmo financiada, de um magnífico monumento à memória de Descartes na igreja de Santo Olof, em Estocolmo, onde fora sepultado o filósofo. A Academia de Ciências de Paris incumbira Fouchy, seu secretário, de agradecer-lhe, e o príncipe respondera nos termos mais lisonjeiros para a instituição.⁶⁸ D'Alembert ficou muito grato, tanto mais tivera uma boa impressão pessoal do monarca em sua viagem a Paris, em 1771. Voltaire e d'Alembert seriam seus admiradores até o fim, e o rei não perderia a menor oportunidade de mandar lembranças através de seu embaixador. Assim, congratula-se pela recepção oferecida a Voltaire quando retorna a Paris, em fevereiro de 1778. Sabendo perfeitamente que sua carta será lida pelo patriarca, escreve: "Muito gostaria de estar em Paris neste momento para ver esse homem célebre, do qual fui durante tanto tempo fervoroso admirador, embora esteja convencido de que minha presença não causaria a sensação causada pela sua (...). Existiram tantos reis, mas o mundo produziu apenas um Voltaire."⁶⁹

A 30 de outubro de 1778, Gustavo III pronuncia um grande discurso na abertura da Dieta, convocada pela primeira vez desde a revolução de 1772. Nele, descreve a situação ideal em que se encontra o reino, tanto interna quanto externamente. Imediatamente, o embaixador envia uma tradução a d'Alembert, que a lê com entusiasmo: "Permita-me não lhe devolver, guardando-o muito zelosamente comigo, o admirável discurso que me fez a honra de enviar. Tomaria inclusive a liberdade de recusar-me a devolvê-lo ainda que o solicitasse, de tal maneira sinto a necessidade de ter em minha biblioteca esse monumento tão caro à Filosofia, à humanidade, à justiça e a tudo que pode interessar aos homens. Não conheço realmente mais belo discurso em toda a história antiga e moderna. Deveria ser assinado *Gustavo Trajano* (...). Os déspotas que vierem a ler esse discurso, e que não foram capazes de produzir nada igual, deveriam, ao lê-lo, dizer (...): *Que exemplo para mim!* Infelizmente, não o lerão, mas não importa, é belo poder dar-lhes esse exemplo, embora não tenham a inteligência nem a eqüidade de segui-lo."⁷⁰

Não sabemos a que déspotas d'Alembert se refere. Mas seu discurso, que é mais o de um cortesão que o de um filósofo, contrasta radicalmente com o de Diderot.

A lucidez de Diderot

Muito antes de viajar à Rússia, o filósofo deixou clara toda a desconfiança que lhe inspira a figura do déspota esclarecido. Ele não esconde sua condescendência em relação àqueles que, como Helvétius e Grimm, se extasiam diante de Frederico II.[71] Mas se concentra suas críticas no rei da Prússia, nem por isso Diderot pretende fazer-se cortesão do rei da Suécia. Declina o convite da rainha mãe para ir a Estocolmo[72] e prefere "a sociedade de seus iguais, com os quais pode aumentar suas luzes, e cujo elogio é praticamente o único capaz de lisonjeá-lo, à dos Grandes, com os quais só tem vícios a ganhar, em compensação pela perda do seu tempo".[73]

Desde 1770, Diderot não poupa o rei da Prússia, que a seus olhos encarna o protótipo do déspota. As *Páginas contra um tirano* (1771) efetivamente se referem a ele, assim como os *Fragmentos políticos* (1772-1773), embora ele abarque globalmente todo e qualquer "déspota justo e esclarecido". Em São Petersburgo, diante de Catarina, ele reitera suas acusações a Frederico: "Os filósofos o odeiam porque o consideram um político ambicioso, sem fé, para o qual nada existe de sagrado, um príncipe que tudo sacrifica, até mesmo a felicidade dos súditos, em nome de seu poderio atual, eterno incendiário da Europa". Mas é para melhor opô-lo à czarina: "Não existe um só homem de bem, nenhum homem que tenha um mínimo de alma e de entendimento em Paris, que não seja um adorador de Vossa Majestade. Ela tem a seu favor todas as academias, todos os filósofos, todos os pensadores, todos os homens de letras, e eles não o escondem. Foram celebrados sua grandeza, suas virtudes, seu gênio, sua bondade..."[74]

Lendo esse texto, que não é menos adulador que o de d'Alembert sobre Gustavo III, não podemos deixar de nos perguntar: Diderot, criticando a atitude de cortesãos de seus amigos diante do rei da Prússia, seria assim tão cego quanto à verdadeira natureza de Catarina para fazer o mesmo? A questão merece ser levantada, uma vez que o filósofo nunca se expressou claramente a respeito. Ao retornar a Paris, ele é todo entusiasmo pela pessoa da imperatriz. Nenhuma confidência desagradável, nenhuma crítica de sua interlocutora chegaram até nós. É bem verdade que, depois de todos os boatos zombeteiros que correram a respeito e de seu próprio comportamento na corte da Rússia, Diderot só tem interesse em embelezar o retrato da czarina e a acolhida que lhe ofereceu. Além disso, a gratidão por sua generosidade determina que se cale quanto às reservas que possa ter feito. Mas o fato é que ele não se eximirá de falar da Rússia e do regime despótico lá existente. "Devo confidenciar-lhe *bem baixinho* que nossos filósofos que melhor parecem ter conhecido o despotismo", escreve ele de Haia à Sra. Necker, "só o viram pelo gargalo de uma garrafa. Que diferença entre o tigre pintado por Oudry e o tigre na floresta."[75] Por sinal, mal se desvencilhou das garras da tigresa, e já está redigindo uma sátira ao déspota, *Princípios de política dos soberanos*, a cujo respeito R. Trousson não hesita em afirmar que é "o mais violento requisitório contra a tirania desde o *Discurso da servidão voluntária* de Étienne de La Boétie,[76] duzentos anos antes." É bem verdade que podemos identificar aí, mais uma vez, o retrato de Frederico II, o homem da flauta. Mas as acusações contra o guerreiro também podem perfeitamente visar a guerreira que enfrenta os turcos. Quando ele leva o déspota a dizer "Existe apenas uma pessoa no Império, e sou eu", ou então "Não tenho ministros, mas funcionários", ou ainda "Meus súditos não passam de párias com um nome mais honrado",[77] o leitor inocente pode igualmente pensar na déspota da Rússia ou no da Prússia. Tampouco seria absurdo supor que o ódio sem limite que sente por Frederico foi alimentado pelas indignações impossíveis de expressar em Petersburgo. Por maior que tenha sido a consideração demonstrada pela czarina, ele não pôde ignorar o terror inspirado por seu poder ilimitado. Quando escreve "Sempre colocar o nome do senado antes do seu (...). Não custa nada, quando o senado não é nada",[78] a quem estaria aludindo, senão a ela? Mas como criticar seu despotismo sem atacar sua pessoa? Frederico, que se recusou obstinadamente a encontrar, é um alvo mais cômodo, podendo apresentá-lo como encarnação da tirania sem faltar a suas obrigações.

Ao retornar, Diderot certamente não deixou de fazer um balanço da viagem. Nada o impedia de imaginar que, mais cedo ou mais tarde, Catarina II viesse a tomar medidas que levassem em conta seus conselhos. Em compensação, ele já se deu conta de que o projeto que tanto acalentava há dez anos — a publicação na Rússia, sob os auspícios da imperatriz, de uma nova versão da *Enciclopédia* — não se concretizará. Ele, que sonhava erguer essa "pirâmide" pela glória de Catarina, para apagar as imperfeições e as mutilações da grande obra de sua vida, encontrou apenas sua indiferença e a hostilidade de Betzki, embora o fizessem crer até o momento de retornar que seu desejo se haveria de realizar. A 10 de dezembro de 1774, Diderot vai prestar homenagem a Catarina, mas não lhe fala do projeto da *Enciclopédia* russa. Mas nem por isso perdeu as esperanças que depositava nela nem desistiu de lhe ser útil. Ao escrever a Grimm, no dia 15 de março: "Os senhores filósofos que não constituem uma seita seriam pessoas encantadoras, adoráveis, se tivessem a caridade de traçar um plano de estudo para os jovens, desde o abc até a universidade",[79] Diderot logo trata de pôr mãos à obra. Enquanto Grimm improvisa um ensaio de algumas páginas, *Sobre os estudos na Rússia*,[80] Diderot redige um verdadeiro *Plano de uma universidade para o governo da Rússia*. É um trabalho considerável, que desce aos mínimos detalhes daquilo que deveria ser a universidade ideal, aberta a todos: recrutamento dos professores, conteúdo do ensino, horários; "o *Plano* é o projeto universitário mais elaborado saído da pena de um dos 'filósofos' no século XVIII; também continuaria sendo o mais concreto e o mais documentado".[81]

Concluído seu trabalho, Diderot o faz chegar a Catarina em julho-agosto de 1775, através de Grimm, e não tem mais qualquer notícia. Ao ir prestar-lhe homenagem, ele lembra à imperatriz: "Senhora, entreguei há quatro ou cinco meses a Grimm o *Plano de uma universidade* (...) no qual Vossa Majestade Imperial propusera trabalhássemos ambos (...). Fiz o que podia fazer de melhor."[82] Não sabemos se ela respondeu. Em compensação, ela escreve a Grimm, a 31 de janeiro de 1776: "Recebi o grande livro de Denis Diderot, e o lerei quando o artigo das universidades vier à baila."[83]

Mas os meses se passaram sem que Sua Majestade se dignasse acusar recebimento. Parece, efetivamente, que ficaram algo tensas as relações entre ela e o filósofo. Ele lhe teria endereçado uma carta inábil, no verão de 1776, por ocasião do novo casamento do grão-duque Paulo. Ela teria dito a Grimm: "Veja, leia a carta que acabo de receber de Diderot, e me diga se a sua [cabeça] estava no lugar quando me escreveu!"[84] No fim do ano, ao contrário do que acontecera nos anteriores, Diderot não escreve diretamente a Catarina para expressar seus votos. Encarrega Grimm de fazê-lo em seu lugar[85] e se permite uma última alusão ao seu *Plano de uma universidade*: "Se eu tivesse dedicado meu manuscrito às escolas públicas de Petersburgo, não seria necessário lê-lo. Se soubesse, ao escrevê-lo, que não havia pressa, creio que teria saído um pouco melhor."

Ele só ouviria falar do seu *Plano* em 1777, por um comentário de Grimm que não teria seguimento,[86] como tampouco as muitas idéias que expusera nas conversas que haviam tido. A czarina não estava interessada em seus conselhos, especialmente o primeiro: pôr fim ao despotismo esclarecido, ilegítimo e prejudicial.

Diderot provavelmente não se deu conta somente em 1776 de que havia fracassado. Já na segunda estada em Haia, ele parece "triste"[87] ao filósofo Hemsterhuis. De volta a Paris, leva uma vida solitária. Seus amigos já não o reconhecem. Como a princesa Galitsyn se mostre preocupada por não receber notícias suas, achando-o "triste e mudado", Grimm responde: "É verdade, e temo que minha profecia a seu respeito comece a se realizar, que, sentindo acaso sua cabeça abaixada, ele comece a se recriminar pelo desperdício da mais bela vida, no momento em que sente não ser mais possível reparar o passado. Pois é verdade que ele se afastou de todo o mundo, que passa semanas inteiras sem ver os amigos e que só freqüenta as casas onde pode jogar o jogo dos centos. O que não impede que sua porta seja aberta a quem aparecer e que ele perca seu tempo em casa, como outrora (...). Quando penso o gênio de que esse homem foi dotado e o uso que dele fez (...). Dependia exclusivamente dele sentar-se ao lado de Voltaire no templo da Memória, e ele dissipou todos os seus dons com uma tal loucura que morrerá misturado à multidão dos homens medíocres."[88]

Essa carta viperina mostra-nos que uma página foi virada na amizade entre Diderot e Grimm. Mas confirma uma profunda melancolia a que não estavam acostumados os amigos de Diderot. Em 1776, ele se instala por boa parte do ano na casa de seu amigo, o ourives Belle, em Sèvres. Limita-se a vir a Paris aos sábados para encontrar a filha e a mulher. "Para mim", escreve, "enojado da cidade em que os tinhosos são mais comuns que nunca, prefiro morar no campo. É lá que vivo como o urso no inverno, de minha própria substância, lambendo a pata."[89] Ele descreve a si mesmo como um homem que envelhece: "Para mim, vou mudando aos poucos; mando antes de mim a bagagem pesada, como os dentes, uns caindo, outros vacilando: os olhos que já não me servem à noite; as orelhas que começam a ficar insensíveis; e as pernas que mais apreciam o repouso que o exercício."[90] Mas não devemos concluir que o filósofo se aposentou, à espera da morte.

Ao ser preparada uma nova edição das obras de Sêneca, Naigeon pede-lhe um posfácio. Ele aceita com entusiasmo e passa o verão de 1777 relendo Sêneca, de que fora severo promotor trinta anos antes.[91] Dessa vez, Diderot se faz advogado daquele que considera um irmão. Pois não são ambos filósofos? Não construíram obra de moralistas? Não se comprometeram ambos com o tirano? Como pode constatar qualquer um, ele exime Sêneca "da acusação de fraqueza ou bajulação em relação a Nero". Esforça-se por demonstrar que, longe de ter sido um cortesão, pôs em risco a própria reputação e depois também a vida para continuar sendo ouvido pelo monstro que nascia. "Ao mesmo tempo que inocenta o romano, Diderot inocenta a si mesmo da complacência com uma autocrata que teve a ilusão, como Sêneca, de estar conduzindo em direção às luzes e ao respeito pelo homem."[92]

E no entanto, embora se identifique com Sêneca nesse arrazoado *pro domo*, ele também toma o cuidado, na edição ampliada de 1782, de atenuar a impressão de uma semelhança entre Catarina e Nero. Falando de suas obras, ele esclarece "que atacam os erros sem atacar as pessoas", logo tratando de acrescentar "que seria um ingrato se não publicasse que Sua Majestade Imperial da Rússia o cumulou de favores em sua pátria e de distinções em sua corte; que foi dela, e só dela, que recebeu a recompensa por seus longos trabalhos".[93]

Dividido entre o dever de gratidão pessoal em relação à benfeitora e a exigência de verdade do filósofo para consigo mesmo, Diderot tratou de se safar como possível. Na impossibilidade de acusar Catarina, investiu contra o despotismo esclarecido em geral e contra Frederico II em particular. Devemos agradecer-lhe por ter oferecido a seus leitores a crítica mais ácida de um tipo de poder que a maioria dos representantes do Iluminismo aplaudia vinte anos antes. Sem querer, ele ia ao encontro de seu velho amigo-inimigo Rousseau, autor do *Contrato social*, o peregrino solitário que sempre evitara a companhia dos grandes e poderosos para nunca ter de dever-lhes nada...

O distanciamento dos reis

A desafeição dos intelectuais era correspondida pelos príncipes, que se cansaram das lições que lhes eram administradas, com diferentes graus de talento, por homens que se prevaleciam do título de filósofo. Pouco inclinados a ceder a menor parcela que fosse de seu poder, os monarcas não podiam aderir às análises cada vez mais radicais dos Helvétius, d'Holbach, Diderot ou Raynal. Enquanto a filosofia e a literatura voltairiana levavam a melhor, não lhes custava muito aplaudir a tolerância religiosa, apoiar a família Calas ou proteger este ou aquele indivíduo perseguido na França. É bem verdade que os soberanos protestantes tinham uma visão muito diferente das liberdades intelectuais[94] que a França de Luís XV. Seduzindo os homens de letras, ele se apropriaram sem grande esforço do título de monarca filósofo ou de homem do Iluminismo. Durante algum tempo, festejou-se o déspota esclarecido,[95] tomando o cuidado de distingui-lo do tirano, o que ainda convinha perfeitamente aos reis e príncipes. Quando, entretanto, se passou a preconizar a igualdade entre os homens e a soberania do povo, filósofos e monarcas começaram a se olhar de outra maneira.

Frederico II foi o primeiro a fazer a corte a Voltaire, e este, o primeiro a mudar de tom. Não obstante o pesado contencioso que os manteve em silêncio durante uma parte da década de 1750, os dois se admiravam, e restabeleceram relações. Frederico adorava a prosa de Voltaire, e o filósofo queria sempre agradar ao grande rei. Este, ávido de cultura francesa, procurou durante muito tempo atrair o que a França tinha de mais brilhante. Vimos que, depois de levar Maupertuis para Berlim, ele tudo prometera a d'Alembert se aceitasse fazer o mesmo. Recebera todos aqueles que lhe pediam proteção ou situação: Baculard d'Arnaud, La Mettrie, La Beaumelle e alguns outros. Já na década de 1760, contudo, as novas orientações dos enciclopedistas não lhe agradavam mais. Embora se diga disposto a recebê-los, para que concluam sua obra ao abrigo de perseguições, é menos por adesão a seu pensamento que pelo prazer de irritar Luís XV e mostrar a toda a Europa que a França não é mais o centro da vida intelectual. Ele não apreciou *Do Espírito*,[96] de Helvétius. Convidou-o em 1765 para aproveitar sua capacidade como fazendeiro geral, e não por suas qualidades literárias. Frederico é um crítico temível. Lê tudo aquilo que vem da França, mas com prazer cada vez menor. Só Voltaire e d'Alembert merecem consideração a seus olhos, embora, com o passar do tempo, aquele perca sua criatividade, e este, sua alegria.

O *Ensaio sobre os preconceitos*, saído da fábrica d'Holbach-Diderot, assinala o fim de uma longa ligação com os filósofos. Além do fato de o livro "dizer insultos aos reis", obrigando-o a "tomar a defesa de [seus confrades]",[97] Frederico está cansado do estilo pesado e do tom arrogante adotados pela nova filosofia. Como a Sra. du Deffand, ele se queixa da decadência da literatura francesa: "Quando um Fontenelle, um Voltaire, um Mairan, um Crébillon compunham (...), os trabalhos desses autores mereciam ser lidos por todo mundo; mas hoje, quando só são publicadas compilações (...), dicionários e enciclopédias de todos os tipos, tudo isso me causa repugnância."[98] Apesar de sentido com a morte de Helvétius, a leitura de sua obra póstuma, *Do homem*, o molesta: "Por amor a ele, fiquei contrariado que a tenham imprimido. Não há dialética nesse livro; temos apenas paralogismos e círculos de raciocínios viciosos, paradoxos e loucuras completas (...). Helvétius era um homem de bem, mas não devia se intrometer no que não conhece; Bayle o teria mandado à escola para estudar os rudimentos da lógica. E é a isso que chamam filósofos!"[99]

Para concluir, ele acerta contas com Diderot, cuja hostilidade não ignora. "Não suporto a leitura de seus livros, por intrépido leitor que seja; prevalece neles um tom presumido e uma arrogância que revoltam meu instinto de liberdade. Não era assim que escreviam Aristóteles, Cícero, Lucrécio, Locke, Gassendi, Bayle, Newton. A modéstia combina com todo mundo, é o primeiro mérito do sábio (...). Acredita-se que é suficiente assumir um tom decisivo para convencer..."[100]

Além das críticas de forma, é o fundo que está em questão. Frederico não aceita que filósofos, com o nariz enfiado em seus textos, sem qualquer experiência de governo dos homens, venham dar-lhe lições. Não que seja surdo à razão e hostil a qualquer forma de progresso. Ele adere, por exemplo, às teorias de Beccaria: "Basta que nos atenhamos ao que tão judiciosamente ele propôs. Desde que as penas sejam proporcionais ao delito, tudo estará resolvido."[101] Mas os postulados dos Diderot, Helvétius e d'Holbach parecem-lhes tão contrários a sua experiência pessoal que ele rejeita em bloco suas teorias. Escorado em suas pretensões filosóficas e em sua experiência política, ele redige um pequeno *Ensaio sobre o governo* que pretende "contribuir para o bem público, para o progresso da razão",[102] submetendo-o "à censura"[103] de Voltaire e d'Alembert. Trata-se apenas, afirma, de um "devaneio, (...) de um esboço",[104] a ser aprofundado por "verdadeiros estudiosos". E acrescenta, tendo em mente os filósofos que o criticam: "Os senhores enciclopedistas talvez não sejam invariavelmente da minha opinião; cada um pode ter a sua. Todavia, se a experiência é o mais seguro dos guias, ouso afirmar que minhas assertivas baseiam-se unicamente no que vi e naquilo que refleti."

Não chegou até nós a opinião de Voltaire sobre esse *Ensaio* real. Mas d'Alembert não nega sua aprovação. Ele o leu e releu, e deu a "ler àqueles que são dignos uma obra em si mesma condigna de Vossa Majestade, tão cheia dos mais excelentes princípios de governo, escrita com tanta razão, inteligência e elegância, e cujos preceitos Vossa Majestade provou o quanto são sábios, pelo zelo e pelo êxito com que os pratica".[105] Sincero[106] ou cortesão, d'Alembert é um filósofo do jeito que Frederico gosta. Ele não tem a menor necessidade dos que contestam o alcance de seus poderes e sua legitimidade.

É também a opinião de Catarina II. Se Diderot agradou-lhe tanto "pela originalidade de seu gênio e de seu estilo, por sua veemente e rápida eloqüência",[107] parece também, a darmos crédito ao conde de Ségur, que logo ela passou a desconfiar dele. "Com freqüência conversei longamente com ele — dizia-me Catarina —, mas com mais curiosidade que proveito. Se lhe tivesse dado ouvidos, tudo se teria transformado em meu império: legislação, administração, política, finanças, eu teria revolucionado tudo, para adotar teorias impraticáveis."[108] E a soberana sequer tinha conhecimento, ainda, das observações de Diderot sobre o seu *Nakaz*, redigidas em Haia, e que começavam da seguinte maneira:

"O único verdadeiro soberano é a nação; só pode haver um autêntico legislador, e é ele o povo (...). A primeira linha de um código deve obrigar o soberano; deve começar assim: 'Nós, o povo, e nós, soberano desse povo, juramos conjuntamente essas leis, pelas quais seremos igualmente julgados; e se nos acontecer, a nós, soberano, de mudá-las ou infringi-las, como inimigo de nosso povo, é justo que ele seja também o nosso, que fique desobrigado do juramento de fidelidade, que nos persiga, que nos deponha e mesmo que nos condene à morte, se o caso o exigir..."[109]

Ao descobrir esse texto, em 1785, após a morte de Diderot, ela confidenciaria a Grimm: "Essa peça não passa de um palavrório no qual não encontramos conhecimento das coisas, prudência nem clarividência; se minha instrução fosse do interesse de Diderot, ela serviria para pôr as coisas de ponta-cabeça (...). A crítica é fácil, mas a arte é difícil; eis o que se pode dizer ao ler as observações do filósofo; terá provavelmente escrito isso depois de voltar daqui, pois nunca me falou a respeito."[110]

De acordo com Catarina, existe uma incompatibilidade entre a teoria filosófica e a prática política. Ela comenta com Ségur o espanto de Diderot ao constatar que ela não aplicava qualquer de seus conselhos, e sua resposta:

"Senhor Diderot, ouvi com o maior prazer tudo aquilo que vossa brilhante mente lhe inspirou; mas, com todos os seus grandes princípios, que compreendo muito bem, faríamos belos livros e um mau trabalho. Em seus planos de reforma, o senhor esquece a diferença entre nossas duas posições: no seu caso, o senhor trabalha apenas no papel, que tudo suporta; ele é perfeitamente liso, flexível, e não antepõe obstáculos a sua imaginação nem a sua pena; ao passo que eu, pobre imperatriz, trabalho na pele humana, que é bem mais irritável e sensível."[111]

Nesse momento, ambos se haviam dado conta da inutilidade de ir adiante. Dizia a imperatriz: "Ele ficou com pena de mim, vendo-me como um espírito acanhado e vulgar. A partir desse momento, falava-me apenas de literatura, e a política desapareceu de nossas conversas."[112] Sua própria opinião estava formada: deixemos os filósofos entregues a seus devaneios, para não pôr fogo no paiol. Dali em diante, ela daria preferência a Grimm, perfeito cortesão sempre pronto a aplaudi-la.

Em 1777, o prestígio dos filósofos não é mais o que era dez anos antes. Ao se hospedar oficiosamente em Paris,[113] com o nome de conde de Falkenstein, Joseph II pretende visitar os estabelecimentos interessantes da capital e se encontrar com as personalidades mais marcantes. O mínimo que se pode dizer é que o pragmático austríaco não se precipitou propriamente ao encontro dos homens de letras. Prefere passar duas horas com Turgot e outras tantas com Necker em vez de gastar seu tempo com acadêmicos. Temos de reconhecer que a imperatriz Maria Teresa nunca apreciou verdadeiramente o brilhantismo intelectual francês. Católica fervorosa, não lhe agradam os costumes livres de uns e a incredulidade de outros. Por sinal, nunca houve relações mais continuadas entre Viena e os autores franceses; à exceção de Buffon, que Joseph teria visitado várias vezes no Jardim das Plantas,[114] a república das letras o terá visto passar como uma rajada de vento. Os intelectuais não o interessam tanto quanto os artistas,[115] Vaucanson e suas máquinas, ou Perronnet, o arquiteto da ponte de Neuilly. A 2 de maio, d'Alembert anota, lacônico: "Não sei ele virá a nossas Academias; já veio ver nossos retratos, e talvez aprecie mais nossos retratos que nossas pessoas."[116] "As grande inteligências", observa a Sra. du Deffand, "devem estar espantadas pelo pouco interesse que manifesta por elas, de modo que não vemos publicados versos nem prosa em seu louvor."[117] No dia 10, ele finalmente visita a Academia de Ciências: "Ele era esperado há 12 ou 15 dias. Estava tudo preparado para realizar experiências de química em sua presença. Ele permaneceu por meia hora, não lhe foi prestada qualquer homenagem, ele não quis ocupar qualquer lugar de distinção."[118] Nos dias 16 e 17, o mesmo se dá na Academia de Inscrições e Belas Letras e na Academia Francesa, o suficiente para ouvir alguns discursos, um breve *Elogio de Fénelon* por d'Alembert e trocar algumas palavras com este. Segundo a *Corrrespondência Literária*,[119] ele o teria questionado sobre sua viagem a Berlim e sobre os motivos pelos quais nem Diderot nem Raynal pertenciam à Academia Francesa.

Devendo voltar para casa através de Lyon e da Suíça, todos esperavam que ele passasse também por Ferney, para "ver e ouvir o homem do século, o Virgílio e o Cícero de nossa época".[120] Voltaire preparava-se para recebê-lo. Entretanto, tendo recebido ordem da mãe de não fazê-lo, "ele passou por Ferney sem ver o Sr. de Voltaire (...), foi a Versoix, onde permaneceu três quartos de hora sendo informado dos trabalhos atuais e futuros".[121] O patriarca ficou mortificado com esse sinal de desdém, e Frederico não escondeu sua desaprovação. "Fui informado", escreve a d'Alembert, "de que o conde de Falkenstein visitou portos, arsenais, navios, fábricas, e não esteve com Voltaire; essas outras coisas podem ser encontradas em qualquer lugar, e são necessários séculos para produzir um Voltaire. Se eu estivesse no lugar do imperador, não teria passado por Ferney sem ouvir o velho patriarca."[122]

Essa indiferença em relação ao maior escritor do século parecia quase criminosa: "Quero crer", responde d'Alembert, "pela honra do príncipe, que ela não é real."[123]

A morte de Voltaire acelera a má vontade dos príncipes, e mesmo seu distanciamento dos homens de letras. Disto são prova as confidências de Gustavo III à condessa de Boufflers, com a qual mantém correspondência desde sua viagem a Paris. Em carta de 19 de março de 1781, ele avalia assim os discursos pronunciados na Academia Francesa: "Li os dois discursos do Sr. de Tressan e de Lemierre. (...) Encontrei no do Sr. de Tressan o tom da polidez e da galanteria da antiga corte, e no de Lemierre, toda a arrogância e todo o orgulho dos homens de letras, ou, melhor dizendo, dos filósofos do dia."[124] Ele também escarnece da princesa de Nassau, que lhe parece "amar os homens de letras (...) e a celebridade que proporcionam (...). Esses senhores se apoderaram da trombeta da fama; não sei se a utilizam com muita imparcialidade, mas é certo que fazem ouvidos nos quatro cantos do mundo os nomes de seus protetores".

Três anos depois, ele expressa uma rejeição ainda mais radical. A seus olhos, a pretensão, a intolerância e a tirania mudaram de campo: "Quanto aos Senhores filósofos, confesso-lhe que, se puder desembaraçar-me, haverei de fazê-lo de todo o coração. Eu sempre correria o risco de ficar emporcalhado em sua companhia, ou, se vier a encontrá-los, farei como os maniqueístas, que adoravam o mau princípio para que não lhes fizesse mal. Esses Senhores querem controlar tudo, aspiram ao governo do mundo e não são capazes de governar a si mesmos. Falam de tolerância e são mais intolerantes que o colégio dos Cardeais. Entretanto, são suas opiniões que decidem as reputações e as transmitem à Posteridade."[125]

Gustavo III se engana pelo menos num ponto. No momento em que escreve isso, já não existem "grandes autores" desejosos de imortalizar reis. Os olhares se voltam para a América... Está consumado o divórcio, de ambas as partes. Logo os intelectuais haverão de se imiscuir novamente na política, mas de uma maneira bem diferente.

Conclusão

O retorno de Voltaire a Paris, a 10 de fevereiro de 1778, depois de vinte e oito anos de exílio, assinala ao mesmo tempo o apogeu e o declínio do reinado do filósofo. Chegando inesperadamente à capital, sem autorização do rei, ele demonstra que a opinião pública que contribuiu para formar e na qual sempre se apoiou é uma força que já agora terá de ser levada em conta. Sua enorme popularidade o protege do mau humor de Versalhes. Em casa,[1] na rua, na Academia ou na Comédie-Française, ele é alvo de um entusiasmo assombroso e sem precedente na história dos homens de letras. É o que noticia a *Correspondência Literária*: "Não, o surgimento de uma alma penada, de um profeta, de um apóstolo não teria provocado mais surpresa e admiração que a chegada do Sr. de Voltaire. Esse novo prodígio suspendeu por alguns momentos qualquer outro interesse; descartou os ruídos de guerra, as intrigas da toga, as dissensões da corte e até mesmo a grande querela entre gluckistas e piccinistas. O orgulho enciclopédico pareceu reduzido à metade, a Sorbonne estremeceu, o Parlamento guardou silêncio, toda a literatura ficou abalada, toda a Paris tratou de acorrer aos pés do ídolo."[2]

Esquecidas as ciumeiras, as disputas e as rivalidades, todo mundo que tem alguma importância na capital disputa a oportunidade de prestar-lhe homenagem. Por gratidão pela "infinidade de obras sublimes em todos os gêneros da literatura", mas também por ter assumido "corajosamente a defesa da inocência oprimida".[3]

Para se ter uma idéia da glória de Voltaire, será necessário ler o relato do dia 30 de março na *Correspondência Literária*:

"Esse ilustre velho apresentou-se hoje pela primeira vez na Academia e no espetáculo (...). Sua carruagem foi seguida nos pátios do Louvre por uma multidão ansiosa por vê-lo. Ele encontrou todas as portas, todas as avenidas da Academia assediadas por uma multidão que só lentamente se abria para sua passagem, imediatamente se precipitando sobre seus passos, com aplausos e aclamações as mais variadas. A Academia veio ao seu encontro até na primeira sala, honra que jamais prestou a qualquer de seus membros, nem mesmo aos príncipes estrangeiros que se dignaram assistir a suas assembléias (...). As homenagens que o senhor de Voltaire recebeu na Academia foram apenas o prelúdio das que o esperavam no teatro da nação. Sua caminhada desde o velho Louvre até as Tulherias foi uma espécie de triunfo público. Todo o pátio dos Príncipes, que é imenso, até a entrada do Carrossel, estava cheio de gente; não havia muito menos no grande terraço do jardim, e essa multidão era formada por todos os sexos, todas as idades e todas as condições. Do ponto mais distante de onde se podia distinguir a viatura, elevava-se um grito de alegria universal; as aclamações, os aplausos, os entusiasmos redobravam à medida que se aproximava; e quando se pôde vê-lo, esse velho respeitável acumulando tantos anos e tanta glória, quando foi possível vê-lo descer, apoiado em dois braços, o enternecimento e a admiração chegaram ao cúmulo. A multidão tentava aproximar-se dele; e tratava também de tentar defendê-lo dela mesma. Todas as balizas, todas as barreiras, todas as sacadas estavam cheias de espectadores, e, detida a carruagem, já se subia na imperial e mesmo nas rodas para contemplar a divindade mais de perto.

"Na mesma sala, o entusiasmo do público, que não se julgava possível ser capaz de ir mais longe ainda, pareceu redobrar quando (...) o senhor Brizard trouxe uma coroa de louros que a Sra. de Villette depositou na cabeça do grande homem, mas que ele logo retirou, embora o público o instasse a mantê-la, com aplausos e gritos que repercutiam em todos os recantos da sala com extraordinário estrépito. Todas as mulheres estavam de pé. Havia ainda mais gente nos corredores que nos camarotes (...). Esse entusiasmo, essa espécie de delírio universal durou mais de vinte minutos, e não foi sem alguma dificuldade que os Comediantes finalmente conseguiram dar início à peça. Era *Irène* que se representava pela sexta vez. Nunca essa tragédia foi tão bem interpretada, nunca foi mais atentamente ouvida, nunca terá sido tão aplaudida.

"Caindo a cortina, os gritos e os aplausos recomeçaram com mais vivacidade que nunca. O ilustre velho levantou-se para agradecer ao público, e no momento seguinte se pôde ver num pedestal, no meio do teatro, o busto desse grande homem, e todos os atores e atrizes dispostos em meia-lua junto ao busto (...) de tal maneira que o teatro, nesse momento, representava perfeitamente uma praça pública onde se fosse erguer um monumento à glória do gênio (...). O nome de Voltaire ecoava de todas as partes com aclamações, sobressaltos, gritos de alegria, de gratidão e de admiração. A inveja e o ódio, o fanatismo e a intolerância só ousaram rugir em segredo; e pela primeira vez, talvez, se pôde ver a opinião pública na França desfrutar espetacularmente de todo o seu império."[4]

E Diderot conclui: "Toda uma nação prestou-te homenagens que raramente seus soberanos obtiveram dela. Recebeste as honras do triunfo em tua pátria, a capital mais esclarecida do universo; quem, dentre nós, não daria a vida por um dia como o teu?"[5]

Dois meses depois, Voltaire morre,[6] recusando todas as retratações que os padres queriam arrancar-lhe. Firme em suas convicções, partiu como teísta, e não como cristão.

Semanas depois, chega a vez de seu velho inimigo Rousseau entregar a alma, em Ermenonville.[7] Logo seriam seguidos por d'Alembert[8] e Diderot.[9] As luzes do século vão-se apagando uma após a outra, deixando para trás os fundamentos da modernidade e, particularmente, as paixões intelectuais.

A morte de Voltaire encerra a história do surgimento dessas grandes paixões. Não que elas tivessem sido totalmente ignoradas antes do século XVIII. Mas o *desejo de glória*, a *exigência de dignidade* e a *vontade de poder* são estreitamente dependentes do nascimento de uma opinião pública. Quanto mais esta ganhou força, mais se pôde assistir à exacerbação da primeira e da terceira paixões. O desejo de glória e a vontade de poder parecem ter-se desenvolvido em detrimento da exigência de dignidade. No século XVIII, esta dizia respeito à independência do filósofo em relação aos grandes. Em outras palavras, à recusa da cortesania. Hoje, a maior força é a opinião pública. É ela, e somente ela, que outorga glória e poder, por obra e graça dos meios de comunicação. Os intelectuais mudaram de senhor, mas não de escravidão. Serão capazes, para se libertar, de abrir mão de tão doces paixões?

Notas

PRIMEIRA PARTE

Capítulo I

1. 26 de dezembro de 1767. D. 14623.
2. Carta ao abade Morellet, 26 de janeiro de 1766. *Edizione nazionale delle opere di Cesare Beccaria*, Milão, 1994, IV, p. 222.
3. Em Livorno, em julho de 1764.
4. Carta da duquesa de Choiseul à Sra. du Deffand, 14 de junho de 1767. D. 14226.
5. 15 de abril de 1763, V, p. 261.
6. Trata-se do *Ensaio sobre a origem dos conhecimentos humanos* (1746) e do *Tratado das sensações* (1754).
7. Além do duque de Nivernais, a mãe da infanta, Marie Leszczynska, e o duque de Choiseul haviam aprovado a escolha.
8. Carta de 25 de março de 1758 publicada por L. de Beauriez, *Une fille de France et sa correspondance inédite*, 1887, pp. 74-75.
9. *Mémoires du duc de Luynes*, 16, p. 335.
10. A expressão é de Sainte-Beuve, in *Nouveaux Lundis*, 2, Paris, 1866, p. 197.
11. Citado por A. Lortholary, *Le Mirage russe en France au XVIIIe siècle*, 1951, p. 80.
12. *Ibid.*
13. Empreendida em 1733, a obra seria constantemente modificada por Voltaire até morrer, em 1778. Mas podemos supor que Catarina leu a edição de 1756.
14. "O senhor sem dúvida já tomou conhecimento das propostas que ela mandou fazer ao Sr. d'Alembert." D. 10650.
15. Oferta feita simultaneamente a Diderot, que a recusou.

16. A 12 de agosto, o secretário da embaixada, Claude-Carloman de Rulhière, dá a notícia a seu amigo Rousseau, então em Motiers. *Correspondance complète de Jean-Jacques Rousseau* (ed. R. A. Leigh), 12, carta 2070.
17. Charles Henry, *Oeuvres et correspondances inédites de d'Alembert*, Slatkine Reprints, 1967 [1887], p. 195.
18. *As paixões intelectuais* [daqui por diante, *P.I.*], II, p. 106.
19. Carta a Odar de 16 de setembro de 1762.
20. D. 10731.
21. D. 10726.
22. 2 de outubro [1762]. D. 10740.
23. *Ibid.*
24. Ch. Henry, *op. cit.*, p. 205.
25. *Ibid.*
26. *Journal encyclopédique*, VII, 3ª parte, pp. 122 a 131, edição de 1º de novembro de 1762. Curiosamente, esse texto de Pictet toma de empréstimo frases inteiras da carta que escrevera a Voltaire a 15 de agosto de 1762, sem no entanto chegar a ser uma cópia exata.
27. Carta de 17 de novembro de 1762. D. 10805. Grifo do texto.
28. Leigh, XIV, p. 118. Carta 2345. O grifo é nosso.
29. Carta [fim de dezembro de 1762 ou início de janeiro de 1763]. Ch. Henry, *op. cit.*, p. 206.
30. *Mémoires secrets de Bachaumont*, I, p. 198, 31 de janeiro de 1763.
31. A 15 de fevereiro de 1763, Lenieps escreve a Rousseau: "O príncipe Galitsin [embaixador em Viena] valeu-se de toda a sua eloqüência e comprometeu o Sr. de Choiseul a conversar com ele, para decidi-lo. Isto foi feito, e o Sr. d'Alembert manteve pé firme em sua recusa." Leigh, XV, p. 189.
32. Como se perdeu a carta de Soltikov, não conhecemos a data em que foi redigida. Chegou-nos apenas a resposta negativa de d'Alembert, sem data, provavelmente do fim de janeiro de 1763.
33. Fim de dezembro de 1762 ou início de janeiro de 1763. Ch. Henry, *op. cit.*, p. 208-209. A alusão a um possível casamento tira força ao boato sobre a impotência ou a homossexualidade de d'Alembert.
34. Ver *P.I.*, I, p. 455-457, e *P.I.*, II, p. 103 e 142.
35. Carta de 31 de janeiro de 1763. Ch. Henry, *op. cit.*, p. 209-212.
36. Carta de [janeiro ou fevereiro de 1763]. *Ibid.*, p. 212.
37. D'Alembert estava ligado à Sra. du Deffand há quase vinte anos. Ela o amara quase como a um filho, apresentando-o a seus amigos e ensinando-lhe os rudimentos do mundo. Mas seu comprometimento filosófico e sua participação na *Enciclopédia* desagradavam à sensibilidade aristocrática da velha senhora. Insensivelmente, a amizade foi acabando, por incompatibilidade de idéias. Se até 1764 d'Alembert continuou freqüentando com a mesma

assiduidade o salão da rua de Bellechasse, não era mais por ela, mas para desfrutar da presença e da conversa inimitável de Julie de Lespinasse.
38. *Les registres de l'Académie française*, III, p. 169-170.
39. *Correspondance littéraire*, V, p. 199.
40. Não encontramos qualquer alusão ao caso na *Gazette de France*.
41. *Mémoires secrets*, I, p. 191, 198, 203.
42. *Ibid.*
43. A Rousseau, 15 de fevereiro de 1763. Leigh, 2485.
44. A Rousseau, 20 de fevereiro de 1763. Leigh, 2502.
45. Thieriot a Voltaire, 2 de fevereiro de 1763. D. 10978.
46. 4 de fevereiro de 1763. D. 10980. Bachaumont apressou-se a publicar todo o trecho da carta referente a d'Alembert e Catarina, I, p. 212-213. O *Journal encyclopédique* fez o mesmo, 1763, II, 1ª parte, p. 138-141. Por sua vez, Thieriot indica a Voltaire que sua carta "é universalmente aprovada, onde quer que seja lida", 25 de fevereiro de 1763. D. 11044.
47. A Voltaire, 12 de fevereiro de 1763. D. 10997. A filosofia vilipendiada no teatro é uma alusão à peça de Palissot, *Les Philosophes*, representada com grande sucesso na primavera de 1760. Ver *P.I.*, II, p. 346-348.
48. *P.I.*, I e II.
49. Além dos empregados domésticos, os jovens nobres eram acompanhados pelo preceptor, como La Galaizière em companhia do abade Morellet, ou de uma espécie de mentor, como Auguste-Guy Guinement Kéralio no caso do conde de Gisors. O jovem duque Louis-Alexandre de La Rochefoucauld viajou pela Itália em companhia do jovem irmão de Morellet, Jean-Jacques de Boissieu, desenhista, e de Jean Nicolas Desmarest, mineralogista.
50. Carta a Rousseau, 12 de abril de 1753. Leigh, 2619.
51. Frederico II, *Oeuvres* (ed. Preuss), XXIV, p. 377-378.
52. *Ibid.*, p. 378.
53. *Ibid.*, p. 379, carta de 29 de abril de 1763. Frisado no texto.
54. *Journal d'un voyage en Angleterre* (4 de março-17 de junho de 1763), publicado por H. Monod-Cassidy, *S.V.E.C.*, nº 184, 1980.
55. *Ibid.*, p. 46.
56. *Ibid.*, p. 28, 32, 39, 40, 43, 59, 64.
57. *Ibid.*, p. 77. Quarta-feira, 1º de junho de 1763.
58. Do qual Lalande ainda era o diretor, senão o autor.
59. *Journal...*, p. 39. O fato de que Lalande tenha conhecimento, a 10 de abril, dos dois nomes escolhidos pela Academia de Ciências a 16 de abril (cf. Atas da Academia) explica-se porque seu secretário, Fouchy, já escolhera Berthoud a 3 de abril (carta a Lemonnier). A 21 de março, Nivernais instara o duque de Praslin a enviar urgentemente observadores franceses, e Praslin escrevera a 28 de março a Choiseul, que se encarregara pessoalmente de

mobilizar a Academia a 31 de março. A escolha dos dois observadores se deu, portanto, muito antes de 16 de abril (*Pochette* de 16 de abril de 1763).

60. Em abril de 1760 e 1761, Berthoud registrara sob lacre um projeto de relógio marinho, cf. Catherine Cardinal, *Ferdinand Berthoud (1727-1807)*, 1984, e Danielle Fauque, "Une elegante solution au problème des longitudes: les horloges marines de Ferdinand Berthoud", *Revue d'histoire des sciences*, 1986, XXXIX, 4.
61. Tendo chegado a 11 de maio, ele só retornaria a Paris no fim de julho de 1763.
62. A carta de 19 de maio de 1763 em favor de sua eleição é assinada por La Condamine, Duhamel du Monceau, Nollet, Clairaut, d'Alembert, Short, Pringle, Maty e Wilson. Cf. C. Cardinal, *Ferdinand Berthoud, op. cit.*
63. Giuseppe Rutto, "La corrispondenza scientifica e letteraria di Paolo Frisi e Domenico Caraccioli", *Rivista storica italiana*, nº 96, 1984, p. 181. O grifo é nosso.
64. *Journal..., op. cit.*, p. 80. 8 de junho de 1763.
65. La Condamine perdera a audição em sua célebre expedição ao Peru, de 1735 a 1744.
66. *Correspondance littéraire*, VI, abril de 1765, p. 252.
67. *Mémoires secrets de Bacahumont*, I, 3 de julho de 1763, p. 280. Essa história ridícula corre toda a Europa, pois d'Alembert e Frederico já no fim de junho riem dela, juntos, em Sans-souci.
68. *Ibid.*, 10 de julho de 1763, p. 283.
69. Trecho do diário de viagem de Frisi, publicado por F. Venturi, *Illuministi italiani*, III, 1958, p. 311: "[Morton] ha detto molto male di Lalande."
70. Carta de Frisi a Boscovich, 26 de agosto de 1766, publicada por G. Costa, "Il rapporto Frisi-Boscovich alla luce di lettere inedite di Frisi, Boscovich, Mozzi, Lalande e Pietro Verri", *Rivista storica italiana*, set.-dez. 1967, p. 861-862.
71. *P.I.*, p. 172-173.
72. *Ibid.*, p. 212-223.
73. D. 11182. 1º de maio de 1763.
74. Carta de Saint-Florentin a d'Alembert de 21 de maio de 1763. A. N. 01405 p. 229.
75. [31 de maio de 1763]. Carta publicada por J. Pappas, "Inventaire de la correspondance de d'Alembert", *S.V.E.C.*, nº 245, 1986, p. 165.
76. Se as atas da Academia de Ciências merecem crédito, ele assistiu à sessão de 4 de junho, e portanto não pôde deixar Paris antes do dia 5.
77. Publicada por Ch. Henry, *Oeuvres et correspondances inédites de d'Alembert, op. cit.*

78. Frederico se adiantara a d'Alembert, chegando a Wesel a 6 de junho. Fora em seguida visitar o local de uma batalha vencida durante a guerra que acabava de terminar, três meses antes.
79. Carta a Julie de Lespinasse, Clèves, 13 de junho de 1763. Ch. Henry, p. 263.
80. 22 de junho. Ch. Henry, p. 267.
81. 24 de junho. *Ibid.*, p. 270. O grifo é nosso. Lendo a correspondência particular de Frederico II, constatamos que é de outra forma que ele fala dos inimigos.
82. 24 de junho. *Ibid.*, p. 271.
83. De Sans-Souci, 27 de junho. *Ibid.*, p. 272-273. Grifos no original.
84. *P.I.*, II, p. 106.
85. Maupertuis faleceu na Basiléia a 27 de julho de 1759.
86. A Julie, 1º de julho de 1763. Ch. Henry, p. 276. A Grimm, ele escreve: "Não lhe vou falar desse príncipe, a não ser para assegurar-lhe que está ainda mais acima de sua glória e de sua reputação, sendo ainda mais amável em sua grandeza." *Correspondance littéraire*, X, p. 407-108.
87. *Ibid.*
88. 5 de julho de 1763. *Ibid.*, p. 280-281.
89. 2 de julho de 1763. *Ibid.*, p. 279.
90. 5 de julho de 1763. *Ibid.*, p. 281.
91. 16 de julho de 1763. *Ibid.*, p. 283.
92. *P.I.*, I, pp. 410-415.
93. A Julie de Lespinasse, 16 de julho de 1763. Ch. Henry, p. 284.
94. Carta de 20 de julho de 1763, in *Correspondance de Léonhard Euler*, t. V, editado por A. P. Jüskevic e R. Taton, 1980, p. 316.
95. A Julie de Lespinasse, 16 de julho de 1763. Ch. Henry, p. 284. Grifo no original.
96. A uma légua de Berlim. Lá é que Frederico se hospedava com d'Alembert e alguns membros de sua corte.
97. 16 de julho de 1763. Ch. Henry, p. 285. Não sabemos o motivo de sua preocupação.
98. Ao abade Morellet, de 16 de julho de 1763, *Mémoires*, I, p. 63-65. Segundo d'Alembert, Frederico apreciara muito os *Se* e os *Porquê*. Ficara impressionado sobretudo com o *Manual dos inquisidores*. Cf. *P.I.*, II.
99. A Julie de Lespinasse, 18 de julho de 1763. Ch. Henry, p. 287. Sublinhado no original.
100. 22 de julho de 1763. *Ibid.*, p. 289. Sabe-se que d'Alembert adorava fazer graça em sociedade, imitando com raro talento as pessoas conhecidas.
101. 28, 29 e 30 de julho de 1763. *Ibid.*, p. 294.
102. A Julie de Lespinasse, 1º de agosto de 1763. Ch. Henry, p. 298.

103. A Julie de Lespinasse, 9 de agosto de 1763. *Ibid.*, p. 299.
104. 16 de agosto de 1763. Frederico II, *Oeuvres completes*, ed. Preuss, XXIV, p. 381.
105. A Julie de Lespinasse, 18 de agosto de 1763. Ch. Henry, p. 304.
106. "Longe de atribuir suas vitórias ao próprio valor, ele as explica pela tática defeituosa dos inimigos. Afirma ter passado noites pavorosas, correndo o risco de perder tudo, mas que já fizera suas contas e estava disposto a viver com trinta tostões por dia." Confidências de Frederico relatadas por d'Alembert a Alexandre Verri durante sua estada em Paris. Carta de 18-21 de novembro de 1766 de A. Verri a seu irmão Pietro, in *Voyage à Paris et à Londres*, 2004, p. 115.
107. A Julie de Lespinasse, 18 de agosto de 1763. Ch. Henry, p. 304.
108. A Julie de Lespinasse, 3 de setembro de 1763. *Ibid.*, p. 305.
109. Carta a Formey, 14 de setembro de 1763, in *Correspondance passive de Formey*, ed. por H. Duraton, F. Moureau, D. Schlobach, 1996, p. 348.
110. Carta a Louis Necker, 21 de setembro de 1763. Genebra, Arquivos particulares. Carta a Grimm, 16 de julho de 1763, in *Correspondance littéraire*, XVI, p. 407-408. Carta a Voltaire, 7 de agosto de 1763. D. 11345.
111. 28 de setembro de 1763. D. 11433.
112. *P.I.*, II, "Le code d'honneur des intellectuels", p. 96-100.
113. Carta de Grimm à duquesa de Saxe-Gotha, 31 de julho de 1763, *Correspondance littéraire*, XVI, p. 408.
114. *Ibid.*
115. 22 de julho de 1763. *Correspondance de Frédéric II avec Louise-Dorothée de Saxe-Gotha (1740-1767)*, ed. por Marie-Hélène Cotoni, 1999, p. 261.
116. A Julie de Lespinasse, 18 de agosto de 1763. Ch. Henry, p. 305. Grifo do original.
117. Ch. Pougens, *Oeuvres posthumes de d'Alembert*, t. I, 1799, p. 479-480.
118. Carta de 27 de julho de 1761, *Correspondance passive...*, *op. cit.*, p. 328. À volta de d'Alembert a Paris, Trublet escreve a Formey, a 19 de setembro de 1763: "Não creio que o Sr. d'Alembert jamais venha a ser presidente da sua Academia, nem mesmo que deixe Paris e a França." *Ibid.*, p. 352.
119. À duquesa de Saxe-Gotha, 31 de julho de 1763, *Correspondance littéraire*, XVI, p. 408. O que diz Grimm é confirmado pela resposta da duquesa: "Estou verdadeiramente mortificada por não ter podido conhecer o Sr. d'Alembert. Tão grande era minha expectativa, tanto maior vem a ser minha decepção por ter perdido uma oportunidade que talvez nunca se apresente novamente. Mas, por outro lado, por que não me enviou uma palavra ao chegar aqui [a Gotha, no retorno à França]? Com certeza lhe teríamos de bom grado sacrificado nosso sono e algumas horas de nossa viagem. Considero-o desumano, e a ele também, por não me ter falado a

tempo; teria cem vezes preferido ignorar por completo que ele passou por aqui do que ficar sabendo quando já não é possível recuperar um proveito tão desejado." Carta de 3 de outubro de 1763, in Pougens, II, p. 417-418.
120. A Lagrange, a 1º de outubro de 1763, in *Correspondance avec d'Alembert, Oeuvres*, t. XIV, ed. M. J. A. Serret, 1892, p. 9. A Frisi, no mesmo dia, assim como a Voltaire, a 8 de outubro.
121. O marquês Jean-Jacques Le Franc de Pompignan fora recebido a 10 de março de 1760 na Academia Francesa, em contexto extremamente polêmico. CF. *P.I.*, II, p. 343-344.
122. Carta da Sra. du Deffand a Voltaire, 30 de setembro de 1763. D. 11437.
123. Ch. Henry, p. 32-33, e a carta de d'Alembert a Voltaire de 29 de dezembro de 1763. D. 11588.
124. A Voltaire, 30 de setembro de 1763. D. 11437.
125. A Voltaire, 8 de dezembro de 1763. D. 11541.
126. A Lagrange, 18 de junho de 1765. Ch. Henry, p. 41.
127. A Louis Necker, que o consultara sobre a disposição de assumir a função de secretário da Academia de Ciências, d'Alembert responde a 21 de setembro de 1763: "Eu, secretário da Academia!? Para isso, seriam necessárias quatro coisas: que eu quisesse, que o ministro quisesse, que a Academia quisesse e que a corte quisesse. Acontece que ninguém quer." Arquivos particulares (Genebra).
128. Entre setembro de 1763 e o fim de dezembro de 1764, ele falta apenas a cinco sessões.
129. *Oeuvres posthumes de d'Alembert*, II, p. 408.
130. "O Sr. d'Alembert exerce atualmente a função de secretário, na ausência do Sr. Duclos, que está fazendo uma pequena viagem à Bretanha (...). O Sr. d'Alembert exerce a função com muito agrado da companhia." Carta do abade Trublet a Formey, 12 de junho de 1764, *Correspondance passive...*, op. cit., p. 367.
131. *Mémoires secrets*, V, I, 25 de agosto de 1762, p. 133.
132. *Ibid.*, p. 312.
133. *Correspondance littéraire*, IV, abril de 1761, p. 373.
134. A Voltaire, 8 de dezembro de 1763. D. 11541.
135. Marmontel foi eleito a 24 de novembro e recebido a 22 de dezembro de 1763.
136. D. 11644.
137. D'Alembert a Voltaire, 22 de fevereiro de 1764. D. 11720.
138. No *Ensaio sobre a sociedade dos homens de letras e dos grandes.* Cf *P.I.*, II, p. 96-100.
139. A Louis Necker, 10 de fevereiro de 1764. Arquivo particular (Genebra).

140. Os *Elementos de filosofia* constituíam a maior parte do quarto volume da *Miscelânea de literatura, história e filosofia* publicada em 1759. Os *Esclarecimentos* sairiam no quinto volume da *Miscelânea*, publicado em 1767.
141. Carta de Frederico (agosto de 1764), Preuss, XXIV, p. 382-383.
142. Carta de 20 de março de 1764. Ch. Henry, p. 220. Grifo do original.
143. A Voltaire, 2 de março de 1764. D. 11745. Grifo do original.
144. A d'Alembert, 26 de dezembro de 1764. D. 12263.
145. D'Alembert a Formey, 6 de agosto de 1764. Cracóvia, B. J. Coleção Varnhagen.
146. A 6 de agosto de 1764, d'Alembert anuncia a Lagrange que lhe enviou seus *Opúsculos* através do embaixador da Sardenha, com erros de impressão corrigidos de seu próprio punho. Lalanne, 1882, p. 11.
147. A Formey, 3 de abril de 1764. *Correspondance passive...*, op. cit., p. 363. Ele não comparece à sessão da Academia Francesa a 29 de março.
148. A Lagrange, 6 de agosto de 1764, Serret, p. 12.
149. A Frederico, 17 de setembro de 1764. *Ibid.*, p. 385-386.
150. A Lagrange, 16 de outubro de 1764. *Ibid.*, p. 14.
151. A 16 de julho de 1764. D. 11987: "Se estiver apaixonado, fique em Paris."
152. A 29 de agosto de 1764. D. 12065.
153. A 7 de setembro de 1764. D. 12073.
154. *P.I.*, II, p. 17-20.
155. *Confessions*, 2ª parte, livro IX. BN. Ms fr. 22158, fº 125 e 193.
156. *P.I.*, II, p. 103.
157. *Journal de Lalande* (1756-1807), manuscrito leiloado no Hôtel Drouot a 6 de dezembro de 1995, fº 98v.
158. *Aux mânes de Mademoiselle de Lespinasse*, 22 de julho de 1776. *Oeuvres complètes*, III, p. 728.
159. *Ibid.*, p. 731.
160. *Oeuvres posthumes*, II, p. 406.
161. *P.I.*, p. 213-217.
162. Lagrange estaria de volta a Turim em maio de 1764.
163. O bailio de Solar de Breille, embaixador em Paris desde 1758.
164. Carta à Sra. de Geoffrin, 7 de janeiro de 1764. *Lettres inédites de Lagrange*, ed. por Ch. Henry, 1886, p. 5.
165. Cartas de Clairaut a J. III Bernoulli de 28 de dezembro de 1763 e 4 de junho de 1764, Basiléia Ms LI a 684, 813 e 817. Carta de La Condamine ao mesmo de 30 de junho de 1764, *ibid.*, p. 819.
166. Basiléia, Ms LI a 677, p. 101-102.
167. Na ata da Academia de Ciências com data de 18 de novembro de 1761, p. 206, lemos na escrita de seu secretário, Fouchy: "Li uma carta do Sr. de

Condorcet e apresentei em seu nome um método geral para integrar as equações de duas variáveis, tendo sido designados para examiná-la os Srs. Clairaut e Fontaine."
168. Ata de 23 de dezembro de 1761, p. 235.
169. Ata de 14 de março de 1764, p. 59-60.
170. O pai de Condorcet morrera a 22 de outubro de 1743, cinco semanas depois do nascimento do filho, a 17 de setembro.

Capítulo II

1. CF. *P.I.*, II, p. 326-332.
2. *Correspondance générale* de Helvétius, I, p. 53.
3. D'Alembert a Voltaire, 22 de fevereiro de 1764. D. 11720.
4. *Correspondance générale...*, III, p. 88-90.
5. Algumas cartas de Voltaire ou de d'Alembert para o mesmo Frederico, não têm o mesmo estilo.
6. Carta de Grimm a Louise-Dorothée de Saxe-Gotha, 26 de janeiro de 1765, in *Correspondance générale* de Helvétius, III, p. 156.
7. *Ibid.*, 11 de fevereiro de 1765, p. 159.
8. D'Alembert, 1º de março 1765, *Obras completas*, ed. Berlin, *op. cit.*, p. 257.
9. Carta de Grimm a Louise-Dorothée de Saxe-Gotha, 15 de abril de 1765, in *Correspondance générale...*, III, p. 174.
10. O palácio de Sans-Souci fora construído entre 1745 e 1747 numa colina dominando a região noroeste de Potsdam. Helvétius o compara ao Trianon.
11. À Sra. Helvétius (5 de abril de 1765). *Correspondance générale...*, III, p. 172.
12. À mesma (11 de abril de 1765). *Ibid.*, p. 172.
13. *Ibid.*, 22 de abril, p. 177.
14. *Ibid.*, 13 de maio, p. 187.
15. A Sra. Helvétius sofreria um aborto em maio ou junho. *Correspondance générale...*, III, p. 179.
16. Samuel Formey era o secretário perpétuo da Academia de Berlim. Esse protestante de mentalidade acanhada dava mostra de furiosa antipatia por todos os filósofos franceses.
17. Dieudonné Thiébault, *Mes souvenirs de vingt ans de séjour à Berlin...*, 1804, II, p. 132.
18. Formey, *Souvenirs d'un citoyen*, II, p. 203-204.

19. À Sra. Helvétius, 28 de maio de 1765. *Correspondance générale...*, p. 190.
20. De acordo com o Almanaque Real, Helvétius já aos 22 anos adquirira um cargo na Ferme générale. Inicialmente diretor das Fermes em Caen, ele é em seguida incumbido da região de Franco Condado (1741-1745), e a partir de 1748, do Bordelais. Demite-se da Ferme ao se casar, em junho de 1751, comprando na mesma época o cargo de mordomo da rainha.
21. *Souvenir d'un citoyen*, II, *op. cit.*, p. 204-205.
22. Carta ao protetor de Vieilh, 21 de julho de 1765. *Correspondance générale...*, p. 216.
23. Carta ao duque de Choiseul (2 de setembro de 1765). *Ibid.*, p. 238.
24. Carta do fim de abril de 1765. *Ibid.*, p. 280.
25. Grimm a d'Argental, 6 de maio de 1765. *Ibid.*, p. 185-186.
26. A d'Argental (fim de abril de 1765). *Correspondance générale...*, p. 179-180.
27. A d'Argental, 4 de junho de 1765. *Ibid.*, p. 194. A proposta mencionada por Helvétius consistia na nomeação simultânea dos embaixadores por ambas as cortes, sem esclarecer qual delas tomara a iniciativa do restabelecimento das relações diplomáticas.
28. Carta do conde de Hertford ao secretário de Estado, o conde de Halifax, 25 de junho de 1765. *Ibid.*, p. 203.
29. De acordo com os editores da *Correspondance* de Helvétius, ele teria proposto o nome do conde de Haussonville para o cargo.
30. Carta de 25 de junho de 1764. *Ibid.*, p. 202.
31. A d'Argental (setembro de 1765). *Correspondance générale...*, p. 236.
32. Carta citada na *Correspondance générale* de Helvétius, *op. cit.*, p. 174-175.
33. À Sra. Helvétius, 28 de abril de 1765. *Ibid.*, p. 178.
34. Diderot a Voltaire, 29 de setembro de 1762. *Correspondance de Diderot*, edição L. Versini, p. 449.
35. Nascido em 1740, sobrinho da imperatriz Ana, que o havia declarado seu sucessor, Ivã foi destronado aos 2 anos de idade por Elisabeth, que o mandou encarcerar. Ele passaria de masmorra em masmorra até ser assassinado sob Catarina.
36. Carta ao duque de Richelieu. D. 12068.
37. Carta de 7 de setembro de 1764. D. 12073.
38. Carta a Voltaire, 4 de outubro de 1764. D. 12123. Sublinhado no original.
39. Carta da Sra. Geoffrin datada de 6 de dezembro de 1764, hoje perdida, mas cujo conteúdo pode ser facilmente adivinhado pela resposta da imperatriz a 21 de janeiro de 1765. O manuscrito da carta de Catarina II encontra-se em Moscou, no Arquivo dos Atos Antigos, RGADA, nº 153, f°s 9-11.

Foi publicada pelo marquês de Ségur em *Le Royaume de la rue Saint-Honoré*, 1925, p. 439.
40. A 3 de junho de 1759.
41. R. Mortier e R. Trousson, *Dictionnaire de Diderot*, p. 192.
42. Não é conhecido o valor exato dos rendimentos da Enciclopédia. As estimativas variam entre 60.000 e 200.000 libras.
43. A Grimm, 3 ou 4 de agosto de 1759, L. Versini, p. 130.
44. A Sophie Volland (14 de julho de 1762), *ibid.*, p. 378.
45. À mesma (28 de julho de 1762), *ibid.*, p. 395.
46. A 21 de junho de 1762, o padre Paciaudi, que acaba de ser nomeado bibliotecário do infante de Parma, escreve de Paris a Du Tillot: "O Sr. d'Argental, para agradar ao incrédulo Diderot, desejava que eu comprasse sua biblioteca (...); o exame do catálogo fez-me ver que ela de nada serviria: tudo é frivolidade, como o cérebro de Diderot, e não pude encontrar livros essenciais." Biblioteca Palatina de Parma, Ms 1586, f° 104 V, citado por L. Guerci, *Condillac...*, p. 72.
47. Damilaville a Voltaire, 18 de abril de 1765. D. 12556. A carta de Grimm a Betski perdeu-se.
48. *Correspondance littéraire*, VI, p. 265-266.
49. Damialaville a Voltaire, 18 de abril de 1765. D. 12556.
50. (10 de maio de 1765), Versini, p. 491.
51. Cartas de 1º e 7 de maio do conde de Saint-Florentin e do duque de Praslin a Diderot. Ed. Roth, V, p. 29-30.
52. II, p. 204-205.
53. Damialaville a Voltaire, 18 de abril de 1765, D. 12556.
54. O general Betski especificava em sua carta de 16 de março: "A ordem de pagamento das 16.000 libras já foi enviada ao príncipe Galitsyn, seu ministro em Paris." *Correspondance littéraire*, VI, p. 265.
55. Carta de Catarina II à Sra. Geoffrin, 17 de maio de 1765. Ségur, p. 446.
56. Diderot a d'Alembert, L. Versini, p. 491 (10 de maio de 1765).
57. D'Alembert a Catarina, Ch. Henry, p. 242. Grifos nossos.
58. (Novembro de 1765). D. 12973. O grifo é nosso.
59. A Voltaire, 9 de dezembro de 1765. D. 13032. A d'Alembert, 21 de novembro de 1765. Ch. Henry, p. 243-244.
60. Carta de 27 de abril de 175, in *Correspondance de Paul Thiry, baron d'Holbach*, ed. H. Sauter e E. Loos, p. 26. D'Holbach considera a notícia já conhecida em Londres, em carta a D. Garrick do dia 16 de junho seguinte, p. 28.
61. A Rousseau (18 de maio de 1765). Leigh, XXV, n° 4413, p. 292.
62. *L'Année littéraire* de julho de 1765. IV, p. 338-348.
63. *Ibid.*

64. *Correspondance littéraire*, VII, p. 201-202, 15 de janeiro de 1767.
65. L. Versini estima essas 50.000 libras em três milhões de francos de hoje. *Correspondance de Diderot*, p. 709, nota 1.
66. Diderot ao general Betski (29 de novembro de 1766). L. Versini, p. 709-711. O grifo é nosso. A "pirâmide" é uma primeira alusão à *Enciclopédia* russa que ele sonhava oferecer-lhe.
67. Voltaire a Catarina II, 22 de dezembro de 1766. D. 13756. Sublinhado no original.
68. *Mémoires secrets*, III, p. 130-131. 12 de dezembro de 1766.
69. Diderot relata a Falconet que Galitsyn, embaixador da Rússia em Paris, "não dá um passo, não entra numa única casa sem ouvir o elogio de uma soberana que adora". 29 de dezembro de 1766. L. Versini, p. 715.
70. *Correspondance littéraire*, VII, p. 202. 15 de janeiro de 1767.
71. Carta de 28 de outubro de 1766. Marques de Ségur, *Le Royaume de la rue Saint-Honoré*, 1897, p. 461.
72. Frederico a d'Alembert, 24 de março de 1765. Preuss, XXIV, p. 395-397. D. Thiébault (1733-1807), professor de gramática, chegou a Berlim no início de janeiro de 1765. Integra a longa coorte dos protegidos de d'Alembert.
73. Atas da Academia de Ciências, 1765, p. 245-248. A dissertação de Condorcet trata das equações diferenciais de diferenças infinitas, e também das diferenças finitas. Após esse trabalho, Condorcet redigira também um *Ensaio sobre as equações diferenciais*.
74. *Ibid.*, p. 248. O grifo é nosso.
75. 18 de junho de 1765. Serret, p. 40. A 6 de julho, Lagrange o leu e apreciou. Critica-o apenas por negligenciar os detalhes, p. 42.
76. *Biblioteca Ambrosiana*, Milão Ms Y 153 sup., 109-181-182, n° 6. Lalande passara "como um raio" por Parma, no fim de junho de 1765.
77. Nas atas da Academia, Clairaut é dado como presente até 8 de maio.
78. A assiduidade de Clairaut desde sua eleição em 1731 até a morte é excepcional.
79. Sobre a rivalidade e o desentendimento entre os dois, cf. *P. I.*, I e II.
80. *Correspondance littéraire*, VI, p. 288.
81. Como pensionista "supranumerário", d'Alembert não recebia qualquer pensão da Academia. Donde sua exigência de ser efetivado como pensionista no lugar de Clairaut, para receber a pensão correspondente.
82. Carta a Malesherbes de 18 de maio de 1765. B. M. de Nantes, Ms. 2212, Fr. 2059.
83. *Ibid.*
84. La Condamine a Formey, 19 de setembro de 1765. Cracóvia, Biblioteca Jagiellonska, coleção de autógrafos, pasta La Condamine.

85. Atas da Academia de Ciências, 1765, p. 241-242.
86. *Mémoires secrets*, II, p. 224.
87. A Lagrange, 18 de junho de 1765, Serret, p. 39-40. Grifo do original.
88. Carta de 21 de junho de 1765. Barão Delbeke, *La Franc-Maçonnerie et la Révolution française*, p. 172. Antes mesmo de receber essa carta, o padre Frisi fora inteirado do caso por Lalande, então em Milão, e por uma carta de Kéralio datada de 25 de junho. Ambrosiana, *op. cit.*, n° 4.
89. 24 de junho de 1765. D. 12655.
90. 30 de junho de 1765. D. 12664. Além da pensão de Frederico (de 1.200 libras), d'Alembert recebia uma pensão da Sra. Destouches (a esposa de seu pai) no mesmo valor, jetons das academias... Mas, além de sua locadora, a Sra. Rousseau, e de sua família, d'Alembert sustentava pessoas humildes que o serviam ou o haviam servido no passado. Em seu testamento, pode-se ler, entre outras coisas: "Deixo à Sra. Voituvet, que me criou, 360 libras de renda vitalícia, exatamente como já pagava em vida." Segundo Pougens, ele gastava mais de metade de sua renda em caridade.
91. Inclusive o príncipe Louis de Rohan, seu colega da Academia Francesa, que fizera — sem êxito — uma solicitação ao ministro Saint-Florentin.
92. D'Alembert a Voltaire, 30 de junho de 1765. Serret, 12664.
93. Lagrange a d'Alembert, 6 de julho de 1765. Serret, p. 42.
94. Carta de 8 de julho de 1765. D. 12790.
95. Essa frase citada por Voltaire consta efetivamente da carta de d'Alembert a Catarina II de 16 de junho de 1764.
96. *La Vision de Charles Palissot*. Cf. P. I., II, p. 348-349. A princesa de Robecq só teria sido informada de sua morte iminente lendo esse texto, por sinal insultuoso para ela.
97. Carta de 8 de julho. D 12790. A partir dessa data, a correspondência entre os dois seria transmitida por amigos certos, e não pelos correios. Já a 5 de agosto, Damilaville atua como intermediário.
98. Carta de 16 de julho de 1765. D 12803.
99. Jean Hellot (1685-1766), designado pensionista supranumerário químico a 15 de setembro de 1739, fora promovido a pensionista a 13 de junho de 1743, ou seja, quatro dias depois da morte de Louis Lemery, cujo lugar passava a ocupar.
100. Deutsches Museum, Munique, Ms. HS 1953-38. Carta a Malesherbes, 18 de julho de 1765.
101. A Voltaire, 13 de agosto de 1765. D 12286.
102. O abade Trublet a Formey, 2 de agosto de 1765. *Correspondance passive...*, *op. cit.*, p. 382.
103. L. Versini, p. 503.

104. L. Versini, p. 510. A Sophie Volland (28 de julho de 1765).
105. *Ibid.*
106. Thieriot a Voltaire, 5 de agosto de 1765. D 12821. Tratava-se do bulevar do Temple.
107. L. Versini, 1º de agosto de 1765, p. 515.
108. A Voltaire, 13 de agosto de 1765, D 12826: "Sabia que estou para ser *desmamado*? Aos 47 anos, não é nada assim tão precoce! *Estou deixando a amamentação* em que me encontrava há 25 anos; tomava um excelente leite, mas estava encerrado numa masmorra em que não respirava, e sinto que o ar me é absolutamente [necessário]. Vou buscar moradia onde puder encontrá-la." Grifo do original.
109. A Voltaire, 7 de outubro de 1765. "Enfrento no momento as dificuldades e despesas de uma mudança."
110. 1715-1785.
111. 1709-1782. Célebre inventor dos autômatos, muito rico, segundo Diderot.
112. 1725-1779. O cavaleiro d'Arcy pertencia ao clã dos inimigos de d'Alembert.
113. Atas da Academia de Ciências, 7 de agosto de 1765, p. 342.
114. *Ibid.*, 14 de agosto de 1765, p. 345. As Atas não mencionam mais o cavaleiro d'Arcy. Só Vaucanson continua disputando com d'Alembert. Note-se que d'Alembert, apesar de ainda convalescente, deslocou-se nesta ocasião até a Academia de Ciências.
115. VI, p. 343.
116. O *Journal encyclopédique*, por sua vez, o anuncia na edição de 25 de agosto.
117. Carta de 28 de agosto de 1765. D 12854.
118. Carta de 28 de setembro de 1765. Delbeke, *op. cit.*, p. 146.
119. Carta ao *Journal encyclopédique* de 28 de setembro de 1765, publicada na edição de 1º de outubro, VII, 1ª parte, p. 130-131.
120. A Frisi, *ibid.*, p. 146-147.
121. 16 de outubro de 1765. D. 12937.
122. A Malesherbes, s.d. (meados de outubro de 1765). Biblioteca Nacional, Ms n. a. f. 9544 f⁰ˢ· 2-3. Grifo do original.
123. Carta de 26 de outubro de 1765. Ch. Henry, p. 240-241.
124. Carta de 10 de novembro. Atas da Academia de Ciências, 16 de novembro, p. 383.
125. É verdade que o valor das pensões podia variar, de acordo com o beneficiário. Mas entre as 300 a 400 libras mencionadas e as 2.400 libras anunciadas pelos *Mémoires secrets* (20 de agosto de 1765, II, p. 257) há uma grande diferença!
126. 22 de novembro de 1766. D. 12998.

127. A Lagrange, 28 de dezembro de 1765, Ch. Henry, p. 48. A Frederico, 29 de março de 1766, Preuss, XXVII, p. 312-314.
128. A Voltaire, 9 de dezembro de 1765. D. 13032.
129. 20 de agosto de 1765. Preuss, XXIV, p. 398.
130. D'Alembert a Frederico, 28 de outubro de 1765, *ibid.*, p. 400.
131. Frederico a d'Alembert, 23 de novembro, *ibid.*, p. 402-404.
132. A Betski (29 de novembro de 1766). L. Versini, p. 713. Não é outra coisa que diz d'Holbach a Servan, a 24 de abril de 1765: "Como os reis seriam amáveis, se lhes fosse dito que têm interesse em sê-lo." Sauter e Loos, *op. cit.*, p. 26.

Capítulo III

1. Promover essas verdades era a ambição da jovem Sociedade Patriótica de Berna, fundada no inverno de 1761-1762, e também a de muitas das sociedades filantrópicas.
2. Carta do abade Mably a Daniel Fellenberg, Paris, 2 de janeiro de 1764. Bürgerbibliothek, Berna, F. A. Fallenberg, p. 154.
3. P. I., II, p. 266 a 273.
4. 30 de maio de 1766. D. 13327.
5. A Damialaville. D. 12938.
6. Trata-se do abade Morellet, que apresentou duas explicações diferentes sobre a origem de sua tradução. Em sua carta a Beccaria de 3 de janeiro de 1766, ele afirma que foi d'Alembert que o pressionou a suspender seus trabalhos para traduzir imediatamente os *Delitti*; em suas *Mémoires* (II, p. 286), redigidas algumas décadas depois, escreve que foi Malesherbes, num jantar com d'Alembert e Turgot, que o convidou a fazer essa tradução.
7. Carta de d'Alembert ao padre Frisi de 9 de julho de 1765, in Delbeke, *La Franc-Maçonnerie et la Révolution française, op. cit.*, p. 143-144.
8. Turgot foi um dos quarenta referendários que votaram a 9 de março de 1765 pela revisão do caso Calas. O decreto de reabilitação, com base no relatório de De Crosnes, foi baixado por unanimidade.
9. É no dia 27 de fevereiro que Voltaire escreve ao advogado Élie de Beaumont para incumbi-lo dos interesses da família Sirven, recebida em Ferney no início de abril.
10. VI, p. 329 a 335.
11. Prefácio a *Des délits et des peines*, Flammarion, "GF", 1991, p. 13-14.
12. A Damilaville, 23 de junho de 1766. D. 13371. O cavaleiro de La Barre seria supliciado a 1º de julho.

13. F. Venturi, "Un amico di Beccaria e di Verri: profilo di Giambattista Biffi", *Giornale storico della litteratura italiana*, 34, fasc. 405, 1957, p. 37-76.
14. Pietro Verri (1728-1797), administrador e escritor apaixonado por política, criara no inverno de 1761-1762 uma espécie de pequena Academia com seu irmão Alessandro e seus amigos, a Accademia dei Pugni, para difundir as luzes inglesas e francesas na Itália. Mais tarde, Verri fundaria com os mesmos, inclusive Beccaria, a Sociedade do *Caffe* e o periódico homônimo, que saiu pela primeira vez em 1º de junho de 1764 e pela última em maio de 1766.
15. 1738-1794.
16. Texto citado por Eugène Bovy, *Le Comte Pietro Verri*, 1899, p. 94. Os *Protetores dos Prisioneiros* era uma instituição milanesa voltada para a defesa dos acusados na justiça e o apoio aos detentos.
17. Carta de Beccaria a P. Verri, 13 de dezembro de 1764. *Carteggio*, parte I, Edizione nazionale delle opere di Cesare Beccaria, 1994, p. 88.
18. *Carteggio, ibid.,* p. 113.
19. Carta de 16 de janeiro de 1766. *Carteggio*, p. 219-228.
20. Sobre a tradução de Morellet, ver o artigo de Jean Pandolfi, "Beccaria traduit par Morellet", *Dix-huitième siècle*, nº 9, 1977, p. 291-316.
21. Beccaria chegou a Paris em companhia de Alessandro Verri a 18 de outubro de 1766 e deixou a cidade nos primeiros dias de dezembro.
22. A primeira menção desse trabalho consta de uma carta a Damilaville de 28 de julho de 1766. D. 13456.
23. Voltaire atribui oficialmente o texto a um jovem advogado de Besançon, chamado Christin, que se hospeda em sua casa em maio de 1766 na qualidade de novo bailio de Ferney. Como sempre, essa atribuição fantasista não engana ninguém.
24. S. Goyard-Fabre, "Commentaire sur le livre Des délits et des peines", *Dictionnaire général de Voltaire*, G. Champion, 2003, p. 225-227.
25. Voltaire acusa seu recebimento a 2 de dezembro de 1766 (D. 13710), embora a edição indique "Amsterdã, 1767". Essa edição encontra-se na biblioteca do Arsenal, sob a classificação 8-BL-34954 (5).
26. *Miscelânea...*, p. 79.
27. *Ibid.*, p. 80-81.
28. Alessandro Verri só menciona Condorcet pela primeira vez a 4 de março de 1767, três meses depois de ter Beccaria partido de Paris.
29. Condorcet a Frisi, 10 de junho de 1767, in B. Bru. e P. Crépel, editores de Condorcet, *Arithmétique politique. Textes rares ou inédits*, 1994, p. 29.
30. *Ibid.*, p. 229-235.
31. *Ibid.*, p. 233.
32. *Oeuvres complètes de Diderot*, ed. Assezat-Tourneux, IV, p. 52-60.

33. *Ibid.*, p. 55.
34. *Ibid.*, p. 65.
35. *Ibid.*, p. 62.
36. Ver Duclos, *Voyage en Italie, Oeuvres*, II, 1820, p. 680.
37. *Oeuvres de Turgot*, ed. G. Schelle, III, Correspondance de l'année 1771, p. 477, 482, 517.
38. *Carteggio*, p. 482 e 529-531.
39. *Ibid.*, p. 607-609. Carta de Otto Frederik Müller, Copenhague, 30 de dezembro de 1767.
40. Trata-se das sucessivas reimpressões da tradução de Morellet, publicada seis meses antes.
41. Carta de 17-30 de julho de 1766. *Carteggio*, p. 348-349.
42. D. 13424.
43. D. 13420 e D. 13430.
44. *Correspondance littéraire*, VII, p. 74-79: edição de 15 de julho de 1766.
45. D'Alembert a Voltaire, 16 de julho de 1766. D. 13424.
46. R. Pomeau, "Écraser l'Infâme", *Voltaire et son temps*, IV, p. 299.
47. Publicada em maio de 1769.
48. Carta a Voltaire, 9 de setembro de 1766. D. 13544.
49. Esse magistrado também era um matemático apreciado por d'Alembert, seu confrade na Academia de Ciências como associado livre desde 26 de junho de 1765.
50. Um certo Sr. Gervason mencionado na carta de Servan a d'Alembert de 11 de abril de 1765. Ch. Henry, p. 39-41.
51. O procurador-geral perseguidor da *Enciclopédia* e dos filósofos.
52. A Damilaville, 8 de abril de 1765. D. 12532. Os Da e os Di são d'Alembert e Diderot.
53. Servan a d'Alembert, 5 de janeiro de 1767. Ch. Henry, p. 42-43.
54. D'Alembert a Servan, 15 de janeiro de 1767, in *The Princeton University Library Chronicle*, XVIII, 1956, p. 189-190.
55. Morellet a d'Alembert, (10 de) janeiro de 1767, in *Lettres de Morellet*, ed. D. Medlin, I, p. 77.
56. 15 de março de 1767, *Carteggio*, p. 527.
57. A 26 de janeiro de 1767 (D. 13883), d'Alembert escreve-lhe: "O senhor leu um excelente discurso sobre a Administração da Justiça Criminal...?"
58. 14 de fevereiro de 1767. D. 13955.
59. *Correspondance littéraire*, VII, p. 224.
60. *Réfutation des príncipes hasardés dans le Traité des délits et des peines*, 1767.
61. *Théorie des lois civiles, ou Principes fondamentaux de la société*, 1767.
62. 5 de janeiro de 1767.

63. Discurso do Sr. Le Blanc de Castilhon, procurador-geral no parlamento da Provença, no dia da reabertura dessa Corte a 1º de outubro de 1765, no palácio de Aix, in *Mémoires de Bachaumont*, II, 10 de outubro de 1765, p. 278 a 281.
64. A d'Alembert, 5 de novembro de 1770. D. 16743.
65. A Paul Rabaut, 16 de maio de 1767. D. 14185.
66. *Mémoires inédits*, I, p. 166.

Capítulo IV

1. *Denys le Tiran* (1748) e *Aristomène* (1749) mereceram a aprovação do público, mas as seguintes, *Cléopatre* (1750), *Les Héraclides* (1752) e *Egyptus* (1753) foram completos fracassos.
2. De agosto de 1758 a janeiro de 1760.
3. Eleito a 23 de novembro de 1763, ele foi recebido no dia 22 de dezembro seguinte.
4. A aprovação do censor foi concedida a 20 de novembro de 1766, e o privilégio do rei, a 16 de dezembro de 1766.
5. O abade Riballier a Marmontel (19 de fevereiro de 1767), *Correspondance de Marmontel*, ed. Renwick, I, p. 143.
6. Carta a Voltaire, 11 de março de 1767. D. 14030.
7. *Les Trente-Sept Vérités opposées aux trente-sept impiétés de Bélisaire*, por um bacharel ubiquista.
8. Voltaire a d'Alembert, 19 de junho de 1767. D. 14230.
9. Diderot a Sophie Volland (11 de outubro de 1767), L. Versini, p. 788-789.
10. *Ibid.*, p. 788.
11. Na sessão da Academia Francesa de 24 de maio de 1766.
12. A Marmontel, 18 de maio de 1767. Renwick, p. 169.
13. *Ibid.*, p. 174. Catarina dispusera-se a traduzir o capítulo IX, "Sobre os verdadeiros interesses de um Soberano". A tradução foi publicada em 1768.
14. 9 de junho de 1767. D. 14219.
15. Ao conde Vorontsov, 31 de julho de 1767. D. 14322.
16. *Essai historique et critique sur les discussions des églises de Pologne*, publicado no outono de 1767 sob o pseudônimo de Bourdillon. Cf. carta de 25 de agosto de 1767. D. 14393. Ver também *Lettre sur les panégyriques*.
17. Ao príncipe Galitsyn, 7 de outubro de 1767. D. 14470.
18. Marmontel a Voltaire, Aix-la-Chapelle, 7 de agosto de 1767. D. 14343.

19. Carta a Marmontel, 26 de agosto de 1767. Renwick, p. 197-198.
20. Carta de 27 de junho de 1767, reproduzida na de Marmontel a Voltaire de 7 de agosto. D. 14343.
21. Carta de 14 de agosto de 1767. Renwick, p. 196.
22. Carta de 19 de junho de 1767. *Ibid.*, p. 213. Essas declarações contra os teólogos (católicos) da Sorbonne seriam vivamente criticadas pelos (protestantes) de Estocolmo.
23. 8 de outubro de 1767. D. 14471.
24. Carta de Creutz ao príncipe real da Suécia (5-6 de outubro de 1767). Renwick, p. 209. Só Creutz dá conta dessa leitura na Academia, que não a fez constar de seus registros. É provável que Marmontel a tenha lido informalmente para os confrades, não tendo solicitado autorização para torná-la pública.
25. Cartas de 28 e 31 de outubro de 1767. *Ibid.*, II, Apêndices, p. 193.
26. Carta de 5 de novembro de 1767. *Ibid.*, p. 194.
27. A Marmontel, 14 de outubro de 1767. D. 14480.
28. *Correspondance littéraire*, VII, edição de 1º de dezembro de 1767, p. 501.
29. Carta de 13 de outubro de 1759. D. 8533.
30. Por motivos diferentes, as cortes desses países mantinham distância em relação à cultura francesa. A primeira, protestante e pragmática, julgava nada ter a aprender deste lado do continente; a segunda, católica, temia sua influência. Quando do caso *Belisário*, Grimm zomba da corte de Viena, que pretendia fazer crer que apreciava a filosofia, "embora ninguém ignore que nesse país a inquisição contra o pecado da leitura e contra o da carne é exercida com o maior rigor, e que um *Espírito das leis* ou um tomo de Voltaire nunca pôde atravessar a barreira de Viena". *Correspondance littéraire*, VII, p. 503. Discurso algo caricatural de um alemão contra a Áustria.
31. Ver, entre outras, a correspondência de Gleichen, Creutz e Galitsyn, embaixadores respectivamente da Dinamarca, da Suécia e da Rússia.
32. Citado por Edgar Mass, "Le Marquis d'Adhemar..." *S.V.E.C.*, nº 109, 1973, p. 13.
33. Scheffer (1715-1786) servira inicialmente ao conde de Tessin, quando este foi embaixador na França de 1739 a 1742, antes de ser ele mesmo nomeado embaixador de 1743 a 1752. Chamado à Suécia para tornar-se senador, ele foi nomeado preceptor do príncipe real em 1756, quando este completou dez anos.
34. *Gustave II par ses lettres*, ed. G. Von Proschwitz, 1986, p. 23.
35. *Ibid.*, p. 26-28.
36. *Ibid.*, p. 31.

37. Proschwitz, p. 75. A peça foi publicada no início de 1770, sendo representada na corte da Suécia já em maio de 1770, e em Paris a 24 de abril de 1771.
38. Carta do príncipe real a seu irmão Carlos, 14 de setembro de 1770. *Ibid.*, p. 86-89.
39. Carta do príncipe Carlos ao príncipe real, 20 de setembro de 1770. *Ibid.*, p. 90.
40. Diderot enviara-lhe uma carta sobre educação que serviu de dedicatória ao ser publicado o *Pai de família*.
41. Carta a Sophie Volland (25 de julho de 1765), L. Versini, p. 507.
42. Ele chegou a Paris a 20 de abril de 1766 e partiu no fim de junho, em visita à Itália, passando por Ferney. Retornaria no fim de março de 1767, permanecendo na capital francesa por três semanas e seguindo para a Inglaterra.
43. A Sra. du Deffand faz o relato a Walpole: "Aqui só se fala do príncipe herdeiro; todo mundo vai encontrá-lo, e estão todos loucos para vê-lo" (24 de abril de 1766). E novamente, três semanas depois: "Estamos atordoados com tudo que se diz a respeito do príncipe herdeiro, das festas que lhes são oferecidas, dos agrados que lhe são feitos" (14 de maio de 1766). *Horace Walpole's Correspondence with Madame du Deffand*, I, p. 16 e 38.
44. Constant Rebecque escreve a Voltaire a 27 de abril de 1766 (D. 13270): "Acabo de passar alguns dias com o príncipe herdeiro de Brunswick (...); esse príncipe demonstra em todos os seus atos e em tudo que diz o caráter de um grande homem. Ele vê tudo, e vê tudo muito bem; sua viagem é antes a de um filósofo que a de um grande senhor."
45. À princesa Carolina de Hessen-Darmstadt, 30 de maio de 1766, in Scholbach, F. M. *Grimm*, 1972, p. 55.
46. A 14 de maio na Academia de Ciências e a 24 na Academia Francesa. Entre as duas, visitou a Academia das Inscrições. Nos registros da Academia Francesa, podemos ler que o príncipe manifestou o desejo de ser recebido numa das sessões, e que a Academia aceitou. III, p. 216.
47. Carta de 26 de maio de 1766. Preuss XXIV, p. 404-405. D'Alembert reitera seus elogios em sua carta a Voltaire de 25 de junho. D. 13371.
48. Nouvelles recherches sur les verres optiques, in *Mémoires de l'Académie*, 1765, p. 53.
49. Sra. du Deffand a Walpole, 21 de maio de 1766. *Correspondance...*, p. 49.
50. A Constant Rebecque, 25 de julho de 1766. D. 13448.
51. *Correspondance littéraire*, VII, p. 296. Grimm refere-se apenas a "vários homens célebres" em suas cartas. Cf. também as *Mémoires* de Marmontel, I, p. 238.
52. Georg Ludwidg Schmid, Zschokke, n° 24, p. 94. Traduzido e citado na *Correspondance générale d'Helvétius*, ed. D. Smith, III, p. 284-285.

53. *Correspondance littéraire*, VII, p. 297.
54. Desde 1754. A princesa passou três semanas em Paris em maio de 1767.
55. Que esteve em Paris de 2 de outubro de 1768 a 3 de janeiro de 1769.
56. Diderot a Sophie Volland (22 de novembro de 1768), L. Versini, p. 919-920: "O príncipe [de Saxe-Gotha] veio passar duas horas em minha casa, em conversa íntima. Foi na quarta-feira. Na quinta, passei o dia inteiro com ele na casa do barão [d'Holbach]..." Ver também as cartas de Grimm à princesa Caroline de Hessen-Darmstadt a respeito da viagem de seu filho a Paris, no fim de 1771. Schlobach, p. 159-162.
57. Em suas cartas a Walpole, a Sra. du Deffand o chama de "bonequinho de porcelana", "passarinho", "boneca", "imbecil", "doidivanas". *Correspondence...*, II, p. 159-166. Christian VII (1749-1808) logo se revelaria portador de uma doença mental.
58. Tendo chegado a Paris a 21 de outubro de 1768, ele partiu no dia 10 de dezembro.
59. D'Alembert a Voltaire, 12 de novembro de 1768. D. 15309.
60. *Correspondance littéraire*, VIII, p. 212-215. Grimm relata com precisão os detalhes desse encontro de 20 de novembro de 1768.
61. No dizer de d'Alembert, o rei falou-lhe muito de Voltaire, "dos serviços prestados por suas obras [dos filósofos], dos preconceitos que destruíram, dos inimigos que atraíram com sua liberdade de pensar". 6 de dezembro de 1768. D. 15352.
62. A 3 de dezembro, o rei assistiu sucessivamente às sessões da Academia Francesa, da Academia das Inscrições e da Academia de Ciências.
63. Reproduzido na íntegra na *Correspondance littéraire*, VIII, p. 216-220.
64. Em compensação, a Sra. du Deffand escreve a Walpole: "O discurso de d'Alembert ao dinamarquezinho é, segundo se diz, da maior insolência." *Correspondance...*, II, p. 168-169, 17 de dezembro de 1768.
65. IV, p. 186. Este comentário comedido de Bachaumont, que não perdia uma oportunidade de zombar de d'Alembert, tem valor de um autêntico cumprimento.
66. A Voltaire, 6 de dezembro de 1768. D. 15352. E a Frederico II, 19 de dezembro de 1768. Preuss, XXIV, p. 445-446.
67. Os dois príncipes, Gustavo e Frederico, chegaram a Paris incógnitos, como os nomes, respectivamente, de conde de Gotland e conde de Oland, a 4 de fevereiro, e retornaram à Suécia a 25 de março de 1771. Nesse ínterim, Gustavo fora informado, a 1º de março, da morte de seu pai, assassinado na Ópera a 12 de fevereiro. Tornara-se, portanto, rei.
68. Gustavo desposara a irmã de Christian VII, Sofia Madalena, em 1766.
69. Cartas a Walpole, 16 e 27 de fevereiro, 7 e 10 de março de 1771. *Correspondence...*, III, p. 26 a 40.

70. Ele manteria constante troca epistolar com as condessas de Boufflers e Egmont, e também com Lamarck.
71. *Correspondance littéraire*, IX, p. 275.
72. *Ibid.*, p. 284. O que d'Argental apressou-se a relatar a Voltaire, que respondeu com versos glorificando o rei da Suécia.
73. *Mémoires sécrets* de Bachaumont, V, 2 de março de 1771, p. 263.
74. Carta a sua mãe, Luísa-Ulrica, 17 de fevereiro de 1771. Proschwitz, p. 107. Segundo R. A. Leigh, o intermediário teria sido Rulhière, de quem voltaremos a falar. Cf. *Correspondance de J.-J. Rousseau*, t. XXXVIII, nota a, p. 181.
75. Serguei Karp, "Diderot et la cour de Suède", in *La Culture française et les Archives russes*, ed. G. Dulac, p. 189.
76. Carta de Grimm à princesa Caroline de Hessen-Darmstadt (23 de fevereiro de 1771), in Schlobach, p. 130.
77. *Mémoires secrets*, V, p. 263.
78. Nos dias 6 e 7 de março de 1771.
79. A d'Alembert, 8 de abril de 1771. D. 17129. A Sra. du Deffand, que já não perde uma oportunidade de zombar dos filósofos e provocar d'Alembert, com o qual se indispôs, escreve, no entanto, a respeito de seu discurso na Academia de Ciências: "Dizem que é admirável." A Walpole, 7 de março de 1771. *Correspondence...*, V, p. 36.
80. *Mémoires secrets*, V, p. 263.
81. Como frisa H. Bédarida, o "camareiro" não é um criado nem um doméstico. Vem logo depois do fidalgo da Câmara. Dutillot fez excelentes estudos no colégio das Quatro Nações, em Paris, antes de se juntar ao pai em Madri. Cf. *Parme et la France*, 1928, p. 75.
82. Luísa-Elisabeth, irmã gêmea de Henriette, era a filha mais velha de Luís XV, sua favorita. Morreu em Versalhes em dezembro de 1759 das conseqüências de uma varíola, aos 32 anos.
83. Gournay, morto em 1759, também foi um dos mestres de Turgot. Menos dogmático que Quesnay, fundador da fisiocracia, Gournay é um dos responsáveis pelo aperfeiçoamento da agricultura, da indústria e do comércio na França. Bédarida, *Parme et la France*, p. 89-90.
84. E. Sanger, *Isabelle de Bourbon-Parme*, 1991, p. 106.
85. (1710-1785). Erudito, filósofo e arqueólogo renomado, esse frade teatino fora o primeiro a ensinar em Gênova o sistema de Newton, tendo-se dedicado em seguida a seus trabalhos de escavação, de 1747 a 1758. Correspondente, de 1757 a 1765, do conde de Caylus, que serviu de intermediário entre Dutillot e ele no momento de sua nomeação como bibliotecário e antiquário do infante de Parma. Lá se instalou em 1762 e lá morreu.
86. E. Sanger, *Isabelle de Bourbon-Parme*, p. 109.

NOTAS

87. (1693-1769). Grande defensor dos jesuítas, o papa condenou "o espírito filosófico" em 1766.
88. O que Choiseul fizera na França em 1764, e na Espanha, em 1767.
89. F. Venturi, *Settecento Riformatore*, II, 1976, p. 223.
90. A d'Argental (embaixador de Parma em Paris desde 1759), 6 de maio de 1768. D. 15003. Num registro mais sério, Voltaire empreendeu uma autêntica campanha contra o poder dos papas, publicando em junho de 1768 *Les Droits des hommes et les usurpations des autres*.
91. D'Alembert a Frederico, 15 de abril de 1768. Preuss, XXIV, p. 434-435; e d'Alembert a Voltaire, 13 de maio de 1768. D. 15016.
92. (1751-1802). Seu pai morreu em conseqüência de uma varíola, a 18 de julho de 1765, quando ele tinha apenas 14 anos e meio.
93. L. Guerci, *Condillac Storico*, 1978, p. 67.
94. Kéralio (1715-1805) acompanhara o jovem, filho do marechal de Belle-Isle e genro de Nivernais, em sua viagem pela Europa, em 1754-1755.
95. Ele faria uma avaliação positiva do *Sistema da natureza*, de d'Holbach. Cf. carta a Frisi, 29 de abril de 1770. Biblioteca Ambrosiana de Milão, Ms Y 153 sup., n° 35.
96. (1715-1780).
97. Alexandre Deleyre (1726-1797), autor do artigo "Fanatismo" da *Enciclopédia*, editor do *Journal étranger* durante um ano, em seguida colaborador do *Journal encyclopédique*, foi secretário do conde de Choiseul-Praslin em Viena de 1759 a 1760. De volta a Paris para se casar, estabeleceu-se em Parma de 1760 a 1768.
98. Muito zeloso da pureza da fé católica, ele só sentia desprezo pela seita filosófica, que qualificava de "bando de descrentes". Chamava Voltaire de "Belzebu" e evitara encontrar-se com Diderot e d'Alembert em sua viagem a Paris, chamando aquele de "frívolo" e este de "orgulho personificado".
99. Kéralio por sinal criticaria d'Alembert por não se ter mostrado suficientemente severo com eles na *Destruição dos jesuítas*. Cf. cartas a Frisi de 6 de maio e 25 de junho de 1765, n°s 4 e 7, Ambrosiana.
100. Bédarida, *Parme et la France*, p. 416.
101. Condillac, de volta a Paris na primavera de 1767, continuaria a transmitir seus conselhos ao aluno por carta, até o casamento deste.
102. Carta do padre Paciaudi a Caylus, 17 de agosto de 1765. Ed. Sérieys, 1802, p. 322.
103. Cf. a autobiografia de D. Ferdinando, *Storia della sua vita*, um manuscrito de 27 páginas do qual foram publicados alguns trechos, Biblioteca Palatina de Parma, Ms Pal. 464, e 15 a 17.
104. Num momento em que ela já era praticada há muito tempo, e com êxito, na Inglaterra, na Suíça e na maioria dos países protestantes.

105. *Philosophiae Naturalis Principia Mathematica...*, Genebra, quatro volumes, 1739-1742, redigidos em latim, razão pela qual Condillac preferiu ensinar Newton ao aluno na tradução francesa da Sra. du Châtelet.
106. Ao contrário do que se disse, os dois sacerdotes não passaram apenas o ano escolar de novembro de 1766 a junho de 1767 em Parma, tendo retornado em novembro de 1767 e permanecido até o fim de junho de 1768. Para constatá-lo, basta ler a correspondência de Kéralio com Frisi, assinalando regularmente sua presença.
107. Esse tratado foi publicado em dois volumes em 1768.
108. Lalande passou por Parma "como um pé de vento" no fim de junho de 1765, e o duque de La Rochefoucauld ali esteve no outono do mesmo ano.
109. *Voyage in Italie*, in *Oeuvres* de Duclos, II, 1820, p. 702.
110. G. Drei, "Lettere inedite del Condillac al suo principe", in *Miscellanea Historica in honorem Leonis van der Essen*, 1947, II, p. 886.
111. Carta de 5 de maio de 1767. *Ibid.*, p. 884.
112. Cartas de 5 de maio, 3 de agosto e 27 de outubro de 1767. *Ibid.*, p. 884-887.
113. Carta de 9 de outubro de 1768. Drei, p. 888. O informante de Condillac era provavelmente Kéralio, que acompanhara Ferdinando a Mântua. Cf. carta de Kéralio a Frisi de 29 de abril de 1768, nº 18, Ambrosiana.
114. Ele acabava de ser eleito para a Academia Francesa (a 28 de novembro de 1768), e d'Alembert, com quem se encontrava com freqüência, certamente o fizera ler esse discurso, que teve muita repercussão.
115. Em sua carta de 27 de janeiro de 1769, Kéralio diz a Frisi todo o bem que pensa do discurso de d'Alembert. Nº 24, Ambrosiana.
116. Carta (janeiro de 1769) publicada por Drei, p. 889, e por Ch. Henry, p. 566.

Capítulo V

1. Étienne-Noël Damilaville (1723-1768), primeiro escrivão do escritório do vigésimo distrito, desfrutava de franquia postal, estendendo seus benefícios aos amigos. Íntimo de Diderot mas também de Voltaire, d'Alembert e d'Holbach, ele prestava mil serviços aos amigos, servindo de ponto de convergência informal entre eles. Voltaire valia-se dele para mandar recados a Diderot e outros, como quem não quer nada.
2. Segundo Ch. Nisard, o casamento só foi consumado a 4 de novembro, pois o infante tivera de ser operado para remoção do prepúcio. Cf. *Guillaume*

Du Tillot, um valet ministre et secrétaire d'État, 1887, p. 123-124. Ver também as *Lettres de Louis XV à l'infant Ferdinand de Parme*, 1930, 28 de agosto de 1769 e 25 de setembro de 1769. Segundo Juan Balansõ, no entanto, o impedimento não era causado por uma fimose, mas por repelente sujeira, à qual se pôs fim com um bom banho. Cf. *Les Bourbons de Parme*, Y & D Éditions, Biarritz, 1996, p. 56. A 16 de abril de 1770, Luís XV se congratula ao ser informado de que a infanta está grávida.

3. *Carteggio di Pietro e di Alessandro Verri* (ed. Greppi e Giulini), III, p. 65: carta de Pietro ao irmão, de 20 de setembro de 1769. O grifo é nosso: "Poucas cortes são tão exemplares quanto a do Infante desde seu casamento. O abade de Condillac e Kéralio estão *estupefatos com os progressos no bem de seu augusto aluno.*"
4. Segundo Nisard, o brutal afastamento de Kéralio teria sido causado por Maria Amélia, furiosa pelo fato de o antigo preceptor ter restabelecido a confiança do infante em Dutillot. Para aplacar a cólera da esposa, ele sacrifica Kéralio. Nisard chama a atenção para a carta terna e severa deste ao aluno, de 3 de outubro de 1769, no Arquivo de Relações Exteriores.
5. Alessandro a Pietro Verri, 21 de fevereiro de 1770, *Carteggio*, p. 197. Pietro responde a 28 de fevereiro: "*Condillac e Keralio sono partiti malcontenti, del duca, il quale non osava quase riguardarli in viso, dopo l'ultima amicizia che aveva avuta con essi*" ("Condillac e Kéralio partiram insatisfeitos com o duque, que praticamente não ousava encará-los de frente, depois da grande amizade que tivera com eles"), *ibid.*, p. 198.
6. A Voltaire, 15 de outubro de 1769. D. 15955.
7. Ver sua autobiografia, *Storia della sua vita.*
8. Carta a Ferdinando, 11 de maio de 1767. Drei, p. 884.
9. Carta a Catarina II, 6 de dezembro de 1775, L. Versini, p. 1266.
10. Carta de 1º de novembro de 1769. O grifo é nosso.
11. À Sra. du Deffand, 18 de maio de 1767. D. 14187: "Sou seu cavaleiro, contra tudo e contra todos. Bem sei que a recriminam por algumas *bagatelas* a respeito de seu marido, mas são questões de família, nas quais não me intrometo (...). Com certeza seu perverso marido não teria feito nenhuma das excelentes coisas que minha Catarina faz todos os dias." A Sra. du Deffand, indignada com esse cinismo, tratou de enviar uma cópia da carta de Voltaire a sua querida "Grande Mamãe", a duquesa de Choiseul, que admirava Voltaire, sem propriamente gostar dele.
12. À Sra. du Deffand, 14 de junho de 1767. D. 14226.
13. (1734-1791). Rulhière, protegido marechal de Richelieu, chegou à Rússia em abril de 1762. Quando se deram os fatos, ele já travara conhecimento com pessoas próximas de Catarina II, especialmente a princesa Dachkoff, Odar e o camareiro da imperatriz.

14. Ele fora novamente ao encontro de Breteuil em Estocolmo em julho de 1763, e estava de volta em 20 de janeiro de 1765 a Paris, onde levou uma vida mundana e literária. Segundo os boatos, tornou-se amante da Sra. d'Egmont, filha de Richelieu, pouco depois de voltar.
15. É difícil estabelecer a cronologia exata dos acontecimentos, à falta de referências precisas e por causa da ambigüidade de certos depoimentos.
16. Ségur menciona a presença do conde de Creutz, embaixador da Suécia, do barão de Gleichen, enviado da Dinamarca, e do príncipe Adam Czartoryski, parente do rei da Polônia, aos quais devemos acrescentar Grimm, Diderot e d'Alembert. Cf. *Le Royaume de la rue Saint-Honoré*, 1897, p. 221, e *Correspondance littéraire*, III, p. 493-494. Ver também a carta de Diderot a Falconet (maio de 1768). L. Versini, p. 820.
17. *Ibid.* O grifo é nosso. Essa carta a Falconet destinava-se na realidade a Catarina.
18. Anedota relatada pela condessa d'Armaillé em *La Contesse d'Egmont, 1740-1773, d'après ses lettres à Gustave III*, 1890, p. 127-128. A fonte seriam os arquivos da família d'Egmont.
19. Carta de 24 de junho de 1768, assinada por A. Galitsyn, vice-chanceler, e publicada por M. Tourneux, *Diderot et Catherine II*, 1899, p. 32-33. Essa carta já fora enviada quando Falconet lhe fez chegar a de Diderot, datada de (maio de 1768).
20. As *démarches* de Khotinski são detalhadamente relatadas no despacho que enviou a Petersburgo a 14 de agosto de 1768. Cf. M. Tourneux, p. 34-39.
21. Rulhière manteve a palavra, pois suas *Anedotas* só seriam publicadas em 1797, após sua morte e também a de Catarina II.
22. Carta a Falconet, 6 de setembro de 1768. L. Versini, p. 862.
23. *Mémoires de la princesse Dachkoff*, 1966, p. 108-110.
24. Sátira primeira, in *Oeuvres de Diderot*, ed. Versini, II, p. 591.
25. *Correspondance littéraire*, VIII, edição de 1º de abril de 1770, p. 493-494.
26. *Le Mirage russe en France au XVIIIe siècle*, 1951, p. 191. Não deixa de surpreender que importantes biógrafos de Diderot, como A. Wilson e R. Trousson, se tenham limitado a qualificar essa história de "estranha situação", o primeiro (1935, p. 454), e o segundo, de "situação delicada" (2005, p. 427).
27. G. Dulac, "Politique, littérature et mystification. Échec à Rulhière", *Dix-huitième siècle*, nº 23, 1991, p. 213-222.
28. Sabemos que Catarina II ficara furiosa com o fato de a princesa Dachkoff atribuir-se um papel importante na revolução de 1762, o que fizera com que esta caísse em desgraça.
29. G. Dulac, "Politique...", p. 220-221.
30. *Ibid.*, p. 218.
31. Publicado em 1753. Cf. *P. I.*, II, p. 96-100.
32. A Lagrange, 16 de junho de 1768. Serret, p. 113.

33. Carta do astrônomo sueco Lexell a J. A. Euler, 7 de janeiro de 1781, in "L'Académie royale des sciences en 1780...", publicado por A. Birembaut, *Revue d'histoire des sciences*, X, 1957, p. 154.
34. D'Alembert piora visivelmente. A sra. d'Épinay avisa a Galiani, que espera encontrá-lo na Itália: "O senhor o verá bem mudado." Carta de 15 de agosto de 1770. Galiani, *Correspondance avec Louise d'Épinay*, ed. G. Dulac, 1992-1997, I, p. 236.
35. Procedia-se à eleição sempre na primeira sessão do ano, no caso, a 9 de janeiro de 1768. Mandava a praxe que o subdiretor eleito em determinado ano fosse feito diretor no ano seguinte.
36. Clairaut fora eleito subdiretor em 1765, mas sua morte, ocorrida nesse mesmo ano, privara a classe de matemática da diretoria no ano seguinte.
37. Sua presença nas sessões da Academia de Ciências se espaçara de maneira espetacular, desde o início da década de 1750. Ele passara a comparecer apenas às quartas-feiras, e, em determinados anos, apenas uma quarta-feira a cada três.
38. Ele entregara à Academia o tomo IV (Atas da Academia, p. 380) em janeiro de 1768, e o tomo V (p. 520), em agosto do mesmo ano.
39. Carta de d'Alembert a Lagrange, 10 de abril de 1769: "Finalmente recebemos o Sr. de Condorcet, tendo a família considerado oportuno não mais criar obstáculos para que se integrasse à Academia, pois muitos de nossos fidalgos consideram que o título e a profissão de cientista comprometem a condição de nobre." Serret, p. 130.
40. Charles Bossut (1730-1814), nomeado correspondente de d'Alembert em 1753, teve de esperar até 6 de agosto de 1768 para ser eleito mecânico adjunto. Com formação de matemático e engenheiro, ele se dedica à hidrodinâmica e à hidráulica. Era muito ligado a d'Alembert, que tentaria em vão designá-lo para a Academia de Berlim em 1767. Cf. A. Coste e P. Crépel, "Comment imaginer um mathématicien au XVIIIe siècle?", *Matapli*, n° 39, julho de 1994, p. 43-49.
41. A 26 de abril de 1769, a Academia decide que a partir de então será inscrito apenas um nome em cada boletim de voto... Cf. Bru e Crépel, p. 33.
42. Ch. Henry, p. 67-68.
43. Atas da Academia de Ciências, 31 de janeiro de 1770, f° 15.
44. Birembaut, p. 155.
45. Lagrange a d'Alembert, 15 de julho de 1769, Serret, p. 138: "Suas observações sobre a teoria das cordas vibrantes do Sr. Bernoulli parecem-me decisivas. Admiro a constância com que o senhor é capaz de perseguir um mesmo objetivo durante tanto tempo."
46. Cartas a Lagrange de 18 de junho de 1765, *ibid.*, p. 41, 6 de dezembro de 1773, p. 276, e 1° de julho de 1774, p. 288.

47. Objeções levantadas por d'Alembert no artigo "Equação" da *Enciclopédia*.
48. 9 de março de 1770. Serret, p. 167. Fontaine acabava de atacar "grosseiramente" Lagrange na questão das *maxima* e *minima*.
49. "[Os astrônomos] de que dispomos não são observadores nem geômetras." A Lagrange, 16 de outubro de 1769. *Ibid.*, p. 152. La Condamine queixava-se freqüentemente da maneira desdenhosa como era tratado por d'Alembert.
50. Patrick d'Arcy (1725-1779), geômetra associado desde 1757, era matemático e astrônomo.
51. Achille Pierre Dionis du Séjour (1734-1794) fora eleito associado livre em matemática e astronomia em junho de 1765. D'Alembert por duas vezes fala a seu respeito a Voltaire, no ano de 1769, com estima e amizade. Cf. D. 15848 e D. 15992.
52. Chrétien-Guillaume de Lamoignon de Malesherbes, acadêmico honorário desde 1751 e presidente do Tribunal de Contas, também presidira a Academia em 1752, 1760 e 1765. D'Alembert mostrara-lhe a dissertação sobre a reforma que pretendia apresentar, pedindo sua opinião.
53. Étienne Bézout (1730-1783), mecânico adjunto desde março de 1758, foi eleito, em 18 de julho de 1768, geômetra associado contra Bossut.
54. (1733-1799). Geômetra adjunto a 27 de junho de 1756 e geômetra associado a 30 de junho de 1768.
55. Cf. o *Tratado de dinâmica* em 1743, o *Ensaio de uma nova teoria da resistência dos fluidos* em 1752 e a nova edição revista e ampliada do *Tratado de dinâmica* em 1758.
56. Cf. Jean Mascart, *La Vie et les travaux du chevalier J. Ch. de Borda*, 2000, p. 91-96, e o artigo de A. Coste e M. Massot, "La notion de fluide chez d'Alembert...", in *Mélanges offerts à A. M. Chouillet*, 2002, p. 83 a 91.
57. Essa segunda edição ampliada do *Tratado dos fluidos* é apresentada na Academia a 15 de julho de 1769. Os comissários Lemonnier e Bossut fazem um relatório a 19 de agosto. A impressão do livro é concluída no fim de 1769, simultaneamente com a dissertação crítica de Borda.
58. A Lagrange, 16 de junho de 1769. Serret, p. 136.
59. 27 de dezembro de 1769. *Ibid.*, p. 161.
60. 25 de janeiro de 1770. D. 16112.
61. 22 de fevereiro de 1770. D. 16176.
62. 30 de junho de 1770. D. 16642. 2 de julho de 1770. D. 16486.
63. 13 de julho de 1770. Serret, p. 178. O itálico é nosso.
64. 27 de julho de 1770. *Lettres inédites de Julie de Lespinasse*, ed. Ch. Henry, 1887, p. 54-55. O grifo é nosso.
65. *Julie de Lespinasse*, 1905, p. 336.

NOTAS

66. O marquês de Mora (1744-1774) pertencia a uma das mais antigas e ilustres famílias da Espanha, os Pignatelli de Aragão.
67. É o que relata em carta endereçada ao "Barão" (Gleichen?) datada de 19 de dezembro de 1766.
68. Em outra carta endereçada ao "Barão", de 3 de janeiro de 1768, o tom desabusado que adota para falar de sua própria vida leva a pensar que ela ainda não entrou na fase passional.
69. Especialmente Ségur, *Julie de Lespinasse*, p. 343 a 346. Ele se baseia, entre outros, em testemunhos da época: Marmontel, a Sra. Suard, etc.
70. Marmontel, citado por Ségur, p. 333: "Mais de uma vez pudemos vê-lo em adoração diante dela".
71. Não é o que acontece, pois Mora afasta-se do exército em dezembro de 1770 para ir ao encontro de Julie. Acometido de tuberculose pulmonar, ele só conseguiria voltar a Paris em agosto de 1771. Novamente muito doente, deixa Paris a 7 de agosto de 1772, morrendo a 27 de maio de 1774, em Bordeaux, em nova tentativa de chegar à capital francesa.
72. Por ser informada, em abril de 1770, de sua nomeação como general-de-brigada, o que permitia supor que faria carreira na Espanha. Mas sobretudo porque o sabe muito doente e em risco de vida.
73. *Mémoires*, I, p. 223. O grifo é nosso.
74. *Oeuvres complètes de d'Alembert*, III, p. 731. O grifo é nosso.
75. O que tende a provar que ele a questionava com freqüência sobre o lugar ocupado por Mora em seu coração...
76. Carta de 21 de setembro de 1767. Serret, p. 100. Grifo do original.
77. D'Alembert tem então 53 anos, e Condorcet, 27.
78. Nessa questão, ver R. Pomeau, *La Religion de Voltaire*, 1974, capítulo V, e o artigo de J. Pappas, "Voltaire et la guerre philosophique", *R. H. L. F.*, outubro-dezembro de 1961, p. 526 a 549.
79. *Correspondance littéraire*, VII, edição de 1º de junho de 1766, p. 49 a 54. Como essa correspondência secreta é de uso exclusivo de seus clientes principescos, Grimm e seus colaboradores, Diderot e a Sra. d'Épinay, dão-se ao luxo de manifestar livremente sua opinião.
80. Quanto à delicada questão da datação das edições desse livro, cf. Jeroom Vercruysse, *Bibliographie descriptive des écrits du Baron d'Holbach*, 1971.
81. VII, edição de 15 de junho de 1767, p. 344-345.
82. *L'Esprit du clergé, Les Prêtres démasqués, La Théologie portative* e *Le Militaire philosophe*.
83. *Correspondance littéraire*, VIII, edição de 1º de junho de 1768, p. 97.
84. J. Pappas, "Voltaire et la guerre philosophique", p. 542.

85. Grimm chama *Tudo em Deus* de "galitamatias teológico" ininteligível e absurdo. *Correspondance littéraire*, VIII, edição de 1º de novembro de 1769, p. 364.
86. René Hubert, *D'Holbach et ses amis*, 1928, p. 74.
87. Tese iconoclasta sustentada com brilhantismo por Diderot em *O Sonho de d'Alembert*, redigido em 1769.
88. *Mémoires secrets*, V, 19 de fevereiro de 1770, p. 83.
89. A 1º de junho de 1770 (D. 16374), ele pede a Cramer que imprima seu texto *Deus, resposta ao Sistema da natureza*, que será inserido em suas *Questões sobre a Enciclopédia*, no artigo "Deus".
90. A Cramer (10 de junho de 1770). D. 16399.
91. A d'Alembert, D. 16523.
92. A Grimm, 23 de julho de 1770. D. 16540.
93. 27 de julho de 1770. D. 16549.
94. A d'Alembert, 27 de julho de 1770. D. 16548.
95. A d'Alembert, 11 de agosto de 1770. D. 16574.
96. A.-M. Chouillet e P. Crépel, "Un Voyage d'Italie manqué ou trois encyclopédistes réunis", *Recherches sur Diderot et sur l'Encyclopédie* [R. D. E.], nº 17, outubro de 1994, p. 9-53.
97. Em sua carta a Frederico de 9 de março de 1770, ele defende um método progressivo de revelação da verdade. *Oeuvres complètes*, V, p. 290-291.
98. A Frederico, 8 de junho de 1770. *Ibid.*, p. 294.
99. *Ibid.*
100. "Fiquei sabendo de muita coisa que ignorava." A d'Argental, 26 de setembro de 1770. D. 16665.
101. *Correspondance littéraire*, IX, edição de 1º de setembro de 1770, p. 117-120.
102. D. 16682.
103. Em 1769, corre o boato de que Panckoucke publicaria uma edição da *Enciclopédia* corrigida e ampliada em vários volumes.
104. A Sophie Volland, 31 de agosto de 1769. L. Versini, p. 968.
105. Voltaire, por sua vez, recusara qualquer remuneração desde o início, retirando-se em seguida do projeto para se dedicar a suas *Questões da Enciclopédia*.
106. À Sra. de Maux (início de novembro de 1769). L. Versini, p. 991.
107. (1738-1810). Foi Diderot que o apresentou em 1765 a d'Holbach, que o contratou como secretário. O relacionamento tornou-se tão estreito e confiante que Naigeon passou a ser o editor constante do barão e herdeiro dos manuscritos de Diderot.
108. Que percebemos claramente em *O sonho de d'Alembert*, escrito no verão de 1769.
109. "Voltaire et la guerre civile philosophique", p. 546.

110. A Grimm, 10 de outubro de 1770. D. 16693.
111. A Delisle de Sales, 25 de novembro de 1770. D. 16786.
112. À condessa d'Argental, 9 de março de 1771. D. 17066.
113. *Les Combats des Lumières*, 2000, p. 203.
114. Pappas, "Voltaire et la guerre philosophique", p. 544, e Pomeau, *La Religion de Voltaire*, p. 389.
115. (1723-1789), G. Leroy, tenente de caça em Versalhes, escreveu cerca de vinte artigos da *Enciclopédia,* tanto sobre caça e agricultura quanto sobre filosofia (artigos "Homem" e "Instinto").
116. A Naigeon (abril ou maio de 1772). Versini, p. 1107-1108.
117. Pappas, "Voltaire et la guerre philosophique", p. 547.
118. Ver as cartas de Mazzucchelli e Gorani a Beccaria, de 26 de setembro de 1770 e 12 de março de 1771, dando conta de que Voltaire, d'Alembert e Condorcet falavam muito elogiosamente do autor dos *Delitos*. D. 16668 e 17075.
119. A Turgot, 27 de novembro de 1770. *Correspondance inédite de Condorcet et de Turgot*, ed. Ch. Henry, 1883, p. 20.

SEGUNDA PARTE

Capítulo VI

1. A França contava doze parlamentos, com sedes em Paris, Toulouse, Grenoble, Bordeaux, Dijon, Rouen, Aix, Rennes, Pau, Metz, Douai e Besançon. O de Paris cobria um terço da França, de Dunquerque a Lyon. Essas cortes soberanas criadas pelo rei tinham dupla função: promulgavam as novas leis, depois de exercer seu direito de advertência, julgavam em última instância disputas entre particulares e se pronunciavam sobre os recursos contra sentenças baixadas por juízes de instância inferior. Cf. Jean Égret, *Louis XV et l'opposition parlamentaire*, 1970, p. 10. Abaixo dos parlamentos, os tribunais de contas promulgavam em caráter coadjuvante as medidas fiscais e estatuíam em contenciosos envolvendo impostos.
2. Cf. E. Badinter, *Les "Remontrances" de Malesherbes, 1771-1775*, Flammarion, "Champs", 1985.
3. Esse decreto fora assinado pelo próprio abade Terray, inspetor geral, comprovando a cumplicidade entre a administração e os encarregados das finanças.
4. *Mémoires pour servir à l'histoire du droit public de la France*, 1779, p. 512.

5. Pierre Grosclaude, *Malesherbes, témoin et interprète de son temps*, 1961, p. 234
6. Esses dois magistrados, os Srs. de La Noue e de Goyon de Lohelac, integravam o parlamento da Bretanha, que também funcionava como tribunal de contas. *Ibid.*, p. 235.
7. *Ibid.*, p. 236.
8. *Journal de l'abbé de Véri*, 1928, I, p. 73.
9. Jean Égret, *Louis XV et l'opposition parlementaire*, p. 137.
10. *Mémoires du cardinal de Bernis*, 1980, p. 196: "Quando se deu conta de que esse lugar importante [o de ministro da Justiça] estava destinado ao Sr. de Machaut, ele entendeu que, nada mais tendo a esperar da Corte, restava-lhe apenas, para merecer consideração e atenção, ligar-se inteiramente a sua companhia, substituindo a flexibilidade do cortesão pela firmeza do magistrado."
11. Em Arras, Blois, Châlons-sur-Marne, Clermont-Ferrand, Lyon e Poitiers.
12. *Mes souvenirs*, 1893, II, p. 67.
13. A d'Alembert e a Richelieu, 21 de dezembro de 1770. D. 16854 e D. 16855.
14. A d'Alembert, 2 de fevereiro de 1771. D. 16988.
15. A Marin, 27 de janeiro de 1771. D. 16989.
16. A Maupeou, 22 de agosto de 1770, D. 16605: "O senhor certamente pensa melhor que os autores deste século. Uma única de suas cartas é mais bem escrita que todos os livros deles."
17. Bachaumont, XIX, p. 299, 21 de janeiro de 1771.
18. Bachaumont, V, p. 245, 9 de janeiro de 1771.
19. A Veymerange, 25 de fevereiro de 1771. D. 17041.
20. A Christin, 27 de fevereiro de 1771. D. 17046.
21. A d'Alembert, 4 de março de 1771. D. 17056.
22. A Dupont de Nemours, 4 de janeiro e 1º de fevereiro de 1771. *Oeuvres de Turgot*, ed. Schelle, 1972, III, p. 470-471.
23. (24 de fevereiro de 1771). *Correspondance inédite de Condorcet et de Turgot*, ed. Ch. Henry, 1883, p. 44.
24. 11 de março de 1771. D. 17071.
25. 13 de março de 1771. D. 17080. Causa espécie que Voltaire ainda não tenha recebido uma cópia das advertências de Malesherbes, embora, de acordo com os *Mémoires secrets* com data de 7 de março, Paris tenha sido inundada por elas...
26. Malesherbes (6 de dezembro de 1721-21 de abril de 1794) desposara Marie-Françoise Grimod de La Reynière em 1749, e tivera com ela duas filhas, em 1756 e 1758. A Sra. de Malesherbes estava doente há seis meses, segundo ele próprio, acometida de profunda melancolia. Ver sua carta de

agradecimento pelas condolências de Rousseau por volta de 20 de janeiro de 1771. Leigh, 6829, p. 167-169.
27. Malesherbes explicou sua política nas cinco *Dissertações sobre a Livraria e a liberdade de imprensa*, escritas no fim da década de 1750 e publicadas *post-mortem* em 1809. Cf. a edição de R. Chartier em 1994.
28. B. N. Mss Fonds français, 22191, f°s 6-9.
29. (10 de março de 1754), D. 5717. Ver também a famosa carta a Morellet a respeito de d'Alembert, de 16 de fevereiro de 1758, in Morellet, *Mémoires inédits*, I, p. 148-152.
30. A d'Argental, 14 de outubro de 1763. D. 11459.
31. A Voltaire, 8 de dezembro de 1763. D. 11541. O tenente de polícia Sartines havia sucedido a Malesherbes, pondo fim à política liberal do antecessor.
32. Desde 6 de março de 1750.
33. *Mémoires secrets* d'Augeard, 1866, p. 42.
34. *Les "Remontrances" de Malesherbes, 1771-1775*, ed. E. Badinter, p. 152.
35. *Ibid.*, p. 151. O grifo é nosso.
36. *Mémoires secrets* d'Augeard, p. 39.
37. *Ibid.*
38. *Ibid.*, p. 40.
39. *Archives nationales*, O I 405.
40. *Mémoires secrets*, V, p. 261-262.
41. *Ibid.*, p. 264.
42. Entre outras, as da Sra. du Deffand a H. Walpole, da Sra. d'Épinay a Galiani e de Kéralio a Frisi.
43. Biblioteca Ambrosiana, Milão, Mss Y 153 sup., f°s 243-244.
44. Ele publicara em 1768 suas *Dúvidas expostas aos filósofos economistas sobre a ordem natural e essencial das sociedades políticas*, posicionando-se contra o despotismo jurídico dos fisiocratas, especialmente Mercier de La Rivière.
45. Burgerbibliothek, Berna, Mss F. A. Fellenberg, 154, n° 20: carta a Fellenberg, 3 de maio de 1771.
46. *Sentimentos dos seis Conselhos estabelecidos pelo rei e de todos os bons cidadãos, Oeuvres*, ed. Moland, XXVIII.
47. Nenhuma das cartas de d'Alembert a Voltaire no período de janeiro a agosto de 1771 chegou ate nós.
48. Além dos *Sentimentos dos seis Conselhos*, são-lhe atribuídos: *Carta de um jovem abade, Advertências do armazém de sal, Dos povos aos Parlamentos, Aviso importante à Nobreza* e, naturalmente, a *Resposta às advertências do Tribunal de Contas por um membro dos novos Conselhos soberanos*.
49. Moland, XXVIII, p. 385. O grifo é nosso.
50. *Ibid.*, p. 387.

51. *Les "Remontrances" de Malesherbes*, p. 162.
52. *Réponse...*, Moland, p. 386-387.
53. *Ibid.*, p. 388. Grifo do original.
54. *Des peuples aux Parlements* (março?), 1771, também reimpresso por ordem de Maupeou em Paris, em maio.
55. A Turgot, nesse domingo de março de 1771, ed. Henry, p. 47. Em outra carta, datada de "Terça-feira" (abril de 1771), p. 79, Condorcet menciona outro panfleto de Voltaire, o *Aviso importante à Nobreza*, que lança o Parlamento no ridículo: "A obra pareceu-me das mais alegres. É certo que as fanfarronadas parlamentares e o comportamento covarde e insolente de seus zelosos partidários induzem de certa forma ao gracejo."
56. A 13 de maio de 1771.
57. (Junho de 1771), *Correspondance inédite de Condorcet et Mme Suard*, ed. E. Badinter, 1988, p. 38-40.
58. As advertências do parlamento de Rouen foram particularmente apreciadas pelo público.
59. (Abril ou maio de 1772), Versini, p. 1108.
60. O duque de Orleans, como a maioria das princesas de sangue, saíra em defesa do Parlamento dissolvido.
61. *Journal et Mémoires de Charles Collé*, ed. Honoré Bonhomme, 1967, p. 306-308.
62. *Essai historique sur la police*, in M. Tourneux, *Diderot et Catherine II*, 1899, p. 133.
63. Carta à princesa Dachkoff, 3 de abril de 1771. L. Versini, p. 1068.
64. *Réfutation d'Helvétius*. L. Versini, I, p. 861.
65. *Essai sur les règnes de Claude et de Néron, ibid.*, p. 1202.
66. *Réfutation d'Helvétius. Ibid.*, p. 777.
67. A Frisi, 27 de abril de 1771. B. Ambrosiana, Mss Y 153 sup., f° 248: Auguste-Guy Guinement de Kéralio, de volta a Paris no fim de 1769, era um dos pilares do salão de Julie de Lespinasse e não perdia a menor oportunidade de prestar serviço a d'Alembert e Condorcet: traduções, leituras, etc.
68. A Frisi, 1° de junho de 1771. *Ibid.*, f° 250.
69. A Dupont de Nemours, 1° de fevereiro de 1771. *Oeuvres*, III, p. 471.
70. *Ibid.*, p. 475.
71. A Dupont de Nemours, 13 de março de 1771. *Oeuvres*, III, p. 477-478. Grifo do original.
72. 25 de abril de 1771. *Correspondance F. Galiani-L. d'Épinay*, ed. Dulac, 1993, III, p. 98.
73. O que não o impediu de visitar várias vezes Malesherbes em seu exílio, especialmente no inverno de 1772 e no verão de 1773.

Capítulo VII

1. Diderot nasceu em 1713, e d'Alembert, em 1717.
2. A Sartine (junho de 1770). Versini, p. 1018. Diderot protestava contra a anunciada publicação de uma peça de Palissot, *Le Satirique ou L'Homme dangereux*, ofensiva aos filósofos, exatamente como fora, dez anos antes, sua comédia *Les Philosophes*.
3. O casamento de Angélique foi celebrado a 9 de setembro de 1772.
4. Sabemos a participação que teve Diderot nas obras de d'Holbach, na *História filosófica* de Raynal e na *Correspondance littéraire*, da qual tomava a frente, juntamente com a Sra. d'Épinay, durante as freqüentes viagens de Grimm.
5. Da primeira vez, em 1749, quando o marechal de Belle-Isle julgou-se no direito de se eximir das visitas de praxe, e da segunda, em 1753, quando o conde de Clermont preferiu ser eleito por aclamação, e não por voto secreto.
6. Os "honorários", nomeados pelo rei, votavam, mas não tinham necessariamente competência científica.
7. Ambos fizeram, ao serem recebidos, discursos que marcaram uma verdadeira ruptura: Voltaire, em 1746, falando da *Universalidade da língua francesa*, e Buffon, em 1753, sobre *O Estilo*.
8. De 1671 a 1758, os temas dos concursos organizados pela Academia Francesa giravam em torno de questões de devoção e de moral. Com Duclos, a Academia decidiu em 1758 que, futuramente, escolheria como tema dos prêmios de eloqüência o elogio dos grandes homens da nação, como o marechal de Saxe, Duguay-Trouin, Sully, d'Aguesseau e Descartes.
9. Bachaumont anota, na data de 25 de agosto de 1763: "A sessão terminou secamente, pois o Sr. d'Alembert, sempre capaz de alegrar a Academia com alguma caricatura do dia, ainda estava na companhia do rei da Prússia." *Mémoires secrets*, I, p. 312.
10. D'Alembert substituiu Duclos durante suas viagens a Londres (1763), à Bretanha (1764, 1765, 1770, 1771), à Itália (1766-1767), e quando caiu doente, em 1768.
11. Atas da Academia Francesa, III, p. 305.
12. Cf. *P. I.*, II, p. 159-163.
13. Segundo Collé, d'Alembert recebeu 14 votos, o abade de Boismont, 9, e o abade Trublet, 3.
14. Duclos, Du Resnel, Mirabaud, Fontenelle, Alary, Mairan, La Ville, Bignon, o duque de Saint-Aignan, Bouganville, d'Olivet, Foncemagne, Gresset, Dupré de Saint-Maur, Soubise, Hénault, Marivaux, Bissy, Boissy, Moncrif, Crébillon, Sallier, Buffon, o abade de Saint-Cyr, Paulmy, o arcebispo de Sens.
15. Os "*jetons*" de presença valiam algumas libras, e muitos acadêmicos de poucos recursos contavam com essa modesta remuneração.

16. Chateaubrun (1755), o abade de Boismont (1755), Montazet, bispo d'Autun (1757), Séguier (1757), Lacurne de Sainte-Palaye (1758), Le Franc de Pompignan (1760).
17. Cf. *P. I.*, II, p. 346 e seguintes.
18. Nesse ponto, nossa interpretação difere ao mesmo tempo da de L. Brunel (1884) e da de J. Lough (1996). Aquele afirma que, em dez anos, os filósofos se assenhorearam da Academia, pois inclui entre eles homens que não pertencem efetivamente ao clã, como La Condamine e o príncipe de Rohan. Este pensa o contrário, pois só classifica entre os filósofos os que se declaram como tais, e que são minoritários. De nossa parte, consideramos que há novos acadêmicos que não podem ser incluídos entre os devotos nem entre os filósofos, como por exemplo um duque de Nivernais ou um Loménie de Brienne, arcebispo de Toulouse, que permitiriam a eleição de filósofos, sem fazer parte deles.
19. A Formey, 24 de novembro de 1760. *Correspondance passive de Formey*, p. 308.
20. D'Alembert fizera campanha ativamente por ele. Cf. Voltaire, 9 de abril de 1761. D. 9731.
21. A 28 de março de 1761, estão presentes apenas vinte acadêmicos, em sua maioria homens de letras: Nivernois, Dupré de Saint-Maur, Duclos, d'Olivet, Alary, Hénault, Saint-Agnan, Crébillon, Foncemagne, Marivaux, Mairan, Bignon, Bissy, Moncrif, d'Alembert, Chateaubrun, Boismont, Sainte-Palaye, La Condamine e Watelet.
22. D'Alembert a Voltaire, 9 de abril de 1761. As eleições de Coëtlosquet e Batteux haviam ocorrido a 14 de fevereiro de 1761, e a do abade Trublet, a 7 de março.
23. (1734-1803). Louis de Rohan é eleito a 27 de abril de 1761.
24. 8 de dezembro de 1763. D. 11541.
25. Somente Roquelaure, bispo de Senlis, candidato de Richelieu, é um inimigo declarado, membro do partido devoto. É eleito a 10 de fevereiro de 1771.
26. *Mémoires secrets*, V, p. 191: 1º de setembro de 1770.
27. L. Brunel, *Les Philosophes et l'Académie française au XVIIIe siècle, op. cit.*, p. 196.
28. *Correspondance littéraire*, X, p. 15-16, 15 de julho de 1772.
29. Essa última proibição foi suspensa após a dissolução do Parlamento, em 1771.
30. *Journal historique de Collé*, III, p. 274, setembro de 1770.
31. *Ibid.*, p. 275.
32. A eleição de Roquelaure, bispo de Senlis, deu-se a 10 de janeiro de 1771.
33. 6 de abril de 1772. D. 17683.
34. *Correspondance littéraire*, X, p. 18.

35. A maioria das eleições atraía em média 23 acadêmicos. Considerando-se as ausências crônicas, como as de Voltaire, Pompignan, Bernis, Gresset e Buffon, e as ausências excepcionais por motivo de viagem ou doença, a presença de 29 acadêmicos era rara.
36. A Lagrange, 21 de maio de 1772. Serret, p. 239.
37. *Ibid.*
38. A 22 de agosto de 1772. Preuss, XXIV, p. 575-578.
39. *Correspondance littéraire*, X, p. 19-20. Grimm acrescenta que "nem o abade Delille nem Suard haviam escrito uma única linha da *Enciclopédia*; ficou claro, assim, que só se haviam tornado odiosos aos olhos do rei por esse motivo porque haviam recebido os votos dos enciclopedistas".
40. A interdição anterior fora a do abade de Saint-Pierre, em 1718.
41. 21 de março de 1772. Serret, p. 239.
42. 16 de maio de 1772. Preuss, XXIV, p. 566.
43. A Lagrange, 23 de abril de 1772. Serret, p. 237.
44. A Lagrange, 22 de agosto de 1772. *Ibid.*, p. 246. Mas é nessa sinistra habitação do Louvre que ele se instalaria depois da morte de Julie, lá morrendo.
45. Marmontel, *Mémoires*, I, p. 275. Marmontel insiste na metáfora da esposa e da mulher amada.
46. Condorcet, órfão de pai, nascido em 1743, tinha menos vinte e seis anos que d'Alembert. O ano de 1765 assinala sua entrada brilhante no mundinho dos grandes matemáticos, com a publicação de seu ensaio sobre o *Cálculo integral*.
47. Perfil do marquês de Condorcet por Julie de Lespinasse, *Lettres inédites* (Ch. Henry), p. 231-242. Infelizmente, não conhecemos a data em que foi redigido.
48. A 3 de março de 1769. Ele seria promovido a associado a 18 de dezembro de 1770.
49. (1736-1793). Bailly foi recebido como astrônomo adjunto a 27 de janeiro de 1763.
50. A Lagrange, 23 de abril de 1772. Ch. Henry, p. 237.
51. Atas da Academia de Ciências, 94, sábado, 14 de janeiro de 1775.
52. Condorcet conheceu Turgot no salão de d'Alembert e de Julie de Lespinasse, que freqüentava com assiduidade.
53. *Correspondance inédite de Condorcet* (Ch. Henry), p. 82. Philibert Trudaine de Montigny (1773-1777), acadêmico honorário, como Maurepas e La Vrillière, tem fácil acesso a este último. Químico de renome, ele sucedeu ao próprio pai como intendente geral das finanças em 1769. É um amigo dos filósofos.
54. Condorcet a Turgot, 7 de junho de 1772: "Minha secretaria fica para o ano que vem e para a presidência do Sr. Trudaine", *ibid.*, p. 86.

55. Condorcet vivia com a mãe em Ribemont, na região de Aisne, durante vários meses por ano, perdendo, assim, muitas sessões acadêmicas.
56. Alexis Fontaine des Bertins (1704-21 de agosto de 1771) fora admitido na Academia em 1733.
57. Tendo chegado a Ribemont a 12 de junho de 1772, Condorcet anuncia o envio do *Elogio* a Julie e d'Alembert no início de julho. Cf. resposta de Julie de Lespinasse (10 de julho de 1772), *Correspondance inédite de Condorcet* (Ch. Henry), p. 84.
58. 3 de setembro de 1772, *ibid.*, p. 97.
59. Condorcet a Turgot, 22 de julho de 1772. *Ibid.*, p. 95.
60. Turgot a Condorcet, 27 de outubro de 1772. *Ibid.*, p.99.
61. Cf. *P. I.*, I.
62. Elas são muito mais freqüentes na Academia Francesa, pois o acesso à condição superior requer nova eleição.
63. Por exemplo, as de La Condamine contra Bouguer no meado da década de 1750, e, mais tarde, as do mesmo La Condamine contra Guettard.
64. No fim da contas, Daubenton, assistente de Buffon, é que se incumbiu de redigir mais de 900 artigos de história natural.
65. (1736-1793). Ele foi admitido na Academia como astrônomo adjunto a 27 de janeiro de 1763.
66. *Ensaio sobre a teoria dos satélites de Júpiter*, publicado em 1766.
67. François Arago (1786-1853), eleito astrônomo do Instituto de França em 1809, tornou-se seu secretário perpétuo em 1830. Embora não tenha vivido nessa época, o fato é que várias testemunhas diretas, como Laplace e Monge, lhe terão relatado, senão os fatos exatos, pelo menos os boatos e o que se dizia em cada um dos clãs. Arago publicou uma *Biografia de Jean-Sylvain Bailly* em 1852.
68. Fouchy fez o elogio do abade de Lacaille (1713-21 de março de 1762) na retomada pública de atividades a 13 de novembro de 1762.
69. Arago, *Biographie de J.-S. Bailly, op. cit.*, p. 94. Itálico no original.
70. A Turgot, 1º de dezembro de 1772. *Correspondance inédite de Condorcet* (Ch. Henry), p. 116.
71. Arago, *Biographie de J.-S. Bailly, op. cit.*, p. 93.
72. A Turgot, 17 de setembro (de 1772). *Correspondance inédite de Condorcet* (Ch. Henry), p. 131.
73. Atas da Academia de Ciências, 92, f°s 24 V-25 V.
74. Desde 18 de dezembro de 1770.
75. Arquivos da Academia de Ciências, *pochette* de 27 de fevereiro de 1773. Carta endereçada ao Sr. Trudaine, presidente da Academia.
76. K. M. Backer, "Les débuts de Condorcet au secrétariat de l'Académie royale des sciences (1773-1776)", *Revue d'histoire des sciences*, 20, 1967, p. 239.

77. *Pochette* de 6 de março de 1773. A 10 de março, Trudaine de Montigny leu a carta de La Vrillière que confirmava a eleição.
78. *Biographie de J.-S. Bailly, op. cit.*, p. 93.
79. Mérard de Saint-Just, *Éloge historique de Jean-Sylvain Bailly*, 1794, p. 35.
80. K. M. Baker, "Les débuts de Condorcet...", p. 239.
81. A Voltaire, 27 de fevereiro de 1773. D. 18222.
82. A Condorcet, 1º de março de 1773. D. 18232.
83. A d'Alembert, 1º de março de 1773. D. 18231.
84. Condorcet a Turgot (meados de 1775), *Correspondance inédite de Condorcet* (Ch. Henry), p. 222.
85. (1725-1779). Entrou para a Academia a 12 de fevereiro de 1749. Astrônomo, matemático.
86. (1722-1787). Acadêmico honorário desde 1764 e membro da Academia Francesa, este sobrinho do conde d'Argenson era particularmente hostil a d'Alembert.
87. (1733-1799). Entrou para a Academia a 27 de junho de 1756. Matemático.
88. (1700-1782). Entrou para a Academia a 22 de janeiro de 1728. Botânico.
89. (1720-1800). Entrou para a Academia a 30 de agosto de 1751. Físico.
90. A eleição ocorreu a 7 de agosto de 1776. Cf. *Correspondance secrète* de Métra, III, p. 237-238. 18 de agosto de 1776.
91. Condorcet levou a melhor sobre Bailly por um só voto, a 10 de janeiro de 1782.
92. (1749-1827). Depois de tê-lo colocado em 1769 na Escola Militar, como professor de matemática, d'Alembert propusera o nome de Laplace à Academia de Berlim (cartas a Lagrange de 1º e 9 de janeiro de 1773), para em seguida recuar, quando Laplace foi eleito mecânico adjunto, a 4 de abril de 1773.
93. Segundo Lortholary, *Le Mirage russe en France au XVIIIe siècle*, p. 199, esses oficiais franceses combatiam na Polônia com o secreto assentimento do ministério.
94. Dissertação publicada in *Oeuvres et Correspondances inédites* (ed Ch. Henry), p. 248-250.
95. Voltaire a Catarina II, 12 de março de 1772. D. 17635. A 30 de março, D. 17690, ela responde secamente que conhece um remédio para curar "esses mestrezinhos sem eira nem beira que deixam Paris para vir trabalhar como preceptores de bandidos [poloneses]: a Sibéria".
96. A Richelieu, 30 de maio e 8 de junho de 1772. D. 17763 e D. 17774.
97. Lortholary, *Le Mirage russe en France...*, p. 199 e 367.
98. Dissertação de outubro de 1772. Ch. Henry, p. 249.
99. 30 de outubro de 1772, Ch. Henry, p. 252-253.

100. *A Viagem à Sibéria* fora calorosamente aprovado na sessão do dia 31 de agosto de 1768 da Academia de Ciências por Bézout e d'Alembert, seus dois comissários.
101. 20 de novembro de 1772. Ch. Henry, p. 256. Na verdade, observa Lortholary (p. 367), alguns oficiais franceses efetivamente estavam retidos na Sibéria, mas não aqueles pelos quais intervinha d'Alembert.
102. Datada de 24 de novembro. Lortholary, *Le Mirage russe en France...*, p. 367. Esta carta não é publicada por Ch. Henry, mas em *Sbornik*, XIII, p. 289.
103. Ch. Henry, p. 260.
104. A Voltaire, 18 de janeiro de 1773. D. 18145.
105. (Janeiro de 1773). Ch. Henry, p. 260-261.
106. 3/14 de março de 1773. D. 18249.
107. 19 de abril de 1773. D. 18322.
108. Significa isso que d'Alembert teria tomado conhecimento da resposta de Catarina através de Voltaire? O que é confirmado por sua carta de 13 de maio seguinte. D. 18365.
109. 27 de abril de 1773. D. 18339.
110. *Ibid.*
111. 13 de maio de 1773. D. 18365.
112. 12 de fevereiro de 1774. D. 18811.
113. *Ibid.*
114. Carta de 3 de junho de 1773. L. Versini, p. 1179.
115. A Galiani, 13 de junho de 1773. G. Dulac, IV, p. 24. Diderot deixou Paris em direção a Haia, sua primeira etapa, a 11 de junho.
116. Carta a Barthe, 23 de janeiro de 1773, in "Correspondance inédite entre Thomas et Barthe (1759-1785)", *R.H.L.F.*, nº 34, 1927, p. 128.
117. A esse respeito, Georges Dulac ("Diderot et le mirage russe") estava certo ao se levantar contra os comentários de certos especialistas no século XVIII, in Karp e Wolff, *Le Mirage russe au XVIIIe siècle*, 2001, p. 149-192.
118. Thomas a Barthe, 4 de março de 1773, *R.H.L.F.*, nº 35, 1928, p. 103.
119. Artigo "Política" do *Dicionário de Diderot* (eds. R. Mortier e R. Trousson), 1999, p. 410.
120. *Ibid.*
121. A Sophie Volland, 20 de dezembro de 1765, Diderot escreve que faz "secar de impaciência e de tédio [o pobre abade Raynal] há seis meses". L. Versini, p. 574.
122. Em 1770, 1774 e 1780.
123. *Histoire philosophique...*, livro II, p. 186-187.
124. *Ibid.*, p. 204-205.
125. O *Ensaio sobre os preconceitos*, publicado em Londres (vale dizer, em Amsterdã) em 1770, já circulava em Paris em novembro de 1769.

126. Frederico a d'Alembert, 17 de maio de 1770: "Experimentei movimentos de repulsa aos sentimentos do autor." Preuss, XXIV, p. 484-486.
127. O *Exame do Ensaio sobre os preconceitos* é publicado anonimamente em Berlim em 1770.
128. Esse texto, encontrado e publicado por Franco Venturi em 1937, também é conhecido sob o título de *Carta do Sr. Denis D. sobre o exame do Ensaio sobre os preconceitos*. Acredita-se que foi redigido em 1771.
129. *Oeuvres*, ed. Versini, III, p. 165-172.
130. Publicados na *Correspondance littéraire* de agosto a novembro de 1772, integrariam posteriormente a edição da *História das duas Índias* de 1774. L. Versini, tomo III das *Oeuvres* de Diderot, p. 587-611.
131. Fragmento 6, *ibid.*, p. 590.
132. Cf. G. Dulac, "Diderot et le miracle russe". Karp e Wolff, p. 168-177.
133. L. Versini, III, p. 608-611.
134. R. Trousson, *Denis Diderot ou le vrai Prométhée*, Taillandier, p. 534.
135. Concluído em 1770, o manuscrito foi publicado após a morte de Helvétius, em 1772.
136. *Mélanges philosophiques, historiques, etc., pour Catherine II*, in *Oeuvres*, III, L. Versini, p. 204.
137. Publicado em 1767.
138. 13 de novembro de 1774. D. 19188. Le Mercier de La Rivière fora intendente da Martinica.
139. Ségur, *Mémoires*, III, p. 40.
140. M. Tourneux, *Diderot et Catherine II*, 1899, p. 86
141. *Ibid.*, p. 267.
142. *Ibid.*, p. 455-456.
143. R. Trousson, *Denis Diderot...*, p. 537.
144. 18 de janeiro de 1774. D. 18762.
145. 30 de janeiro de 1774. D. 18782.
146. À princesa Dachkoff, 24 de dezembro de 1773. L. Versini, p. 1203.
147. "[Diderot] se mostra tão singular, com ela, tão original, tão Diderot quanto com a senhora. Toma-lhe a mão, como toma a sua, sacode-lhe o braço, como sacode o seu, senta-se a seu lado, como faria na sua casa." Grimm à Sra. Necker, Petersburgo, 13 de novembro de 1773. *Le Salon de Madame Necker*, ed. Haussonville, I, p. 156.
148. Gestos pelos quais era efetivamente conhecido em Paris.
149. A minha mulher e a minha filha (30 de dezembro de 1773). L. Versini, p. 1207.
150. M. Tourneux, *Diderot et Cathérine*, p. 320.
151. G. Dulac, "Diderot et le mirage russe", p. 153.

152. Provavelmente em dezembro de 1774. Cf. *Mélanges...*, L. Versini, III, p. 388-389.
153. Talvez quisesse saber se a revolta de Pugatchov estava tendo êxito.
154. A troça de Catarina sobre a iniciativa de d'Alembert em favor dos prisioneiros franceses na Rússia.
155. O veneno.
156. Catarina atendeu ao pedido a 30 de janeiro de 1774. D. 18782. Como previsto, Voltaire passou a coisa adiante. A 5 de março, escreve a d'Alembert: "Ela passa a vida com Diderot, está encantada com ele." D. 18834.
157. Em sua carta de 7 de janeiro de 1774, Frederico queixara-se a d'Alembert da arrogância e pretensão dos livros de Diderot. Preuss, XXIV, p. 617.
158. 14 de fevereiro de 1774. *Ibid.*, p. 618.
159. E por sinal tinha bons motivos para isso.

Capítulo VIII

1. Luís XV morreu a 10 de maio de 1774. Consciente de sua inexperiência, Luís XVI já no dia 12 convoca Maurepas, outrora exilado por seu avô. Maurepas atuaria como primeiro-ministro até sua morte, em 1781. Iniciara sua carreira ministerial com a idade de 14 anos.
2. Passaria da Marinha às Finanças no dia 24 de agosto seguinte.
3. 22 de julho de 1774. D. 19043. Voltaire diria a Turgot que cantasse o *Te Deum laudamus* (28 de julho de 1774. D 19053).
4. Carta a Frederico II, 12 de setembro de 1774: "O Rei acaba de convocar (...) um dos homens mais esclarecidos e virtuosos do reino; e se o bem não for feito, teremos de concluir que o bem é impossível." Preuss, XXIV, p. 632.
5. A Voltaire, 3 de agosto de 1774. D. 19062.
6. A 1º de julho de 1775.
7. Carta ao Sr. e à Sra. Caroillon de Vandeul, 3 de setembro de 1774. L. Versini, p. 1248-1249.
8. Catarina II ao conde de Ségur, in *Mémoires ou souvenirs et anedoctes*, III, p. 42-43.
9. Malesherbes, filho de Guillaume de Lamoignon (1683-1772), primeiro presidente do Tribunal de Contas, chanceler da França de 1750 a 1768, pertencia a uma das mais reputadas famílias togadas. Turgot é o terceiro filho de Michel Étienne, preboste dos comerciantes de Paris (1690-1751). Este fora anteriormente presidente de uma câmara do parlamento de Paris.
10. Carta de 16 de abril de 1737, citada por P. Grosclaude, *Malesherbes, témoin et interprète de son temps*, 1961, p. 51.

NOTAS

11. Sua família conseguiu-lhe um cargo parlamentar. Em janeiro de 1752, Turgot é nomeado substituto do procurador-geral, e depois conselheiro do Parlamento, em dezembro do mesmo ano. Vem a ser nomeado referendário a 28 de março de 1753.
12. Ele entra para a magistratura em 1741 como substituto do procurador-geral. Torna-se conselheiro no Parlamento somente em julho de 1744, vindo a suceder ao pai na presidência do Tribunal de Contas em 1750, quando ele é nomeado chanceler.
13. Grosclaude dá notícia de um manuscrito de Malesherbes, "Observações de Jussieu recolhidas em suas aulas verbais em 1746, 1747, 1748 e 1749...". *Malesherbes, témoin...*, p. 463.
14. *Ibid.*, p. 464.
15. Fevereiro de 1758. *Mémoires* do abade Morellet, I, p. 47.
16. A 6 de março de 1750.
17. F. e S. Kafker, *The Encyclopedists as Individuals: a Biographical Dictionary of the Authors of the Encyclopédie*, 1988, p. 375.
18. M. Piron (ed.), Turgot, *Étymologies*, Bourges, 1961, p. IX.
19. *Vie de Turgot*, in *Oeuvres* de Condorcet, ed. Arago, V, p. 25.
20. Tal como Malesherbes, Turgot freqüentou as aulas de Rouelle.
21. Publicadas em 1755.
22. Boissy d'Anglais, que a conhecera, traçou-lhe um perfil de mulher superior em seu *Essai sur la vie, les écrits et les opinions de Malesherbes*, 1819-1821, 3 volumes.
23. Muito embora muitos intendentes proviessem da magistratura.
24. G. Schelle, *Oeuvres de Turgot*, I, p. 73.
25. Gournay (1712-1759), filho de um negociante rico, fora nomeado intendente do Comércio em 1751.
26. Condorcet, *Vie de Turgot*, p. 28.
27. (1694-1774). Quesnay contribuíra para a *Enciclopédia* com três artigos: "Evidência", "Grãos" e "Rendeiro".
28. Já em 1756, o déficit das finanças do Estado beirava os 70 milhões de libras, tendo sido consideravelmente agravado pela guerra. Durante as hostilidades, superou em certos anos os 200 milhões de libras. Em setembro de 1759, o déficit anual era estimado em 217 milhões. Precipitando-se na bancarrota, o Estado suspendeu por um ano o pagamento de todas as dívidas, o que não facilitou propriamente os empréstimos que apesar disso era obrigado a contratar.
29. Advertências do Tribunal de Contas lidas na sessão de 13 de novembro de 1759. Cf. *Mémoires pour servir à l'histoire du droit public de la France en matière d'impôts ou Recueil de ce qui s'est passé de plus intéressant à la Cour des aides depuis 1756 jusqu'au mois de juin 1775*, Bruxelas, 1779.

30. P. Grosclaude, *Malesherbes, témoin et interprète de son temps*, p. 234.
31. *Voyage en France*, tradução de Lesage, I, p. 26. Limoges, 6 de junho de 1787.
32. (1739-1817). Nobilitado em 1784, ele passaria a chamar-se Du Pont de Nemours ao ser eleito para a Assembléia Constituinte em 1789.
33. O marquês de Mirabeau (1715-1789), fisiocrata, autor de *O Amigo dos homens*, 1756.
34. G. Schelle, II, p. 23, esclarece que Dupont leu nessas reuniões, em 1774, as cartas de Turgot sobre a justiça penal.
35. Carta a Guibert, 9 de outubro de 1774. *Lettres de Mlle de Lespinasse*, 1978, p. 149.
36. *Journal de l'abbé de Véri*, 1928, I, p. 127.
37. *Ibid.*, p. 128.
38. Carta citada por P. Grosclaude, *Malesherbes, témoin...*, p. 293-294.
39. Sobretudo as suspensões de serviço e as demissões coletivas.
40. *Mémoires secrets*, VII, p. 287, 21 de dezembro de 1774. O cavaleiro de Chastellux (1734-1788) era um freqüentador do salão de Julie de Lespinasse e autor de peças e ensaios que tiveram na época razoável sucesso.
41. *Ibid.*, p. 292, 26 de dezembro de 1774.
42. O acadêmico, ausente de Paris, não podia votar. Malesherbes enviou-lhe essa carta de 25 de dezembro de 1774 através de d'Alembert. Voltaire respondeu favoravelmente a 1º de janeiro de 1775. D. 19274.
43. *Mémoires secrets*, VII, p. 318, e XXIX, p. 345.
44. *Ibid.*, XXIX, p. 353. *Correspondance littéraire*, t. XI, p. 35: "Há muito não se via na Academia Francesa uma assembléia tão brilhante."
45. Carta de Malesherbes a Voltaire, março de 1775. Publicada por P. Grosclaude, *Malesherbes et son temps. Nouveaux documents inédits*, 1964, p. 92. Enquanto isso, Voltaire lhe agradecera calorosamente pela generosidade com que Malesherbes o havia "perdoado por ter uma opinião [em 1771] que não era a mesma que a sua". Carta de 26 de fevereiro de 1776. D. 19358.
46. *Journal de l'abbé de Véri*, p. 300.
47. *Ibid.*, p. 335.
48. *Horace Walpole's Correspondence* (ed. W. S. Lewis), IV, p. 278. Carta de 6 de março de 1776.
49. Auget de Monyton, *Particularités sur les ministres des finances* (citado por Schelle, II,68).
50. *Journal de l'abbé de Véri*, I, p. 318.
51. *Vie de Turgot*, p. 229.
52. *Ibid.*, p. 232-233.
53. Edgar Faure, *La Disgrâce de Turgot*, 1961, p. 53.

54. A Sra. de Maurepas a Véri, *Journal...*, *op. cit.*, p. 327.
55. *Ibid.*, p. 432-433.
56. *Ibid.*, p. 319.
57. Véri, *ibid.*, p. 318-319. O mesmo faria com Malesherbes no exato momento em que este perdia a consideração dos parlamentares para manter-se fiel a ele, num momento difícil. *Ibid.*, p. 409.
58. *Ibid.*, p. 318-319.
59. E. Faure, *La Disgrâce de Turgot*, p. 243.
60. *Mémoires*, I, p. 237. Grifo do original.
61. 23 de abril de 1775, in Schelle, IV, p. 412.
62. *La Disgrâce de Turgot*, p. 245.
63. Malesherbes foi no dia 30 de maio de 1775 a Versalhes informar-se sobre a vontade do rei, que prometeu fazer reformas ao longo de seu reinado. O mal-entendido era flagrante: Malesherbes denunciava um sistema e exigia reformas globais; Luís XVI julgava estar lendo críticas sobre questões de detalhe e prometia reformas específicas.
64. Segundo P. Grosclaude, trata-se de Turgot, Maurepas, Véri e Francès, filho da Sra. Blondel, ministro do rei em Londres. *Malesherbes, témoin...*, p. 319.
65. 27 de junho de 1775. *Journal de l'abbé de Véri*, p. 313. Os grifos são nossos.
66. Carta publicada por P. Grosclaude, *Malesherbes, témoin...*, p. 320-321.
67. *Ibid.*, p. 322.
68. *Ibid.*, p. 323.
69. *Journal de l'abbé de* Véri, p. 317.
70. P. Grosclaude, *Malesherbes, témoin...*, p. 323.
71. *Lettres de Mlle de Lespinasse*, p. 258-259. Grifo do original.
72. A d'Argental, 14 de julho de 1775. D. 19563. Coerente, Voltaire não esperaria quatro dias para pedir um favor para um vizinho (D. 19567)!
73. Citado por P. Grosclaude, *Malesherbes, témoin...*, p. 326.
74. P. Grosclaude encontrou vários nos arquivos Rosanbo.
75. A Walpole, 9 de julho de 1775. *Correspondance...*, IV, p. 207.
76. P. Grosclaude, *Malesherbes, témoin...*, p. 328.
77. *Journal de l'abbé de Véri*, I, p. 373.
78. Haveria de apresentá-la ao rei a 13 de abril de 1776, quando já está para ir embora.
79. *Journal de l'abbé de Véri*, I, p. 373.
80. *Journal de l'abbé de Véri*, I, p. 374.
81. Em vez da prisão, ele preconiza a criação de asilos noturnos e a organização de casas de trabalho. P. Grosclaude, *D'Alembert, témoin...*, p. 349.
82. Ele é um dos primeiros a escrever que "a prisão é a escola do crime", e que é preferível dar trabalho aos condenados a encarcerá-los.

83. Malesherbes demitiu-se a 11 de maio.
84. P. Grosclaude, *Malesherbes, témoin...*, p. 397.
85. Condorcet, *Vie de Turgot*, p. 49.
86. Turgot nomearia Condorcet inspetor das Moedas no início de 1775, com a missão de atacar o problema crucial da unificação dos pesos e das medidas. Condorcet trabalhou sem remuneração até julho de 1775, quando recebeu emolumentos e um apartamento funcional no Hôtel des Monnaies.
87. Equivalente ao atual diretor de gabinete.
88. Os dois haviam sido apresentados por Diderot em fevereiro de 1771, quando Turgot buscava um primeiro-secretário em Limoges, para em seguida nomeá-lo diretor de patrimônio nessa mesma cidade. (Diderot a Turgot, 26 de fevereiro de 1771, L. Versini, p. 1058.)
89. *Mémoires secrets*, VII, p. 240, 6 de setembro de 1774.
90. Turgot determinaria o reinício da publicação, com o nome de Les Nouvelles Éphémérides.
91. E. Faure, *La Disgrâce de Turgot*, p. 59 a 61. Turgot começou reduzindo os vencimentos do controlador geral (de 142.000 para 80.000 libras); abriu mão das ajudas de custo de instalação e se recusou a receber a "gratificação" dos coletores de impostos, que chegava a 100.000 escudos.
92. Carta de outubro de 1774, citada por Ch. Henry, *Correspondance inédite*, p. 233.
93. Cartas de 6 de outubro e 29 de novembro de 1774 a Duhamel e a Fouchy. Schelle, IV, p. 240-241.
94. "O conjunto das leis publicadas nesse ministério apresenta quase diariamente alguma dessas operações benéficas; e se pode ver que nenhum dos pequenos males aos quais estava exposto o povo escapara à vigilância do ministério." Condorcet, *Vie de Turgot*, p. 79.
95. E. Faure, *La Disgrâce de Turgot*, p. 100.
96. Muitos cortesãos tinham interesse direto nos produtos da finança, vendo com maus olhos qualquer mudança de sistema.
97. *La Disgrâce de Turgot*, p. 93. Segundo o abade de Véri, Turgot alimentava secretamente o projeto de eliminar o arrendamento das Fazendas Gerais (*Journal de l'abbé de Véri*, p. 371), mas não teve para isso tempo nem meios.
98. Carta de 9 de outubro de 1774. *R. D. E.*, nº 17, 1994, p. 173. Grifo do original.
99. Essa herança de Colbert estava solidamente arraigada na mentalidade coletiva. As duas escolas que se opunham _ liberal e dirigista _ inspiravam-se na época, respectivamente, em Sully e Colbert. Voltaire e a Sra. du Deffand falam de "Sully-Turgot".
100. À Sra. d'Épinay, 17 de setembro de 1774. Dulac, IV, p. 183-184.

101. Na carta que envia em 20 de maio de 1775 a Condorcet, Julie de Lespinasse presta homenagem à coragem de Turgot durante a revolta. *R. D. E.*, nº 4, 1988, p. 105 e 185.
102. Era a opinião de Condorcet, obnubilado por seu ódio ao banqueiro. A anedota, reproduzida acima, sobre seu encontro com Turgot para submeter seu manuscrito à sua apreciação prova a injustiça dessa acusação.
103. Assim se autodenominava o abade de Véri, referindo-se a seus incessantes esforços de reparação da falta de habilidade de Turgot. Especialmente para pingar uma "gotinha de óleo" em suas relações com Maurepas.
104. Turgot tomara, entretanto, precauções de abastecimento para a capital, o que leva E. Faure a comentar que se tratava de um "liberalismo com muletas". *La Disgrâce de Turgot*, p. 413.
105. Corporações de ofícios.
106. Os três outros, secundários, eram a supressão dos ofícios nos embarcadouros, mercados e portos, a eliminação da caixa de Poissy para o comércio de carnes e uma mudança na cobrança de taxas sobre gorduras animais.
107. Assim que Turgot toma posse no Controle Geral, Condorcet pede-lhe que comece pela eliminação dos dias de trabalho servil sem remuneração. Cf. *Correspondance inédite...*, p. 197, 198, 200, 212, 227, 252.
108. *Journal de l'abbé de Véri*, p. 393.
109. Ele morreria a 2 de agosto de 1776.
110. O abade de Véri atribui a responsabilidade principal por isso a Maurepas. "Não se pode negar", diz, "que seus gracejos, suas críticas por demais conhecidas e suas vacilações (...) agravam a lentidão do ministro da Justiça e a efervescência das cabeças quentes." Quanto aos outros ministros, "Vergennes, Sartine, Saint-Germain, Bertin, etc., estão fora de combate e, em sua mediocridade, sua alma saboreia em silêncio as dificuldades do Sr. Turgot, cuja superioridade, no fundo, temem". *Journal de l'abbé de Véri*, p. 411.
111. Citado por E. Faure, *La Disgrâce de Turgot*, p. 447.
112. *Ibid.*, p. 457.
113. *Ibid.*, p. 460.
114. *Malesherbes... Nouveaux documents inédits*, p. 112 a 124.
115. (1730-1812). Ele foi um dos negociadores oficiosos dos protestantes. É também autor das *Memórias de um viajante em repouso* (3 vol., 1806) e convidado do salão de Julie de Lespinasse e d'Alembert quando vem a Paris.
116. Citado por P. Grosclaude, *Malesherbes, témoin...*, p. 383.
117. P. Grosclaude dá conta de diversas correspondências de parlamentares se manifestando nesse sentido, *Malesherbes, témoin...*, p. 391.
118. Carta de Malesherbes a sua amiga, a Sra. Douet, 20 de junho de 1776. Citado por P. Grosclaude, *ibid.*, p. 393.
119. P. Grosclaude, *Nouveaux documents inédits*, p. 117-118.

120. *Journal de l'abbé de Véri*, p. 430.
121. *Journal de l'abbé de Véri*, p. 396.
122. Ele teria proposto o nome do abade de Véri para suceder a Malesherbes e finalmente proceder à reforma da Casa do Rei.
123. Turgot "imaginava que a confiança desse príncipe, que tivera inicialmente, ainda prevalecia integralmente; pois, tendo sempre obtido sua aprovação para as coisas evidentes que levava a seu conhecimento por escrito, não pudera ver que os impedimentos e as limitações da inteligência do rei eram a causa de seu assentimento". *Journal de l'abbé de Véri*, p. 447.
124. Tratava-se do sobrinho de Maurepas, que Turgot não quisera nomear como intendente das finanças em 1775.
125. Nessa carta de 30 de abril publicada por Véri (p. 450-457), que assume contornos de testamento político, é que Turgot escreveu as seguintes palavras, tão célebres quanto premonitórias: "Não esqueça nunca, Meu Senhor, que foi a fraqueza que pôs a cabeça de Carlos I num cepo..."
126. J. N. Moreau, *Mes souvenirs*, 1898, II, p. 254.
127. Schelle, V, p. 20.
128. A Walpole, 5 de junho de 1776. *Correspondence...*, IV, p. 321-322.
129. *Journal de l'abbé de Véri*, p. 438. 16 de maio de 1776.
130. *Ibid.*, p. 413.
131. *La Disgrâce de Turgot*, p. 489.
132. Malesherbes seria executado a 21 de abril de 1794 juntamente com sua filha, sua neta e o marido desta.
133. Carta publicada no *Moniteur* e no *Journal des Débats*, n° 86, p. 130. Malesherbes fora uma segunda vez ministro (sem pasta) de Luís XVI da primavera de 1787 a agosto de 1778
134. Carta de 24 de agosto de 1774. Schelle, IV, p. 109-113. Esta carta lembrava os termos de uma conversa que acabara de ter com Luís XVI.
135. *Journal de l'abbé de Véri*, p. 321. 27 de junho de 1775.
136. Seu pai e seu avô tinham morrido de gota aos 51 anos. Acontece que ele tem 47 ao se tornar ministro. Morreu em 1781, aos 53 anos.
137. *Journal de l'abbé de Véri*, p. 448.
138. *Ibid.*
139. *Ibid.*, p. 449. O grifo é nosso. Vamos encontrar a mesma reflexão na pena de Julie de Lespinasse, em sua carta de 30 de setembro de 1774 a Guibert: "Ele é fanático pelo bem público e se investe nisso com toda a sua força", *in Correspondance inédite...*, p. 138.
140. *Mélanges pour Catherine*, ed. L. Versini, *Oeuvres* de Diderot, III, p. 303.
141. Carta de 3 de setembro de 1774, L. Versini, p. 1249.
142. Este solicitava ser enviado às Índias para estudar o golfo Pérsico, o mar Vermelho e as margens do Ganges. Condorcet voltaria seis vezes à carga,

em vão. Cf. *Correspondance inédite de Condorcet et de Turgot*, p. 181, 183, 185, 186, 187, 188.
143. Este queria uma parte da fazenda madeireira da Lorena, que pertencia ao Patrimônio. Diderot acusaria Turgot de ter malbaratado três quartos da fortuna de seus filhos. A Necker (1º ou 2 de abril de 1777), L. Versini, p. 1279.
144. Ao contrário de A. Wilson (*Diderot, sa vie et son oeuvre*, p. 564 a 568), que considera Diderot um esteio de Turgot, e da edição Roth da *Correspondance* de Diderot (XIV, p. 142), que interpreta sua carta de 10 de junho de 1775 a Necker como prova desse apoio, acreditamos que o filósofo pai de família já se havia distanciado do ministro.
145. *Correspondance inédite de Condorcet avec Mme Suard*, 1988, p. 113-115. Setembro de 1773. D'Alembert e Julie de Lespinasse mostraram-se entusiasmados com o elogio de Colbert.
146. Visconde d'Haussonville, *Le Salon de Mme Necker*, 1882, I, p. 149. Trata-se da famosa estátua executada por Pigalle.
147. Em novembro de 1771, Necker ofereceu-lhes 20.000 libras com 800 de juros, devendo a propriedade ficar para o último sobrevivente. *Correspondance inédite de Condorcet avec Mme Suard*, p. 64.
148. Publicado no fim de 1769.
149. Escrito durante uma estada em Ribemont e publicado bem no início de maio de 1775.
150. Condorcet, *Oeuvres*, XI, p. 17.
151. Que lhe fora atribuído por Julie de Lespinasse e retomado por todo o seu salão. O "carneiro enfurecido", em compensação, foi-lhe pespegado por Turgot em 1774. *Correspondance inédite*, p. 175-176.
152. Condorcet a Turgot, 21 (de junho de 1775), *in Correspondance inédite*, p. 232. Segundo F. Deloffre, suas *Cartas filosóficas* (1734) foram "o breviário do liberalismo moderno", 1986.
153. Voltaire a Condorcet, 4 de maio de 1775. D. 19458.
154. A Devaines, 8 de maio de 1775. D. 19465.
155. A Devaines, 8 de maio de 1775. D. 19465. E a Morellet, 29 de julho de 1775, D. 19581.
156. Por recomendação de d'Alembert, Turgot fizera uma estada de uma semana nas Délices em novembro de 1760. Desde então, os dois haviam mantido correspondência episódica.
157. Sra. Suard ao marido, (2 de) junho de 1775. D. 19499.
158. Cf. nota de Diderot a Galiani, publicada na *Correspondance* entre Galiani e a Sra. d'Épinay, V, p. 258-259.
159. Era a terceira, depois do caso do *Sistema da natureza*, em 1770, e o do fechamento dos parlamentos em 1771.

TERCEIRA PARTE

Capítulo IX

1. Cf. Diderot, *Essai sur les règnes de Claude et de Néron*, L. Versini, I, p. 1075 e 1202. Diderot abarca nessa designação Malesherbes, Turgot e Necker.
2. A partir de 1772, a Sra. du Deffand freqüentemente faz esse comentário com Walpole.
3. Diderot passa uma derradeira temporada em Grandval em setembro de 1776.
4. *Journal de l'abbé de Véri*, I, p. 430.
5. Protestante, Necker não podia ser nomeado controlador geral, mas recebeu a 29 de junho de 1777 o título de diretor-geral das Finanças, com todos os poderes de ministro.
6. À Sra. d'Enville, 3 de julho (de 1777). *Lettres de Turgot à la duchesse d'Enville* (ed. J. Ruwet), 1976, p. 104.
7. *Journal de l'abbé de Véri*, II, p. 25.
8. (5 de junho de 1776). D. 20156. Embora Condorcet não identifique a localização, podemos supor, por sua alusão ao "belo campo", que se encontra então em La Roche-Guyon. Tanto mais que, em carta a Dupont de Nemours datada de "La Roche-Guyon, 11 de junho", Turgot esclarece que Condorcet está de partida. Schelle, V, p. 496.
9. A Voltaire (junho-julho de 1776). D. 20194.
10. *Ibid.* Clugny (1729-1776) tinha atrás de si uma honrosa carreira de intendente. Vivia com as três irmãs, em meio a boatos de que também seriam suas amantes. O que não deixa de surpreender, quando se sabe que Buffon se referia a ele como um "respeitável amigo" (à Sra. Necker, 25 de outubro de 1776. *Correspondance de Buffon*, carta 255). Por outro lado, Maurepas fora nomeado a 18 de maio chefe do conselho real das Finanças.
11. A Voltaire, 6 de julho de 1776. D. 20208.
12. A Dupont, 30 de maio de 1776. Schelle, V, p. 490.
13. A Voltaire, 6 de julho de 1776.
14. 1718-1782.
15. 22 de outubro de 1776. *Correspondance inédite de Condorcet* (Ch. Henry), p. 291.
16. *Ibid.*
17. (Outubro de 1776). *Oeuvres de Condorcet*, I, p. 296-297.
18. Condorcet tem em mente os que haviam trabalhado pela demissão de Turgot: os Maurepas, Pezay, Rigoley d'Oigny.

19. *Correspondance inédite de Condorcet et Mme Suard*, p. 178.
20. A Voltaire, 30 de outubro de 1776. D. 20375. Depois de deixar o cargo, Devaines manteria a função de administrador dos Correios.
21. A 3 de julho [de 1777], *Lettres de Turgot à la duchesse d'Enville*, ed. J. Ruwet, 1976, p. 104, os grifos são nossos.
22. Turgot morreu a 18 de março de 1781, no momento em que o famoso *Relatório* das Finanças publicado por Necker tinha enorme êxito junto ao público. Necker, enfrentando a hostilidade de Maurepas, haveria de se demitir a 19 de maio de 1781.
23. À Sra. d'Enville, a 11 de agosto e 3 de outubro de 1777; *ibid.*, p. 109 e 113.
24. Para pôr fim à contestação que cercara sua primeira eleição, Condorcet se reelege a 7 de agosto, com votação unânime.
25. A Sra. Suard relata, em suas *Tentativas de Memórias sobre o Sr. Suard*, 1820, que só descobriu o segredo lendo as *Cartas da Senhorita de Lespinasse*, publicadas pela primeira vez em 1809. Cf. p. 141.
26. Mora morreu a 27 de maio de 1774 em Bordeaux, quando retornava a Paris.
27. O texto é datado de 22 de julho de 1776, depois de ter ele descoberto as cartas de Mora que ela lhe pedira, como executor testamentário, viesse a queimar.
28. A mudança de comportamento de Julie dez meses antes de morrer corresponde precisamente à época em que ela toma conhecimento do casamento de Guibert.
29. *Oeuvres complètes de d'Alembert*, III, p. 729-730.
30. *Oeuvres complètes de d'Alembert*, p. 730 e 732. Grifo do original.
31. Ele só esteve ausente da Academia Francesa no dia do enterro. As atas da Academia de Ciências registram sua presença na sexta-feira, 24 de maio, e nas quartas-feiras seguintes, como de hábito.
32. Ch. Pougens, *Lettres philosophiques à Mme X. sur divers sujets de morale et de littérature*, 1826, p. 29 e 30.
33. O inventário da correspondência de d'Alembert efetuado por Irène Passeron menciona apenas uma carta à Sra. Necker (22 ou 29 de maio), descrevendo sua dor, e uma outra a Arnaud, de 14 de junho, agradecendo pelas condolências. Só a 24 de junho ele escreve finalmente a Frederico II e a Voltaire para comunicar o falecimento de Julie.
34. *Oeuvres complètes*, III, p. 61 a 71.
35. XI, p. 273-274. Junho de 1776.
36. A Turgot, *in Correspondance inédite de Condorcet* (Ch. Henry), p. 285. Essa carta sem data é de junho ou julho de 1776.
37. D. 20189.

38. Carta publicada por J. Pappas, "Inventaire de la correspondance de d'Alembert", *S. V. E. C.*, 1986, p. 222-223.
39. Preuss, XXV, p. 41-43. No mesmo dia, ele a comunica a Lagrange: "Chore por mim e compartilhe minha dor, pois ela é grande." Ch. Henry, p. 316.
40. Preuss, XXV, p. 44, 16 de maio de 1776.
41. *Ibid.*, p. 45-46.
42. *Ibid.*, p. 47. 15 de agosto de 1776. Grifo do original.
43. Preuss, XXV, p. 50. 7 de setembro de 1776. Comparadas às cartas de Frederico, as poucas linhas de condolências enviadas por Voltaire (10 de junho de 1776. D. 20162) mais se parecem com uma saudação convencional.
44. *R. D. E.*, n°s 18-19, outubro de 1995, p. 269.
45. Em suas *Memórias*, t. I, p. 299, Marmontel escreve: "Desde a morte da Srta. de Lespinasse, ele estava consumido de tédio e de tristeza. Algumas vezes, no entanto, deixava fluir na profunda chaga do seu coração algumas gotas do bálsamo dessa amizade consoladora. Era sobretudo com minha mulher que ele se dispunha a se distrair de sua dor. Minha mulher demonstrava nesses momentos o interesse mais terno."
46. Ségur, *Le Royaume de la rue Saint-Honoré*, p. 367.
47. *Ibid.*, p. 367-368.
48. *Ibid.*, p. 368-369. A carta é datada por Ségur de 1º de dezembro de 1776 e do dia 2 por Ch. Pougens, *Oeuvres posthumes de M. d'Alembert*, 1799, I, p. 240-242.
49. Ségur, *Le Royaume de la rue Saint-Honoré*, p. 370.
50. Segundo Condorcet, a Sra. de La Ferté-Imbault teria posto em circulação várias versões de sua carta a d'Alembert. A Turgot, 20 de outubro de 1776, *Correspondance inédite*, p. 287-288.
51. A Voltaire, 15 de outubro de 1776. D. 20348.
52. A Turgot, *Correspondance inédite*, p. 287.
53. Morreu a 6 de outubro de 1777.
54. 7 de outubro de 1776. Preuss, XXV, p. 50-53.
55. Ségur, *Le Royaume de la rue Saint-Honoré*, p. 387. Ver também a carta a Frederico de 17 de novembro de 1777. Preuss, XXV, p. 91-93.
56. A Frederico, 28 de abril de 1777. Preuss, XXV, p. 385.
57. Tourneux, *Diderot et Catherine II*, p. 447.
58. A 19 de agosto de 1772, Gustavo III manda prender os principais senadores do partido dos "Bonés" e restabelece a Constituição em sua forma anterior a 1680.
59. Serguei Karp, "Diderot et la cour de Suède", in *La Culture française et les archives russes*, ed. por G. Dulac, 2004, p. 190.
60. *Correspondance littéraire*, X, outubro de 1772, p. 75-76. O conde Von Hessenstein (1735-1808), senador, governador geral da Pomerânia sueca

em 1776, estivera em Paris em 1769, freqüentando assiduamente o meio filosófico. Cf. Proschwitz, *Gustave III par ses lettres*, p. 71-72.
61. A Frederico II, landgrave de Hesse-Cassel, 15 de setembro de 1772. D. 17911.
62. A 16 de setembro de 1772. D. 17914.
63. A 21 de setembro de 1772. D. 17924. A *Epístola* é publicada em *La Suède et les Lumières: Lettres de France d'un ambassadeur à son roi (1771-1783)*, ed. por M. Molander Beyer, 2006, p. 82-83.
64. "A aprovação de um homem esclarecido, de um bom patriota, de um autêntico filósofo é a única que pode realmente lisonjear..." Proschwitz, p. 138.
65. *Ibid.*, p. 152.
66. O rei enviara esse novo decreto ao Senado a 26 de abril de 1774.
67. S. d. (fim de abril ou início de maio de 1774?). Proschwitz, p. 151.
68. Carta de 20 de junho e 26 de julho de 1768. *Histoire de l'Académie*, 1768, p. 1-3.
69. Ao conde de Creutz, 6 de março de 1778. Proschwitz, p. 165.
70. Ao conde de Creutz, 11 de dezembro de 1778. Proschwitz, p. 176. Grifo do original.
71. A Sophie Volland (16 de outubro de 1769): "O rei da Prússia deteve [Grimm] durante três dias em Potsdam, e ele teve a honra de conversar com ele por duas horas e meia diariamente. Ficou encantado; mas como não ficar, com um grande príncipe, quando ele se mostra afável? Após a última entrevista, foi-lhe oferecida da parte do rei uma bela caixa de ouro." L. Versini, p. 983. Em sua *Refutação de Helvétius*, ele interpela sua alma: "E sois vós, Helvétius, que citais elogiosamente essa máxima de um tirano!" *Oeuvres*, I, ed. Versini, p. 862. Em várias oportunidades ele haveria de criticá-lo por sua exagerada admiração pelo rei da Prússia.
72. Carta de Nolcken a Beylon, 29 de novembro/10 de dezembro de 1773, in Serguei Karp, "Diderot et la cour de Suède", p. 206.
73. *Ibid.*, p. 203 (carta de setembro de 1776).
74. *Mélanges pour Catherine II*, ed. Versini, III, p. 228. Tanto no caso de Frederico como no de Catarina, os filósofos estão longe de ostentar essa unanimidade afirmada por Diderot.
75. Carta de 6 de setembro de 1774. L. Versini, p. 1252. Grifo do original.
76. *Denis Diderot ou le vrai Prométhée*, p. 562.
77. *Ibid.*
78. *Ibid.*
79. Catarina a Grimm, 10 de março de 1775. *Correspondance*, ed. Roth, XIV, p. 134-135.
80. Trousson, *Denis Diderot...*, p. 568.

81. *Dictionnaire de Diderot*, p. 404. Não podemos deixar de concordar com essa reflexão de Roland Mortier, quando comparamos o *Plano de uma universidade* com o *Curso de estudos* de Condillac, escrito para o infante de Parma. Embora os projetos sejam sensivelmente diferentes, o pensamento de Diderot parece estar um século adiantado em relação ao do amigo de juventude.
82. 6 de dezembro de 1775. Versini, p. 1265.
83. *Correspondance*, ed. Roth, XIV, p. 184.
84. Roth, XIV, p. 207.
85. A Grimm (em Petersburgo), 13 de dezembro de 1776: "Reitere a Sua Majestade meus votos de ano novo, meus votos pela perenidade de seu reino e pela prosperidade de seus empreendimentos. Acrescente um pequeno [falta uma palavra] de minha gratidão por sua generosidade, sentimento que certamente terminará ao mesmo tempo que minha vida." L. Versini, p. 1283.
86. "Quer dizer então que meu texto não lhe agradou? Ela encontrou nele algumas boas sugestões?" A Grimm, 9 de junho de 1777. L. Versini, p. 1293.
87. Roth, XIV, p. 87.
88. Carta de 20 de fevereiro de 1775. A. Stroev, G. Dulac, "Diderot en 1775 vu par Grimm", *DHS*, 25, 1993, p. 285.
89. A Grimm (meados de dezembro de 1776). L. Versini, p. 1285.
90. A sua irmã Denise, 7 de outubro de 1776. *Ibid.*, p. 1278.
91. Em sua tradução do *Ensaio sobre o mérito e a virtude* de Shaftesbury, ele acrescentara essa nota impiedosa com o preceptor de Nero: "Sêneca, incumbido de enfrentar a morte, apresentando a seu pupilo as advertências da virtude, o sábio Sêneca, mais preocupado em acumular riquezas que em cumprir esse perigoso dever, limita-se a distrair da crueldade do tirano favorecendo sua luxúria; e apóia, com um vergonhoso silêncio, a morte de alguns bravos cidadãos que deveria ter defendido..." *Oeuvres*, ed. Versini, I, p. 967.
92. *Oeuvres*, L. Versini, p. 968-969.
93. *Essai sur les règnes de Claude et de Néron*, p. 1247.
94. Frederico fornece um exemplo em sua carta a d'Alembert de 18 de outubro de 1770, Preuss, XXIV, p. 507: "Refutei o autor do *Sistema da natureza* porque suas razões não me convenceram; entretanto, se pretendessem queimá-lo, eu levaria água para apagar a fogueira. Eis como é preciso pensar quando se quer meter a colher na filosofia, ou então se haverá de abrir mão do título de filósofo."
95. Voltaire e d'Alembert estiveram entre os que o fizeram.
96. A d'Alembert, 24 de março de 1765. Preuss, XXIV, p. 395-397. Para uma crítica mais detalhada, ver a carta a d'Alembert de 13 de agosto de 1777. Preuss, XXIV, p. 82.
97. A d'Alembert, 17 de maio de 1770. Preuss, XXIV, p. 484.

98. A d'Alembert, 4 de dezembro de 1772. *Ibid.*, p. 589.
99. A d'Alembert, 7 de janeiro de 1774. *Ibid.*, p. 616.
100. A d'Alembert, 7 de janeiro de 1774. Preuss, XXIV, p. 617. Frederico não apreciara a interpelação logo na abertura de *Da interpretação da natureza* (1753): "Jovem, toma e lê."
101. A Voltaire, 5 de setembro de 1777. D. 20786.
102. A Voltaire, 13 de agosto de 1777. D. 20764. Frederico mandou imprimir apenas alguns exemplares (seis ou oito) para mantê-lo em segredo.
103. A d'Alembert (setembro de 1777). Preuss, XXV, p. 87; e a Voltaire, 5 de setembro de 1777, D. 20786.
104. A Voltaire, 5 de setembro de 1777. D. 20786.
105. 17 de novembro de 1777. Preuss, XXV, p. 91-93.
106. Cabe lembrar que d'Alembert e Voltaire sempre foram partidários da monarquia, nunca tendo criticado o déspota esclarecido.
107. Conde de Ségur, *Mémoires ou souvenirs et anecdotes*, 2ª ed., 1826, III, p. 41. Embaixador da França na Rússia, o conde reproduz as conversas que teve com a imperatriz na década de 1780... As declarações de Catarina, relatadas dez anos depois de seu encontro com Diderot, não refletem necessariamente sua opinião de 1773-1774.
108. *Ibid.*, p. 41-42.
109. *Observations sur l'Instruction de l'impératrice de Russie aux députés pour la confection des lois*, Oeuvres, ed. Versini, III, p. 507.
110. Carta de 22 de novembro de 1785, M. Torneux, *Diderot et Catherine II*, p. 519-520.
111. Ségur, *Mémoires ou souvenirs et anecdotes*, p. 42-43.
112. *Ibid.*, p. 43.
113. De 18 de abril a 31 de maio de 1777.
114. *Mémoires secrets*, X, p. 151. *Correspondance littéraire*, XI, p. 471.
115. Ele se encontrou com Pigalle, Pajou, Houdon, Coustou, Greuze e Vernet.
116. A Voltaire, D. 20659.
117. A Walpole, 11 de maio de 1777, *Correspondance...*, p. 441.
118. *Ibid.*, p. 440.
119. XI, p. 474.
120. Frederico II a Voltaire, 1º de junho de 1777. D. 20659.
121. Hennin a Vergennes, 15 de julho de 1777. D. 20727.
122. 13 de agosto de 1777. Preuss, XXV, p. 82.
123. A Frederico, 22 de setembro de 1777. *Ibid.*, p. 84-86.
124. *Gustave III par ses lettres*, p. 215. A 25 de janeiro de 1781, o conde de Tressan (1705-1783) e Antoine Lemierre (1733-1793) eram recebidos na Academia Francesa. Os dois representam duas gerações e dois estilos (medíocres) diferentes.
125. À condessa de Boufflers, 3 de março de 1784. *Ibid.*, p. 257.

Conclusão

1. Ele morava na casa do amigo, o marquês de Villette, cujo palacete ficava na esquina da rua de Beaune com o cais dos Théatins, atualmente cais Voltaire.
2. XII, p. 53-54. Fevereiro de 1778.
3. Diderot, *Essai sur les règnes de Claude et de Néron*, L. Versini, p. 1210.
4. XII, p. 68-71. 30 de março de 1778.
5. *Essai sur les règnes de Claude et de Néron*, L. Versini, p. 1210.
6. No sábado, 30 de maio de 1778.
7. A 2 ou 3 de julho.
8. A 29 de outubro de 1783.
9 A 31 de julho de 1784.

Agradecimentos

Na redação deste terceiro e último volume, quero registrar minha gratidão ao professor David Speiser e ao doutor Fritz Nagel, responsáveis pela Bernoulli-Édition em Basiléia; à Sra. Barbara Roth-Lochner, conservadora dos manuscritos da Biblioteca Pública e Universitária de Genebra; ao diretor da Biblioteka Jagiellonska da Universidade de Cracóvia; à Sra. Florence Greffe, conservadora dos arquivos da Academia de Ciências; à Sra. Pastoureau, diretora da Biblioteca do Instituto; à Srta. Marie-Françoise Rose, conservadora da Biblioteca Municipal de Versalhes.

Agradeço particularmente a Irène Passeron e a Jean-Daniel Candaux, por sua ajuda generosa, assim como a Micheline Amar, por seus valiosos conselhos.

Abreviações

A.A.S.	Arquivos da Academia de Ciências
A.E.G.	Arquivos de Estado de Genebra
A.M.	Arquivos municipais
B.E.B.	Edição Bernoulli em Basiléia
B.L.	British Library, então no British Museum (Manuscritos)
B.N.	Biblioteca Nacional, Paris (Manuscritos)
B.P.U.	Biblioteca Pública e Universitária de Genebra
Correspondência literária	*Correspondance littéraire, philosophique et critique* por Grimm, Diderot, Raynal, Meister, etc., ed. M. Tourneux, 1877-1882, 16 volumes.
D.	Referência à correspondência de Voltaire editada por Theodore Besterman, *Correspondence and Related Documents*, vol. 85-135 das *Œuvres complètes* (Genebra, Banbury, Oxford, 1968-1977). A carta D é seguida de um número.
D.H.S.	Revista *Dix-huitième siècle*
H.A.R.S.	Histoire de l'Académie Royale des Sciences (Paris).
Leigh	Editor da *Correspondance complète de Jean-Jacques Rousseau*, 52 volumes, Voltaire Foundation, Oxford, 1967-1998.
Mémoires secrets	*Mémoires secrets pour servir à l'histoire de la république des lettres en France depuis 1762 jusqu'à nos jours*; ou *Journal d'un observateur*, por Bachaumont *et alii*, Londres, 1762-1789, 36 volumes.
Ms.fr.	Manuscritos franceses.

Naf	Novas aquisições francesas.
P.I., I.	*As Paixões intelectuais*, I, *Desejo de Glória*, Civilização Brasileira, 2007.
P.I., II	*As Paixões intelectuais*, II, *Exigência de dignidade*, Civilização Brasileira, 2007.
Atas da Academia	Atas anuais da Academia de Ciências e da Academia Francesa.
R.D.E.	*Recherches sur Diderot et sur l'Encyclopédie.*
R.H.L.F.	*Revue d'histoire littéraire de la France.*
s.l.n.d.	sem local nem data.
S.V.E.C.	*Studies on Voltaire and the Eighteenth Century*, ed. Theodore Besterman, The Voltaire Foundation, Banbury, Oxford.

Manuscritos: Principais coleções consultadas

1. NA FRANÇA

Arquivos da Academia de Ciências (Paris)

— A documentação biográfica relativa a cada cientista francês ou estrangeiro contém numerosas cartas manuscritas, assim como certos trabalhos de seus autores.
— Fundo La Condamine (Gaillard du Grail).
— Fundo Guettard.
— Coleção de Gabriel Bertrand, organizada em 11 caixas.
— Atas e *pochettes*.

Biblioteca do Instituto de França

— Documentos biográficos sobre d'Alembert, Ms. 2031, f. 9-17.
— Manuscritos de d'Alembert, Ms. 1786-1783, 1792, 2466-2474.
— Grande quantidade de cartas de d'Alembert pode ser encontrada nos documentos de Condorcet, seu legatário universal, particularmente Ms. 848, 866, 867, 876, 880-882, 2475.
— Correspondência de Pierre-Michel Hennin: Ms. 1252-1271.
— Numerosas coleções de autógrafos contendo cartas dos membros das três Academias.

Arquivos da Academia Francesa

— Cartas de acadêmicos organizadas por ordem alfabética.

Biblioteca Nacional (Paris)

Dentre as numerosas coleções de manuscritos, assinalamos:

— *The collection of autograph letters and historical documents*, ed. Alfred Morrison (1865 e 1883-1894).
— Cartas de Desmarets a Grosley e alguns outros, n.a.f. 803.
— Cartas de la Librairie.

Biblioteca Victor-Cousin, Sorbonne

— Cartas de Turgot, Malesherbes, d'Alembert: Ms. IV et V.

Arquivos do Hérault (Montpellier)

— Correspondência da Academia de Ciências e Letras de Montpellier: Ms. D. 203-205.

Biblioteca Municipal Carré d'Art (Nîmes)

— 16 volumes de cartas endereçadas ao botânico e arqueólogo Jean-François Séguier: Ms. 135-150. Aos quais cabe acrescentar os Ms. 415-417 e certas cartas do Ms. 827.

Biblioteca Municipal de Avignon

— Coleção de autógrafos Requien.
— Correspondência de Calvet, erudito local (1728-1810): Ms. 2345-2364.

Biblioteca Municipal de Rouen

— Cartas da Sra. de Créqui (nascida Froulay) a Cideville. Documentos Le Cornier: Ms. C. 31.
— Coleção de autógrafos Duputel.

Arquivos da Academia de Ciências, Belas Letras e Artes de Lyon

— Dissertações da Academia de 1742 a 1751: Ms. 267 II.
— Correspondência da Academia: Ms. 268, vol. I-III; Ms. 274, 218.

MANUSCRITOS

Biblioteca Municipal de Lyon

— Cartas de La Condamine: Ms 6112.

Biblioteca Municipal de Grenoble

— Cartas do abade de Mably: Ms. 98, 782, 1043, 1518, 2169, 3478.

Biblioteca Municipal de Nantes

— A coleção Labouchère contém numerosas cartas de cientistas e filósofos do século XVIII.

Biblioteca Municipal e Interuniversitária de Clermont-Ferrand

— Coleção de Chazelles: Ms. 337-339 (numerosas cartas endereçadas a Jean-Étienne Guettard).
— Coleção de Chazelles e doações diversas: Ms. 473-475.
— Autógrafos diversos: Ms. 340-341.

Biblioteca Municipal de Versalhes

— Coleção Lebaudy: 77 cartas de Théodore Tronchin à Sra. d'Epinay e a Grimm, 1756-1765.

II. NO EXTERIOR

Arquivos Russos de Estado dos Atos Antigos (Moscou)

— Cartas do príncipe Galitsyn de La Haye: RGADA, fds 5, 141.
— Cartas de Catarina II à Sra. Geoffrin: RGADA, fds 5, 153.

Arquivos Bernoulli em Basiléia

— Correspondência entre La Condamine e Jean II Bernoulli: LIa. 685.
— Correspondência entre La Condamine e Daniel Bernoulli: LIa. 685.

— Correspondência entre Clairaut e Daniel Bernoulli: LIa. 684. As citações dessas correspondências foram extraídas das transcições datilografadas, gentilmente cedidas pelos Arquivos Bernoulli.
— Correspondência entre Lalande e Jean III Bernoulli: LIa. 701.
— Correspondência entre Lambert e d'Alembert: LIa. 705.

Arquivos de Estado de Genebra

— Fundo Saladin, caixas 274, 276, 279, 280, armário 4.

Burgerbibliothek de Berna

— Importante coleção de cartas de escritores franceses a B. Tscharner, Ms. h.h. XII. 92.
— Correspondência do abade Mably com Fellenberg: Ms F.A, 154.

Biblioteca Pública e Universitária de Genebra

— *Correspondência de Charles Bonnet, naturalista*, com J. Bernstorff, o presidente de Bon, Réaumur e A. Roger, de Geer, Dortous de Mairan, Lalande, Formey, Le Sage. Ver o catálogo exaustivo estabelecido por Daniel Candaux, publicado pela Biblioteca Pública e Universitária de Genebra, 1993.
— *Correspondência de Louis Necker* com:
    Le Sage: Ms. sup. 514, 518.
    J. Vernet: Ms. sauss. 238.
— *Correspondência de Georges-Louis Lesage* com:
    J. Lalande: Ms. sup. 513, 517.
    D'Alembert: Ms. sup. 512, 517.
— Duas cartas de d'Alembert a J. Vernes: Ms. sup. 1036.
— Uma carta de Th. Tronchin a d'Alembert: D.O. de autógrafos.
— Uma carta de d'Alembert a Tronchin: arquivos Tronchin 167.

British Library (Londres)

— Correspondência Condorcet-Frisi: Egerton, 18.
— Correspondência d'Alembert-Frisi: Egerton, 15.
— Correspondência d'Alembert-Birch: Add, 4444.

MANUSCRITOS

Staatsbibliothek (Berlin)

— *Coleções da antiga Haus I* (Ihne Building). A biblioteca da antiga Berlim Oriental. Ne¹a se encontrava em 1997 grande parte da imensa coleção de cartas endereçadas ao secretário perpétuo da Academia de Berlim, Samuel Formey. Trata-se de vários milhares de cartas classificadas por ordem alfabética e organizadas em cerca de quarenta "Kasten".

— *Coleções da Haus II* (Scharoun Building) Numerosas cartas autógrafas da maioria dos cientistas e filósofos europeus do século XVIII. Hoje, o essencial das coleções da Haus I foi transferido para a Haus II.

Biblioteka Jagiellonska (Cracóvia)

— Detém atualmente a segunda parte da correspondência endereçada a Samuel Formey, organizada em duas coleções: a coleção de autógrafos e a de Varnhagen von Ense. Em particular as cartas de La Condamine de 1759 a 1771.

— A coleção de autógrafos contém também algumas cartas de franceses, particularmente Ch. Bossut, E. Bézout, J.-E. Montucla, Malesherbes, Sartine, a Sra. de Graffigny e a Sra. Geoffrin, que não são endereçadas a Formey.

— Toda carta citada originada nas duas coleções tem como referência: "Provenientes da antiga Preussische Staatsbibliothek de Berlim, conservadas atualmente na Biblioteka Jagiellonska de Cracóvia".

Biblioteca Ambrosiana (Milão)

— Contém a maior parte da correspondência passiva de Paolo Frisi, inclusive as cartas de cientistas e filósofos franceses, especialmente as de d'Alembert, Clairaut, Fouchy, Nollet, Auguste de Kéralio, d'Holbach...: Y 153.

Biblioteca Real da Dinamarca

— Treze cartas de J. Lalande: N.K.S. 1304, 2º.

The Pierpont Morgan Library (Nova York)

— Uma carta de D'Alembert ao abade Morellet.

Biblioteca dell'Archiginnasio (Bolonha)

— Cartas de d'Alembert, Condorcet, Lalande, etc., ao conde Alfonso Malvezzi: A 1942.

Arquivos do Istituto delle science (Bolonha)

— Cartas de Condorcet a Canterzani (1767-1776).

Biblioteca Palatina (Parma)

— Autobiografia de don Ferdinando: Ms. Pal. 464.
— Correspondência passiva do P. Paciaudi.

Fontes impressas

Principais edições consultadas

— Alembert (Jean Le Rond d')
  Œuvres posthumes, ed. M.-C J. Pougens, Paris, 1779, 2 volumes.
  Œuvres philosophiques, historiques et littéraires, ed. J.-F. Bastien, Paris, 1805, 18 tomos em 10 volumes.
  Œuvres complètes, ed. Belin, Paris 1821-1825, 5 volumes. Slatkine Reprints, 1967.
  Œuvres et correspondances inédites de d'Alembert, ed. Ch. Henry, Slatkine Reprints, 1967.
— Beccaria (Cesare)
  Carteggio, in *Opere*, Edizione Nazionale diretta da L. Firpo e G. Francioni, Mediobanca, Milano, 1994 e 1996, volumes 4 e 5.
  Des délits et des peines, ed. R. Badinter, Paris, Flammarion, "GF", 1991.
— Condorcet (Jean-Antoine-Nicolas)
  Œuvres, eds. Condorcet O'Connor, M.F. Arago, Paris, 1847-1849, 12 volumes. Reprint Friedrich Frommann Verlag, Stuttgart, 1968.
— Diderot (Denis)
  Œuvres, ed. L. Versini, Robert Laffont, "Bouquins", 1994-1997, 5 volumes.
  Œuvres complètes, ed. J. Assézat e M. Tourneux, 1875-1877, 20 volumes.
  Voyage en Hollande, ed. Yves Benot, Paris 1982.
— Duclos (Charles Pinot)
  Œuvres, Paris, Paris, 1821, 3 volumes.
— Fouchy (Jean-Paul Grandjean de)
  Éloges, H.A.R.S.

— Lalande (Joseph-Jérôme Le François de)
Journal d'un voyage en Angleterre (ed. par H. Monod-Cassidy), S.V.E.C., n° 184.
— Malesherbes
Mémoire sur la librairie, Mémoires sur la liberté de la presse, apresentação de R. Chartier, Imprimerie Nationale, 1994.
— Raynal (Guillaume-Thomas)
Histoire philosophique et politique des établissements et du commerce des Européens dans les deux Indes, Genebra, 1780. Reprint, Bibliothèque des Introuvables, Paris, 2006.
— Rousseau (Jean-Jacques)
Œuvres complètes, ed. B. Gagnebin e M. Raymond, Gallimard, "Bibliothèque de la Pléiade", volumes I-III, 1964-1978.
— Rulhière (Claude-Carloman de)
Anecdotes sur la Révolution de Russie, 1797. Reedição Le Promeneur, Paris, 2006.
— Servan (Antoine Joseph)
Œuvres choisies, Paris, 1819, 2 volumes.
— Turgot (Anne Robert)
Œuvres, ed. G. Schelle, Paris, 1913-1923. Reedição Verlag Detlev Auvermann KG, 1972, 5 volumes.
— Verri (Pietro)
Observations sur la torture, 1777. Reedição Viviane Hamy, Paris, 1992.
— Voltaire (François Marie Arouet, dito)
Lettres philosophiques, introdução de R. Pomeau, Garnier-Flammarion, n° 15, 1964.
Mémoires, ed. L. Lecomte, Seuil, "L'École des Lettres", 1993.

Correspondências e memórias do século XVIII

— Adhémar (Antoine-Honneste, marquês d')
   La correspondance inédite d'un ami des philosophes à la cour de Bayreuth, ed. E. Mass, Banbury, *S.V.E.C.*, n° 109, 1973.
— Alembert (Jean Le Rond d')
   "Correspondance inédite avec Cramer, Lesage, Clairaut, Turgot, Castillon, Béguelin, etc.", ed. Ch. Henry, *Bolletino di bibliografia e di storia delle scienze matematiche e fisiche*, Roma, t. 18, setembro-dezembro de 1885, p. 507-645.
   "Quatre lettres inédites de Jean Le Rond d'Alembert à Jean-Baptiste Boyer, marquis d'Argens", Ed. du Raisin, Dijon, 1927.
   "Une lettre inédite de D'Alembert", ed. Y. Laissus, *Revue d'histoire des sciences*, n° 7, 1954, p. 1-5.
   "Quelques lettres inédites de Jean d'Alembert", ed. R. Grimsley, *R.H.L.F.*, janeiro-março de 1962, p. 74-78.
   Correspondance avec L. Euler, ed. A.P. Juskevic e R. Taton, in Leonhard Euler, *Opera omnia*, série Quarta AA, vol. V, Basiléia, Birkhauser Verlag, 1980.
   "Correspondance avec G. Cramer", ed. J. Pappas, *Dix-huitième siècle*, n° 28, 1996, p. 229-258.
— *Autographes de Mariemont*, ed. J. Durry, Librairie Nizet, 1955, 2 volumes.
— Besenval (Pierre-Joseph, barão de)
   Mémoires sur la cour de France, ed. G. de Diesbach, Mercure de France, 1987.
— Bernis (François Joachim, cardeal de)
   Mémoires, ed. Ph. Bonnet, Mercure de France, 1980.
— Bonnet (Ch.)
   The Correspondence between Albrecht von Haller and Charles Bonnet, ed. Otto Sonntag, Verlag Hans Huber, Berna, Stuttgart, Viena, 1983.

— R. Boscovich
"Correspondance avec les savants français", ed. F. Racki, *Rad. Jug. Akad.*, volumes 27, 88 e 90 (1887).
— Buffon (Georges-Louis Leclerc, conde de)
Correspondance inédite de Buffon, ed. H. Nadault, 1860, 2 volumes.
— Caylus (Anne Claude, conde de)
Correspondance inédite avec le P. Paciaudi, théatin (1757-1765), ed. Ch. Nisard, 1877, 2 volumes.
— Collé (Charles)
Journal et mémoires sur les hommes de lettres, les ouvrages dramatiques et les événements les plus mémorables du règne de Louis XV (1748-1772), ed. Honoré Bonhomme, 3 volumes, Slatkine Reprints, Genebra, 1967.
— Condillac e Mably
"Dix lettres inédites ou retrouvées", ed. F. Moureau, *Dix-huitième siècle*, n° 23, 1991, p. 193-200.
— *Correspondance littéraire, philosophique et critique* por Grimm, Diderot, Raynal, Meister, etc., ed. M. Tourneux (1877-1882). Klaus Reprint, Nendeln/Liechtenstein, 1968. O primeiro volume e uma parte do segundo são dedicados às *Nouvelles Littéraires* de Raynal (1745-1755).
— Dachkoff (princesa)
Mémoires, Mercure de France, 1966.
— Diderot (Denis)
Correspondance, ed. G. Roth e J. Varloot, Éditions de Minuit, 1970, 16 volumes.
Segundo o caso, utilizamos esta edição ou a de L. Versini.
"Deux lettres inédites", ed. A.-M. Chouillet, *R.D.E.*, n° 8, abril de 1990, p. 6-11.
"Trois lettres inédites", ed. A.-M. Chouillet, *R.D.E.*, n° 11, outubro de 1991, p. 9-17.
— Duclos (Charles Pinot)
Correspondance, ed. J. Brengues, Presse Universitaire de Bretagne, 1970.
— Du Deffand (marquesa)
Horace Walpole's Correspondence with Mme du Deffand, eds. W. S. Lewis e W. H. Smith, The Yale Edition, Londres, 6 volumes, 1934.

— Du Hausset (Sra.)
  Mémoires, Paris, 1824.
— Formey (Samuel)
  Souvenirs d'un citoyen, 2 volumes, 1797.
  Correspondance passive: Briasson et Trublet (1739-1770), ed. M. Fontius, R. Geissler e J. Heiseler, Paris-Genebra, Champion-Slatkine, 1996.
  Lettres d'Élie de Luzac à Jean-Henri Samuel Formey (1748-1770), ed. H. Bots e J. Schillings, Honoré Champion, 2001.
— Frederico II, rei da Prússia
  Correspondance, *Œuvres complètes*, ed. Preuss, tomos XVII-XXVI, Berlim, 1854.
  Correspondance de Frédéric II avec Louise-Dorothée de Saxe-Gotha (1740-1767), ed. por M-H Cotoni, S.V.E.C., 376, Oxford, 1999.
— Galiani (Ferdinando)
  Correspondance avec Louise d'Épinay, ed. G. Dulac, Desjonquères, 1992-1997, 5 volumes.
— Garat (Dominique-Joseph)
  Mémoires historiques sur la vie de M. Suard, sur ses écrits et sur le XVIII siècle, 1820, 2 volumes.
— Gastelier (Jacques Élie)
  Lettres sur les affaires du temps, ed. H. Duranton. Paris-Genebra, Champion-Slatkine, 1993.
— Geoffrin (Thérèse)
  Correspondance inédite du roi Stanislas-Auguste Poniatowski et de Mme Geoffrin (1764-1777), ed. Ch. de Mouÿ, 1875, Slatkine Reprints, Genebra, 1970.
— Grosley (Pierre-Jean)
  Lettres inédites de Grosley et de quelques-uns de ses amis, ed. A. Babeau, Troyes, 1878.
— Gustave III, rei da Suécia
  Gustave III par ses lettres, ed. G. von Proschwitz, Estocolmo-Paris, 1986.
— Helvétius (Jean-Claude-Adrien)
  Correspondance générale, ed. P. Allan, A. Dainard, M.T. Inguenaud, J. Orsini e D. Smith, University of Toronto Press, The Voltaire Foundation, Oxford, 1981-2004, 5 volumes.

— Hénault (presidente)
Mémoires, nova edição completada por F. Rousseau, 1911.
— Hume (David)
The Letters, ed. J.Y.T. Greig, Oxford, 1932, 2 volumes.
— Jacquier (padre François)
Le Père François Jacquier et ses correspondants, ed. E. Jovy, Vitry-le-François, 1922.
— Lagrange (Joseph-Louis)
Correspondance avec d'Alembert, Œuvres, tomo XIII, ed. M. J. A. Serret, 1882.
Correspondance avec Condorcet, Œuvres, tomo XIV, ed. M. J. A. Serret, 1892.
Lettres inédites de Lagrange, ed. Ch. Henry, 1886.
Sette lettere inedite di Giuseppe Luigi Lagrange al P. Paolo Frisi, ed. A. Favaro, Turim, 1895.
Lettres et pièces rares inédites, publicadas por J. Matter, 1846.
— Luynes (duque de)
Mémoires sur la cour de Louis XV, ed. L. Dussieux et E. Soulié, 1860-1865. 17 volumes.
— Marmontel (Jean-François)
Mémoires, ed. J. Renwick, Clermont-Ferrand, 1972, 2 volumes.
Correspondance, ed. J. Renwick, Clermont-Ferrand, 1974, 2 volumes.
— *Mémoires pour servir à l'histoire du droit public de la France en matière d'impôts ou Recueil de ce qui s'est passé de plus intéressant à la Cour des Aides depuis 1756 jusqu'au mois de juin 1775*, Bruxelas, 1779.
— Montesquieu
Correspondance, ed. Nagel, t. III, 1955.
"Montesquieu et ses correspondants", ed. R. Pomeau, *R.H.L.F.*, abril-maio de 1982, p. 179-265.
— Moreau (Jacob Nicolas)
Mes souvenirs, 1893, 2 volumes.
— Morellet (abade André)
Lettres, I, 1759-1785, ed. D. Medlin, J.-C. David e P. Leclerc, The Voltaire Foundation, Oxford, 1991.
Mémoires inédits sur le XVIIIe siècle et sur la Révolution, tomo I, 2ª edição, Slatkine Reprints, Genebra, 1967, 2 volumes.

— Paciaudi (padre Paolo)
   Lettres au comte de Caylus, ed. A. Sérieys, 1802.
— Romme (Gilbert)
   Correspondance, eds. A.-M. Bourdin, P. Bourdin, J. Ehrard, H. Rol-Tanguy e A. Tchoudinov, Presses Universitaires Blaise Pascal, 2006, 2 volumes.
— Rousseau (Jean-Jacques)
   Correspondance complète, ed. R.A. Leigh, The Voltaire Foundation, Genebra, Oxford, 1965-1996, 50 volumes.
— Rousseau (Pierre)
   Correspondance littéraire de Mannheim (1754-1756), ed. J. Schlobach, Champion-Slatkine, 1992.
— Sade (conde de)
   Bibliothèque Sade, I, ed. M. Lever, Fayard, 1993.
— Suard (Amélie)
   Essai de Mémoires sur M. Suard, 1820.
— Thomas (Antoine-Léonard)
   "Correspondance inédite entre Thomas et Barthe (1759-1785)", ed. M. Henriet, *R.H.L.F.*, 24, 1917 (p. 113-154); 25, 1918 (p. 455-478); 26, 1919 (p. 124-149 e p. 603-628); 27, 1920 (p. 256-281 e p. 587-606); 28, 1921 (p. 271-278); 33, 1926 (p. 608-618) e 34, 1927 (p. 120-130); 35, 1928 (p. 102-110 e p. 401-408); 36, 1929 (p. 100-113 e p. 416-426); 39, 1932 (p. 274-295); 40, 1933 (p. 91-100); 41, 1934 (p. 405-419 e p. 553-565).
— Trublet (abade)
   Correspondance, ed. J. Jacquart, 1926.
— Véri (abade Joseph-Alphonse de)
   Journal, ed. Jehan de Witte, 1928-1930, 2 volumes.
— Verri (Pietro e Alessandro)
   Voyage à Paris et à Londres, Laurence Teper, 2004.
   Carteggio, a cura di E. Greppi e di A. Giulini, Milan, 1919-1926, 5 volumes.
— Voltaire (François-Marie Arouet, dito)
   Correspondence and related documents, ed. Th. Besterman, The Voltaire Foundation, Banbury, Genebra, Oxford, n°s 85-132 (1968-1977).

Estudos dos séculos XIX, XX e XXI

— Académie des sciences, *Histoire et mémoire de l'Académie des sciences. Guide de recherches*, sob a direção de E. Brian e Ch. Demeulenaère-Douyère, Lavoisier Tex et Doc, 1996.

— *Actes du colloque international Denis Diderot (1713-1784)*, Paris, Sèvres, Reims, Langres (4-11 de julho de 1984), coleta de A.-M. Chouillet, Aux Amateurs de Livres, 1985.

— *Actes du colloque Jean d'Alembert, savant et philosophe. Portrait à plusieurs voix*, Paris, 15-18 de junho de 1983, ed. M. Emery, P. Manzani, Centre International de Synthèse, Éditions des Archives Contemporaines, 1989.

— *Actes du congrès international Oxford-Paris 1994, Voltaire et ses combats*, sob a direção de U. Kdlving e Ch. Mervaud, Voltaire Foundation, Oxford, 1997, 2 volumes.

— "D'Alembert", número especial, *Dix-huitième siècle*, n° 16, 1984.

— P. Amiguet
  Lettres de Louis XV à l'Infant Ferdinand de Parme, Paris, Grasset, 1938.

— M. Antoine
  Louis XV, Fayard, 1989.

— M. F. Arago
  Biographie de Jean-Sylvain Bailly, 1852.

— Condessa d'Armaillé
  La Comtesse d'Egmont (1740-1773), d'après ses lettres à Gustave III, 1890.

— J. M. Augeard
  Mémoires secrets, 1866.

— A. Babeau
Lettres inédites de Grosley et de quelqu'uns de ses amis. Troyes, 1878.
"Les correspondants de Grosley", *Mémoires de la Société académique d'agriculture, des sciences et belles-lettres du département de l'Aube*, tomo XVI, 1882, p. 321-352.
Les Correspondants de Grosley, Troyes, 1883.
— E. Badinter (ed.)
Les Remontrances de Malesherbes (1771-1775), "Champs", Flammarion, 1985.
Correspondance inédite de Condorcet et Madame Suard (1771-1791), Fayard, 1988.
— E. Badinter, R. Badinter
Condorcet, un intellectuel en politique, Fayard, 1988.
— K. M. Baker
"Les débuts de Condorcet au secrétariat de l'Académie Royale des Sciences", 1776, *Revue d'Histoire des Sciences*, XX, 1967, p. 229-280.
— Juan Balanso
Les Bourbons de Parme, J & D Éditions, Biarritz, 1996.
— G. Bancarel
Raynal ou le devoir de vérité, Honoré Champion, 2004.
— G. Barbarisi (ed.)
Ideologia e scienza nell'opera di Paolo Frisi (1728-1784), Franco Angeli, Milão, 1987, 2 volumes.
— Ch. Bartholomess
Histoire de l'Académie de Prusse, 1850, 2 volumes.
— L. De Beauriez
Une fille de France et sa correspondance inédite, 1887.
— H. Bédarida
Parme et la France, 1928, Slatkine Reprints, 1977.
"Un educatore dimenticato. Il barone di Kéralio", *Aurea Parma*, 1930 (VIII), nuova seria 16, p. 3-12.
"Condillac à Parme, quelques lettres inédites", *Annales de l'Université de Grenoble*, 1924, vol. I, n° 3, p. 231-244.

— U. Benassi

"Gugliemo Du Tillot", *Archivio Storico per le province Parmensi*, 1915 (p. 1-121); 1916 (p. 193-368); (1919 (p. 1-250); 1920 (p. 47-153); 1921 (p. 1-75); 1922 (p. 191-272); 1923 (p. 1-113); 1924 (p. 15-220); 1925 (p. 1-230).

"La mente del P. Paciaudi", *Miscellanea di Studi Storici in onore di G. Sforza*, Lucca, 1920, p. 425-458.

"Il precettore famoso d'un nostro Duca", *Bollettino Storico Piacentino*, gennaio-marzo 1923, p. 3-19.

— J. Bertrand

L'Académie des sciences et les académiciens de 1666 à 1793, 1869. *D'Alembert*, 1889.

— Sainte-Beuve

Nouveaux Lundis, 1866.

— A. Bil'Basov

Didro V Peterburge, 1884. Reedição A. Lentin, G.B. ORP, 1972.

— C. Biondi

La Francia a Parma nel secondo Settecento, Bologne Clueb, 2003.

— A. Birembaut

"L'Académie Royale des Sciences en 1780 vue par l'astronome suédois Lexell (1740-1784)", *Revue d'Histoire des Sciences*, X, 1957, p. 148-166.

— F. A. Boissy d'Anglas (conde de)

Essai sur la vie, les écrits et les opinions de Malesherbes, 1819-1821, 3 volumes.

— G. Boistel

L'Astronomie nautique au XVIIIe siècle en France: tables de la lune et longitudes en mer, tese de doutorado, 2001, Université de Nantes.

— J. Bollème, J. Ehrard, D. Roche, J. Roger (eds.)

Livre et société dans la France du XVIIIe siècle, La Haye-Mouton, 1965, 2 volumes.

— M. Bossi, P. Tucci (eds.)

Bicentennial Commemoration of R. G. Boscovich, Milano, 1987.

— H. Bost, C. Lauriol
    "L'affaire Calas d'après les lettres de La Condamine à La Beaumelle", *Études sur le Traité sur la tolérance de Voltaire*, ed. N. Cronk, Voltaire Foundation, 2000.
— E. Bovy
    Le Comte Pietro Verri, 1889.
— N. Boyer
    La Guerre des Bouffons, 1945.
— B. Bray, J. Schlobach, J. Varloot (eds.)
    La Correspondance littéraire de Grimm et de Meister (1754-1813), Klincksieck, 1976.
— B. Bru, P. Crèpel (eds.)
    Condorcet. Arithmétique politique. Textos raros ou inéditos (1767-1789), Paris, INED, 1994.
— L. Brunel
    Les Philosophes et l'Académie Française au dix-huitième siècle, 1884, Slatkine Reprints, Genebra, 1967.
— C. Cadéac
    "Discours prononcé le 5 juin 1932 à l'inauguration du monument du mathématicien Charles Bossut à Tartaras (Loire)", *Mémoires de l'Académie de Lyon*, 3ª série; tomo 21, 1933, p. 231-236.
— J. D. Candaux, S. Capdeville, M. Grenon, R. Sigrist, V. Somov (eds.)
    Deux astronomes genevois dans la Russie de Catherine II. Journaux de voyage en Laponie russe de J.-L. Pictet et J.-A. Mallet (1768-1769), Ferney-Voltaire, 2005.
— C. Cardinal
    Ferdinand Bertoud (1727-1807), La Chaux-de-Fonds, Museu Internacional de Relojoaria, 1984.
— H. Carrère d'Encausse
    Catherine II: Un âge d'or pour la Russie, Fayard, 2002. *L'Impératrice et l'abbé. Un duel littéraire inédit entre Catherine II et l'Abbé Chappe d'Auteroche*, Fayard, 2003.
— A. Cazes
    Grimm et les encyclopédistes, Slatkine Reprints, 1970.

— R. Chartier (ed.)
: *Lectures et lecteurs dans la France de l'Ancien Régime*, Seuil, 1987.
: *Malesherbes, Mémoires sur la librairie et sur la liberté de la presse*, Imprimerie Nationale, 1994.

— P. Chaunu, M. Foisil e F. de Noirfontaine
: *Le Basculement religieux de Paris au XVIIIe siècle*, Fayard, 1998.

— A. Chevalier
: *Le Comte Claude-Carloman de Rulhière, premier historien de Pologne*, tese de doutorado, Paris, 1939.

— A -M. Chouillet, P. Crépel
: "Un voyage d'Italie manqué ou trois encyclopédistes réunis", *R.D.E.*, 17, out. 1994, p. 9-53.
: *Chronique de la Régence et du règne de Louis XV (1718-1763), ou Journal de Barbier*, 1885, 8 volumes.

— A. Cioranescu
: *Bibliographie de la littérature française du dix-huitième siècle*, 3 volumes, Slatkine Reprints, 1999.

— Ch. Collé
: *Journal et Mémoires sur les hommes de lettres les plus mémorables du règne de Louis XV (1748 1772)*, ed. H. Bonhomme, 1868, reedição Slatkine Reprints, 1967, 3 volumes.

— G. Costa
: "Il rapporto Frisi-Boscovich alla luce di lettere inedite di Frisi, Boscovich, Mozzi, Lalande e Pietro Verri", *Rivista Storica Italiana*, 79, 1967, n° 3, p. 819-876.

— A. Coste, P. Crépel
: "Comment imaginer un mathématicien au XVIIIe?", *Matapli*, 39, julho de 1994, p. 43-49.

— Cousin d'Avalon
: *D'Alembertiana*, 1813.

— P. Cranefield
: "L'origine probable de l'introduction du mot 'crétin' dans la langue écrite. Un manuscrit de 1750 par le comte de Maugiron", *Gesnerus*, 19, 1962, p. 89-92.

— P. Crépel
   "En direct de l'histoire", *Matapli*, n° 53, janeiro de 1998, p. 41-51.
— V. Van Crugten-André
   Le "Traité de tolérance" de Voltaire. Un champion des Lumières contre le fanatisme, Champion, 1999.
— J. Dagen
   L'Histoire de l'esprit humain dans la pensée française de Fontenelle à Condorcet, Klincksieck, 1977.
— E. Daire
   Les Physiocrates, 1846.
— R. Darnton
   Bohème littéraire et révolution: le monde des livres au XVIIIe siècle, Seuil, 1983.
   "Les encyclopédistes et la police", RDE, n° 1, outubro de 1986, p. 94-109.
— D. Delafarge
   La Vie et l'oeuvre de Palissot (1730-1814), 1912, Slatkine Reprints, Genebra, 1971.
— J.-B. Delambre
   Histoire de l'astronomie au XVIIIe siècle, 1827.
— Th. Delarue
   Isographie des hommes célèbres, 1843, 2 volumes.
— Delbeke (barão)
   La Franc-Maçonnerie et la Révolution Française, Anvers, 1938.
— M. Delon, J. Mondot (eds.)
   L'Allemagne et la France des Lumières. Mélanges offerts à Jochen Schlobach, Champion, 2003.
— M. Delon e C. Seth (eds.)
   Voltaire en Europe. Hommage à Christiane Mervaud, Voltaire Foundation, Oxford, 2000.
— Abade Denina
   La Prusse littéraire sous Frédéric II, Berlim, 1790, 3 volumes.
— G. Desnoiresterres
   Voltaire et la société française au XVIIIe siècle, 2ª ed. 1871-1876, 2 volumes.

— J. Dhombres

"Quelques rencontres de Diderot avec les mathématiques", in *Denis Diderot, 1713-1784*, ed. A.-M. Chouillet, atas do colóquio internacional Diderot (4-11 de julho de 1984), Aux Amateurs de Livres, 1985, p. 269-280.

— *Dictionary of Scientific Biography*, ed. Ch. Coulston Gillispie, Princeton University, 17 volumes, 1981-1990.

— *Dictionnaire des journalistes (1600-1789)*, ed. J. Sgard, Presses Universitaires de Grenoble, 1976, 2 volumes.

— *Dictionnaire des journaux (1600-1789)*, ed. J. Sgard, Universitas, 1991, 2 volumes.

— *Dictionnaire des lettres françaises* do cardeal G. Grente, atualizado por F. Moureau, Fayard, 1995.

— H. Dieckmann, J. Proust e J. Varloot

"Sur les œuvres complètes de Diderot. Une réponse qui s'impose", *Dix-huitième siècle*, n° 8, 1976, p. 423-431.

— E. Doublet

"L'abbé Bossut (à l'occasion du centenaire de sa mort)", *Bulletin des sciences mathématiques*, 1914, p. 93-96; p. 121-125; p. 158-160; p. 186-190; p. 220-224.

— G. Drei

"Lettere inedite del Condillac al suo principe", *Miscellanea Historica in honorem Leonis Van der Essen*, Éditions Universitaires, Bruxelas-Paris, 1947, 2 volumes.

— G. Dulac (ed.)

La Culture française et les archives russes. Une image de l'Europe au XVIIIe siècle, Ferney-Voltaire, 2004.

"Diderot et le 'mirage russe'...", *Le Mirage russe au XVIIIe siècle*, Karp & Wolff (eds.), 2001.

"L'astronome Lexell et les athées parisiens (1780-1781)", *Dix-huitième siècle*, n° 19, 1987, p. 347-361.

"Politique, littérature et mystification. Échec à Rulhière", *Dix-huitième siècle*, n° 23, 1991, p. 213-222.

— G. Dulac, A. Stroev

"Diderot en 1775 vu par Grimm", *Dix-huitième siècle*, n° 25, 1993, p. 275-293.

— L. Dutens
Mémoires d'un voyageur qui se repose, 1806, 3 volumes.
— J. Egret
Louis XV et l'opposition parlementaire, Armand Colin, 1970.
— J. Fabre
"Deux frères ennemis: Diderot et Jean-Jacques", *Diderot Studies*, III, 1961, p. 155-213.
— D. Fauque
"Une élégante solution au problème des longitudes: les horloges marines de Ferdinand Berthoud", *Revue d'histoire des sciences*, 1986, XXXIX, n° 4.
— E. Faure
La Disgrâce de Turgot, Gallimard, 1961.
— A. Feugère
"Raynal, Diderot et quelques autres historiens des deux Indes", *R. H.L.F.*, 20, 1913, p. 343-378; 22, 1915, p. 408-452.
— P. Flourens
Recueil des Éloges historiques lus dans les séances publiques de l'Académie des Sciences, 1857, 2° volume.
— P. Fould
Anecdotes curieuses de la cour de France sous le règne de Louis XV, 2ª edição, 1908.
— M. Fubini
La Cultura illuministica in Italia, Turim, 1964.
— M. Fumaroli
Quand l'Europe parlait français, B. de Fallois, 2001.
— R. Galliani (ed.)
"Quelques lettres inédites de Mably", *S.V.E.C.*, n° 98, 1972, p. 183-197.
— J.-D. Garat
Mémoires historiques sur le XVIIIᵉ siècle, Paris, 1829, 2 volumes.
— G. Gill-Mark
Une femme de lettres au XVIIIᵉ siècle, Anne-Marie du Boccage, Librairie Champion, 1927.

— D. Goodman
> *The Republic of Letters. A Cultural History of the French Enlightenment*, Cornell University Press, 1994.

— L. Gottschalk
> "Three generations: a plausible interpretation of the french philosophes?", *Studies in Eighteenth Century Culture* (Wisconsin), 1972, vol. 2, p. 3-12.

— H. Gouhier
> *Rousseau et Voltaire, portraits dans deux miroirs*, Vrin, 1983.

— J. Goulemot, A. Magnan, D. Masseau (eds.)
> *Inventaire Voltaire*, Gallimard, "Quarto", 1995.

— R. Granderoute
> "De la source au texte; les mémoires voltairiens de l'affaire Calas", *Voltaire et ses combats*, I, Voltaire Foundation, 1997, p. 567-579.

— P. Grillenzoni
> "Condillac à Parme, lettres inédites", *Dix-huitième siècle*, n° 17, 1985, p. 285-295.

— R. Grimsley
> *Jean d'Alembert (1717-1783)*, Oxford, Clarendon Press, 1963.
>
> "Quelques lettres inédites de d'Alembert", *R.H.L.F.* 1962, p. 74-78.

— P. Grosclaude
> *Malesherbes témoin et interprète de son temps*, Librairie Fischbacher, 1961.
>
> *Malesherbes et son temps. Nouveaux documents inédits*, Librairie Fischhacher, 1964.

— L. Guerci
> *Condillac Storico*, Milão, Riccardo Ricciardi Editore, 1978.

— L. Guimbaud
> *Auget de Montyon (1733-1820)*, 1909.

— R. Hahn
> *L'Anatomie d'une institution scientifique: l'Académie des sciences de Paris, 1666-1803*, traduzido do americano, Éditions des Archives contemporaines, 1993.

— T. L. Hankins
> *Jean d'Alembert, Science and the Enlightenment*, Gordon and Breach, 1970.

— H. Harder
> *Le Président de Brosses et le voyage en Italie au XVIIIe siècle*, Genebra, Slatkine, 1981.

— Haussonville (visconde d')
> *Le Salon de madame Necker*, 1882, 2 volumes.

— R. Hawkins
> "Unpublished French letters of the eighteenth century", *Romanic Review*, 21, 1930, p. 5-6.

— P. Hazard
> *La Crise de la conscience européenne (1680-1715)*, 1935, 2 volumes.

— J. Hellegouarc'h
> *L'Esprit de société. Cercles et "salons" parisiens au XVIIIe siècle*, Éditions Garnier, 2000.

— Ch. Henry (ed.)
> *Correspondance inédite de Condorcet et de Turgot*, 1883.
> *Lettres inédites de Julie de Lespinasse*, 1887, Genebra, Slatkine Reprints, 1971.

— J. Hill Burton
> *Life and Correspondence of David Hume*, Edimburgo, 1846, Reprint Scientia Verlag Aalen, Darmstadt, 1969, 2 volumes.

— *Histoire de la science, des origines au XXe siècle*, ed. M. Daumas, Gallimard, "Encyclopédie de la Pléiade", 1963.

— *Histoire générale des sciences*, ed. R. Taton, PUF, 1958, volume 2: *La Science moderne (1450-1800)*.

— R. Hubert
> *D'Holbach et ses amis*, 1928.

— Institut de France
> *Les Registres de l'Académie française*, 1895-1906, 4 volumes.

— J. Jacquart
> *L'Abbé Trublet, critique et moraliste (1697-1770)*, 1926.

— E. Johnston
  Le Marquis d'Argens, sa vie, son œuvre, 1928.
— F. A. Kafker, S. L. Kafker
  "The Encyclopedists as individuals", *S.V.E.C.*, n° 257, 19. "The Encyclopedists as a group: a collective biography of the authors of the Encyclopédie", *S.V.E.C.*, n° 345, 1996. "Were the Encyclopedists allies of Voltaire in the Calas affair?", in *Voltaire et ses combats*, II, Voltaire Foundation, 1997, p. 849-856.
— S. Karp, L. Wolff (eds.)
  Le Mirage russe au XVIIIe siècle, Ferney-Voltaire, 2001.
— S. Karp
  "Diderot et la cour de Suède", *La Culture française et les archives russes*, Ferney-Voltaire, 2004.
  U. Kölving e Ch. Mervaud (eds.)
  Voltaire et ses combats, 2 volumes, Voltaire Foundation, 1997.
  U. Kölving, I. Passeron (eds.)
  Sciences, musiques, lumières, Mélanges offerts à Anne-Marie Chouillet, Ferney-Voltaire, 2002.
— L. G. Krakeur e R. L. Krakeur
  "The mathematical writings of Diderot", Isis, 33, junho de 1941, p. 219-232.
— W. Krauss
  "La correspondance de S. Formey", *R.H.L.F.*, n° 63, 1963, p. 207-216.
— LA Harpe
  Cours de littérature, philosophie du XVIIIe siècle, 1805, 5 volumes.
— Ch. de Larivière
  "Mercier de La Rivière à Saint-Pétersbourg en 1767", *R.H.L.F.*, 4, 1897, p. 581-602.
— C. Lauriol
  La Beaumelle. Un protestant cévenol entre Montesquieu et Voltaire, Librairie Droz, Genebra-Paris, 1978.
  "La Beaumelle, l'affaire Calas et le Traité sur la tolérance", in *Voltaire en Europe*, Hommage à Christiane Mervaud, Voltaire Foundation, 2000, p. 173-780.

— A.-S. Leblond
Notice historique sur la vie et les ouvrages de J-E. Montucla, ano VIII.
— Y-.M. Lee
"Diderot et la lutte parlementaire au temps de l'Encyclopédie", *R. D.E.*, n° 29, outubro de 2000, p. 45-69, e n° 30, abril de 2001, p. 93-126.
— P. Lepape
Diderot, Flammarion, 1991.
— Abade A. Le Sueur
La Condamine d'après ses papiers inédits, Mémoires de l'Académie d'Amiens, 1909-1911, 3 volumes.
— E. Lever
Madame de Pompadour, Perrin, 2000.
— M. Lever
Pierre-Augustin Caron de Beaumarchais, Fayard, 1999-2004, 3 volumes.
— H. Lion
Le Président Hénault, 1903.
— L. de Loménie
La Comtesse de Rochefort et ses amis, 1870.
— A. Lortholary
Le Mirage russe en France au XVIIIe siècle, Boivin et Cie, 1951.
— J. Lough
Essays on the Encyclopédie of Diderot and d'Alembert, Londres, 1968.
"Les idées politiques de Diderot dans l'Encyclopédie", *Thèmes et figures du siècle des Lumières*, Droz, 1980.
— H. Luthy
La Banque protestante en France. De la révocation de l'édit de Nantes à la Révolution, 3 volumes, Editions de l'E.H.E.S.S., 1998.
— B. L. Mclaughlin
"Diderot et l'amitié", *S.V.E.C.*, n° 100, 1973.
— A. Maffey (ed.)
"Lettre inédite de l'abbé Mably au père P.M. Paciaudi", *Cahiers d'histoire* publicados pelas universidades de Clermont-Lyon-Grenoble, t. V, 1960.

— G. Maheu

    La Vie et l'ouvre de d'Alembert, tese inédita em 3 volumes, 1967 (um exemplar na biblioteca da Sorbonne).

— M. Marion

    Dictionnaire des institutions de la France au XVIIe et XVIIIe siècles, 1976.

— J. Marx

    Charles Bonnet contre les Lumières (1738-1750), 2 volumes, S.V.E.C., n°s 156-157, 1976.

— J. Mascart

    La Vie et les travaux du chevalier Jean-Charles de Borda (1733-1799), Presses de l'Université de Paris-Sorbonne, 2000.

— E. Mass (ed.)

    "Le marquis d'Adhémar: la correspondance inédite d'un ami des philosophes à la cour de Bayreuth", *S.V.E.C.*, n° 109, 1973.

— D. Masseau

    L'Invention de l'intellectuel dans l'Europe du XVIIIe siècle, PUF, 1994.

    Les Ennemis des philosophes. L'antiphilosophie au temps des Lumières, Albin Michel, 2000.

— J. Mayer

    Diderot, homme de science (tese de doutorado), Rennes, 1959.

    "G. F. Rouelle (1703-1770)" in *Revue d'Histoire des Sciences*, tomo XXIII, n° 4, outubro-dezembro de 1970, p. 305-332.

    "Diderot et le calcul des probabilités dans l'Encyclopédie", *Revue d'Histoire des Sciences*, t. XLIV, n°s 3-4, julho-dezembro de 1991, p. 375-391.

— P. Meister

    Charles Duclos (1704-1772), Genebra, Droz, 1956.

— E. Micard

    Un écrivain académique au XVIIIe siècle, Antoine-Léonard Thomas (1732-1785), 1924.

— M. Molander Beyer (ed.)

    La Suède et les Lumières: lettres de France d'un ambassadeur à son roi (1771-1783), Michel de Maule, 2006.

— M. Mounier
    "Les relations de Deleyre et de Rousseau (1753-1778), suivi de la correspondance inédite de Deleyre et du marquis de Girardin (août-décembre 1778)", *S.V.E.C.*, Genebra, 1970.
— H. Monod-Cassidy
    Un voyageur philosophe au XVIIIe siècle. L'abbé J.-B. Le Blanc, Harvard University Press, 1941.
— R. Mortier
    "La place de d'Alembert dans la littérature des 'Lumières'", in *Jean d'Alembert savant et philosophe: portrait à plusieurs voix*, Éditions des Archives contemporaines, 1989, p. 17-39.
    Le Coeur et la raison, Voltaire Foundation, Oxford, 1990.
    Les Combats des Lumières, Ferney-Voltaire, 2000.
— R. Mortier e R. Trousson
    Dictionnaire de Diderot, Genebra, Champion, 1999.
— M. Muller
    Essai sur la philosophie de Jean d'Alembert, 1926.
— A. Muratori-Philip
    Le Roi Stanislas, Fayard, 2000.
— J.-A. Naigeon
    Mémoires historiques et philosophiques sur la vie et les ouvrages de Denis Diderot, 1821, Slatkine Reprints, Genebra, 1970.
— R. Naves
    Voltaire et l'Encyclopédie, Éditions des Presses Modernes, 1938.
— P. Naville
    D'Holbach, Gallimard, 1943.
— B. de Negroni (ed.)
    Rousseau-Malesherbes: correspondance, Flammarion, 1991.
— F. Nicolini
    "Amici e correspondenti francesi dell'Abatte Galiani", *Bollettino dell'Archivio Storico*, n° 7, 1954.
— Ch. Nisard
    Guillaume du Tillot, un valet ministre et secrétaire d'État, 1887.
— J. Orsini
    L'Affaire Calas avant Voltaire, tese de terceiro ciclo, Universidade Paris-Sorbonne, 1981.

— J. Pandolfi
"Beccaria traduit par Morellet", *Dix-huitième siècle*, n° 9, 1977, p. 291-316.
— J. Pappas
"D'Alembert et la nouvelle aristocratie", *Dix-huitième siècle*, n° 15, 1983, p. 335-343.
"Inventaire de la correspondance de d'Alembert", *S.V.E.C.*, n° 245, 1986.
"Voltaire et la guerre philosophique", *R.H.L.F.*, outubro-dezembro de 1961, p. 526-549.
"Les relations entre Frisi et d'Alembert", *Ideologia e scienza nell'opera di Paolo Frisi*, ed. G. Barbarisi, Milão, 1987, p. 123-174.
"Lettres inédites de d'Alembert et de Julie de Lespinasse à Louis Dutens", *Dix-huitième siècle*, n° 26, 1994, p. 227-237.
"R.J. Boscovich et l'Académie des Sciences de Paris", *Revue d'Histoire des Sciences*, 1996, 49/4, p. 401-414.
— J.-N. Pascal (ed.)
Lettres de Julie de Lespinasse à Condorcet, Paris, Desjonquères, 1990.
Lettres de Julie de Lespinasse, Éditions d'Aujourd'hui, 1978.
— I. Passeron (com a colaboração de A.-M. Chouillet e J.-D. Candaux)
"Inventaire raisonné de la correspondance de d'Alembert", *Œuvres complètes de d'Alembert*, série V, volume 1, C.N.R.S., a ser publicado em 2008.
— M. Paty
"Rapport des mathématiques et de la physique chez d'Alembert", *Dix-huitième siècle*, n° 16, 1984, p. 69-79.
"D'Alembert et son temps. Éléments de biographie", *Cahiers Fundamentae scientiae*, n°s 69-70, 1997, p. 1-69.
— Ch. B. Paul
Science and Immortality; the Éloges of the Paris Académie of Sciences, 1699-1791, University of California Press, 1980.
— Pellisson e d'Olivet
Histoire de l'Académie Française, introdução, esclarecimentos e notas de Ch. L. Livet, 1852, volumes I e II.

— L. Perey

Le Président Hénault et Mme du Deffand, s.d.

Un petit-neveu de Mazarin. Louis Mancini-Mazarini, duc de Nivernais, 1893.

La Fin du XVIIIe siècle. Le duc de Nivernais (1763-1798), 1893.

"Les philosophes et l'archevêque", *Éclectisme et cohérence des Lumières*, Nizet, 1992.

— G. S. Picenardi

"Lettere inedite di Pietro Verri", *Rassegna Nazionale*, Florença, volume 185, junho de 1912.

— R. Pomeau

"Nouveau regard sur le dossier Calas", *Europe*, n° 398, junho de 1962, p. 57-72.

La Religion de Voltaire, Nizet, 1974.

L'Europe des Lumières, Slatkine, 1981.

Voltaire en son temps, Fayard, 1995, 2 volumes.

— Ch. Pougens

Lettres philosophiques à Mme xxx sur divers sujets de morale et de littérature, 1826.

— P. Prévost

Notice de la vie et des écrits de Georges-Louis Lesage, Genebra, 1805.

— G. von Proschwitz

"Lettres inédites de Mme du Deffand, du président Hénault et du comte de Bulkeley", *S.V.E.C.*, X, 1959.

— J. Proust

Diderot et l'Encyclopédie, 1962, reedição Slatkine, 1982.

— H. C. Rice, Jr

"A d'Alembert letter reexamined", The Princeton University Library Chronicle, XVIII: 1, p. 89-193, 1956.

— D. Roche

"Encyclopédistes et académiciens", in *Livre et société dans la France du XVIIIe siècle*, ed. F. Furet, tomo II, 1970, p. 73-92.

Le Siècle des Lumières en province. Académies et académiciens provinciaux (1680-1789), Éditions de l'E.H.E.S.S., 1986, 2 volumes.

Les Républicains des lettres. Gens de culture et lumières au XVIIIe siècle, Fayard, 1988.

Le Monde des Lumières (com V. Ferrone), Fayard, 1999.

— J. Roger

Les Sciences de la vie dans la pensée française du XVIIIe siècle, Albin Michel, "Bibliothèque de l'évolution de l'humanité", 1994.

— C. F. Rousset

Le Comte de Gisors (1732-1758), 1868.

— A. Rouxel

Chroniques des élections à l'Académie Française (1634-1841), 1886.

— V. Ru

"L'aigle à deux têtes de l'Encyclopédie: accords et divergences de Diderot et de d'Alembert de 1751 à 1759", *R.D.E.*, n° 26, abril de 1999, p. 17-26.

— R. Rutto

"La corrispondenza scientifica e letteraria di Paolo Frisi e Domenico Caraccioli", *Rivista Storica Italiana*, 96, 1984, n° 1, p. 172-186.

— J. Ruwet (ed.)

Lettres de Turgot à la duchesse d'Enville (1764-1774 et 1777-1780), Louvain, 1976.

— Mérard de Saint-Just

Éloge historique de Jean-Sylvain Bailly, 1794.

— E. Sanger

Isabelle de Bourbon-Parme, Ed. Duculot, 1991.

— J. Sareil (ed.)

"Sept lettres inédites de l'abbé de Mably au duc de La Rochefoucauld d'Enville", *Dix-huitième siècle*, n° 3, 1971, p. 61-72.

— E. Sarton

"Montucla (1725-1799), sa vie et ses travaux", *Osiris*, 1936, I, p. 519-567.

— H. Sauter e E. Loos

Paul Thiry Baron d'Holbach, die Gesamte Erhaltene Korrespondenz, Stuttgart (s.d.).

— R. Savioz

Mémoires autobiographiques de Charles Bonnet de Genève, Vrin, 1948.

— A. Sayous

Le XVIIIe siècle à l'étranger, 1861, 2 volumes.

— R. Schackleton

"D'Alembert et Montesquieu: leurs rapports", in *Jean d'Alembert savant et philosophe, portrait à plusieurs voix*, Centre International de Synthèse, Éditions des Archives Contemporaines, 1989, p. 41-51.

— E. Scherer

Melchior Grimm, l'homme de lettres, le factotum, le diplomate, 1887.

— J. Schlobach (ed.)

Correspondance inédite de Frédéric Melchior Grimm, Wilhelm Fink Verlag, Munich, 1972.

Correspondances littéraires inédites, Champion-Slatkine, 1987.

— Conde de Ségur

Mémoires ou souvenirs et anecdotes, 1826, 3 volumes.

— Marquês de Ségur

Julie de Lespinasse, 1880.

Le Président Hénault et madame du Deffand, 1893.

Le Royaume de la rue Saint-Honoré. Madame Geoffrin et sa fille, 1897.

— H. U. Seifert

"Banquets de philosophes: Georges Louis Schmid chez Diderot, d'Holbach, Helvétius et Mably", *Dix-huitième siècle*, n° 19, 1987, p. 223-244.

— J. Senebier

Histoire littéraire de Genève, Genebra, 1786, 3 volumes.

— P. Sergescu

"La contribution de Condorcet à l'Encyclopédie", *Revue d'Histoire des Sciences*, IV, 1951, p. 233-237.

— J. Sgard (ed.)

Corpus Condillac (1714-1780), Slatkine, 1981.

"La multiplication des périodiques", in *Histoire de l'édition française*, 1990, t. II, p. 246-255.

Dictionnaire des journaux, 1600-1789, Universitas, 1991, 2 volumes.

Dictionnaire des journalistes, 1600-1789, Voltaire Foundation, Oxford, 1999, 2 volumes.

— C.P. Snow

Les Deux Cultures, Jean-Jacques Pauvert, 1968.

— M. Souriau

Bernardin de Saint-Pierre d'après ses manuscrits, 1905, Slatkine Reprints, Genebra, 1970.

— Tardy

Dictionnaire des horlogers français, II, Aubenas, 1972.

— R. Taton

(ed.) *Enseignement et diffusion des sciences en France au XVIIIe siècle*, Hermann, 1964 e 1986.

"D'Alembert et la question des trois corps", in *Jean d'Alembert, savant et philosophe, portrait à plusieurs voix*, Centre International de Synthèse, Éditions des Archives Contemporaines, 1981, p. 395-409.

"D'Alembert, Euler et l'Académie de Berlin", in *Dix-huitième siècle*, n° 16, 1984, p. 55-67.

Études d'histoires des sciences, Brepols, Bélgica, 2000.

— H. de Terrebasse

Timoléon-Guy-François de Maugiron, Grenoble, 1899.

— D. Thiebault

Mes souvenirs de vingt ans de séjour à Berlin, ou Frédéric le Grand, sa famille, sa cour, son Académie, ses écoles et ses amis littérateurs et philosophes, 1804, 5 volumes.

— G. Tolnai

La Cour de Louis XV, journal de voyage du comte Joseph Teleki, PUF, 1943.

— Abade Tougard

Documents concernant l'histoire littéraire du XVIIIe siècle, 1912, 2 volumes.

— M. Tourneux
 Diderot et Catherine II, 1899.
— R. Trousson
 Jean-Jacques Rousseau, Tallandier, 2003.
 Denis Diderot ou le vrai Prométhée, Taillandier, 2005.
— R. Trousson (ed.)
 Mélanges offerts à Roland Mortier, Genebra, Droz, 1980.
— R. Trousson, F. S. Eigeldinger
 Jean-Jacques Rousseau au jour le jour, cronologia, Honoré Champion, Genebra, 1998.
— R. Trousson, J. Vercruysse
 Dictionnaire général de Voltaire, Honoré Champion, 2003.
— C. Truesdell
 "Leonard Euler, supreme geometer (1707-1783)", in *Studies in Eighteenth Century Culture*, Wisconsin, 1972, volume 2, p. 51-95.
— Ch. Urbain
 "L'abbé de Canaye et le Discours préliminaire de l'Encyclopédie", in *R.H.L.F.*, 1895, t. II, p. 385-401.
— N. Valeri
 Pietro Verri, Florença, 1969.
— Sra. de Vandeul
 Diderot, mon père, Circé, 1992.
— F. Venturi
 "Un amico di Beccaria e di Verri: profilo di Giambattista Biffi", *Giornale storico della letteratura italiana*, 34, fasc. 405, 1957, p. 37-76.
 Illuministi italiani, Milão-Nápoles, Riccardo Ricciardi Editore, 1958, tomo III.
 Settecento Riformatore, Turim, Einaudi, 1969-1984, 5 volumes.
 L'Europe des Lumières, Paris-Haia, Mouton-E.H.E.S.S., 1971.
— P. Vernière
 "Naissance et statut de l'intelligentsia en France", in *Le Siècle de Voltaire. Hommage à René Pomeau*, ed. Ch. Mervaud e S. Menant, Voltaire Foundation, Oxford, 1987, volume II, p. 933-941.

— J. Vercruysse
   Bibliographie descriptive des écrits du baron d'Holbach, 1971.
— J.-L. Vissière
   La Secte des empoisonneurs. Polémiques autour de l'"Encyclopédie" de Diderot et d'Alembert, Publications de l'Université de Provence, 1993.
— M. Voyelle (ed.)
   L'Homme des Lumières, Seuil, 1996.
— E. Walter
   "Sur l'intelligentsia des Lumières", *Dix-huitième siècle*, n° 5, 1973, p. 173-201.
— A. M. Wilson
   Diderot, sa vie et son œuvre, Robert Laffont-Ramsay, "Bouquins", 1985.

Índice onomástico

ADHÉMAR, Antoine Honneste, marquês d' 295 n. 32
AGUESSEAU, Henri François d', chanceler 311 n. 8
AIGUILLON, Emmanuel Armand de Vignerot, duque d' 152-153, 170, 192, 207
ALEMBERT, Jean LE ROND d' 156, 159-160, 164, 169, 173-182, 183-196, 201-203, 208, 210-211, 227-228, 238-240, 249, 253-259, 261-262, 267-271, 275, 277 n. 14, 278 n. 17, n. 31-33, n. 37, 279 n. 46, 280 n. 62, n. 67, n. 74-75, n. 77, 281 n. 78, n. 96, n. 98, n. 100, 282 n. 106, n. 117-119, 283 n. 120, n. 123, n. 127, n. 129-130, n. 137, 284 n. 144-146, 285 n. 3, n. 5, n. 8, 287 n. 56-57, n. 59, 288 n. 72, n. 81, 289 n. 90, n. 92-93, n. 95, 290 n. 112, n. 114, 291 n. 130-131, n. 6-7, 293 n. 45, n. 49-50, n. 52-55, n. 57, 294 n. 64, n. 8, 296 n. 47, 297 n. 59, n. 61, n. 64-65, 298 n. 79, 299 n. 91, n. 98-99, 300 n. 114-115, n. 1, 302 n. 16, 303 n. 34, n. 39-40, n. 45, 304 n. 47, n. 49, n. 51-52, n. 55, 305 n. 73, n. 76, 306 n. 86, n. 90, n. 93-94, n. 107, 307 n. 117, 308 n. 13-14, n. 21, 309 n. 29, n. 47, 310 n. 67, n. 1, 311 n. 9-10 13, 312 n. 20-22, 313 n. 46, n. 52, 314 n. 57, 315 n. 83, n. 86, n. 92, n. 100, 316 n. 101, n. 108, 317 n. 126, 318 n. 154, n. 156-157, 320 n. 42, 321 n. 81, 323 n. 115, 325 n. 145, n. 156, 327 n. 29-30, n. 33, 328 n. 38, n. 48, n. 50, 330 n. 94-97, 331 n. 98-100, n. 103, n. 106
ALEXANDRE O GRANDE 28
AMELOT, Antoine-Jean AMELOT de CHAILLOU, ministro 232-233
ÂNITOS 24
ARAGO, François 186, 188, 314 n. 67, n. 69, n. 71, 319 n. 19
ARQUITAS 13
ARCY, cavaleiro Patrick d' 80, 132, 189, 290 n. 112, n. 114, 304 n. 50
ARGENS, Jean-Baptiste de Boyer, marquês d' 38-39
ARGENSON, Marc Pierre de Voyer de Paulmy, conde d' 315 n. 86
ARGENTAL, Charles Augustin de Ferriol, conde d' 66-67, 106,

141, 286 n. 25-27, n. 31, 287 n. 46, 298 n. 72, 299 n. 90, 306 n. 99, 309 n. 30, 321 n. 72
ARGENTAL, condessa d' 306 n. 111
ARISTÓTELES 28, 268
ARNAUD, abade François 109, 166, 178, 247, 267, 327 n. 33
ARTOIS, conde d' 232
AUGEARD, J. M. 160-161, 309 n. 33, n. 36
BACHAUMONT, LOUIS PETIT de 28, 49, 73, 112, 114, 178, 278 n. 30, 279 n. 46, 294 n. 63, 297 n. 65, 298 n. 73, 308 n. 17-18, 311 n. 9

BACULARD D'ARNAUD, François de 109, 267
BADINTER, Elisabeth 307 n. 2, 309 n. 34, 310 n.57
BADINTER, Robert 90, 343
BAILLY, Jean-Sylvain 132, 182, 185-186, 188-189, 313 n. 49, 314 n. 67, n. 69, n. 71, 315 n. 78-79, n. 91
BARTHE, correspondente 316 n. 116, n. 118
BARTHÉLEMY, abade Jean-Jacques 112
BATTEUX, abade Charles 177, 180, 312 n. 22
BAUDEAU, abade Nicolas 227, 238, 250
BAYLE, Pierre 368
BEAUMARCHAIS, Pierre Augustin CARON de 109

BEAUSOBRE, Ludwig von, barão de 64
BECCARIA, Cesare, marquês de 198, 268, 277 n. 2, 291 n. 6, 292 n. 13-14, n. 17, n. 20-21, n. 28, 307 n. 117, n. 343
BÉGUELIN, Nicolas 191
BELLE, ourives 265
BELLE-ISLE, Charles Louis Auguste Fouquet, marechal de 30, 299 n. 94, 311 n. 5
BELLOY, Pierre Laurent Buirette de, dito Dormont de 109, 178
BERNIS, François Joachim, cardeal de 159, 308 n. 10, 312 n. 35
BERNOULLI, Daniel 34, 56, 64, 132-134, 303 n. 45
BERNOULLI, Jean III 191, 284 n. 165
BERTHOUD, Ferdinand 32-34, 279 n. 59, 280 n. 60, n. 62
BERTIN, Henri Léonard, ministro 228, 233, 314 n. 56, 323 n. 110
BETSKI, general (camareiro de Catarina II) 69, 71-72, 287 n. 47, n. 54, 288 n. 66, 291 n. 132
BEVIS, John 32
BÉZOUT, Étienne 43, 49, 56, 74, 132, 182, 315 n. 100
BIFFI, Giambattista 90, 292 n. 13
BIRD (fabricante de instrumentos de ótica) 32
BLONDEL, Senhora 210-211, 233, 248, 321 n. 64
BOCCAGE, Anne-Marie du 30
BOISGELIN, Jean de Dieu-Raymond BOISGELIN de CULÉ, arcebispo de Aix 218

ÍNDICE ONOMÁSTICO

Boissy D'ANGLAS, François Antoine, conde de 214, 311 n. 14, 319 n. 22
BON, abade de 80
BORDA, cavaleiro Jean Charles de 132-133, 189, 304 n. 55-56
BORGONHA, LUÍS de FRANÇA, duque de 88
BORK, general (preceptor do príncipe da Prússia) 45
BORRELLY, Jean Alexis 191
BOSSUT, abade Charles 131-132, 182, 187, 191, 227, 238, 303 n. 40, 304 n. 56
BOUFFLERS-ROUVERET, Édouard, conde de 191
BOUFFLERS, Marie-Charlotte de CAMPET DE SAUJON, condessa de 30, 32, 271, 298 n. 70, 331 n. 125
BOURGELAT, Claude (enciclopedista) 80
BOURGEOIS DE BOYNES, Pierre Etienne, ministro 207
BOUVARD, médico 79-80
BRETEUIL, Louis Auguste le Tonnelier, barão de 126, 302 n. 14
BRIZARD, Jean-Baptiste BRITARD, dito, ator 274
BROGLIE, Victor François, marechal de 113
BROSSES, Charles de 30
BRU, B. 93, 292 n. 29, 303 n. 41
BRUNSWICK, Charles Guillaume Ferdinand, duque de 37
BRUNSWICK, duquesa de 37
BRUNSWICK, príncipe herdeiro Ferdinand de 64, 105, 110-111, 296 n. 44
BRUTUS 200
BUFFON, Georges Louis LECLERC, conde de 19, 46, 48, 91, 98, 132, 142, 175-176, 185-186, 189, 209, 227, 270, 311 n. 7, n. 14, 313 n. 35, 314 n. 64, 326 n. 10
CALAS, Jean (caso Calas) 19, 71, 73, 88-90, 92, 109, 123, 151, 164, 267, 291 n. 8

CAMUS, François Joseph de 32-34, 48, 56
CANAYE, abade de 26
CARACCIOLI, Domenico, marquês 33, 55, 280 n. 63
CARLOS V 186
CAROILLON DE VANDEUL, Abel François (genro de Diderot) 173, 318 n. 7
CASSINI DE THURY, César François, dito Cassini III 112
CASTILLON, Jean de 64, 191
CATARINA II a Grande 13, 19-20, 22-29, 38, 41, 44, 51, 57, 62, 68-73, 78, 81-82, 95, 103, 105, 108, 125-129, 190, 192-203, 247, 259, 262-264, 266, 269, 277 n. 13, 279 n. 46, 286 n. 35, n. 39, 287 n. 55, n. 57, 288 n. 67, 289 n. 95, 294 n. 13, 301 n. 9, n. 11, n. 13, 302 n. 17, n. 21, n. 28, 315 n. 95, 316

n. 108, 318 n. 154, n. 156, n. 8, 329 n. 74, n. 79, 331 n. 107
CATT, Henri de, (secretário de Frederico II) 39, 45, 62, 64, 68
CÉSAR, JÚLIO 139
CHABANON, Michel Paul Guy de 141, 248
CHAMFORT, Sébastien Roch NICOLAS, ditO Nicolas de 109, 186
CHAPPE D'AUTEROCHE, abade Jean 193
CHASTELLUX, François-Jean, marquês de 217, 320 n. 40
CHAUMEIX, Abraham Joseph de 98
CHOISEUL, Étienne François, duque de 26, 66-67, 78, 80, 82, 126, 140, 154, 215, 277 n. 7, 278 n. 31, 279 n. 59, 286 n. 23, 299 n. 88, n. 97
CHOISEUL, duquesa de 125, 140-141, 277 n. 4, 301 n. 11
CHOISY, de (prisioneiro na Rússia) 195
CHOUVALOFF, conde (do círculo de Catarina II) 22-24
CHRISTIAN VII, rei da Dinamarca 297 n. 57, n. 68
CÍCERO 117, 256, 268, 271
CLAIRAUT, Alexis 48, 55-56, 75, 80, 82, 132, 185-186, 280 n. 62, 284 n. 165, 285 n. 167, 288 n. 77-78, n. 81, 303 n. 36
CLAIRON, Senhorita 78
CLEMENTE XIII 115-116
CLEÓPATRA 200
CLERMONT, conde de 311 n. 5
CLUGNY DE NUITS, Jean Etienne Bernard de, intendente das Finanças 249-251, 326 n. 10
COËTLOSQUET, Jean-Gilles de 177, 312 n. 22
COGER, abade 104
COLBERT, Jean-Baptiste 115, 238, 322 n. 99, 325 n. 145
COLLÉ, Charles 167, 310 n. 61, 311 n. 13, 312 n. 30
CONDILLAC, Étienne BONNOT de 19, 21-22, 92, 112, 116-120, 124-125, 178, 287 n. 46, 299 n. 93, n. 101, 300 n. 105, n. 110, n. 113, 301 n. 3, n. 5, 330 n. 81
CONDORCET, Nicolas de CARITAT, marquês de 12, 35, 56-57, 74, 93-95, 131-134, 136, 138-139, 142-143, 157, 166, 169-170, 182-189, 207, 211, 218-219, 226-227, 230, 237-240, 247, 249-253, 255, 258, 285 n. 167, n. 170, 288 n. 73, 292 n. 28-29, 303 n. 39, 305 n. 76, 307 n. 117-118, 308 n. 23, 310 n. 55, n. 57, n. 67, 313 n. 46-47, n. 52-55, 314 n. 57, n. 59-60, n. 70, n. 72, n. 76, 315 n. 80, n. 82, n. 84, n. 91, 319 n. 19, n. 26, 322 n. 85-86, n. 94, 323 n. 101-102, 107, 324 n. 142, 325 n. 145, n. 147, n. 150, n. 152-153, 326 n. 8, n. 15, n. 17-18, 327 n. 19, n. 24, n. 36, 328 n. 50

CONTI, Louis François Bourbon, príncipe de 230
CORNEILLE, Pierre 50, 109, 186
COURTIVRON, marquês de 80
CRAMER, G., gráfico em Genebra 52, 73, 140, 164, 306 n. 88-89
CRÉBILLON, Claude 112, 268, 311 n. 14, 312 n. 21
CRÉPEL, P. 93, 292 n. 29, 303 n. 40-41, 306 n. 95
CREUTZ, embaixador da Suécia, conde de 105-106, 113, 260, 295 n. 24, n. 31, 302 n. 16, 329 n. 69-70
CRILLON, conde de 191
CZARTORYJSKI, príncipe Adam 227
DACHKOFF, princesa 127-128, 301-302 n. 23, n. 28, 310 n. 63, 317 n. 146

DAMILAVILLE, Étienne-Noël 123, 137, 287 n. 47, 289 n. 97, 291 n. 12, 292 n. 22, 293 n. 52, 300 n. 1
DAUBENTON, Louis Jean-Marie d'Aubenton, dito 314 n. 64
DEFFAND, Marie, marquesa du 27, 38, 48, 51, 53, 107, 113, 126, 141, 175, 208, 211, 218, 224, 233-234, 268, 270, 277 n. 4, 278 n. 37, 283 n. 122, 296 n. 43, n. 49, 297 n. 57, n. 64, 298 n. 79, 301 n. 11-12, 309 n. 42, 322 n. 99, 326 n. 2
DELEYRE, Alexandre 117, 299 n. 97

DELILLE, abade Jacques 180, 313 n. 39
DELISLE, Joseph Nicolas 30
DELISLE, Louis 30
DELISLE DE SALES, acadêmico 248, 306 n. 110
DÊNIS o moço 13
DÊNIS o velho 13, 48
DESMAREST, Jean Nicolas 119, 279 n. 49
DESCARTES, René 114, 210, 261, 311 n. 8
DESFONTAINES, François Fouques-DESHAYES, dito 109
DEVAINES, Jean (chefe de gabinete de Turgot) 227, 237-238, 240, 251, 325 n. 154-155, 327 n. 20
DIDEROT, Denis 12-13, 19-20, 46-47, 68-73, 79-80, 83, 90-91, 94, 97-98, 104, 108, 110-114, 117, 125-129, 137-138, 140-142, 159-160, 163, 167-168, 170, 173-174, 176, 190-191, 193, 195-203, 208, 210-211, 237-240, 247, 259-260, 262-271, 275, 277 n. 15, 186 n. 34, 287 n. 41, n. 46, n. 51, n. 56, 288 n. 65-66, n. 69, 290 n. 111, 292 n. 32, 293 n. 52, 294 n. 9, 296 n. 40, 297 n. 56, 298 n. 75, 299 n. 98, 300 n. 1, 302 n. 16, n. 19, n. 24, n. 26, 305 n. 78, 306 n. 86, n. 95, n. 106, 310 n. 62, n. 1, 311 n. 2, n. 4, 316 n. 115, n. 117, n. 119, n. 121, 317 n. 130, n. 132, n. 134, n. 140, n. 143, n. 147, n. 150-151, 318 n. 156-157, 322 n. 88, 324 n. 140, 325

n. 143-144, n. 158, 326 n. 1, n. 3, 328 n. 57, n. 59, 329 n. 72, n. 74, n. 76, n. 80, 330 n. 81, n. 88, 331 n. 107, n. 110, 332 n. 3
DIÓGENES 28
DIONIS DU SÉJOUR, Achille Pierre 56, 97, 132, 160, 304 n. 51
DORAT, Claude Joseph, dito cavaleiro DORAT 71
Du BARRY, Jeanne BÈCU, condessa 113
DUCLOS, Charles Pinot, secretário perpétuo da Academia Francesa 27, 30-34, 36, 49, 112, 117, 119, 174-175, 179, 181, 283 n. 130, 293 n. 36, 300 n. 109, 311 n. 8, n. 10, n. 14, 312 n. 21
DUHAMEL DU MONCEAU, Henri Louis 112, 189, 227, 280 n. 62, 322 n. 93
DULAC, G. 128-129, 298 n. 75, 302 n. 27, n. 29, 303 n. 34, 310 n. 72, 316 n. 115, n. 117, 317 n. 132, n. 151, 322 n. 100, 328 n. 59, 330 n. 88
DUPATY, Jean-Baptiste Mercier 99
DU PONT DE NEMOURS, Pierre Samuel DUPONT 95, 169, 214-215, 227, 238-240, 249-250, 252-253, 308 n. 22, 310 n. 69, n. 71, 320 n. 32, n. 34, 326 n. 8, n. 12
DURAS, Emmanuel Félicité de Durfort, duque de 112
DUTENS, Louis 231
DUTILLOT, Guillaume Léon 114-116, 118, 120, 124-125, 298 n. 81, n. 85, 301 n. 4

EGMONT, Jeanne Sophie du Plessis-Richelieu, condessa d' 126-127, 298 n. 70, 302 n. 14, n. 18
ENVILLE, Marie-Louise, duquesa de La Rochefoucauld d' 30, 207, 211, 233, 247-248, 252, 326 n. 6, 327 n. 21, n. 23
ÉON, Charles de Beaumont, cavaleiro d' 32
ÉPINAY, Louise, dita *Senhora d'* 170, 195, 303 n. 34, 305 n. 78, 309 n. 42, 310 n. 72, 311 n. 4, 322 n. 100, 325 n. 158
ESTANISLAU II Augusto PONIATOWSKI, rei da Polônia 105, 127
ÉTIENNE, Michel (pai de Turgot) 318 n. 9
EULER, Johann Albert (filho de Leonhard) 34, 45, 65, 303 n. 33
EULER, Leonhard 34, 40-41, 43, 45, 56, 64-65, 133, 226, 281 n. 94

FALCONET, Étienne Maurice 288 n. 69, 302 n. 16-17, n. 19, n. 22
FALKENSTEIN, conde de, (pseudônimo de Joseph II) 270-271
FARGÈS (Ministério das Finanças) 250
FAURE, Edgar 220, 228, 235, 320 n. 53, 321 n. 59, 322 n. 91, n. 95, 323 n. 104, n. 111
FAVARD, Charles Simon 109
FERDINAND, príncipe de PARMA (neto de Luís XV) 21, 74, 116,

118-120, 123-124, 299 n. 103, 300 n. 113, 301 n. 2, n. 8
FILIPE II da Macedônia 28
FILIPE V, rei da Espanha 114
FILIPE, don (filho do rei FILIPE V) 115
FLEURY, abade André Hercule de (preceptor do Delfim) 88
FONCENEX, Pierre Marie François DAVIET de 191
FONTAINE DES BERTINS, Alexis 48, 56, 132, 184, 187, 284 n. 167, 304 n. 48, 314 n. 56
FONTENELLE, Bernard LE BOVIER de 29, 175, 183, 187-188, 268, 311 n. 14
FORMEY, Samuel 40, 46, 64-66, 282 n. 109, n. 118, 283 n. 130, 284 n. 145, n. 147, 285 n. 16, n. 18, 288 n. 84, 289 n. 102, 312 n. 19
FOUCHY, Jean-Paul GRANDJEAN de, secretário perpétuo 31, 48, 76, 81, 132, 175, 182-189, 227, 261, 279 n. 59, 284 n. 167, 314 n. 68, 322 n. 93
FOURQUEUX, Michel Bouvard de 250
FRANCÈS (filho da Sra. Blondel) 321 n. 64
FREDERICO II o Grande, rei da Prússia 19, 62, 79, 105, 108, 110, 116-117, 136, 138, 141, 180-181, 191-192, 196-197, 202, 255, 262-263, 266-267, 279 n. 51, 281 n. 81, 282 n. 104, 297 n. 66, 318 n. 4, 327 n. 33, 329 n. 61, 331 n. 120

FRÉRON, Elie Catherine, jornalista 71, 143, 160
FRISI, padre Paolo 33, 35, 74, 76, 81, 89, 93, 163, 280 n. 63, n. 69-70, 283 n. 120, 289 n. 88, 290 n. 120, 291 n. 7, 292 n. 29, 299 n. 95, n. 99, 300 n. 106, n. 113, n. 115, 309 n. 42, 310 n. 67-68
FUENTÈS, conde de (pai de Mora) 134-135
FUMERON, padre 117

GAILLARD, Gabriel Henri 178
GALIANI, abade Ferdinando 170, 229, 239, 303 n. 34, 309 n. 42, 310 n. 72, 316 n. 115, 325 n. 158
GALITSYN, A., vice-chanceler 128, 302 n. 19
GALITSYN, D., príncipe embaixador 128, 287 n. 54, 294 n. 17, 288 n. 69, 295 n. 31
GALITSYN, princesa, esposa do anterior 265
GALES, princesa de 32
GASSENDI, Pierre 268
GENTIL-BERNARD, Pierre Joseph BERNARD, dito 112
GEOFFRIN, Thérèse 50-51, 53-55, 69-70, 73, 103, 105, 110-111, 126-128, 190, 247, 257-260, 284 n. 164, 286 n. 39, 287 n. 55
GESSNER, Salomon, poeta 211
GISORS, conde de 30, 117, 119, 279 n. 49

GLEICHEN, barão de, embaixador 112, 295 n. 31, 302 n. 16, 305 n. 66

GOURNAY, Jean-Claude Marie Vincent, senhor de 115, 212, 298 n. 83, 319 n. 25

GRIMM, Melchior, barão de 27, 44, 46, 49, 62-63, 66, 68-69, 73, 90, 99-100, 107-108, 110-114, 127-128, 137-138, 140-141, 174, 180, 192, 201, 238, 240, 247, 262, 264-265, 269-270, 281 n. 86, 282 n. 110, n. 113, n. 119, 285 n. 6, n. 9, 186 n. 25, 287 n. 43, n. 47, 295 n. 30, 296 n. 45, n. 51, 297 n. 56, n. 60, 298 n. 76, 302 n. 16, 305 n. 78, n. 84, 306 n. 91, n. 109, 311 n. 4, 313 n. 39, 317 n. 147, 329 n. 71, n. 79, 330 n. 85-86, n. 88-89

GRIMOD DE LA REYNIÈRE, Marie-Françoise (esposa de Malesherbes) 308 n. 26

GROSCLAUDE, Pierre 231, 307 n. 5, 318 n. 10, 319 n. 13, 320 n. 30, n. 38, n. 45, 321 n. 64, n. 66, n. 70, n. 73-74, n. 76, n. 81, 322 n. 84, 323 n. 116-119

GROSLEY, Pierre-Jean 30

GUESBRIANT, conde abade de 97

GUETTARD, Jean Étienne 75, 314 n. 63

GUIBERT, Jacques Antoine Hippolyte de 191, 223, 228, 253, 257, 320 n. 35, 324 n. 139, 327 n. 28

GUSTAVO III, príncipe real da Suécia, depois rei 106, 108, 113, 259-262, 271-272, 328 n. 58

HALLEY, Edmond 93

HARRISON, John, relojoeiro 32-33

HAUSSONVILLE, visconde d' 286 n. 29, 317 n. 147, 325 n. 146

HELLOT, Jean 78, 289 n. 99

HELVÉTIUS, Claude-Adrien 19, 43, 61-68, 91, 97, 111-113, 142, 166, 168, 176-177, 190, 192, 199, 262, 267-268, 285 n. 2, n. 6, n. 10, 286 n. 20, n. 27, n. 29, n. 32, 296 n. 52, 310 n. 64, n. 66, 317 n. 135, 329 n. 71

HEMERY, tenente de polícia 106

HEMSTERHUIS, Frans 265

HÉNAULT, Jean-François, presidente do Parlamento 26, 311 n. 14, 312 n. 21

HENRY, Ch., editor 278 n. 17, n. 24, n. 29, n. 33, n. 35, 280 n. 77, 281 n. 79-80, n. 86, n. 93, n. 95, n. 97, n. 99, n. 102, 282 n. 105, n. 107, n. 115, 283 n. 123, n. 126, 284 n. 142, n. 164, 287 n. 57, n. 59, 290 n. 123, 291 n. 127, 293 n. 50, n. 53, 300 n. 116, 303 n. 42, 304 n. 63, 307 n. 118, 308 n. 23, 310 n. 55, 313 n. 47, n. 50, 313 n. 53, 314 n. 57, n. 70, n. 72, 315 n. 84, n. 94, n. 98-99, 316 n. 101-103, n. 105, 322 n. 92, 326 n. 15, 327 n. 36, 328 n. 39

HENRY, príncipe da Prússia (irmão de Frederico II) 64
HESSEN-DARMSTADT, princesa Caroline de 63, 111, 296 n. 45, 297 n. 56, 298 n. 76
HESSENSTEIN, conde von 260, 328 n. 60
HOBBES, Thomas 94
HOLBACH, Paul-Henri THIRY, barão d' 61, 71, 94, 97-98, 111-112, 137-142, 174, 190, 197, 247, 267-268, 287 n. 60, 291 n. 132, 296 n. 45, 297 n. 56, 299 n. 95, 300 n. 1, 305 n. 79, n. 85, 306 n. 106, 311 n. 4
HOMERO 69
HORNOY, d', magistrado 89, 156
HUME, David 91, 211

IVÃ VI Antonovitch 68-69, 73, 286 n. 35

JACQUIER, padre François 118
JAUCOURT, cavaleiro de 43, 62
JOLY DE FLEURY, Jean OMER 98-99
JOSEPH II, imperador da Alemanha 109, 258, 270
JUSSIEU, Bernard de 160, 209, 319 n. 13

KÉRALIO, Auguste Guy Guinement de 74, 116-120, 124, 163, 169, 279 n. 49, 289 n. 88, 299 n. 94, n. 99, 300 n. 106, n. 113, n. 115, 301 n. 3-5, 309 n. 42, 310 n. 67
KHOTINSKI (encarregado de negócios de Catarina II) 127, 302 n. 20
KNIGHT, cientista 32

LA BARRE, Jean-François Lefebvre, cavaleiro de 88, 90, 92-93, 96-97, 140, 151, 155, 164, 166, 291 n. 12
LA BEAUMELLE, Laurent ANGLIVIEL de 267
LA BOÉTIE, Étienne de 263
LA CHALOTAIS, René-Louis de CARADEUC de 153
LA CONDAMINE, Charles Marie de 30, 33-34, 48, 54, 56, 75, 112, 176, 280 n. 62, n. 65, 284 n. 165, 288 n. 84, 304 n. 49, 312 n. 18, n. 21, 314 n. 63
LA FERTÉ IMBAULT, Senhora de (filha da Sra. Geoffrin) 257-258, 328 n. 50
LA FONTAINE, Jean de 182
LAGRANGE, Joseph Louis, conde de 52, 55-56, 74, 76-77, 130, 132-134, 136, 180-181, 191, 283 n. 120, n. 126, 284 n. 146, n. 148, n. 150, n. 162, n. 164, 288 n. 75, 289 n. 87, n. 93, 291 n. 127, 302 n. 32, 303 n. 39, n. 45-46, 304 n. 48-49, n. 57, 313 n. 36, n. 43-44, n. 50, 315 n. 92, 328 n. 39
LA HARPE, Jean-François de 188, 255

LALANDE, Joseph Jérôme LE FRANÇOIS de 31-35, 48, 56, 74, 119, 132, 279 n. 58-59, 280 n. 69-70, 284 n. 157, 288 n. 76, 289 n. 88, 300 n. 108
LALLY-TOLLENDAL, general 88-89
LAMBERT, Jean Henri 64-65, 191
LAMBERT, marquesa de 255
LA METTRIE, Julien OFFROY de 267
LAMOIGNON, Guillaume de, chanceler da França (pai de Malesherbes) 154, 158, 209, 318 n. 9
LAPLACE, Pierre Simon, marquês de 182, 191, 247, 314 n. 67, 315 n. 92
LA ROCHEFOUCAULD D'ENVILLE, duque de 119, 279 n. 49, 300 n. 108
LA ROCHEFOUCAULD D'ENVILLE, duquesa de (ver Enville) 30
LA RUE, padre de 139
LA TOUCHE, Claude Guimond de 109
LAVERDY, François de L'AVERDY, controlador geral 214
LAVOISIER, Antoine Laurent de 211, 227, 247
LA VRILLIÈRE, ministro a cargo das academias 183, 187, 221, 313 n. 53, 314 n. 77
LE BLANC DE CASTILHON, procurador-geral 99, 294 n. 63
LECOMTE, Senhora (companheira de Watelet) 47
LEIBNIZ, Wilhelm Gottfried 186
LE MERCIER DE LA RIVIÈRE, Pierre Paul 199, 317 n. 138
LEMIERRE, Antoine 248, 259, 271, 331 n. 124
LEMONNIER, Pierre Charles 48, 56, 132, 279, 304 n. 56
LENIEPS, Toussaint-Pierre 28, 71, 278 n. 31
LENOIR, tenente de polícia 229
LE ROY, Jean-Baptiste, diretor da Academia 187
LEROY, Georges 142, 307 n. 114
LESPINAS, físico 32
LESPINASSE, Julie de 27, 36, 42, 47, 53-54, 80, 134-136, 169, 173, 182, 184, 211, 215, 223, 227, 239, 247-248, 253, 255, 278 n. 37, 281 n. 79, n. 93, n. 95, n. 99, n. 102, 282 n. 103, n. 105, n. 107-108, n. 116, 284 n. 158, 304 n. 63-64, 305 n. 68, 310 n. 67, 313 n. 47, n. 52, 314 n. 57, 320 n. 35, n. 40, 321 n. 71, 323 n. 101, n. 115, 324 n. 139, 325 n. 145, n. 151, 327 n. 25, 328 n. 45
LE TELLIER (confrade do padre La Rue) 139
LEWENHAUPT, conde, correspondente 260
LEXELL, Anders Johan, astrônomo 132, 303 n. 33
LINGUET, Simon Henri Nicolas 47, 99
LOCKE, John 268
LOMELLINI, M. de (correspondente) 119

LOMÉNIE DE BRIENNE, Étienne Charles de Loménie, conde de Brienne 178-179, 312 n. 18
LORTHOLARY, Albert 128, 277 n. 11, 315 n. 93, n. 97, 316 n. 101-102
LUCRÉCIO 259, 268
LUÍS XIV 22, 150, 226
LUÍS XV 19, 21, 36, 61, 70-71, 73, 81, 107, 110, 112-113, 118-119, 125, 150, 152-153, 162, 180, 190, 194, 267, 298 n. 82, 300 n. 2, 318 n. 1
LUÍS XVI 207, 214-216, 219, 221, 226, 230, 232-233, 235, 247, 252, 318 n. 1, 321 n. 63, 324 n. 133-134
LUÍSA-ELISABETH DE PARMA (filha de Luís XV) 115, 298 n. 82
LUÍSA-ULRICA DA SUÉCIA 62, 105, 108-109, 298 n. 74
LUYNES, Charles Philippe d'ALBERT, duque de 22, 277 n. 9

MABLY, Gabriel BONNOT de (irmão de Condillac) 87, 149, 163, 291 n. 2
MACCLESFIELD, conde George Parker, presidente da Royal Society 32
MACQUER, Pierre Joseph 227
MAIRAN, Jean-Jacques Dortous de 48, 112, 132, 175-176, 183, 188, 268, 311 n. 14, 312 n. 21
MALESHERBES, Chrétien Guillaume de LAMOIGNON de 74-75, 78-79, 81, 97, 106, 132, 149-154, 157-165, 167, 170, 173, 208-211, 213-218, 221-226, 230-235, 237, 247-248, 288 n. 82, 289 n. 100, 290 n. 122, 291 n. 6, 304 n. 52, 307 n. 2, n. 5, 308 n. 25-27, 309 n. 31, n. 34, n. 51, 310 n. 73, 318 n. 9-10, 319 n. 13, n. 20, n. 22, 320 n. 30, n. 38, n. 42, n. 45, 321 n. 57, n. 63-64, n. 66, n. 70, n. 73, n. 76, 322 n. 83-84, 323 n. 114, n. 116-118, 324 n. 122, n. 132-133, 326 n. 1
MARGGRAF, Andreas Sigismund, químico 64
MARIA AMÉLIA (filha da imperatiz da Áustria) 123, 125, 301 n. 4
MARIA CAROLINA, rainha de Nápoles (filha de Maria Teresa) 120
MARIA TERESA, imperatriz da Áustria 125, 270
MARMONTEL, Jean-François 29, 50, 103-106, 111-113, 135, 177, 238, 240, 247, 260, 283 n. 135, 294 n. 5, n. 12, n. 18, 295 n. 19-20, n. 24, n. 27, 296 n. 51, 305 n. 68-69, 313 n. 45, 328 n. 45
MARMONTEL, Senhora 257
MASKELYNE, Nevil, diretor do Observatório de Greenwich 32
MATY, doutor 32, 280 n. 62
MAUPEOU, René Charles (pai do seguinte) 154
MAUPEOU, René Nicolas Charles Augustin de, ministro 153-156,

158, 161, 163-170, 178-179, 198-199, 207, 308 n. 16, 309 n. 54

MAUPERTUIS, Pierre Louis Moreau de 30, 38-40, 64-65, 176, 267, 281 n. 85

MAUREPAS, Jean Frédéric PHÉLIPEAUX, conde de, ministro 207, 215, 218-219, 221-222, 230-231, 233, 237, 249-252, 313 n. 53, 318 n. 1, 321 n. 64, 323 n. 103, n. 110, 324 n. 124, 326 n. 10, n. 18, 327 n. 22

MAUREPAS, condessa de 224, 321 n. 54

MAYNON D'INVAU, Étienne, controlador geral 215

MEISTER Jacob Heinrich 247

MÉRIAN, Jean Bernard 64

MÉTRA (autor da *Correspondance secrète*) 188, 315 n. 90

MIGNOT, magistrado 156

MILLOT, abade Claude François Xavier 248

MILORD MARECHAL, George Keith, governador de Neuchâtel, dito 38, 40, 42, 64

MIRABEAU, Victor RIQUETI, marquês de 159, 215, 320 n. 33

MIROMESNIL, Armand Thomas HUE de, ministro 216, 221, 230

MOLIÈRE, Jean-Baptiste POQUELIN, dito 186

MONGE, Gaspard, conde de Péluse 182, 247, 314 n. 67

MONNERAT, Guillaume 152, 214

MONTESQUIEU, Charles de SECONDAT, barão de 19, 21, 30, 61, 88, 92, 94, 98-99, 108, 142, 149-150, 161, 166, 196, 198, 210.

MONTMIRAIL, senhor de 119

MONTUCLA, Jean-Étienne 182

MONTYON, Auget de, intendente da Auvergne 213

MORA, marquês de 54, 134-136, 253-254, 304 n. 65, 305 n. 70, n. 74, 327 n. 26-27

MORANGIÈS, conde de 88

MOREAU, Jacob Nicolas 155, 324 n. 126

MORELLET, abade André 11, 30, 35, 42, 78, 80, 90-91, 94-98, 100, 106, 111, 113, 160, 210, 220, 227, 238-240, 257, 277 n. 2, 279 n. 49, 281 n. 98, 291 n. 6, 292 n. 20, 293 n. 40, n. 55, 309, n. n. 29, 319 n. 15, 325 n. 155

MORISSOT (condenado) 166

MORTIER, Roland 141, 287 n. 41, 316 n. 119, 330 n. 81

MORTON, conde, presidente da Royal Society 32, 35, 280 n. 69

MUNIQUE, barão de 105

MUYARD DE VOUGLANS, Pierre François 99

NAIGEON, Jacques André 141-142, 167, 195, 266, 306 n. 106, 307 n. 115

NASSAU-SAARBRUCK, princesa de 109

NECKER, Jacques, ministro 55, 220-221, 229-230, 236, 238-240, 247-248, 250-252, 270, 325 n. 143-144 147, 326 n. 1, n. 5, 327 n. 22
NECKER, Louis 51, 55, 282 n. 110, 283 n. 127, n. 139
NECKER, Suzanne, esposa do ministro 141, 238, 247, 257, 263, 317 n. 147, 325 n. 146, 326 n. 10, 327 n. 33
NEEDHAM, John Turbervilli 141
NERO 266, 330 n. 91
NEWTON, Isaac 118, 133, 210, 268, 298 n. 85, 300 n. 105
NIVERNAIS, Louis Mancini-Mazarini, duque de 21, 30, 32-33, 51, 112, 117, 119, 178, 180-181, 277 n. 7, 279 n. 59, 299 n. 94, 312 n. 18
NIVERNAIS, duquesa de 234
NOAILLES, de (filho) 119
NOLLET, abade Jean Antoine, físico 131, 280 n. 62
NOYEL, «senhorita» 54

ODAR (do círculo de Catarina II) 22-24, 278 n. 19, 301 n. 13
ORLÉANS, Louis Philippe Joseph, duque d' 110, 212
OSSIAN 211
OUDRY, Jean-Baptiste 263
OVÍDIO 117

PACIAUDI, padre Paolo 115-116, 118, 287 n. 46, 299 n. 102

PALISSOT DE MONTENOY, Charles 78, 108, 140, 176, 279 n. 47, 289 n. 96, 311 n. 2
PANCKOUCKE, Charles Joseph, editor 140, 306 n. 102
PANIN, Nikita, governador do grão-duque Paul 25
PAPPAS, J. 141-142, 280 n. 75, 305 n. 77, n. 83, 307 n. 113, n. 116, 328 n. 38
PASQUIER, magistrado 96-97, 166
PAULO, grão-duque (filho de Catarina II) 22, 264
PAULMY, Marc Antoine René de Voyer de, marquês d'Argenson 110, 180, 189, 311 n. 14
PEDRO I O GRANDE, czar 109, 196-197
PEDRO III Fedorovitch, imperador da Rússia 22
PELLOT, relator 96
PERNETY, Antoine Joseph 191
PICTET, Jean-Louis, astrônomo 22-23, 278 n. 26
PIGALLE, Jean-Baptiste 142, 325 n. 146, 331 n. 115
PISSOT, livreiro 69
PLATÃO 13, 48, 69, 196
PODEWILS, conde de 63
POISSON, Philippe, dramaturgo 109
POMPADOUR, Jeanne Antoinette POISSON, marquesa de 50, 61, 176
POMPIGNAN, Jean-Jacques LE FRANC, marquês de 47, 176, 283 n. 121, 311 n. 16, 312 n. 35

POMPIGNAN, Jean-Georges LE FRANC, bispo de Puy 47
POUGENS, Charles 54, 282 n. 117, n. 119, 289 n. 90, 327 n. 32, 328 n. 48
PRADES, abade Jean Martin de 43, 166
PRASLIN, Gabriel de Choiseul-Chevigny, duque de 66-67, 279 n. 59, 287 n. 51
PRINGLE, John 32, 280 n. 62
PROSCHWITZ, G. von 260, 295 n. 34, 296 n. 37, 298 n. 74, 328 n. 60, 329 n. 64, n. 67, n. 69-70
PUCELLE, abade (professor de Malesherbes) 209

QUESNAY, François 212, 214, 298 n. 83, 319 n. 27

RACINE, Jean 109
RAMSAY, Allan 94
RAYNAL, abade Guillaume 174, 196-197, 238, 267, 271, 311 n. 4, 316 n. 121
RÉMY, (amigo de d'Alembert) 54
RIBALLIER, abade 104, 294 n. 5
RICHELIEU, Louis François Armand de Vignerot du Plessis, marechal, duque de 140, 157, 163, 176-181, 192, 286 n. 36, 301 n. 13, 302 n. 14, 308 n. 13, 312 n. 25, 315 n. 96
ROBECQ, princesa de 78, 289 n. 96
ROCHON DE CHABANNES, Marc Antoine Jacques 109

ROHAN, Louis, príncipe de Rohan-Guéméné, dito *Cardeal de Rohan* 50, 177, 289 n. 91, 312 n. 18, n. 23
ROQUELAURE, Jean Armand de, bispo de Senlis 312 n. 25, n. 32
ROUBAUD, economista 250
ROUELLE, Guillaume François, dito *Rouelle o Velho* 319 n. 20
ROUSSEAU, Jean-Jacques 11, 25, 40, 54, 71, 87, 92, 94, 96, 113-114, 117, 143, 149, 159-160, 166, 196, 247, 266, 275, 278 n. 16, n. 31, 279 n. 43-44, n. 50, 287 n. 61, 298 n. 74, 308 n. 26
ROUSSEAU, Senhora, ama de leite de d'Alembert 36, 80, 289 n. 90
RULHIÈRE, Claude-Carloman de (secretário de embaixada) 25, 28, 126-129, 193, 196, 278 n. 16, 298 n. 74, 301 n. 13, 302 n. 21, n. 27

SACY, Louis de 255
SAINT-FARGEAU, Michel le Peletier de 166
SAINT-FLORENTIN, conde de, ministro da Casa do Rei 36, 76, 78, 80-82, 131, 280 n. 74, 287 n. 51, 289 n. 91
SAINT-LAMBERT, Jean-François, marquês de 178-179, 238, 240
SAINT-PRIEST, Jean Emmanuel de Guignard de 213
SARTINE, Antoine Gabriel de, conde d'Alby 106, 173, 221, 309 n. 31, 311 n. 2, 323 n. 110

SAURIN, Bernard Joseph 29, 49, 112, 141, 177
SAXE-GOTHA, Louise Dorothée, duquesa de 44, 63, 66, 282 n. 113, n. 115, n. 119, 285 n. 6, n. 9
SAXE-GOTHA, príncipe herdeiro de 111, 297 n. 56
SCHEFFER, Carl Frédéric, conde de 108, 295 n. 33
SCHMID, Georges Louis 111, 296 n. 52
SCHOMBERG, conde de (correspondente) 141, 157
SCHULENBURG, conde de (pseudônimo do príncipe de Brunswick) 111
SÉGUIER, Antoine-Louis, procurador-geral 176, 178-180, 231, 311 n. 16
SÉGUIER, magistrados 158
SÉGUR, Henri Philippe, marquês de 134, 269, 286 n. 39, 287 n. 55, 288 n. 71, 302 n. 16, 305 n. 68-69, 317 n. 139, 318 n. 8, 328 n. 46, n. 48-49, n. 55, 331 n. 107, n. 111
SÊNECA 266, 330 n. 91
SERVAN, Antoine Joseph, magistrado 71, 97-99, 291 n. 132, 293 n. 50, n. 53-54
SÉVIGNÉ, Marie de RABUTIN-CHANTAL, marquesa de 108
SHORT, ótico 32, 280 n. 62
SIRVEN, Pierre-Paul, *caso Sirven* 88, 90, 100, 291 n. 9
SISSON (fabricante de instrumentos de ótica) 32

SÓCRATES 24, 99
SOLTIKOV, embaixador 25-26, 278 n. 32
SPINOZA, Baruch 137-138, 141
SUARD, Amélie 166, 238-240, 257-258, 305 n. 68, 310 n. 57, 325 n. 145, n. 147, n. 157, 327 n. 19, n. 25
SUARD, Jean-Baptiste Antoine 94, 180, 191, 238-240, 247, 251, 257, 313 n. 39, 325 n. 157
SULLY, Maximilien de Béthune, barão de Rosny 115, 311 n. 8, 322 n. 99

TABOUREAU DES RÉAUX, Louis-Gabriel, intendente das Finanças 250-252
TÁCITO 117, 128, 169
TARGET, Guy Jean Baptiste, advogado 235
TERRAY, Joseph Marie, dito abade 170, 207, 215, 307 n. 3
THIÉBAULT, Dieudonné 64-65, 74, 285 n. 17, 288 n. 72
THIERIOT (correspondente literário de Frederico II) 191, 279 n. 45-46, 290 n. 106
THOMAS, Antoine Léonard 50, 113, 178-179, 196, 240, 316 n. 116, n. 118
TITO LÍVIO 117.
TOUSSAINT, François Vincent 64-65
TRESSAN, Louis Élisabeth de La Vergne, conde de 271, 331 n. 124

TRONCHIN, Théodore, médico 118
TROUSSON, R. 263, 287 n. 41, 302 n. 26, 316 n. 119, 317 n. 134, n. 143, 329 n. 80
TRUBLET, abade 44, 46, 49, 52, 65, 79-80, 176-177, 282 n. 118, 283 n. 130, 289 n. 102, 311 n. 13, 312 n. 22
TRUDAINE DE MONTIGNY, Philibert 215, 250, 313 n. 53, 314 n. 77
TRUDAINE, Daniel-Charles 111, 183, 212, 215, 240, 250, 313 n. 54, 314 n. 75
TUCKER, Josias 211-212
TÚLIA (amiga de Cícero) 256
TURGOT, Anne Robert Jacques, barão de l'Aulne 94-95, 104, 156-157, 160, 168-170, 178, 183-184, 207-234, 236-240, 247-253, 258, 270, 291 n. 6, n. 8, 293 n. 37, 298 n. 83, 307 n. 118, 308 n. 22-23, 310 n. 55, 313 n. 52, n. 54, 314 n. 59-60, n. 70, n. 72, 315 n. 84, 318 n. 3, n. 9, 319 n. 11, n. 18-20, n. 24, n. 26, 320 n. 34, n. 51, n. 53, 321 n. 59, n. 62, n. 64, 322 n. 85-86, n. 88, n. 90-91, n. 94-95, n. 97, n. 99, 323 n. 101-104, n. 107, n. 110-111, 324 n. 123-125, n. 131, n. 142, 325 n. 143-144, n. 151-152, n. 156, 326 n. 1, n. 6, n. 8, n. 18, 327 n. 21-22, n. 36, 328 n. 50, n. 52

VANDEUL, Angélique de (filha de Diderot) 173, 311 n. 3, 318 n. 7
VAN SWIETEN, barão 105
VAUCANSON, Jacques de 80, 132, 270, 290 n. 114
VENINI, padre 74
VENTURI, Franco 280 n. 69, 292 n. 13, 299 n. 89, 317 n. 128
VERGENNES, Charles Gravier, conde de, ministro 207, 221, 323 n. 110, 331 n. 121
VÉRI, abade de 154, 207, 218-223, 233-234, 236, 248-249, 308 n. 8, 320 n. 36, n. 46, n. 50, 321 n. 54, n. 57, n. 64-65, n. 69, n. 77, n. 79-80, 322 n. 97, 323 n. 103, n. 108, n. 110, 324 n. 120-123, n. 125, n. 129, n. 135, n. 137, 326 n. 4, n. 7
VERRI, Alessandro 91, 93, 282 n. 106, 292 n. 21, n. 28, 301 n. 3, n. 5
VERRI, conde Pietro 90, 280 n. 70, 292 n. 13-14, n. 16-17, 301 n. 5
VICQ D'AZIR, Felix 227
VILLETTE, Charles, marquês de (amigo de Voltaire) 332 n. 1
VILLETTE, Reine Philiberte de VARICOURT, marquesa de 274
VIRGÍLIO 271
VOISENON, abade Claude-Henri de FUSÉE de 180
VOLLAND, Sophie 79, 287 n. 44, 290 n. 104, 294 n. 9, 296 n. 41, 297 n. 56, 306 n. 103, 316 n. 121, 329 n. 71
VOLTAIRE, François Marie AROUET, dito 11-13, 19, 23-

26, 28, 30, 35-36, 38, 44, 46-47, 49-50, 52-53, 56, 61-62, 64, 66, 68, 71-73, 77-78, 80-82, 88-90, 92-93, 96-100, 103-109, 111-114, 116, 118, 123, 125-127, 134, 136-143, 151, 155-157, 159-160, 163-167, 169-170, 175-179, 182, 188, 190-195, 199-202, 208, 210, 217, 223, 238-240, 247, 249, 251, 255, 260-261, 265, 267-269, 271, 273-275, 277 n. 13, 278 n. 26, 279 n. 45-47, 282 n. 110, 283 n. 120, n. 122-125, n. 134, n. 137, 284 n. 143, 285 n. 3, n. 5, 286 n. 34, n. 38, 287 n. 47, n. 49, n. 53, n. 59, 288 n. 67, 289 n. 92, n. 95, n. 101, 290 n. 106, n. 108-109, 291 n. 128, n. 9, 292 n. 23-25, 293 n. 45-46, n. 48, 294 n. 6, n. 8, n. 18, 295 n. 20, n. 30, 296 n. 44, n. 47, 297 n. 59, n. 61, n. 66, 298 n. 72, 299 n. 90-91, n. 98, 300 n. 1, 301 n. 6, n. 11, 304 n. 51, 305 n. 77, n. 83, 306 n. 104, n. 108, 307 n. 113, n. 116-117, 308 n. 25, 309 n. 31, n. 47, 310 n. 55, 311 n. 7, 312 n. 20, n. 22, n. 35, 315 n. 81, n. 95, 316 n. 104, n. 108, 318 n. 156, n. 3, n. 5, 320 n. 42, n. 45, 321 n. 72, 322 n. 99, 325 n. 153, 326 n. 9, n. 11, n. 13, 327 n. 20, n. 33, 328 n. 43, n. 51, 330 n. 95, 331 n. 101-104, n. 106, n. 116, n. 120, 332 n.1

WALMESLEY, Charles, matemático 32
WALPOLE, Horace, conde d'Orford 113, 218, 233, 296 n. 43, n. 49, 297 n. 57, n. 64, n. 69, 298 n. 79, 309 n. 42, 320 n. 48, 321 n. 75, 324 n. 128, 326 n. 2, 331 n. 117
WATELET, Claude Henri 35-36, 41, 47, 49, 54, 79-80, 112, 176, 312 n. 21
WILLIAMS, cavaleiro 127
WILSON, físico 32, 280 n. 62

YOUNG, Arthur 214

Este livro foi composto na tipologia Classical Garamond BT,
em corpo 11/14, impresso em papel off-white 80g/m²,
no Sistema Cameron da Divisão Gráfica
da Distribuidora Record.